TGAU Gwyddo

Ffiseg
Haen Sylfaenol

Stephen Pople

Addaswyd i'r Gymraeg gan Sian Owen

Cyhoeddwyd dan nawdd Cynllun Cyhoeddiadau Cyd-bwyllgor Addysg Cymru

DREF WEN

TGAU Gwyddoniaeth : Ffiseg Haen Sylfaenol

Addasiad Cymraeg o *Target Science : Physics Foundation Tier*
gan Stephen Pople a gyhoeddwyd yn wreiddiol yn Saesneg gan Wasg Prifysgol Rhydychen.

Comisiynwyd â chymorth ariannol
Awdurdod Cymwysterau, Cwricwlwm ac Asesu Cymru

Cyhoeddwyd dan nawdd
Cynllun Cyhoeddiadau Cyd-bwyllgor Addysg Cymru

Cyhoeddwyd yng Nghymru gan Dref Wen Cyf.
28 Church Road, Yr Eglwys Newydd, Caerdydd CF14 2EA

Cyhoeddwyd trwy gydweithrediad Gwasg Prifysgol Rhydychen
Testun gwreiddiol © Stephen Pople 2001
Addasiad Cymraeg © ACCAC/CBAC 2005
Addasiad Cymraeg: Sian Owen

Argraffiad Cymraeg cyntaf 2005
Mae cofnod catalog ar gael gan y Llyfrgell Brydeinig

ISBN 1-85596-701-4
Argraffwyd yn yr Emiradau Arabaidd Unedig

Cydnabyddiaeth

(Leslie Garland Picture Library = LGPL, Robert Harding Picture Library = RGPL,
Science Photo Library = SPL; ch = chwith, d = de, t = top, c = canol, g = gwaelod.)

7 © G. Houser/Corbis; 11ch Philip Mould, Historical Portraits Ltd, Llundain DU/Bridgeman Art Library; 11d Frank Zullo/SPL; 12 Russell
Cheyne/Allsport; 17 SPL; 18 Getty Images Stone; 19d Collections/Brian Shuel; 21 Andrew Lambert/Leslie Garland; 23 Image Bank;
22 Charles Winters/SPL; 24 Amy Trustram/SPL; 28 © Kevin R. Morris/Corbis; 30 Wattie Cheung/Camera Press; 34d © Jack
Hollingsworth/Corbis; 34ch © Roy Morsch/The Stockmarket; 36 Leslie Garland; 40 Will & Deni McIntyre/SPL; 41 www.shoutpictures.com;
42 Mark Wagner/Flight Collection; 43 Epson; 44c RGPL; 44t © Tom Ives/The Stockmarket; 45gch www.shoutpictures.com; 45gd SPL;
45cch www.shoutpictures.com; 45td www.shoutpictures.com; 46g Aircare; 46t Image Bank; 47 Peter Menzel/SPL; 53 © Paul A.
Souders/Corbis; 54 Michael Steele/Allsport; 55 NASA; 56ch Flight Collection; 56d © David Lawrence/The Stockmarket; 63td Alvey &
Towers Picture Library; 63g Chris Cole/Allsport; 63tch Takeshi Takahara/SPL; 64t www.shoutpictures.com; 65 Getty Images Stone;
66 Getty Images Stone; 69g Auto Express; 69t Auto Express; 73 © Duomo/Corbis; 74 Superstock; 75 Jeremy Walker/SPL; 76 Corel;
78g Tony Duffy/Allsport; 78t John Welzenbach/The Stockmarket; 79g Clive Brunskill/Allsport; 79t Allsport; 80gch © Chris Van Lennep,
Gallo Images/Corbis; 80d © Richard Hamilton Smith/Corbis; 80tch FPG/Telegraph Colour Library; 87 © Michael & Patricia Fogden/Corbis;
88 Pete Turner/Image Bank; 91 Andrew Lambert/LGPL; 92 Getty Images Stone; 93t © Chris Rogers/The Stockmarket; 93g Auto Express;
94 © Philip James Corwin/Corbis; 96 Andrew Lambert/LPGL; 97 © Raymond Gehman/Corbis; 99ch Superstock; 99d Dr K. Schiller/SPL;
100c Adam-Hart Davis/SPL; 100g © William Taufic/The Stockmarket; 103 Alfred Pasieka/SPL; 106 Keith Kent/SPL; 108ch © David
Lees/Corbis; 108d © Neal Preston/Corbis; 109c Moshe Shai/Corbis; 110 N. N. Birks/Ardea; 111 © Yoav Levy/Phototake/RGPL; 112 © Roger
Ressmeyer/Corbis; 115 © Jim Sugar Photography/Corbis; 116 © Roger Ressmeyer/Corbis; 118g © Jan Butchofsky-Houser/Corbis;
118c David H. Wells/Corbis; 118t © Paul A. Souders/Corbis; 119 © Henry Diltz/Corbis; 120g Lester Lefkowitz/The Stockmarket; 120t Luis F.
Rodriguez; 121d G. & M. David de Lossy/Image Bank; 127 NASA; 129t SPL; 132gd SPL; 132gd L. Pesek/SPL; 132t NASA/SPL; 134tch SPL;
134gch STScI/NASA; 134gd Ken M. Johns/SPL; 134td European Space Agency/SPL; 137 Tony Hallas/SPL; 138 NASA; 139 NASA; 140g David
Parker/SPL; 140t Getty Images Stone; 142 © Jonathan Blair/Corbis; 142g Photodisc; 142c NASA; 142t Photodisc; 147 © Charles & Josette
Lenars/Corbis; 148 Superstock; 152 © Bob Winsett/Corbis; 153 © Tim McKenna/The Stockmarket; 155 © Frans Lanting/Minden
Pictures/RGPL; 156 Getty Images Stone; 158 © Michael Kelvin Daly/The Stockmarket; 160 © Patrick Ward/Corbis; 161 Rosenfeld Images
Ltd/SPL; 162g Getty Images Stone; 162ch Adam Hart-Davis/SPL; 164 © Bryan F. Teyerson/The Stockmarket; 165 Lowell Georgia/SPL;
169 Edifice; 170gc The Purcell Team/Corbis; 170tch © Layne Kennedy/Corbis; 170td © Raissa Page/Format; 171g Corel Professional Photos;
171c © John Marshall Mantel/Corbis; 171t Allsport/UK Allsport; 177 John Wang/Getty Images; 179g © Yoav Levy/Phototake/RGPL; 179t SPL;
182 Jeremy Walker/SPL; 182g Alvey & Towers Picture Library; 182d Alvey & Towers Picture Library; 185 Andrew Lambert/LGPL; 189 Getty
Images Stone; 191g Andrew Lambert/LGPL; 191t Alvey & Towers Picture Library; 192 US Dept of Energy/SPL; 193 © WildCountry/Corbis;
194g LondonWaste Ltd; 194c SPL; 194ch Martin Bond/SPL; 194t Holt Studios International; 195 Edison Mission Energy; 196g Martin
Bond/SPL; 196t RGPL; 197 Hulton Getty; 201 Photodisc; 205 S. Morgan/Frank Spooner; 206t Rex Features; 206ch Klaus Guldbrandsen/SPL;
210 © Yoav Levy/Phototake/RGPL; 211 © Werner Forman/Corbis; 212 SPL; 213ch Mere Words/SPL; 213d UKAEA.

Daw unrhyw ddelweddau eraill o archif Gwasg Prifysgol Rhydychen neu gan Peter Gould neu Andrew Lambert.

Sicrhawyd y caniatâd i gynnwys yr holl ddeunydd uchod yn addasiad Cymraeg y gyfrol gan Zooid Pictures Ltd.

Cyflwyniad

Gofyn cwestiynau yw natur gwyddoniaeth. Ffiseg yw'r wyddor sy'n gofyn cwestiynau am y byd ffisegol o'n cwmpas, y defnydd ymarferol a wnawn ohono, a rhai o'r materion cymdeithasol sy'n deillio o hynny.

Bydd y llyfr hwn yn ddefnyddiol i chi os ydych yn astudio ffiseg fel rhan o gwrs gwyddoniaeth TGAU Gradd Unigol neu Ddwyradd.

Mae popeth yn y llyfr hwn wedi cael ei drefnu i'ch helpu i ddod o hyd i bethau yn rhwydd a chyflym. Cafodd ei ysgrifennu mewn unedau o ddwy dudalen.

Defnyddio'r dudalen gynnwys

Os ydych am gael gwybodaeth am destun eang, chwiliwch amdano yn y rhestr gynnwys.

Defnyddio'r mynegai

Os ydych yn chwilio am fanylion penodol, chwiliwch am y gair mwyaf tebygol yn y mynegai. Mae'r mynegai yn rhoi rhif y dudalen lle cewch wybodaeth am y gair hwnnw.

Defnyddio'r cwestiynau

Mae gofyn cwestiynau a'u hateb yn ffordd dda iawn o ddysgu. Mae yna gwestiynau ar ddiwedd pob pennod. Ar ddiwedd y llyfr mae set ychwanegol o gwestiynau tebyg i'r rhai a gewch mewn arholiad. Cewch hefyd atebion i gwestiynau rhifiadol, ac awgrymiadau ar gyfer y rhai sy'n gofyn am atebion byrion.

Defnyddio'r rhestr o eiriau pwysig

Ar ddiwedd pob pennod, cewch restr o eiriau pwysig a'u hystyron er mwyn eich helpu i ddeall y prif syniadau sy'n cael eu trafod yn y bennod.

Help i adolygu

Yn ogystal â'r cwestiynau a'r rhestrau o dermau pwysig ar ddiwedd pob pennod, er mwyn eich helpu i adolygu, mae yna nodiadau adolygu a mwy o gwestiynau tebyg i'r rhai a gewch yn yr arholiad.

Mae ffiseg yn bwnc pwysig a chyffrous. Mae o'ch cwmpas ym mhobman; mewn sioeau ffair, yn y caeau, ar ffermydd, mewn ffatrïoedd. Mae'n digwydd yn nyfnderoedd y Ddaear ac ym mhellteroedd y gofod. Fe ddewch ar draws ffiseg ym mhobman.

Gobeithio y bydd y llyfr hwn yn eich helpu i astudio, y byddwch yn mwynhau ei ddefnyddio, ac y byddwch yn cytuno â mi erbyn diwedd eich cwrs fod ffiseg yn gyffrous!

Stephen Pople

Ffiseg   Cynnwys

Sylwch: Mae adrannau 3.10, 3.11 a 3.12 wedi eu cynnwys i ateb gofynion rhai meysydd llafur yn unig. Holwch a oes eu hangen ar gyfer eich cwrs chi.

Trywyddau

Nid yw trefn y cynnwys a roddir mewn manyleb bob amser yn addas ar gyfer pob disgybl. Nid oes un ffordd benodol i ddilyn manyleb. Mae'r 'trywyddau' hyn yn dangos ffyrdd gwahanol y gallwch chi ymdrin â'r deunydd. Cawsant eu cynllunio er mwyn eich helpu chi i ddod i ddeall y pwnc mewn adrannau bychain, hawdd eu trafod. Maent yn arbennig o ddefnyddiol wrth adolygu, gan eu bod yn eich helpu i grynhoi ac adolygu adrannau bychain o'r deunydd ar y tro. Os digwydd i chi fod wedi colli rhywfaint o'r gwaith, gallant hefyd fod o help i lenwi'r bylchau.

TRYDAN

Ceryntau a chylchedau
2.01 – 2.07
2.09

Gwefr ac effeithiau gwefr
2.12 – 2.13

Trydan y prif gyflenwad
2.08   2.10 – 2.11

GRYMOEDD A MUDIANT

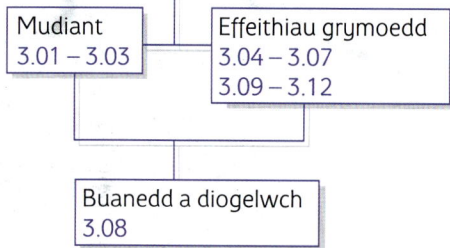

Mudiant
3.01 – 3.03

Effeithiau grymoedd
3.04 – 3.07
3.09 – 3.12

Buanedd a diogelwch
3.08

EGNI

Trosglwyddo egni
6.04 – 6.05

Gwaith, egni a phŵer
6.01 – 6.03
6.06

Darparu egni
6.07 – 6.10

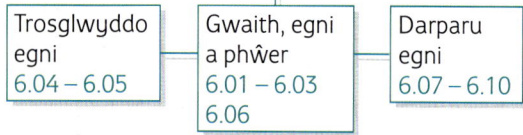

Y DDAEAR YN Y GOFOD

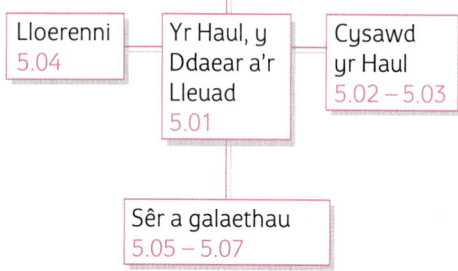

Lloerenni
5.04

Yr Haul, y Ddaear a'r Lleuad
5.01

Cysawd yr Haul
5.02 – 5.03

Sêr a galaethau
5.05 – 5.07

CERYNTAU A MAGNETAU

Meysydd magnetig
7.01

Moduron trydan
7.04 – 7.05

Meysydd o geryntau
7.02 – 7.03

Generaduron a newidyddion
7.06 – 7.07

Pŵer ar draws y wlad
7.08

ATOMAU A NIWCLYSAU

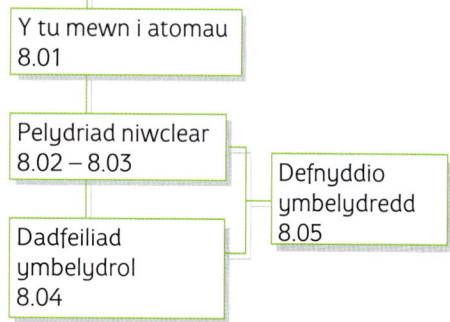

Y tu mewn i atomau
8.01

Pelydriad niwclear
8.02 – 8.03

Dadfeiliad ymbelydrol
8.04

Defnyddio ymbelydredd
8.05

PELYDRAU A THONNAU

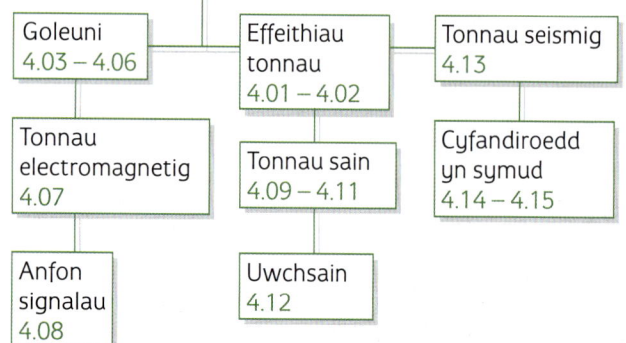

Goleuni
4.03 – 4.06

Effeithiau tonnau
4.01 – 4.02

Tonnau seismig
4.13

Tonnau electromagnetig
4.07

Tonnau sain
4.09 – 4.11

Cyfandiroedd yn symud
4.14 – 4.15

Anfon signalau
4.08

Uwchsain
4.12

Cloc seryddol yw hwn. Mae'n dangos llawer mwy na'r amser. Arno gwelwn safleoedd yr Haul a'r Lleuad mewn perthynas â'r sêr yn awyr y nos. Hyd at tua 50 mlynedd yn ôl, roedd yn rhaid i wyddonwyr ddibynnu ar glociau mecanyddol fel hwn i fesur amser. Heddiw mae yna glociau atomig sy'n cadw amser mor fanwl nes colli llai nag eiliad mewn miliwn o flynyddoedd.

màs

hyd

amser

Gallwch fesur màs pethau bach gan ddefnyddio **clorian** fel hon.

Mae pobl yn mesur pethau gan ddefnyddio llawer o wahanol unedau, gan gynnwys y rhai welwch chi uchod. Ond mewn gwaith gwyddonol, mae hi'n llawer haws os yw pawb yn defnyddio'r un system unedau.

Mae'r rhan fwyaf o wyddonwyr yn defnyddio **unedau SI** (enw llawn: *Système International d'Unités*). Mae'r system yn dechrau â'r cilogram, y metr a'r eiliad – ar gyfer mesur màs, hyd ac amser. O'r rhain daw'r unedau eraill ar gyfer mesur cyfaint, buanedd, grym, egni a phethau eraill.

Ar y dudalen gyferbyn, mae mwy o wybodaeth am y cilogram, y metr, yr eiliad, ac unedau mwy a llai sy'n seiliedig arnyn nhw.

Mwy a llai

Gallwch wneud uned yn fwy neu'n llai trwy roi symbol arall o'i blaen. Dyma rai enghreifftiau (y gyntaf yw W am **wat**, sef yr uned SI ar gyfer pŵer):

Cwestiynau

1 Beth yw uned SI màs?
2 Beth yw uned SI hyd?
3 Beth yw uned SI amser?
4 Beth yw ystyr y rhain?
  cilo   mili   micro
5 Pa un yw'r mwyaf:
  a 1600 g neu 1.5 kg?
  b 1250 mm neu 1.3 m?

Symbol o flaen yr uned	Ystyr	Enghraifft
M (mega)	$\times 1\,000\,000$	MW (megawat)
k (cilo)	$\times 1000$	km (cilometr)
d (deci)	$\times \frac{1}{10}$	dm (decimetr)
c (centi)	$\times \frac{1}{100}$	cm (centimetr)
m (mili)	$\times \frac{1}{1000}$	mm (milimetr)
μ (micro)	$\times \frac{1}{1\,000\,000}$	μW (microwat)

Sylwch: mili yw 'milfed ran'; micro yw 'miliynfed ran'.

Màs Màs yw maint y mater sydd mewn rhywbeth.

Uned SI màs yw'r **cilogram** (symbol kg).

Gallwch fesur màs gwrthrych bach gan ddefnyddio **clorian**
fel yr un yn y ffotograff ar y dudalen gyferbyn.

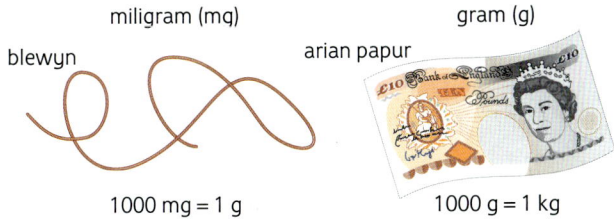

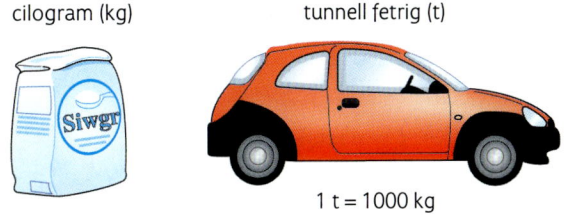

miligram (mg)   gram (g)   cilogram (kg)   tunnell fetrig (t)

blewyn   arian papur

1000 mg = 1 g   1000 g = 1 kg   1 t = 1000 kg

Hyd Uned SI hyd yw'r **metr** (symbol m).

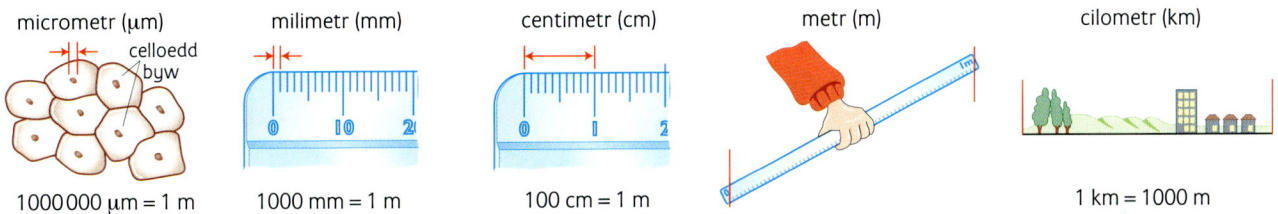

micrometr (µm)   milimetr (mm)   centimetr (cm)   metr (m)   cilometr (km)

celloedd byw

1000 000 µm = 1 m   1000 mm = 1 m   100 cm = 1 m   1 km = 1000 m

Amser Uned SI amser yw'r **eiliad** (symbol s).

I fesur amser byrrach, fe allwn ni ddefnyddio
milieiliad (symbol ms): 1000 ms = 1 s

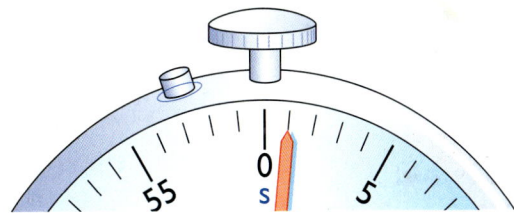

55   0   5
       s

Cwestiynau

6 Copïwch a chwblhewch y tabl:

	Uned	Symbol
Hyd	?	m
?	cilogram	?
Amser	?	?

7 Beth yw ystyr y rhain?

g   mm   mg   t   ms   µm

8 10   100   1000   100 000   1000 000

Pa un o'r rhain yw:

a nifer y mg mewn 1g?

b nifer y mm mewn 1 cm?

c nifer y cm mewn 1 m?

ch nifer y cm mewn 1 km?

d nifer y mm mewn 1 km?

9 Ysgrifennwch werth:

a 1 m mewn mm.   **b** 1.5 m mewn mm.

c 1.534 m mewn mm.   **ch** 1652 mm mewn m.

10 Ysgrifennwch werth:

a 1 kg mewn g.   **b** 1750 g mewn kg.

c 26 t mewn kg.   **ch** 6 s mewn ms.

Amcanion

Dylai'r adran hon eich helpu i
- roi unedau cyfaint
- egluro beth yw dwysedd

Cyfaint

Cyfaint yw maint y gofod y mae rhywbeth yn ei lenwi.

Uned SI cyfaint yw **metr ciwbig** (m^3). Mae'n uned braidd yn fawr i'w defnyddio bob dydd, felly yn aml defnyddiwn unedau llai sy'n seiliedig arni.

Metr ciwbig (m^3)

1 metr ciwbig (m^3) = 1000 litr (l)

1 m
1 m
1 m

1 metr ciwbig (m^3) yw cyfaint ciwb sy'n mesur 1 m × 1 m × 1 m

Litr (l neu L)

Sylwch: mae'n hawdd cymysgu rhwng symbol litr a'r rhif 1 (un).

1 litr (l) = 1000 centimetr ciwbig (cm^3)
= 1000 mililitr (ml)

Mae 1 litr yr un cyfaint ag 1 decimetr ciwbig (dm^3).

POP

Centimetr ciwbig (cm^3) neu mililitr (ml neu ML)

1 centimetr ciwbig (cm^3) yw cyfaint ciwb sy'n mesur 1 cm × 1 cm × 1 cm. Mae'r un cyfaint ag 1 mililitr (ml).

Dwysedd

Gallwch wneud unedau newydd trwy gyfuno unedau eraill. Un enghraifft yw **dwysedd**:

Dwysedd dŵr yw 1000 cilogram ym mhob metr ciwbig (kg/m^3). Felly mae gan bob metr ciwbig o ddŵr fàs o 1000 cilogram. Mae dwyseddau ambell ddefnydd arall yn y tabl isod.

Mae pobl yn dweud bod 'plwm yn drymach na dŵr'. Ond nid yw'n dilyn bod hynny'n wir bob amser. Mae darn bach o blwm yn ysgafnach na llond bwced o ddŵr! Ond, mae plwm yn fwy dwys na dŵr oherwydd bod ganddo fwy o gilogramau wedi eu pacio i bob metr ciwbig.

Dyma enghreifftiau o werthoedd dwysedd. Mae dwysedd aer yn amrywio'n fawr, gan ddibynnu ar faint mae'r aer wedi ei gywasgu.

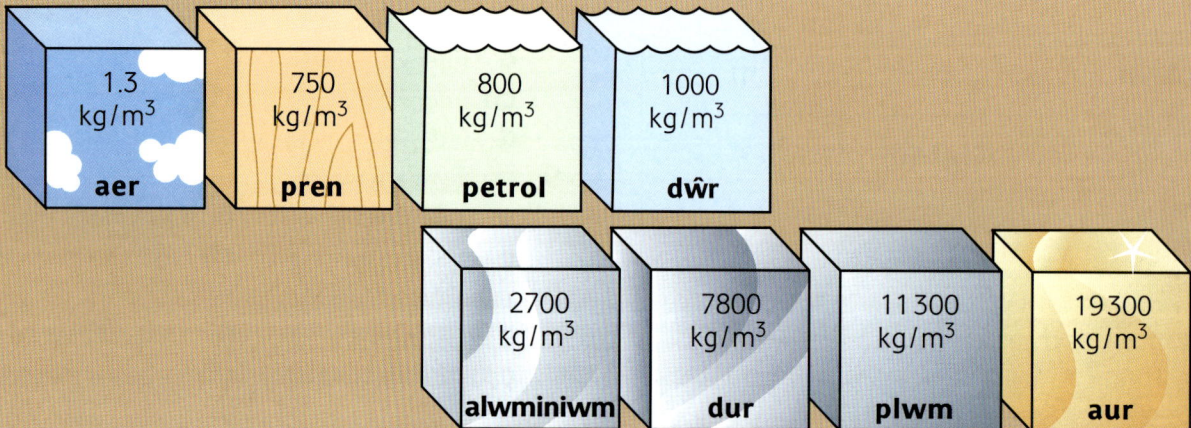

Y defnydd lleiaf dwys rydych yn debygol o'i weld yw'r nwy sy'n tywynnu'n wan ar gynffon comed (ar y dde). Mae'r nwy yn ymestyn am filiynau o gilometrau y tu ôl i'r gomed. Mae mor denau fel bod llai na chilogram o nwy ym mhob cilometr ciwbig.

Y sylwedd mwyaf dwys ar y Ddaear yw'r metel prin **osmiwm**. Mae hwn tua dwywaith mor ddwys â phlwm. Petai'r llyfr hwn wedi ei wneud o osmiwm, byddai'n pwyso cymaint â bwced yn llawn o ddŵr.

Syr Isaac Newton (1642–1727). Cafodd uned grym ei henwi er cof amdano.

Enwau a symbolau

Mae unedau fel metr, cilogram ac eiliad bob tro yn cael eu hysgrifennu mewn llythrennau 'bach', heb briflythyren. Mae hyn yn digwydd gyda'u symbolau (y byrfoddau, neu'r fersiynau 'byr') hefyd:

Uned	Symbol (yn fyr)	Yn mesur…
metr	m	hyd
cilogram	kg	màs
eiliad	s	amser

Mae rhai unedau wedi eu henwi ar ôl gwyddonwyr enwog – fel Isaac Newton, Blaise Pascal ac André Ampère:

Uned	Symbol (yn fyr)	Yn mesur…
newton	N	grym
pascal	Pa	gwasgedd
amper	A	cerrynt

Wrth ddefnyddio enw person ar gyfer uned, dydych chi *ddim* yn rhoi priflythyren ar y dechrau. Ar y llaw arall, *mae* gan y symbol briflythyren.

Cwestiynau

1 Cyfaint potel cola yw 2 litr. Beth yw ei chyfaint:
   a mewn cm³?   **b** mewn ml?

2 Dwysedd alwminiwm yw 2700 kg/m³. Beth yw màs:
   a 1 m³ o alwminiwm?
   b 10 m³ o alwminiwm?

3 Defnyddiwch wybodaeth o'r siart dwysedd ar y dudalen gyferbyn i'ch helpu i ateb y rhain:
   a Pa un sydd â'r màs mwyaf, 1 m³ o betrol neu 1 m³ o ddŵr?
   b Pa un sydd â'r cyfaint mwyaf (sy'n cymryd y mwyaf o le), 1 kg o betrol neu 1 kg o ddŵr?

Mae mesur yn bwysig

Dros y canrifoedd, mae pobl wedi defnyddio llawer o wahanol unedau ar gyfer mesur. Dyma rai enghreifftiau.

RHYFEDD ond gwir!

Yn wreiddiol roedd **troedfedd** (uned hyd) yr un hyd â throed Rhufeiniwr. Ond doedd traed pawb ddim yr un hyd! Felly, yn Lloegr yn y 12fed ganrif, cyhoeddodd Harri'r Cyntaf ddeddf yn diffinio troedfedd fel lled 36 tywysen o haidd ochr yn ochr.

Un **erw** (uned arwynebedd) oedd arwynebedd cae y gallai dau ych ei aredig mewn diwrnod.

Mae morwyr a pheilotiaid yn dal i ddefnyddio'r **not** (uned cyflymder). Tua 1.15 m.y.a., neu tua 0.5 metr yr eiliad yw not. Ers talwm roedd cyflymder ar y môr yn cael ei fesur trwy ollwng rhaff â chlymau yn y môr y tu ôl i long, a mesur sawl cwlwm oedd yn llithro allan o'r llong o fewn cyfnod arbennig.

Lled llaw gyfartalog yw un **dyrnfedd** (uned hyd). Mae'n dal i gael ei ddefnyddio i fesur taldra ceffylau.

12 modfedd = 1 droedfedd
3 troedfedd = 1 llathen
22 llathen = 1 gadwynfedd
10 cadwynfedd = 1 ystaden
8 ystaden = 1 filltir

Y system FETRIG

Erbyn hyn mae'r rhan fwyaf o wyddonwyr yn defnyddio unedau'r system fetrig. Gwyddonwyr yn Ffrainc ddechreuodd ei defnyddio yn y 1790au, ar ôl y Chwyldro Ffrengig. Roedd yn rhoi trefn ar yr holl unedau dryslyd eraill, trwy seilio popeth ar y rhif 10.

10 milimetr
= 1 centimetr
100 centimetr
= 1 metr
1000 metr
= 1 cilometr

Cafodd **metr** (uned hyd) ei ddiffinio fel un deugain miliynfed ran o gylchedd y Ddaear. Roedd y metr safonol, sef bar â dau farc arno, yn cael ei gadw ym Mharis.

Cafodd **gram** (uned màs) ei ddiffinio fel màs un centimetr ciwbig o ddŵr.

Gosod safonau newydd

Nid yw diffiniadau gwreiddiol y system fetrig yn ddigon manwl ar gyfer gwaith gwyddonol y dyddiau hyn. Er enghraifft, bydd bar metr 'safonol' yn ehangu a chyfangu rhywfaint wrth i'w dymheredd amrywio, felly nid yw'n safonol o gwbl mewn gwirionedd! Dyna pam y bu'n rhaid i wyddonwyr ddatblygu ffyrdd newydd, gwell o ddiffinio unedau. Dyma, er enghraifft, ddiffiniad modern y metr:

LASER

1 metr

Un metr yw'r pellter mae goleuni yn ei deithio mewn gwactod mewn

$\dfrac{1}{299\,792\,458}$ eiliad o amser.

Wrth gwrs, er mwyn diffinio'r metr fel hyn, rhaid i chi gael diffiniad manwl ar gyfer eiliad. Mae hynny braidd yn gymhleth, ond mae'n seiliedig ar ba mor aml y mae math arbennig o atom cesiwm yn dirgrynu.

Trafodwch

Mae gwyddonwyr yn defnyddio unedau SI, sy'n seiliedig ar y system fetrig. Er enghraifft, mae metr yn uned. Y *peth* y mae'n ei fesur yw hyd.

Chwiliwch am yr unedau yma yn y mynegai yng nghefn y llyfr. Beth mae pob un yn ei fesur?

newton   joule   ohm   amper   wat

1 Copïwch a chwblhewch y tabl hwn.

Mesur	Uned	Symbol
Hyd	?	?
Màs	?	?
?	?	s
?	amper	?
Tymheredd	?	?
Arwynebedd	—	?
?	—	m^3
?	newton	?

2 **a** Sawl mg sydd mewn 1 g?

b Sawl g sydd mewn 1 kg?

c Sawl mg sydd mewn 1 kg?

ch Sawl mm sydd mewn 4 km?

d Sawl cm sydd mewn 5 km?

3 Ysgrifennwch werthoedd:

a 300 cm mewn m

b 500 g mewn kg

c 1500 m mewn km

ch 250 ms mewn s

d 0.5 s mewn ms

dd 0.75 km mewn m

e 2.5 kg mewn g

f 0.8 m mewn mm

4 Copïwch a chwblhewch y tabl hwn.

Hyd	Lled	Uchder	Cyfaint y bloc petryal
2 cm	3 cm	4 cm	?
5 cm	5 cm	?	100 cm^3
6 cm	?	5 cm	300 cm^3
?	10 cm	10 cm	500 cm^3

5 Cyfrifwch ddwysedd y rhain

a darn o ddur â chyfaint 6 cm^3 a màs 48 g.

b darn o gopr â chyfaint 10 cm^3 a màs 90 g.

c darn o aur â chyfaint 2.0 cm^3 a màs 38 g.

6 Cyfrifwch fàs y rhain:

a 4 cm^3 o alwminiwm.
Dwysedd alwminiwm yw 2.7 g/cm^3.

b 20 cm^3 o bren. Dwysedd pren yw 0.80 g/cm^3.

c 80 cm^3 o wydr. Dwysedd gwydr yw 2.5 g/cm^3.

7 Cyfrifwch gyfaint y rhain:

a 68 g o fercwri. Dwysedd mercwri yw 13.6 g/cm^3.

b 15.8 g o haearn. Dwysedd haearn yw 7.9 g/cm^3.

c 99 g o blwm. Dwysedd plwm yw 11 g/cm^3.

Geiriau pwysig

Mae'r rhifau yn y cromfachau yn dangos ar ba dudalennau y cewch chi ragor o wybodaeth.

cilogram (kg) Uned màs. *(1.01)*

cyfaint Faint o ofod y mae rhywbeth yn ei lenwi. Mae'n cael ei fesur mewn metrau ciwbig (m^3). Uned lai ar gyfer cyfaint yw centimetr ciwbig (cm^3) neu'r mililitr (ml).
$1 \ cm^3 = 1 \ ml = 1/1000 \ 000 \ m^3$. *(1.02)*

dwysedd Os oes defnydd â màs 1000 kg a chyfaint 1 metr ciwbig, yna ei ddwysedd yw 1000 kg/m^3. *(1.02, 4.13)*

eiliad (s) Uned amser. *(1.01)*

màs Maint y mater sydd mewn rhywbeth. Mae'n cael ei fesur mewn cilogramau (kg). *(1.01)*

metr (m) Uned hyd. Mae 1000 metr yn hafal i 1 cilometr (km). *(1.01)*

Dyma weithiwr y tu mewn i gawell diogel, yn edrych ar wreichion 2.5 miliwn folt yn dod o'r generadur Van de Graaff enfawr. Mae'r gwreichion yn cael eu cynhyrchu wrth i wefr drydanol lifo trwy'r aer, ei wresogi, a gwneud iddo oleuo. Gwres a goleuni yw dwy o effeithiau trydan. Mae yna effeithiau eraill hefyd, ond nid mor drawiadol â'r arbrawf hwn fel arfer.

Trydan yn symud

Amcanion

Dylai'r adran hon eich helpu i

- egluro beth yw dargludyddion ac ynysyddion
- egluro beth yw cerrynt ac o ble mae'n dod

Wrth gynnau'r switsh ar sychwr gwallt, lamp neu deledu, y 'trydan' yn y gwifrau yw llif o ronynnau bach o'r enw **electronau**. Mae'r rhain mor fach nes eu bod yn gallu symud rhwng atomau'r wifren. Mae pob electron yn cludo **gwefr** drydanol fechan.

Yr enw ar wefr yn llifo yw **cerrynt**. Felly mae llif o electronau yn gerrynt.

Pan fydd tortsh wedi ei chynnau, bydd mwy nag 1 miliwn miliwn miliwn o electronau yn llifo trwy'r bwlb bob eiliad!

Dargludyddion ac ynysyddion

Yr enw ar ddefnydd sy'n gadael i gerrynt lifo trwyddo yw **dargludydd**. Yr enw ar ddefnydd sydd ddim yn gadael i gerrynt lifo trwyddo yw **ynysydd**. Dyma rai enghreifftiau.

Dargludydd		Ynysydd	
Da	*Gwael*	plastigion	gwydr
metelau	corff dynol	*er enghraifft*	rwber
yn enwedig	dŵr	PVC	
arian	aer	polythen	
copr		persbecs	
alwminiwm			
carbon			

Mewn cebl trydan fel yr un ar y chwith, gwifrau copr sy'n cario'r cerrynt. Mae'r ynysydd PVC yn rhwystro'r cerrynt rhag llifo o un wifren i'r llall ac yn rhwystro'r gwifrau rhag cyffwrdd unrhyw beth y tu allan i'r cebl.

Cwestiynau

1 Pa air sy'n golygu:

a llif o wefr?

b defnydd sy'n gadael i gerrynt lifo trwyddo?

c defnydd sydd ddim yn gadael i gerrynt lifo trwyddo?

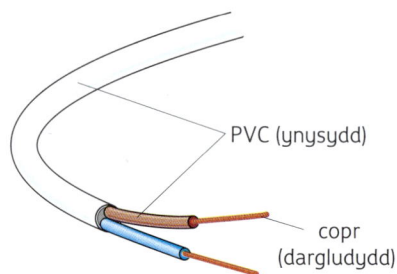

PVC (ynysydd)

copr (dargludydd)

Generadur yn cael ei droi gan beiriant diesel sy'n rhoi'r cerrynt i'r bylbiau ar y stondin garnifal hon.

Cell.

Ffynonellau cerrynt

Ein prif ffynonellau cerrynt yw **celloedd**, **batrïau** a **generaduron trydan**. Er enghraifft, daw cerrynt y prif gyflenwad o eneraduron enfawr mewn gorsafoedd pŵer.

Mae celloedd a batrïau yn gwthio cerrynt allan wrth i'r cemegau y tu mewn iddyn nhw adweithio. Mae generaduron yn gwthio cerrynt allan pan fydd siafft yn cael ei throi. Mewn gorsafoedd pŵer, mae'r generaduron yn aml yn cael eu troi gan dyrbinau sy'n cael eu gyrru gan jetiau o ager o dan wasgedd uchel a ddaw o foeler.

Defnyddio cerrynt

Mae cerrynt yn ffordd hwylus o drosglwyddo egni. Dyma rai ffyrdd o ddefnyddio'r egni hwnnw:

ffynhonnell y cerrynt

gwres   goleuni   sain   mudiant

Cwestiynau

2 Enwch ddefnydd y gallem ei ddefnyddio i wneud y rhain:

  a y wifren y tu mewn i gebl trydan.

  b yr ynysydd o amgylch y tu allan i'r cebl.

3 Ysgrifennwch enw dyfais sydd:

  a yn gwthio cerrynt allan pan fydd cemegau yn adweithio y tu mewn iddi.

  b yn gwthio cerrynt allan pan fydd siafft yn cael ei throi.

4 Nodwch:

  a ddau beth sy'n cael eu cerrynt o gelloedd neu fatrïau.

  b dau beth sy'n cael eu cerrynt o eneraduron.

5 Nodwch:

  a ddau beth sy'n defnyddio cerrynt i gynhyrchu mudiant.

  b dau beth sy'n defnyddio cerrynt i gynhyrchu gwres.

  c dau beth sy'n defnyddio cerrynt i gynhyrchu sain.

Amcanion

Dylai'r adran hon eich helpu i

• ddisgrifio beth yw cylched
• egluro sut i fesur cerrynt

Cylched syml

Isod, mae **cell** wedi ei chysylltu â bwlb a switsh. **Cylched** yw'r enw ar y ddolen gyflawn. Mae electronau yn cael eu gwthio o **derfynell negatif (–)** y gell, trwy'r bwlb a'r switsh, o amgylch y gylched i'r derfynell **bositif (+)**. Wrth fynd trwy'r bwlb, mae'r electronau yn gwresogi ffilament bychan (gwifren denau) er mwyn iddo dywynnu.

Rhaid cael cylched *gyflawn* er mwyn i'r electronau lifo. Os oes toriad yn y gylched, bydd y llif yn peidio, a'r bwlb yn diffodd. Mae DIFFODD y switsh yn torri'r gylched.

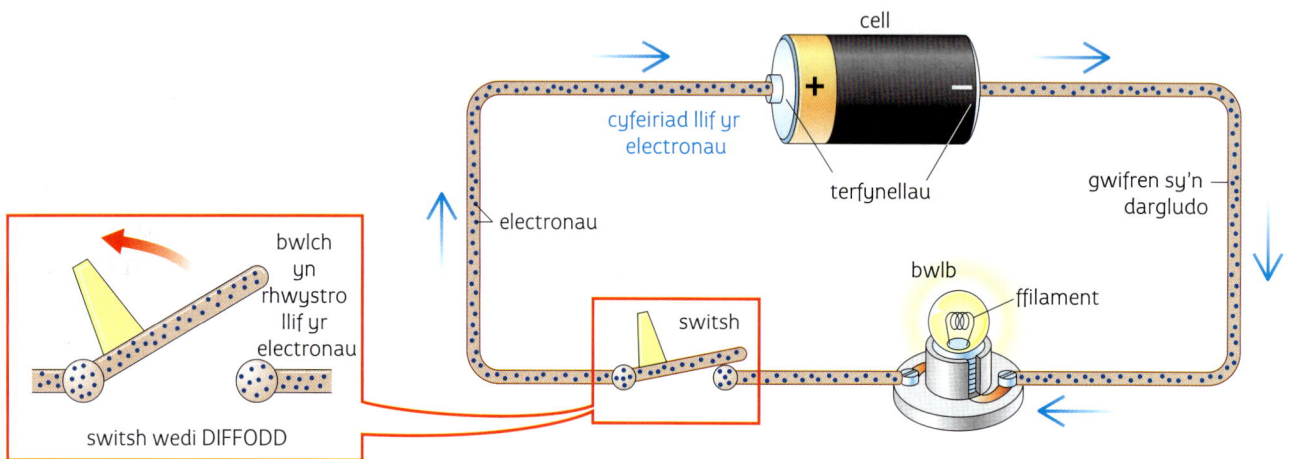

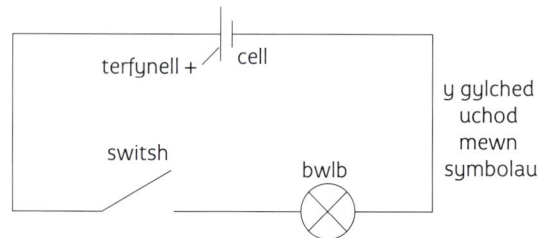

Symbolau cylched

Er mwyn cadw pethau'n syml, bydd gwyddonwyr a thrydanwyr yn defnyddio symbolau arbennig i dynnu llun cylchedau. Fe welwch chi enghraifft uchod.

Yn anffodus, mae'r symbol safonol ar gyfer switsh yn edrych fel petai wedi DIFFODD hyd yn oed os yw'r switsh WEDI'I GYNNAU! Felly mae yna symbolau eraill, a symbol gwahanol ar gyfer bwlb hefyd.

symbolau gwahanol

WEDI DIFFODD   WEDI'I GYNNAU

switsh   bwlb

Cwestiynau

1 Rhowch *ddau* beth sy'n angenrheidiol er mwyn i gerrynt lifo trwy fwlb bach.

2 Beth yw ystyr y symbolau hyn?

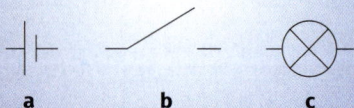

a   b   c

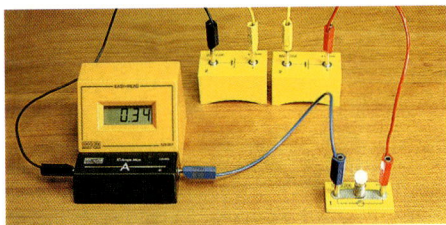

Amedr ar waith.

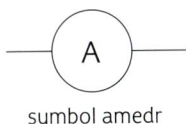

symbol amedr

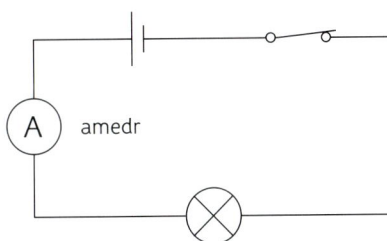

Mesur cerrynt

Mae cerrynt yn cael ei fesur mewn **amperau** (A). Yr uchaf y cerrynt, y mwyaf o wefr sy'n llifo. Hynny yw, y mwyaf o electronau sy'n mynd o amgylch y gylched bob eiliad.

I fesur cerrynt, rhaid rhoi **amedr** yn y gylched, fel y gwelwch yn yr enghreifftiau isod. Nid yw gosod yr amedr yn y gylched yn effeithio ar y cerrynt. O safbwynt y gylched, mae'r amedr yn union fel darn arall o wifren gyswllt.

Mewn cylchedau syml fel y rhain, does dim ots ym mhle'r ydych yn gosod yr amedr, gan mai'r un cerrynt sydd yr holl ffordd o amgylch y gylched. Mae'r un electronau yn mynd trwy un rhan ar ôl y llall.

Gallwch fesur cerrynt bach mewn **miliamperau** (mA):

1000 mA = 1 A

Felly, er enghraifft, mae cerrynt o 0.4 A yn 400 mA.

Cyfeiriad y cerrynt

Fe welwch chi ben saeth ar ddiagramau cylched weithiau. **Cyfeiriad cerrynt confensiynol** yw hwn. Nid cyfeiriad y llif yw hwn mewn gwirionedd. Mae'n dangos y cyfeiriad o'r positif (+) i'r negatif (−) o amgylch y gylched. A dweud y gwir, mae'r electronau yn llifo i'r gwrthwyneb.

Cwestiynau

3 Yn y gylched ar y dde, mae dau fesurydd U ac Y yn mesur cerrynt.

  a Pa fath o fesurydd yw U ac Y?

  b A fyddech chi'n disgwyl i'r darlleniad ar fesurydd Y fod yn **fwy**, yn **llai** neu'r un **fath** ag ar fesurydd U?

  Os yw'r switsh yn cael ei agor...

  c a fydd bwlb A yn aros yn olau neu'n diffodd?

  ch a fydd bwlb B yn aros yn olau neu'n diffodd?

  d beth fydd yn digwydd i'r darlleniad ar fesurydd U?

  dd beth fydd yn digwydd i'r darlleniad ar fesurydd Y?

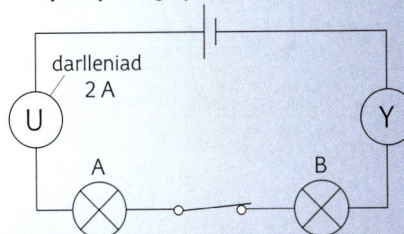

4 Y cerrynt trwy fwlb bach mewn tortsh yw 0.2 A. Beth yw hyn mewn miliamperau?

Foltedd

Mae celloedd yn storio egni. Pan fydd cell wedi ei chysylltu mewn cylched, fel hyn, bydd adweithiau cemegol y tu mewn i'r gell yn gwthio electronau allan ac yn *rhoi* egni iddyn nhw. Mae'r electronau yn *colli* yr egni hwn wrth lifo trwy'r bwlb. Mae'r egni yn cael ei ryddhau ar ffurf gwres a goleuni.

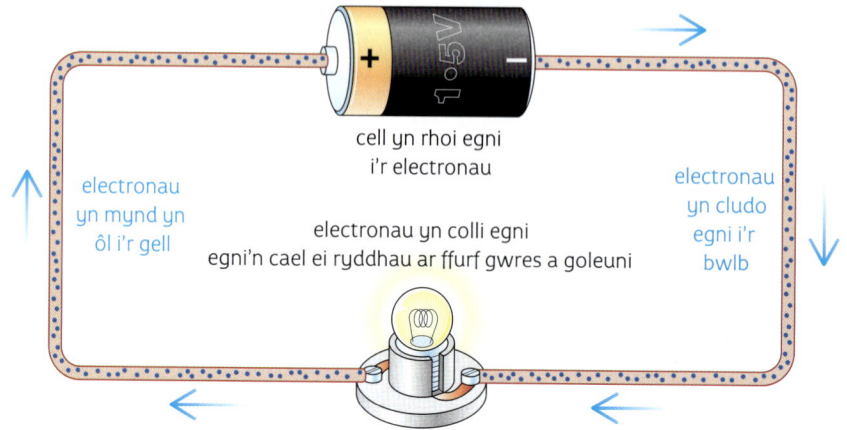

cell yn rhoi egni
i'r electronau

electronau
yn mynd yn
ôl i'r gell

electronau yn colli egni
egni'n cael ei ryddhau ar ffurf gwres a goleuni

electronau
yn cludo
egni i'r
bwlb

Wyddoch chi?
Folteddau nodweddiadol

Foltedd ar draws...

... cell ar gyfer tortsh	1.5 V
... batri car	12 V
... soced y prif gyflenwad	230 V

Celloedd a foltedd

Mae **foltedd** pob cell yn cael ei ddangos ar ei hochr. Yr uchaf y foltedd, y mwyaf o egni fydd yn cael ei roi i bob electron.

Enw arall am foltedd yw **gwahaniaeth potensial** (**g.p.**). Mae'n cael ei fesur mewn **foltiau** (V). Gallwch fesur foltedd cell trwy gysylltu **foltmedr** ar draws ei therfynellau.

darlleniad
1.5 V

foltmedr

cell

darlleniad
3.0 V

foltmedr

dwy gell mewn cyfres

Os cysylltwch chi ddwy gell sy'n union yr un fath mewn **cyfres** (mewn llinell), yna mae cyfanswm y foltedd ar eu traws ddwywaith cymaint â'r foltedd ar draws un gell.

Casgliad o gelloedd wedi'u cysylltu yw **batri**, ond rydym yn aml yn defnyddio'r gair i olygu un gell hefyd.

Mae gan y batri car 12 folt hwn chwe chell 2 folt wedi eu cysylltu mewn cyfres, i gyd yn yr un cas.

symbolau

foltmedr

batri
(2 gell)

batri
(nifer o gelloedd)

Cwestiynau

1 Sut byddech chi'n tynnu llun tair cell mewn cyfres, gan ddefnyddio symbolau?

2 Pa fath o fesurydd y byddech chi'n ei ddefnyddio i fesur g.p.?

3 Pa un gair sy'n golygu yr un peth â g.p.?

Folteddau o amgylch cylched

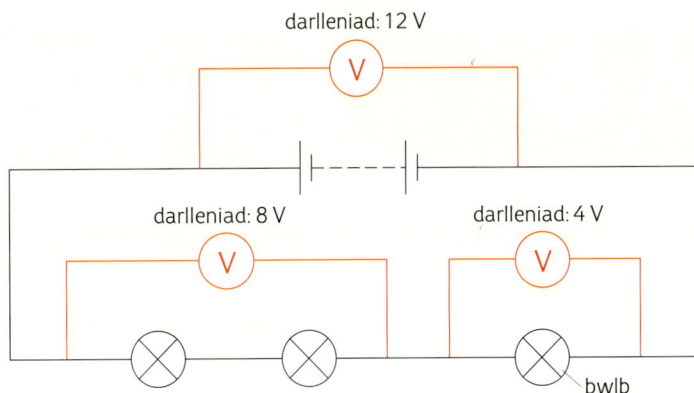

darlleniad: 12 V

darlleniad: 8 V   darlleniad: 4 V

bwlb

Dwy gell 1.5 V wedi'u cysylltu mewn cyfres sy'n rhoi'r pŵer i beiriant CD personol fel arfer.

Uchod, mae batri 12 V wedi ei gysylltu ar draws tri bwlb. Mae'r electronau yn colli rhywfaint o'u hegni yn y bwlb cyntaf, rhywfaint yn yr ail, a'r gweddill yn y trydydd.

Os cysylltwch chi foltmedr ar draws unrhyw un o'r bylbiau, bydd yn rhoi darlleniad. Yr uchaf y foltedd, y mwyaf o egni y bydd pob electron yn ei golli wrth iddo fynd trwy'r rhan honno o'r gylched.

Rhyngddyn nhw, mae'r bylbiau yn rhyddhau'r holl egni a ddaw o'r batri:

Mae'r folteddau ar draws y bylbiau yn adio i roi'r un faint â foltedd y batri.

Nid yw cysylltu'r foltmedrau yn effeithio ar y cerrynt sy'n llifo yn y gylched uchod. I bob pwrpas, gall y gylched anghofio am y foltmedr.

4 Mae'r gylched ar y dde yn cynnwys batri a dau fwlb.

   a Pa ran o'r gylched sy'n storio egni?

   b Ym mha rannau o'r gylched y mae egni'n cael ei ddefnyddio?

   c Mae tair cell yn y batri. Beth fyddai foltedd pob cell, yn eich barn chi?

   ch Beth fydd y darlleniad ar fesurydd **Y**?

   d Petai cell arall yn cael ei rhoi yn y batri, beth fyddai'r darlleniad newydd ar…

   fesurydd **U**? mesurydd **W**? mesurydd **Y**?

5 Edrychwch ar y gylched ar frig y dudalen. Petai'r mesurydd â'r darlleniad 8 V wedi ei gysylltu ar draws un bwlb yn unig, yn lle dau, beth fyddai'r darlleniad arno?

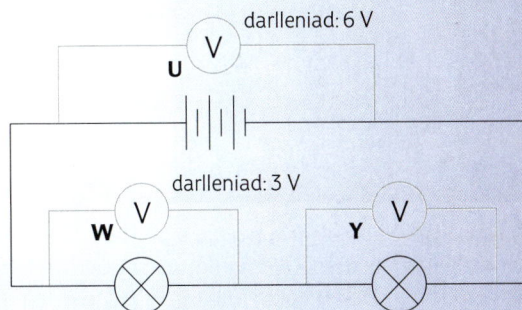

darlleniad: 6 V
U

darlleniad: 3 V
W   **Y**

Gwrthiant

Amcanion

Dylai'r adran hon eich helpu i
- gyfrifo gwrthiant
- egluro beth yw gwrthyddion

Mae cerrynt yn teithio'n hawdd trwy ddarn o wifren gyswllt gopr. Nid yw mor hawdd iddo deithio trwy'r wifren nicrom denau sy'n gwresogi tân trydan. Mae gan y wifren honno fwy o **wrthiant**. Mae'n rhaid defnyddio egni i wthio'r electronau trwy'r wifren, ac o ganlyniad mae gwres yn cael ei ryddhau.

Mae gan wifrau hir fwy o wrthiant...   ... na rhai byr.

Mae gan wifrau tenau fwy o wrthiant...   ... na rhai trwchus.

Mae gan wifren nicrom fwy o wrthiant...   ... na gwifren gopr yr un maint.

Cyfrifo gwrthiant

Mae gwrthiant yn cael ei fesur mewn **ohmau** (Ω). Wrth roi foltedd ar draws pennau gwifren, bydd cerrynt yn llifo. Gallwch ddefnyddio'r hafaliad hwn i gyfrifo gwrthiant y wifren, mewn ohmau:

$$\text{gwrthiant} = \frac{\text{foltedd}}{\text{cerrynt}}$$

foltedd mewn foltiau (V)
cerrynt mewn amperau (A)
gwrthiant mewn ohmau (Ω)

Er enghraifft:

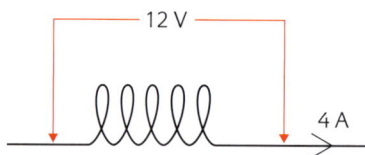

Os oes foltedd 12 V ar draws y darn hwn o wifren nicrom, bydd cerrynt 4 A yn llifo. Felly:

$$\text{gwrthiant} = \frac{12}{4} = 3 \ \Omega$$

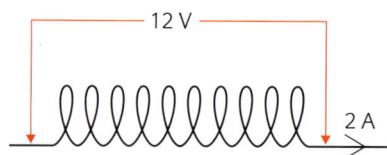

Os oes foltedd 12 V ar draws y darn hwn o wifren nicrom, bydd cerrynt 2 A yn llifo. Felly:

$$\text{gwrthiant} = \frac{12}{2} = 6 \ \Omega$$

Felly, ar gyfer unrhyw foltedd penodol:

Yr *uchaf* y gwrthiant, yr *isaf* fydd y cerrynt trwy'r wifren.

Gwres o wrthiant

Pan fydd cerrynt yn llifo trwy wrthiant, mae gwres yn cael ei ryddhau. Dyma'r syniad sy'n cael ei ddefnyddio mewn ffilament bwlb golau, yn ogystal â'r elfen sy'n gwresogi tegell trydan, haearn smwddio, tostiwr a sychwr gwallt.

Cwestiynau

1 Beth yw uned mesur gwrthiant?
2 Pa hafaliad sy'n cael ei ddefnyddio i gyfrifo gwrthiant?

Mae ffilament bwlb golau wedi ei wneud o wifren dwngsten denau iawn. Oherwydd ei gwrthiant, mae'n mynd yn boeth iawn pan fydd cerrynt yn llifo trwyddi.

elfennau gwresogi (gwifren nicrom)

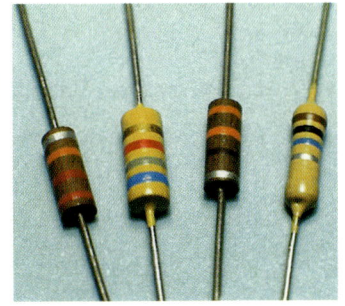

Mae gwrthiant gan elfennau gwresogi…

…a gwrthyddion fel y rhain.

batri

bwlb

rheolydd sy'n llithro

gwrthydd newidiol

coil o wifren nicrom

Gwrthyddion

Mae **gwrthyddion** yn rhyddhau gwres hefyd pan fydd cerrynt yn llifo trwyddyn nhw, ond nid dyna eu gwaith. Gallwn eu defnyddio i leihau cerrynt. Mewn cylchedau electronig, fel y rhai mewn radio neu deledu, maen nhw'n cadw'r cerrynt ar y lefel gywir er mwyn i'r rhannau eraill weithio'n iawn.

Ar y chwith, mae **gwrthydd newidiol** yn cael ei ddefnyddio i reoli pa mor llachar yw bwlb. Mae'r gwrthydd newidiol yn cynnwys coil hir o wifren nicrom denau. Wrth lithro'r rheolydd i'r dde, mae mwy o wrthiant yn y gylched, felly mae'r bwlb yn llai llachar.

Weithiau fe gewch chi wrthydd newidiol sy'n troi yn hytrach na llithro. Dyma'r math o wrthydd newidiol sy'n cael ei ddefnyddio mewn ffon reoli cyfrifiadur. Gallan nhw reoli lefel sain hefyd, er mai botwm pwyso a sglodyn cyfrifiadurol sy'n gwneud hynny ar radio a theledu fel arfer y dyddiau hyn.

Gwrthydd newidiol (math sy'n troi).

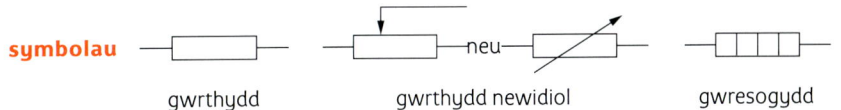

symbolau

gwrthydd   gwrthydd newidiol   gwresogydd

Cwestiynau

3 Ar y dudalen hon, mae diagram o gylched sy'n cynnwys gwrthydd newidiol.

  a Sut mae gwrthydd newidiol yn wahanol i wrthydd cyffredin?

  b Yn y diagram, petaech chi'n llithro rheolydd y gwrthydd newidiol i'r chwith, beth fyddai'n digwydd? Eglurwch eich ateb.

  c Tynnwch lun y diagram eto gan ddefnyddio symbolau cylched yn unig.

4 Pam mae'r elfen wresogi mewn sychwr gwallt wedi ei gwneud o wifren nicrom denau yn hytrach na gwifren gopr drwchus?

5 Copïwch a chwblhewch y tabl hwn, gan ddefnyddio'r hafaliad gwrthiant i ddod o hyd i'r gwerthoedd coll:

	Gwrthydd A	Gwrthydd B	Gwrthydd C
foltedd ar draws y gwrthydd V	8	6	2
cerrynt trwy'r gwrthydd A	2	4	5
gwrthiant Ω			

Dylai'r adran hon eich helpu i

- ddisgrifio sut mae cerrynt yn amrywio gyda foltedd mewn gwifrau metel a chydrannau eraill

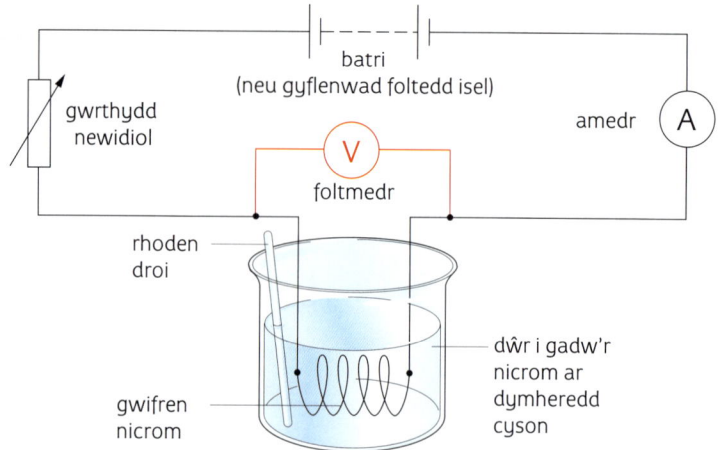

Foltedd V	Cerrynt A	Gwrthiant Ω $= \dfrac{\text{foltedd}}{\text{cerrynt}}$
3.0	1.0	3.0
6.0	2.0	3.0
9.0	3.0	3.0
12.0	4.0	3.0

Yn y gylched uchod, gallwch ddarganfod sut mae'r cerrynt trwy ddargludydd yn dibynnu ar y foltedd ar ei draws. Yma, coil o wifren nicrom yw'r dargludydd. Mae'r wifren yn cael ei chadw ar dymheredd cyson. Gwelwn rai o'r canlyniadau nodweddiadol yn y tabl ar y chwith. Fe welwch chi:

- Os yw'r foltedd yn dyblu, mae'r cerrynt yn dyblu, ac yn y blaen.
- Mae'r gwrthiant ar draws y wifren nicrom yn cadw'r un gwerth, sef 3 Ω yn yr achos hwn.

Os yw gwrthiant y defnydd yn aros yr un fath ar gyfer pob cerrynt, yna mae gwyddonwyr yn dweud ei fod yn cadw at **ddeddf Ohm**. Mae'r metelau i gyd yn cadw at ddeddf Ohm – ar yr amod bod eu tymheredd yn aros yn gyson.

Mae gwrthiant metel yn cynyddu â thymheredd. Ond cynnydd bach sydd yna, oni bai fod y tymheredd yn cynyddu'n fawr iawn.

Cydrannau gwrthiant

Mae rhai o'r **cydrannau** (darnau) sy'n cael eu defnyddio mewn cylchedau wedi eu cynllunio er mwyn cael gwrthiant sy'n gallu amrywio:

Cydran	Thermistor	Gwrthydd goleuni-ddibynnol	Deuod
Symbol			
Gwrthiant	Gwrthiant uchel yn oer, gwrthiant isel yn boeth.	Gwrthiant uchel mewn tywyllwch, gwrthiant isel mewn goleuni.	Gwrthiant uchel iawn i un cyfeiriad, gwrthiant isel i'r cyfeiriad arall.
Enghraifft o'i defnyddio	Mewn cylchedau electronig sy'n canfod newid tymheredd – er enghraifft, larwm tân neu thermomedr.	Mewn cylchedau electronig sy'n cynnau golau yn awtomatig.	Gadael i gerrynt lifo i un cyfeiriad yn unig. Cael ei ddefnyddio mewn plygiau addasu pŵer ac offer electronig.

Graffiau cerrynt-foltedd

Gallwch ddefnyddio cylched fel yr un ar y dudalen gyferbyn i nodi gwerthoedd cerrynt a foltedd ar gyfer gwahanol gydrannau a'u dangos ar ffurf graff. Dyma enghreifftiau:

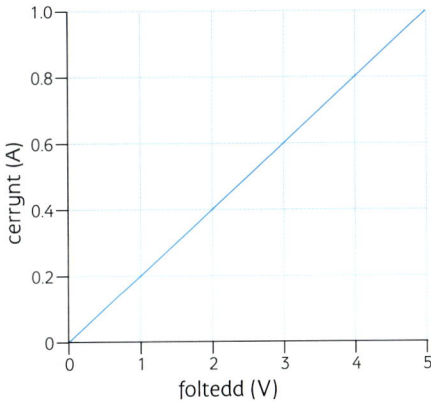

Gwrthydd metel ar dymheredd cyson (er enghraifft, y wifren nicrom ar y dudalen gyferbyn). Mae'r graff yn llinell syth trwy'r tarddbwynt. Mae foltedd ÷ cerrynt yr un fath ym mhob pwynt. Hynny yw, nid yw'r gwrthiant yn newid.

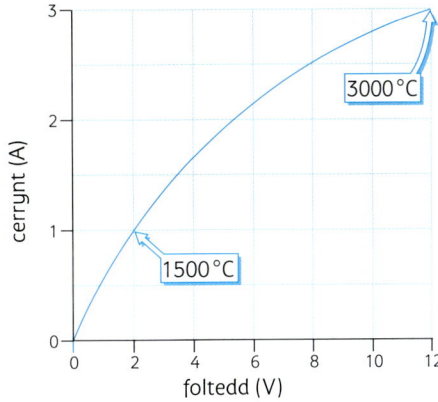

Ffilament twngsten (mewn bwlb). Wrth i'r cerrynt gynyddu, mae'r tymheredd yn codi a'r gwrthiant yn cynyddu. Nid yw foltedd ÷ cerrynt yr un fath ym mhob pwynt. Nid yw'r cerrynt mewn cyfrannedd â'r foltedd.

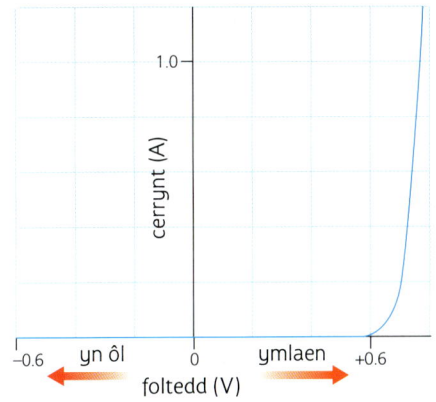

Deuod. Nid yw'r cerrynt mewn cyfrannedd â'r foltedd. Ac os yw'r foltedd yn cael ei gildroi (trwy osod y deuod tu ôl ymlaen), mae'r cerrynt bron yn sero. Mewn ffordd, mae'r deuod yn 'rhwystro' y cerrynt yn y cyfeiriad dirgroes.

Mae'r ddau wrthydd hyn mewn cyfres…

…yn cael yr un effaith â'r gwrthiant hwn.

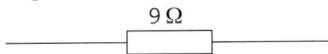

Adio gwrthiannau

Wrth gysylltu mwy a mwy o wrthyddion mewn cyfres, mae cyfanswm y gwrthiant yn cynyddu:

Wrth gysylltu gwrthiannau mewn cyfres:
cyfanswm y gwrthiant = swm pob gwrthiant unigol

Er enghraifft, ar y chwith, mae gwrthiannau 3 Ω a 6 Ω mewn cyfres yn adio i roi cyfanswm gwrthiant o 9 Ω.

Cwestiynau

1 Enwch gydran sydd:
  a â gwrthiant sy'n gostwng wrth i'r tymheredd godi.
  b yn gadael i gerrynt lifo trwyddi mewn un cyfeiriad yn unig.

2 Edrychwch ar y graff ar gyfer y ffilament twngsten ar frig y dudalen.
  a Beth yw'r cerrynt trwy'r ffilament pan fydd y foltedd ar ei draws yn 2 V?
  b Beth yw'r cerrynt trwy'r ffilament pan fydd y foltedd ar ei draws yn 12 V?
  c Beth yw gwrthiant y ffilament ar 1500 °C?
  ch Beth yw gwrthiant y ffilament ar 3000 °C?

3 Mae darn o wifren nicrom yn cael ei gadw ar dymheredd cyson. Caiff gwahanol folteddau eu rhoi ar draws pennau'r wifren, gan fesur y cerrynt bob tro. Copïwch y tabl hwn a llenwch y gwerthoedd coll:

Foltedd (V)	Cerrynt (A)	Gwrthiant (Ω)
8	2	
4		
2		

Cylchedau cyfres a pharalel

Amcanion

Dylai'r adran hon eich helpu i
- ddisgrifio effeithiau cysylltu bylbiau neu wrthyddion mewn cyfres ac mewn paralel

Mae'n rhaid i'r bylbiau yn y llun gael eu pŵer o'r un cyflenwad. Mae yna ddwy ffordd o gysylltu bylbiau neu wrthyddion â'i gilydd. Mae'r cylchedau isod yn dangos y gwahaniaeth rhyngddyn nhw.

Dyma fylbiau wedi eu cysylltu mewn **cyfres**.

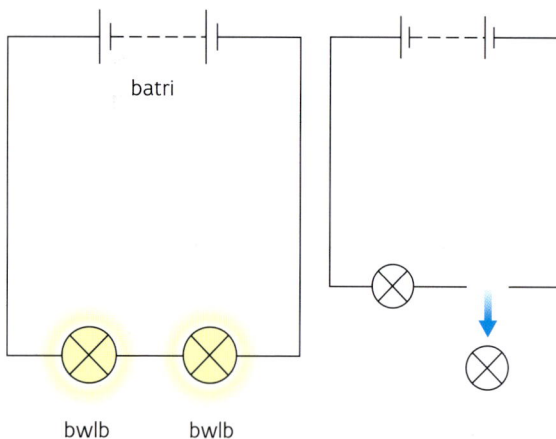

batri

bwlb   bwlb

- Mae'r bylbiau yn rhannu'r foltedd o'r batri, felly mae'r ddau yn tywynnu'n eithaf gwan.
- Os tynnwch chi un bwlb allan o'r gylched, bydd y llall yn diffodd gan fod toriad yn y gylched.

Dyma fylbiau wedi eu cysylltu mewn **paralel**.

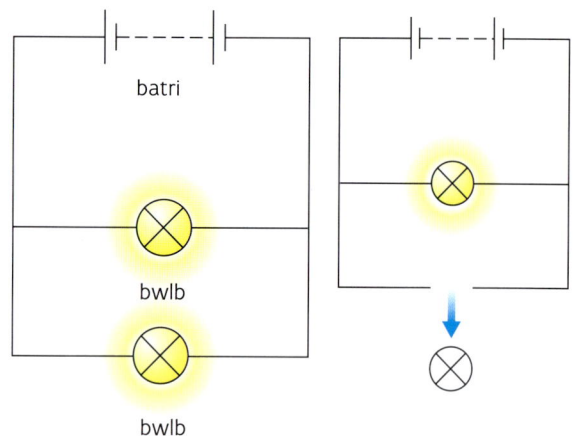

batri

bwlb

bwlb

- Mae'r ddau fwlb yn cael y foltedd llawn o'r batri, felly mae'r ddau yn tywynnu'n llachar.
- Os tynnwch chi un bwlb allan o'r gylched, bydd y llall yn dal i weithio oherwydd ei fod yn dal yn rhan o gylched gyflawn.

Os yw un batri (neu gyflenwad pŵer) yn gorfod rhoi pŵer i ddau fwlb neu fwy, fel arfer maen nhw wedi eu cysylltu mewn paralel. Mae pob bwlb yn cael foltedd llawn y batri. Hefyd, gallwch gynnau a diffodd pob un ar ei ben ei hun.

Rheolau sylfaenol cylched

Mae'r enghreifftiau ar frig y dudalen nesaf yn dangos y rheolau sylfaenol ar gyfer cylchedau cyfres a pharalel. Ond beth bynnag yw'r gylched, mae gwrthiant = foltedd ÷ cerrynt yn wir *bob tro* ar gyfer *pob* gwrthiant. Gwnewch y symiau eich hun ar gyfer pob gwrthiant yn y diagramau!

Cwestiynau

1 Mae angen defnyddio un batri i roi pŵer i nifer o fylbiau. Rhowch *ddwy* fantais cysylltu'r bylbiau mewn paralel yn hytrach nag mewn cyfres.

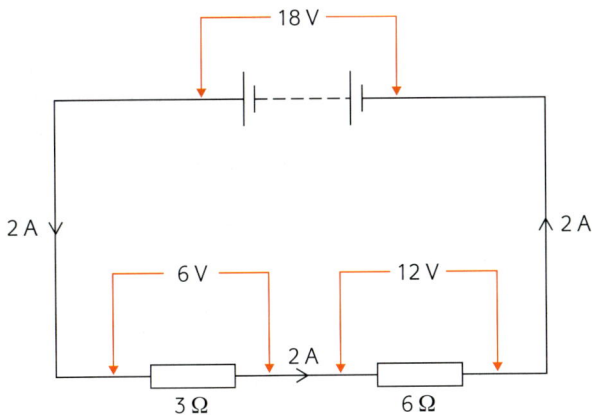

Wrth gysylltu batri ar draws gwrthyddion (neu gydrannau eraill) mewn **cyfres**:

- mae'r un cerrynt trwy bob gwrthydd.
- mae'r gwrthyddion yn rhannu foltedd y batri. Felly mae'r foltedd ar eu traws yn adio i roi foltedd y batri.

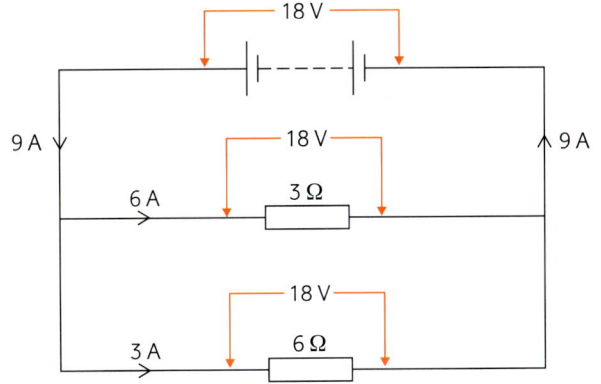

Wrth gysylltu batri ar draws gwrthyddion (neu gydrannau eraill) mewn **paralel**:

- mae pob gwrthydd yn cael foltedd llawn y batri.
- mae'r gwrthyddion yn rhannu'r cerrynt o'r batri. Felly mae'r cerrynt trwyddyn nhw yn adio i roi'r cerrynt o'r batri.

Trefnu celloedd

Dyma enghreifftiau o gelloedd wedi'u cysylltu:

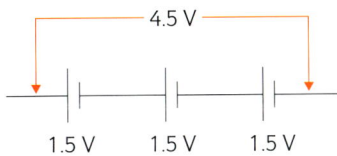

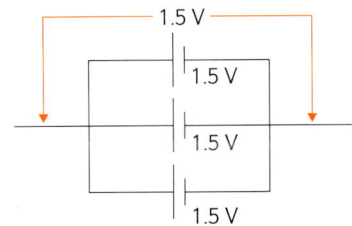

Celloedd mewn cyfres: rhaid adio'r folteddau i gael cyfanswm y foltedd.

Mae un gell o chwith, felly mae'n canslo foltedd un o'r lleill.

Mae'r foltedd ar draws celloedd paralel yr un fath â'r foltedd o un gell.

Cwestiynau

Dyma gwestiynau am y gylched ar y dde.

2 A fydd bylbiau A a B WEDI'U CYNNAU neu WEDI DIFFODD os bydd:

  a switsh S_1 yn unig yn cael ei agor?

  b switsh S_2 yn unig yn cael ei agor?

3 Mae bylbiau A a B yn union yr un fath. Os yw'r ddau switsh ar gau:

  a beth yw'r foltedd ar draws bwlb A?

  b beth yw'r cerrynt trwy fwlb B?

  c beth yw'r cerrynt trwy'r batri?

4 Mae pedair cell yn y batri.

  a Beth yw foltedd pob cell?

  b Beth fyddai foltedd y batri petai un o'r celloedd wedi ei chysylltu o chwith?

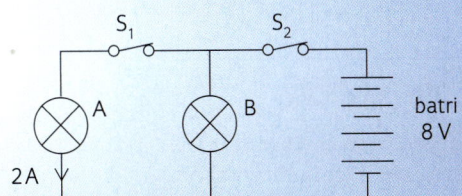

Datrys cylchedau

Amcanion

Dylai'r adran hon eich helpu i

- gyfrifo foltedd, cerrynt a gwerthoedd gwrthiant mewn gwahanol rannau o'r gylched

Mae cannoedd o gylchedau mewn offer sain a goleuo fel hyn. I baratoi cylchedau o'r fath, mae'n rhaid i beirianwyr trydanol ddeall y cysylltiad rhwng foltedd, cerrynt a gwrthiant.

Hafaliadau gwrthiant-foltedd-cerrynt

Os ydych chi'n gwybod beth yw'r foltedd ar draws gwrthydd, a'r cerrynt trwyddo, gallwch gyfrifo'r gwrthiant trwy ddefnyddio'r hafaliad hwn:

$$\text{gwrthiant} = \frac{\text{foltedd}}{\text{cerrynt}}$$

foltedd mewn foltiau (V)
cerrynt mewn amperau (A)
gwrthiant mewn ohmau (Ω)

Gallwn drefnu'r hafaliad mewn dwy ffordd arall:

$$\text{foltedd} = \text{cerrynt} \times \text{gwrthiant} \qquad \text{cerrynt} = \frac{\text{foltedd}}{\text{gwrthiant}}$$

Mae'r rhain yn ddefnyddiol os ydych chi'n gwybod y gwrthiant, ond eisiau dod o hyd i'r foltedd neu'r cerrynt.

Mae'r triongl ar y chwith yn dangos y tair ffordd o drefnu'r hafaliad.

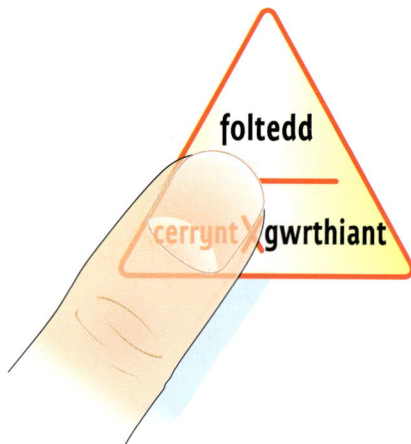

Cuddiwch 'cerrynt' er mwyn cael yr hafaliad ar gyfer cerrynt. Mae'n gweithio ar gyfer foltedd a gwrthiant hefyd.

Cylchedau a phroblemau

Enghraifft 1 Mae cerrynt 2 A yn llifo trwy wrthydd 3 Ω. Beth yw'r foltedd ar draws y gwrthydd?

Y tro hwn:

cerrynt = 2 A, gwrthiant = 3 Ω, a rhaid dod o hyd i'r foltedd. Felly dewiswch yr hafaliad sy'n dechrau â foltedd = …

foltedd = cerrynt × gwrthiant = 2 × 3 = 6 V

Felly, y foltedd ar draws y gwrthydd yw 6 V.

Cwestiynau

1 Mae cerrynt 2 A yn llifo trwy wrthydd 6 Ω. Beth yw'r foltedd ar draws y gwrthydd?

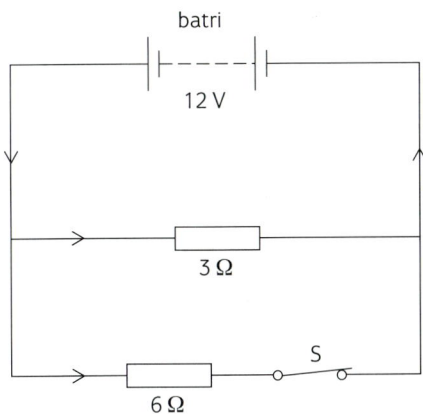

batri
12 V
3 Ω
6 Ω
S

Enghraifft 2 Yn y gylched ar y chwith, beth yw'r cerrynt trwy: **a** y gwrthydd 3 Ω? **b** gwrthydd 6 Ω? **c** y batri?

a Mae foltedd llawn y batri ar draws y gwrthydd 3 Ω.
Felly, y tro hwn:
foltedd = 12 V, gwrthiant = 3 Ω, a rhaid dod o hyd i'r cerrynt.
Felly, dewiswch yr hafaliad sy'n dechrau â cerrynt = …

$$\text{cerrynt} = \frac{\text{foltedd}}{\text{gwrthiant}} = \frac{12}{3} = 4\,\text{A}$$

Felly, y cerrynt trwy'r gwrthydd 3 Ω yw 4 A.

b Mae foltedd llawn y batri ar draws y gwrthydd 6 Ω hefyd.
Felly gallwch ddatrys y broblem gan ddefnyddio'r un dull eto. Y cerrynt trwy'r gwrthydd 6 Ω yw 2 A.

c Mae'n rhaid i'r batri roi cerrynt i'r ddau wrthydd. Felly:

cerrynt trwy'r batri	=	cerrynt trwy'r gwrthydd 6 Ω	+	cerrynt trwy'r gwrthydd 3 Ω	
	=	4 A	+	2 A	= 6 A

Felly, y cerrynt trwy'r batri yw 6 A.

Enghraifft 3 Yn enghraifft **2** uchod, beth yw'r cerrynt trwy'r batri os yw switsh S ar agor?

Mae hyn yn haws na'r disgwyl! Os yw switsh S ar agor, does dim cerrynt trwy'r gwrthydd 6 Ω, ac mae'r gylched yn ymddwyn yn union fel yr un ar y chwith. Mae yna gerrynt o 4 A trwy'r gwrthydd 3 Ω o hyd. Felly, y cerrynt trwy'r batri yw 4 A.

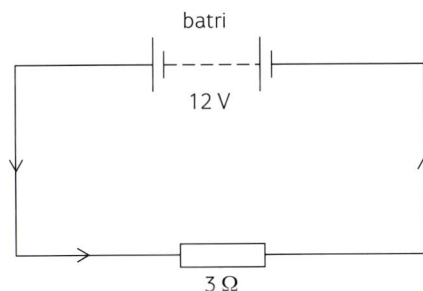

batri
12 V
3 Ω

Cwestiynau

2 Yn y cylchedau hyn, mae angen cyfrifo'r gwrthiant, y foltedd neu'r cerrynt. Cyfrifwch y gwerth coll:

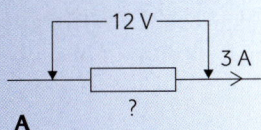

A   12 V   3 A   ?

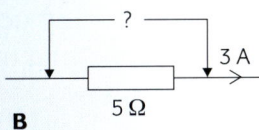

B   ?   3 A   5 Ω

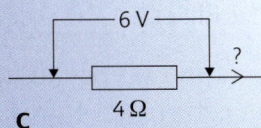

C   6 V   4 Ω   ?

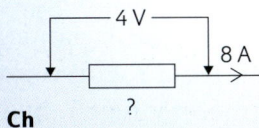

Ch   4 V   8 A   ?

3 Yn y gylched isod, beth yw'r cerrynt trwy:
a y gwrthydd 2 Ω? **b** y gwrthydd 4 Ω?
c y batri?

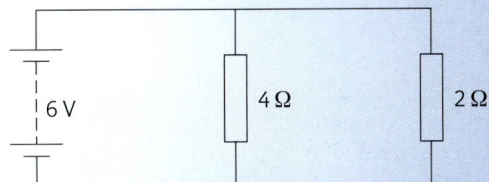

6 V   4 Ω   2 Ω

4 Yn y gylched uchod, petai'r gwrthyddion wedi eu cysylltu mewn cyfres ac nid mewn paralel, beth fyddai'r cerrynt trwy bob un?

Trydan y prif gyflenwad

Wrth roi plwg tegell trydan mewn soced, rydych yn ei roi mewn cylched. Mae'r pŵer yn dod o eneradur mewn gorsaf bŵer. Yng ngwledydd Prydain, 230 V yw **foltedd y cyflenwad** ar gyfer y socedi a'r cylchedau eraill yn y cartref.

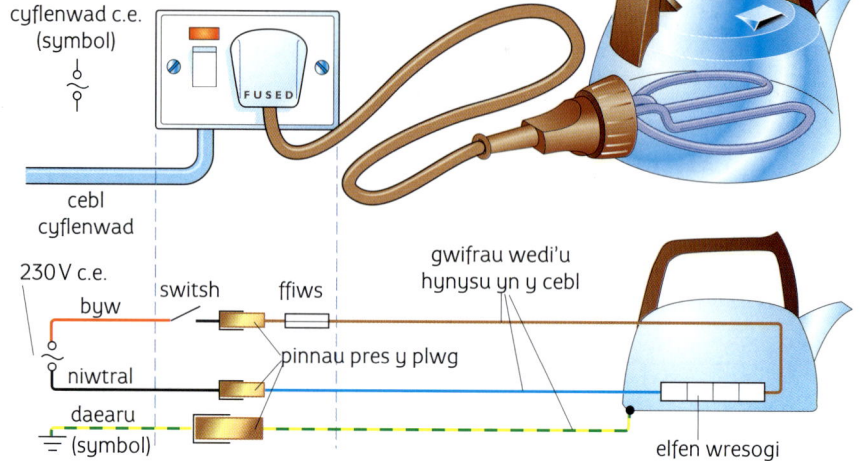

cyflenwad c.e. (symbol)

cebl cyflenwad

230 V c.e.

byw — switsh — ffiws

gwifrau wedi'u hynysu yn y cebl

pinnau pres y plwg

niwtral

daearu

(symbol)

elfen wresogi

Cerrynt eiledol neu **c.e.** yw cerrynt y prif gyflenwad. Mae'n llifo yn ôl a blaen, yn ôl a blaen nifer o weithiau bob eiliad.

Gwifren fyw Mae hon yn mynd +, −, +, −, +, − … gan wneud i'r cerrynt lifo yn ôl a blaen o amgylch y gylched.

Gwifren niwtral Mae hon yn cwblhau'r gylched. Mae ei foltedd yn sero.

Switsh Rhaid cael y switsh yn y wifren fyw, fel nad oes unrhyw ran o'r wifren yn y cebl yn dal yn fyw ar ôl i chi ei ddiffodd.

porslen

13A

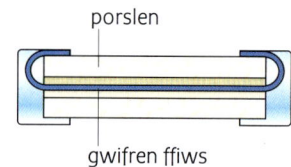

gwifren ffiws

Ffiws plwg.

Ffiws Darn o wifren denau yw hwn sy'n cynhesu a 'chwythu' (ymdoddi) os yw'r cerrynt yn rhy uchel. Mae'n torri'r gylched cyn y gall unrhyw beth orboethi a mynd ar dân. Fel y switsh, rhaid iddo fod yn y wifren fyw.

Gwifren ddaearu Gwifren ddiogelwch yw hon. Mae'n cysylltu corff metel y tegell â'r ddaear gan atal y tegell rhag mynd yn 'fyw'. Er enghraifft, petai'r wifren fyw yn dod yn rhydd ac yn cyffwrdd â chorff metel y tegell, byddai cerrynt yn llifo i'r ddaear ac yn chwythu'r ffiws ar unwaith. Felly byddai'n ddiogel i ni gyffwrdd â'r tegell.

Cwestiynau

1 Beth yw'r foltedd mewn soced prif gyflenwad yng ngwledydd Prydain?

2 Beth yw ystyr c.e.?

3 Beth yw'r gwahaniaeth rhwng c.e. a'r cerrynt sy'n llifo o fatri?

4 Beth yw diben ffiws?

5 Mae cas metel o amgylch tostiwr trydan. Pam mae angen gwifren ddaearu arno?

Plygiau tri phin

Mae plwg yn ffordd syml a diogel o gysylltu pethau â'r prif gyflenwad. Yng ngwledydd Prydain, plygiau tri phin sy'n cael eu defnyddio. Mae ffiws y tu mewn iddyn nhw:

daearu

ffiws

niwtral

byw

daliwr cebl

Dewis y ffiws cywir Fel arfer, mae yna ffiws 3 A, 5 A neu 13 A mewn plwg. Mae'r gwerth yn dangos y cerrynt sydd ei angen i chwythu'r ffiws. Dylai gwerth y ffiws fod yn fwy na'r cerrynt arferol trwy'r ddyfais, ond mor agos ato â phosibl. Er enghraifft:

Os yw tostiwr trydanol yn cymryd cerrynt 4 A, mae angen ffiws 5 A yn y plwg. Byddai'n dal i weithio â ffiws 13 A, ond efallai na fyddai'n ddiogel. Petai rhywbeth yn mynd o'i le, gallai'r cylchedau orboethi a mynd ar dân heb i'r ffiws chwythu.

Ynysiad dwbl

Gwaelod plastig sydd gan y lamp ar y chwith. Mae hyn yn rhoi haen arall o ynysiad iddi, felly nid oes angen gwifren ddaearu arni. Mae **ynysiad dwbl** fel hyn mewn radio a theledu hefyd, a dim gwifren ddaearu.

Mae ynysu dwbl ar y lamp hon, felly nid oes angen gwifren ddaearu arni.

Cwestiynau

6 *byw   niwtral   daearu*   Pa un o'r gwifrau hyn:

a sydd ag ynysiad brown?

b sy'n wifren ddiogelwch?

c sy'n mynd yn + a − bob yn ail?

ch sydd â gorchudd glas?

7

| 3 A | 5 A | 13 A |

a Pa un o'r ffiwsiau hyn y byddech chi'n ei ddewis ar gyfer gwresogydd ffan sy'n cymryd cerrynt 10 A?

b Pa ffiws y byddech chi'n ei ddewis ar gyfer cymysgydd bwyd sy'n cymryd cerrynt 2 A?

c Pam **na** fyddech chi'n defnyddio ffiws 13 A ar gyfer y cymysgydd bwyd yn rhan **b**?

8 Dyma gylched sydd wedi ei gwifro'n anghywir.

a Os caiff y bwlb ei dynnu o'i soced, nid yw'r gylched yn ddiogel. Eglurwch pam.

b Gwnewch lun arall o'r gylched, wedi ei gwifro'n gywir.

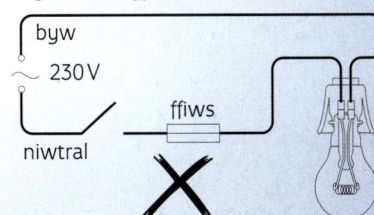

byw

230 V

ffiws

niwtral

Pŵer trydanol

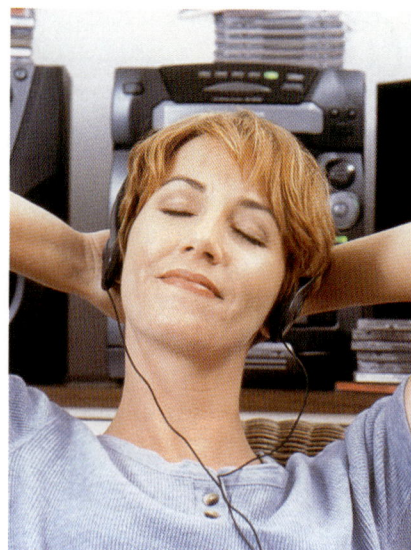

Mae systemau stereo fel hyn yn defnyddio egni i gynhyrchu sain. Ond mae gan system y ferch fwy o **bŵer** na'r system fach ar y chwith. Mae'n defnyddio mwy o egni bob eiliad.

Mae egni'n cael ei fesur mewn **jouleau** (J).

Mae pŵer yn cael ei fesur mewn **watiau** (W). Mae pŵer o 1 wat yn golygu bod 1 joule o egni yn cael ei ddefnyddio bob eiliad.

Felly mae bwlb 100 W yn defnyddio egni ar gyfradd o 100 J bob eiliad. Mae'n cymryd 100 J o egni o'r prif gyflenwad bob eiliad.

Fel arfer, mae yna label ar y dyfeisiau trydanol o gwmpas y tŷ yn dangos eu pŵer. Dyma rai enghreifftiau. Weithiau, mae'r pŵer mewn **cilowatiau** (kW):

$$1\,\text{kW} = 1000\,\text{W}$$

Cwestiynau

1. Beth yw'r uned ar gyfer mesur pŵer?
2. Os oes '1.6 kW' ar ochr sychwr gwallt, beth yw hyn mewn watiau?

tegell
2300 W

teledu lliw
115 W

peiriant stereo
92 W

tostiwr
690 W

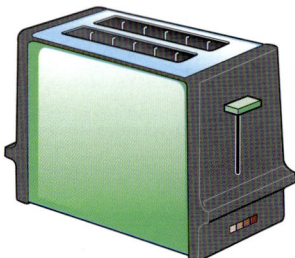

dril
460 W

stereo personol
1 W

Cyfrifo pŵer trydanol

Mewn cylched, gallwch gyfrifo pŵer fel hyn:

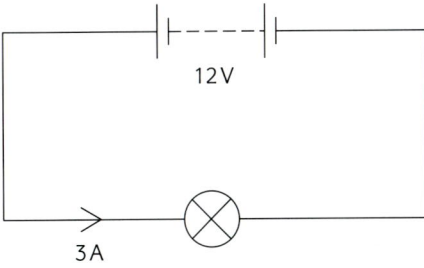

$$\text{pŵer} = \text{foltedd} \times \text{cerrynt}$$

pŵer mewn watiau (W)
foltedd mewn foltiau (V)
cerrynt mewn amperau (A)

Er enghraifft, mae 12 V ar draws y bwlb ar y chwith a cherrynt 3 A trwyddo. Felly:

$$\text{pŵer y bwlb} = 12 \times 3 = 36 \text{ W}$$

Rhagor o hafaliadau

Gallwch ysgrifennu'r hafaliad pŵer mewn dwy ffordd arall:

$$\text{cerrynt} = \frac{\text{pŵer}}{\text{foltedd}} \qquad \text{a} \qquad \text{foltedd} = \frac{\text{pŵer}}{\text{foltedd}}$$

Mae'r rhain yn ddefnyddiol os ydych chi'n gwybod beth yw'r pŵer ond eisiau dod o hyd i'r foltedd neu'r cerrynt. Mae'r triongl ar y chwith yn dangos y tair ffordd o drefnu'r hafaliad.

Enghraifft   Mae gan degell bŵer o 2.3 kW. Pa gerrynt y mae'n ei gymryd o'r prif gyflenwad 230 V?

I ddechrau, rhaid newid y pŵer yn watiau: 2.3 kW = 2300 W
Wedyn, defnyddiwch yr hafaliad sy'n dechrau â cerrynt = …

$$\text{cerrynt} = \frac{\text{pŵer}}{\text{foltedd}} = \frac{2300}{230} = 10 \text{ A}$$

Felly, y cerrynt trwy'r tegell yw 10 A.

Cwestiynau

3 Mae'r tair dyfais isod yn y lluniau sydd ar y dudalen gyferbyn, sy'n dangos pŵer gwahanol bethau. Cyfrifwch bŵer y tair dyfais, yna dyfalwch beth ydyn nhw.

Foltedd y prif gyflenwad: 230 V

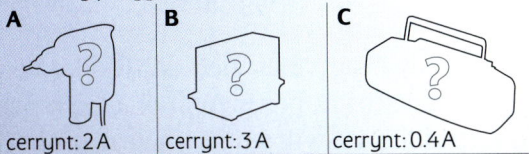

A	B	C
cerrynt: 2 A	cerrynt: 3 A	cerrynt: 0.4 A

4 Mae pedair dyfais wedi eu rhestru ar y dde.

a Beth yw pŵer pob dyfais mewn kW?

b Pa gerrynt mae pob dyfais yn ei gymryd?

c Pe baech yn cael dewis rhwng ffiws 3 A neu 13 A, pa fath y byddech chi'n ei roi ym mhlwg pob dyfais? (Cofiwch: dylai gwerth y ffiws fod yn fwy na'r cerrynt arferol, ond mor agos ato â phosibl.)

Foltedd y prif gyflenwad: 230 V		Pŵer
A	dril	460 W
B	gwresogydd	1150 W
C	haearn smwddio bach	920 W
Ch	peiriant casét	23 W

Amcanion

Dylai'r adran hon eich helpu i

- ddisgrifio sut mae cylchedau yn y cartref wedi eu cysylltu
- egluro'r gwahaniaeth rhwng c.e. a c.u.

Cysylltu mewn paralel

cyflenwad c.e. (symbol) 230V

Os oes angen cynnau pedwar bwlb â'r un cyflenwad pŵer, yna'r ffordd orau o wneud hynny yw eu cysylltu mewn paralel, fel yn y llun uchod. Mae pob bwlb yn cael foltedd llawn y cyflenwad. Hefyd, gallwch gynnau a diffodd pob un ar wahân heb effeithio ar y gweddill.

Mewn tŷ, mae cebl y cwmni cyflenwi trydan yn rhannu'n nifer o gylchedau paralel. Mae'r rhain yn cludo pŵer ar gyfer y goleuadau, y popty a socedi'r prif gyflenwad. Yn yr **uned defnyddwyr** (y 'bocs ffiwsiau'), mae pob cylched yn mynd trwy ffiws neu dorrwr cylched (edrychwch ar y dudalen nesaf). Mae ffiws ym mhob plwg sy'n cael ei roi mewn soced hefyd, e.e. ar haearn smwddio a sychwr gwallt.

Switshis dwy ffordd

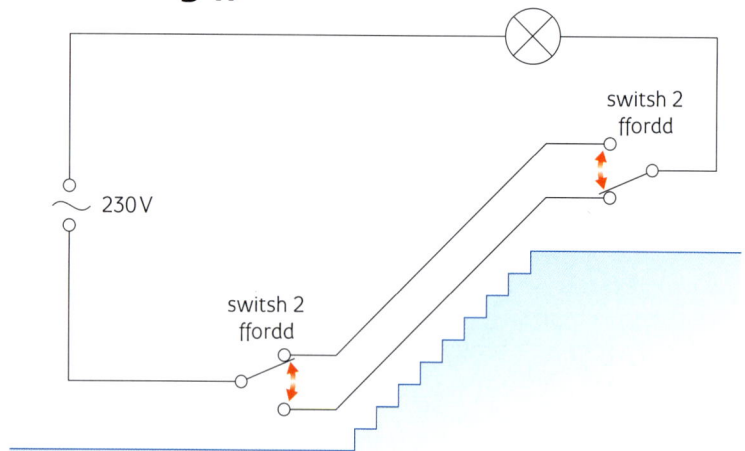

switsh 2 ffordd

230V

switsh 2 ffordd

Yn y rhan fwyaf o dai, gallwch gynnau neu ddiffodd goleuadau'r landin gan ddefnyddio switshis ar ben neu ar waelod y grisiau. Mae gan y switshis hyn ddau gyswllt yn hytrach nag un. Maen nhw'n **switshis dwy ffordd**. Os yw'r ddau switsh i fyny neu'r ddau i lawr, bydd cerrynt yn llifo trwy'r bwlb. Ond os yw un switsh i fyny a'r llall i lawr, mae'r gylched yn cael ei thorri. Mae un switsh yn gwrthdroi effaith y llall.

Cwestiynau

1 Mewn tŷ, pam mae'r bylbiau a dyfeisiau eraill sy'n defnyddio'r prif gyflenwad wedi eu cysylltu mewn paralel?

2 Beth sydd mewn uned defnyddwyr?

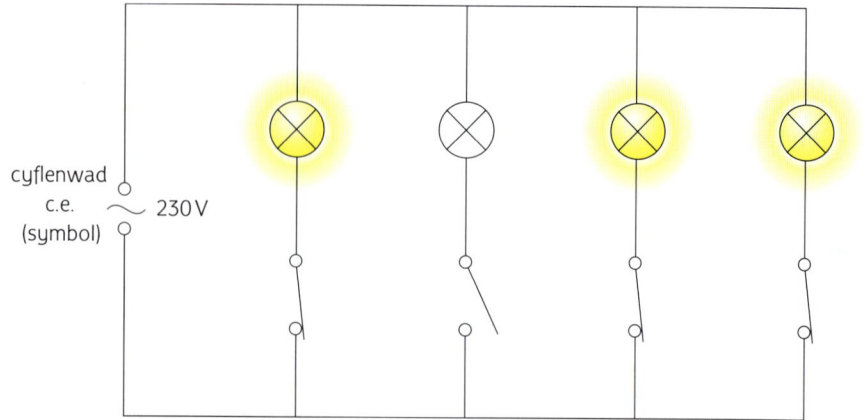

Defnyddio switsh dwy ffordd.

Torrwr cylched sy'n llifo i'r ddaear.

Torwyr cylched

Mewn rhai 'blychau ffiwsiau' cawn **dorwyr cylched** yn hytrach na ffiwsiau. Switsh awtomatig yw torrwr cylched, sy'n diffodd y cerrynt os yw'n mynd yn rhy uchel. Yn wahanol i ffiws, gallwch ei ailosod.

I fod yn fwy diogel, wrth osod cebl ychwanegol i dorri'r lawnt neu dorri gwrych, dylech ddefnyddio **torrwr cylched sy'n llifo i'r ddaear** fel yr un ar y chwith. Mae hwn yn darganfod a oes cerrynt yn llifo i'r ddaear – trwy eich corff o bosib, wrth i chi gyffwrdd â gwifren wedi torri. Mae'n diffodd y cerrynt cyn i unrhyw niwed ddigwydd.

Rhagor am gerrynt eiledol c.e. a cherrynt union c.u.

Mae'n haws cynhyrchu cerrynt eiledol (c.e.) na **cherrynt union** (c.u.) un ffordd (sef y math sy'n llifo o fatri).

Gallwch ddefnyddio **osgilosgop** i weld y gwahaniaeth rhwng c.e. a c.u. Gall hwn blotio graff yn gyflym iawn, drosodd a throsodd, gan ddangos sut mae foltedd cyflenwad yn amrywio ag amser:

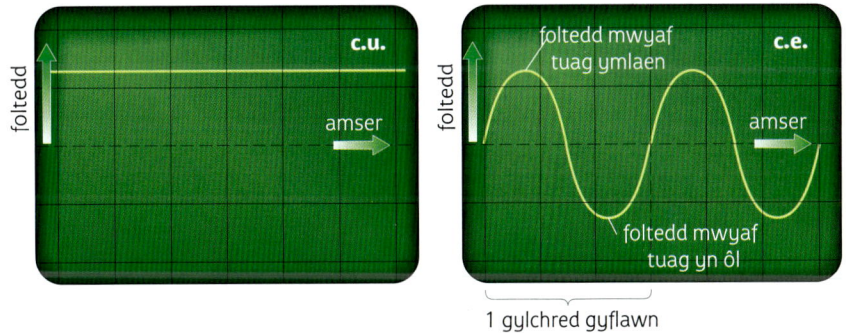

1 gylchred gyflawn

Mae foltedd c.u. yn gyson, a bob amser i'r un cyfeiriad. Mae foltedd c.e. yn codi i'r brig (gwerth mwyaf), yn disgyn i sero, yn newid cyfeiriad... ac yn y blaen, lawer o weithiau bob eiliad.

Yn y D.U., 50 **hertz** (Hz) yw **amledd y prif gyflenwad**. Mae hyn yn golygu bod 50 cylchred gyflawn yn ôl ac ymlaen bob eiliad.

Cwestiynau

3 a Beth yw gwaith torrwr cylched?

b Beth yw mantais torrwr cylched o'i gymharu â ffiws?

4 Copïwch a chwblhewch y diagram ar y dde i ddangos sut y gallwn ddefnyddio unrhyw un o'r switshis i reoli'r bwlb.

5 Beth yw'r gwahaniaeth rhwng c.e. ac c.u.?

6 Yng ngwledydd Prydain, *50 Hz yw amledd y prif gyflenwad*. Eglurwch ystyr hyn.

230V

Prynu trydan

Dylai'r adran hon eich helpu i

- gyfrifo egni mewn kW awr
- cyfrifo cost defnyddio dyfeisiau o'r prif gyflenwad

Fel llawer o bethau eraill, mae teledu a sychwr gwallt yn defnyddio egni o'r prif gyflenwad. Rhaid talu am yr egni hwnnw, ar eich bil trydan.

Mae Dan yn teimlo'n oer, felly mae'r tân chwythu yn rhedeg drwy'r gyda'r nos. Mae Llio yn gwrando ar ei stereo drwy'r dydd. Mae'r ddau yn credu bod y llall yn gwastraffu arian. Ond pwy sy'n ychwanegu fwyaf at y bil trydan? Erbyn gwaelod y dudalen nesaf, fe ddylech chi wybod.

tân chwythu 2 kW yn rhedeg am 5 awr

stereo 100 W yn rhedeg am 12 awr

DAN

LLIO

Cwestiynau

1 W   J   kW awr

   a Beth yw ystyr y rhain?

   b Pa rai sy'n unedau egni?

2 Am ba mor hir y gallech chi redeg gwresogydd 3 wat gyda 6 joule o egni?

Cyfrifo egni... mewn jouleau

Mae gwresogydd â phŵer 1 wat (W) yn defnyddio 1 joule (J) o egni bob eiliad. Felly:

Gydag 1 J o egni, fe allech chi redeg gwresogydd 1 W am 1 eiliad.

Gyda 6 J o egni, fe allech chi redeg gwresogydd 1 W am 6 eiliad.

... neu wresogydd 2 W am 3 eiliad.

Ym mhob achos, gallwch gyfrifo'r egni mewn J fel hyn:

egni (J) = pŵer (W) × amser (eiliadau)

Cyfrifo egni... mewn cilowat oriau

Mae cwmnïau cyflenwi egni yn mesur egni mewn **cilowat oriau** (kW awr). (Mae 1 kW awr yn 3600 000 J.) Maen nhw'n codi swm penodol am bob kW awr rydych chi'n ei ddefnyddio.

Rydych chi'n cyfrifo'r egni mewn kW awr fel hyn:

egni (kW awr) = pŵer (kW) × amser (oriau)

Er enghraifft, petai gwresogydd 3 kW yn rhedeg am 4 awr:

egni sy'n cael ei ddefnyddio = 3 × 4 = 12 kW awr

Y mwyaf yw pŵer y ddyfais, a'r hiraf y bydd y ddyfais yn rhedeg, y mwyaf o egni y mae'n ei gymryd o'r prif gyflenwad.

Wyddoch chi?

Cyfri'r gost

Os yw pob kW awr o egni yn costio 10c, yna bydd yn costio tua...

   5c i wylio'r teledu drwy'r gyda'r nos

   15c i goginio teisen

   30c i olchi un llwyth o ddillad

   240c i redeg gwresogydd ffan drwy'r dydd

Mae'r bil trydan ar y dde yn cyfeirio at y darlleniadau ar y mesurydd isod. Yn aml, bydd tâl sefydlog i'w dalu hefyd.

Cwmni trydan canolog

rhif cyfrif y cwsmer. **3742 463**

darlleniad mesurydd presennol	darlleniad mesurydd blaenorol	Unedau a ddefnyddiwyd	pris pob Uned (£)	£
42935	41710	1225	0.10	122.50

darlleniad mesurydd

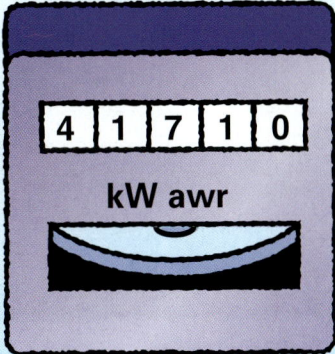

41710

kW awr

darlleniad mesurydd dri mis yn ddiweddarach

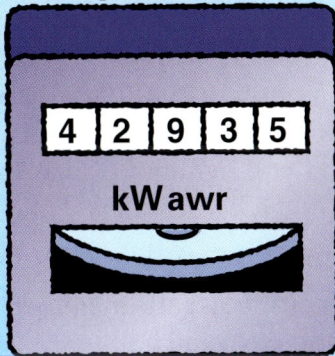

42935

kW awr

Darllen y mesurydd

Mae'r 'mesurydd trydan' mewn tŷ yn mesur egni. Y mwyaf o egni a ddefnyddiwch chi o'r prif gyflenwad, y mwyaf y bydd yn rhaid i chi ei dalu. Mae'r darlleniad ar y mesurydd yn dangos cyfanswm yr egni a gawsoch mewn **Unedau**. Enw arall am gilowat awr yw Uned.

Mae'r diagramau ar y chwith yn dangos darlleniadau'r mesurydd ar ddechrau ac ar ddiwedd chwarter (cyfnod o dri mis). Y tro hwn, cafodd 1225 Uned o egni eu defnyddio yn y cyfnod hwnnw.

Os yw'r cwmni cyflenwi trydan yn codi 10c yr Uned (kW awr):

cost yr egni a ddefnyddiwyd = 1225 × 10c = 12250c = £122.50

Problem: cost

Problem Os yw egni'n costio 10c yr Uned, beth fydd cost rhedeg tân chwythu 3 kW am 4 awr?

Gan ddefnyddio'r hafaliad egni ar y dudalen gyferbyn:

egni mewn kW awr = 3 kW × 4 awr = 12 kW awr = 12 Uned

Os yw egni yn 10c yr Uned: cost 12 Uned = 12 × 10c = 120c

Felly, cost rhedeg y tân chwythu yw 120c (£1.20).

Cwestiynau

3 Eglurwch pam y gallai sychwr gwallt gostio llai i'w redeg na lamp, er bod pŵer y sychwr yn fwy.

4 Defnyddiwch yr wybodaeth yn y tabl ar y dde i ateb y rhain:

a Faint o egni mae'r tân chwythu yn ei gymryd, mewn kW awr?

b Beth yw cost defnyddio'r tân chwythu?

c Beth yw pŵer y lamp mewn kW?

ch Faint o egni mae'r lamp yn ei gymryd, mewn kW awr?

d Beth yw cost defnyddio'r lamp?

	Pŵer	Amser ymlaen
tân chwythu	3 kW	5 awr
lamp	100 W	12 awr
cost yr Uned = 10c		1 kW = 1000 W

5 Edrychwch ar yr wybodaeth am dân chwythu Dan a stereo Llio ar frig tudalen 38. Cyfrifwch pa un sy'n defnyddio'r mwyaf o egni o'r prif gyflenwad.

Gwefr drydanol

Dylai'r adran hon eich helpu i

- ddisgrifio sut mae rhoi gwefr ar bethau trwy eu rhwbio
- disgrifio'r grymoedd rhwng gwefrau

Gwefr sy'n gwneud i fagiau plastig lynu wrth ei gilydd, ac i lwch lynu wrth sgrin deledu. Mae'n achosi clecian a gwreichion wrth i chi gribo'ch gwallt. Gall hyd yn oed wneud i'ch gwallt sefyll ar eich pen:

Mae gwefr ar y ferch hon. Mae pob blewyn o'i gwallt yn cludo un math o wefr, felly maen nhw'n gwrthyrru ei gilydd (edrychwch ar y dudalen gyferbyn).

atom

electron

niwclews

Gwefrau o'r atom

Mae bagiau plastig, cribau, gwallt, a phob defnydd arall wedi eu gwneud o atomau. Mae gan bob atom wefrau trydanol y tu mewn iddyn nhw. Mae **niwclews** yng nghanol pob atom. Mae gan hwn **wefr bositif** (+). O amgylch y niwclews, mae yna electronau â **gwefr negatif** (–).

Fel arfer, mae'r un nifer o wefrau positif a negatif mewn atom ac maen nhw'n canslo ei gilydd. Ond weithiau gall yr electronau symud oddi wrth yr atom. Er enghraifft, gallwch symud yr electronau trwy rwbio'r defnydd.

Gwefru trwy rwbio

Gallwch roi gwefr ar ynysyddion fel polythen ac asetad trwy eu rhwbio. Dywedwn fod 'trydan statig' arnyn nhw.

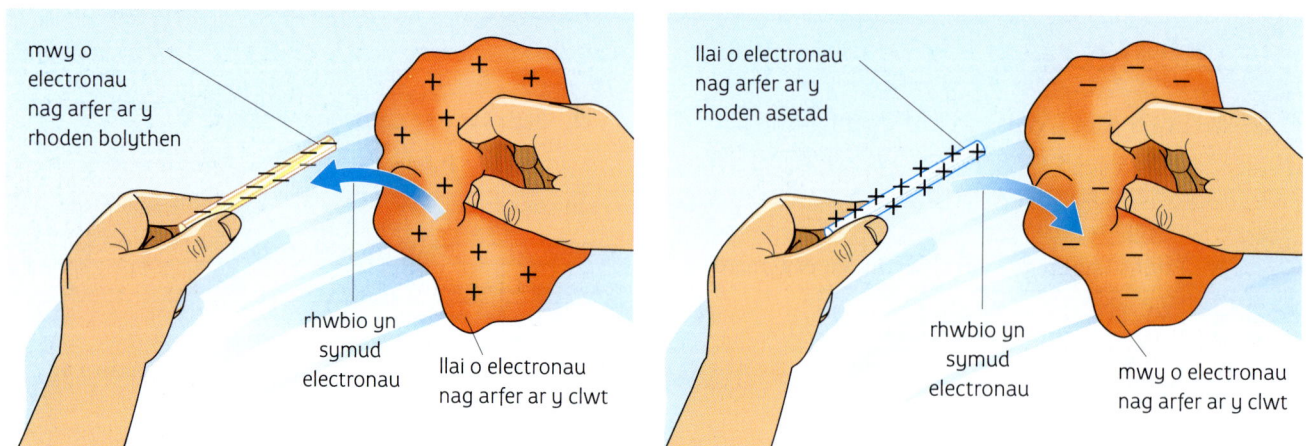

mwy o electronau nag arfer ar y rhoden bolythen

rhwbio yn symud electronau

llai o electronau nag arfer ar y clwt

llai o electronau nag arfer ar y rhoden asetad

rhwbio yn symud electronau

mwy o electronau nag arfer ar y clwt

Cwestiynau

1 Mae dau wahanol fath o wefr. Beth yw enwau'r ddau fath?

2 Bydd gwefr ar grib polythen ar ôl ei dynnu trwy eich gwallt. O ble y daw'r wefr?

Mae'r diagramau ar y dudalen gyferbyn yn dangos beth sy'n digwydd wrth i rodenni polythen ac asetad gael eu rhwbio â chlwt gwlân.

Wrth i'r rhoden bolythen gael ei rhwbio, mae'n tynnu electronau oddi ar y clwt. Felly, bydd gwefr negatif (–) ar y rhoden wedyn. Bydd gwefr bositif (+) ar y clwt. Wrth rwbio'r rhoden asetad, mae'r effaith i'r gwrthwyneb: mae'r clwt yn tynnu electronau oddi ar yr asetad.

Nid yw rhwbio yn creu gwefr drydanol, ond mae'n gwahanu'r gwefrau sydd yno'n barod. Mae hyn yn digwydd yn achos ynysyddion oherwydd, unwaith y mae'r gwefrau wedi eu gwahanu, maen nhw'n tueddu i aros yn yr un lle.

Grymoedd rhwng gwefrau

Os daliwch chi rodenni â gwefr arnyn nhw'n agos at ei gilydd, bydd grymoedd rhyngddyn nhw:

Mae gwefrau tebyg yn gwrthyrru.
Mae gwefrau annhebyg yn atynnu.

Mae gwrthrych â gwefr arno yn atynnu gwrthrych *heb wefr* hefyd. Dyna pam mae llwch yn cael ei atynnu at sgrin deledu, gan fod gwefr ar y sgrin. Nid oes gwefr ar y llwch, mae ganddo'r un faint o + a –, felly mae'n teimlo atyniad a gwrthyriad. Ond mae'r gwefrau sy'n atynnu yn cael eu tynnu ychydig yn agosach na'r rhai sy'n cael eu gwrthyrru, felly mae mwy o rym arnyn nhw.

Cwestiynau

3 Dywedwch beth fydd yn digwydd i'r pethau hyn: atynnu ei gilydd, gwrthyrru ei gilydd, neu ddim un o'r ddau:

4 Bydd balŵn yn cael gwefr negatif wrth ei rwbio yn erbyn llawes person.

a Sut mae'n cael gwefr?

b Pam y bydd yn glynu wrth wal wedyn?

Rhagor am wefrau

Mae gwefrau tebyg yn gwrthyrru, gwefrau annhebyg yn atynnu, a gwrthrychau â gwefr yn atynnu rhai heb wefr. Nawr gadewch i ni edrych ar rai o effeithiau'r grymoedd hyn.

Daearu

Os oes digon o wefr yn casglu ar rywbeth, gall electronau gael eu tynnu trwy'r aer gan achosi gwreichion. Gall hyn fod yn beryglus. Er mwyn atal y wefr rhag ymgasglu, mae'n bosib **daearu** gwrthrychau trwy ddefnyddio dargludydd i'w cysylltu â'r ddaear, fel bod y wefr yn llifo i ffwrdd.

Rhaid daearu'r awyren a'r tancer wrth ei llenwi â thanwydd, rhag i wefr ymgasglu ar y bibell wrth i'r tanwydd 'rwbio' ar ei hyd. Byddai un wreichionen yn ddigon i danio anwedd y tanwydd.

Llungopïo

Mae llungopïwyr yn defnyddio gwefr drydanol hefyd, ond daw'r wefr o gyflenwad pŵer yn hytrach na thrwy rwbio. Isod, fe welwch y prif gamau wrth wneud llungopi o dudalen â 'H' fawr arni:

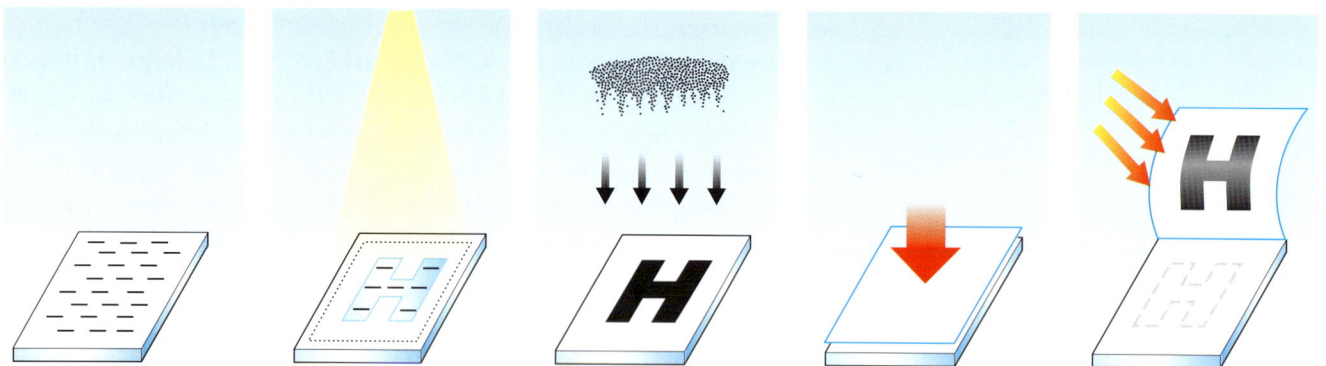

Y tu mewn i'r llungopïwr mae plât (neu ddrwm) sy'n sensitif i oleuni yn derbyn gwefr negatif.

Mae delwedd o'r dudalen yn cael ei thaflunio ar y plât. Mae'r rhannau llachar yn colli eu gwefr. Mae'r rhannau tywyll yn cadw eu gwefr.

Mae inc powdr yn cael ei atynnu at y rhannau â gwefr (tywyll).

Mae dalen lân o bapur yn cael ei phwyso yn erbyn y plât. Mae'n codi'r inc powdr.

Mae'r papur yn cael ei wresogi fel bod yr inc powdr yn ymdoddi a glynu wrtho. Y canlyniad yw copi o'r dudalen wreiddiol.

Argraffyddion chwistrell

Mae argraffydd chwistrell yn gweithio trwy chwistrellu diferion bychan o inc ar y papur. Mae pob chwistrell yn creu dot. Trwy argraffu llawer o ddotiau, mae'n bosib ffurfio llythrennau cyfan. Ond, i wneud hyn, mae'n rhaid i'r argraffydd reoli ble mae'r dotiau yn glanio. Mae'n defnyddio'r grym rhwng gwefrau i wneud hynny:

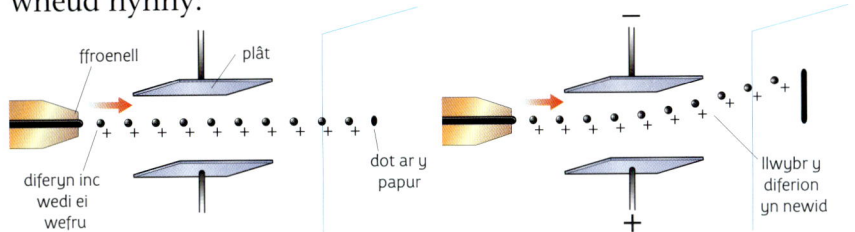

Argraffydd chwistrell.

Mae'r diferion inc yn cael gwefr wrth gael eu gwthio trwy ffroenell gul. Maen nhw'n teithio rhwng dau blât metel. Os bydd foltedd yn cael ei roi ar draws y platiau, bydd gwefr arnyn nhw. Mae'r diferion â gwefr yn cael eu hatynnu gan y plât uchaf a'u gwrthyrru gan y plât isaf, felly maen nhw'n cael eu plygu tuag i fyny.

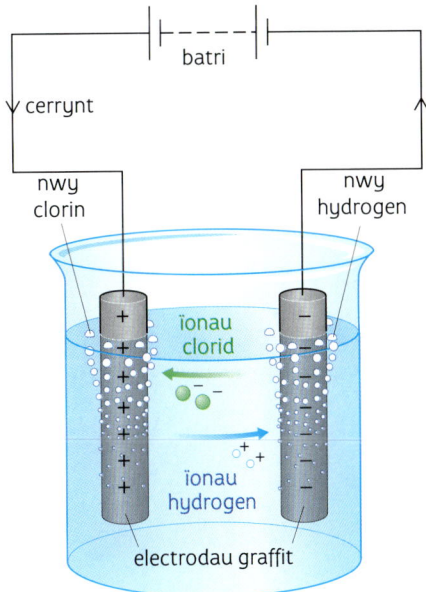

Ïonau yn symud

Os bydd atom yn colli neu'n ennill electronau, bydd gwefr ar yr atom. Yr enw ar atom (neu grŵp o atomau) â gwefr arno yw **ïon**.

siapiau syml a lliwiau ffug

Mae yna ïonau mewn dŵr hallt (dŵr â sodiwm clorid wedi ymdoddi ynddo). Mae'r ïonau uchod i'w cael mewn dŵr hallt. Yn yr arbrawf ar y chwith, cafodd foltedd ei roi ar draws yr hylif. Mae'r ïonau negatif yn cael eu tynnu at yr **electrod positif** (plât +), lle bydd nwy clorin yn cael ei ryddhau. Mae'r ïonau positif yn cael eu tynnu at yr **electrod negatif**, lle bydd nwy hydrogen yn cael ei ryddhau. Yr enw ar 'hollti' cyfansoddion cemegol fel hyn yw **electrolysis**. Mae'r hylif yn dargludo cerrynt. Ond, llif ïonau yn hytrach na llif electronau yw'r cerrynt.

Cwestiynau

1 Mae'n beryglus gadael i wefr drydanol ymgasglu.
   a Rhowch un enghraifft o hyn.
   b Disgrifiwch un ffordd o ddatrys y broblem.
2 a Yn y diagram ar y dde, beth fydd yn digwydd i'r diferion wrth iddyn nhw fynd rhwng y platiau?
   b Beth fyddai'r gwahaniaeth petai gwefr bositif ar y diferion, yn hytrach na gwefr negatif?

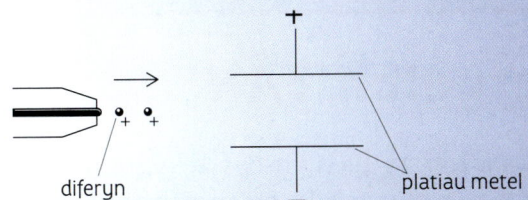

3 Beth yw *ïonau*?
4 Pam mae dŵr hallt yn gallu dargludo cerrynt?

PERYGL! Trydan

Ceblau MARWOL

Gall cebl 132 000 folt wthio mwy na digon o gerrynt trwyddoch i'ch lladd. I atal damweiniau, mae'r ceblau yn cael eu crogi'n uchel yn yr awyr. Ac mae'r peilonau'n cael eu hadeiladu fel na all pobl eu dringo. Ond, mae damweiniau'n gallu digwydd pan fydd llinyn barcud yn cyffwrdd â'r ceblau.

Maes chwarae MARWOL

Bob blwyddyn, bydd dros 50 o blant yn cael eu lladd neu eu niweidio'n ddifrifol wrth chwarae ar reilffyrdd. Mae cledrau trydan yn arbennig o beryglus. Nid yw cyffwrdd â chledrau byw yn lladd bob tro. Ond gall achosi llosgiadau difrifol wrth i gerrynt lifo trwy eich breichiau neu eich coesau i'r ddaear.

Batri'n LLOSGI

Batri car 12 folt yn unig yw hwn, felly nid yw'r rhan fwyaf o bobl yn disgwyl iddo fod yn beryglus. Ond petai sbaner yn mynd ar draws y gwifrau o'r batri ar ddamwain, gallai'r rhuthr o gerrynt fod yn ddigon i'ch llosgi neu gychwyn tân. Mae mecanig doeth yn datgysylltu'r batri cyn dechrau gweithio bob tro.

Peryglon TÂN

Yn y cartref, rydych yn fwy tebygol o fod mewn perygl o achos tân trydanol na sioc drydanol. Dyma rai o'r rhesymau:

Ceblau wedi rhaflo   Os yw'r gwifrau wedi treulio a thorri, gall gwrthiant y cebl fod yn uchel yn y fan honno. Felly bydd yn rhyddhau gwres yno wrth i gerrynt lifo trwyddo. Gall fod yn ddigon i'r ynysydd ymdoddi ac achosi tân.

Pinnau plwg budr   Mae'r rhain yn achosi gwrthiant uchel lle maen nhw'n cysylltu â'r soced. Wrth i gerrynt lifo trwyddo, gall y plwg orboethi.

Nam ar offer   Bob blwyddyn, bydd nam ar beiriant golchi neu deledu yn ddigon i achosi tân difrifol. Wyddoch chi byth pryd y bydd nam yn datblygu, felly y peth gorau yw peidio â gadael dyfeisiau fel hyn ymlaen pan fyddwch yn cysgu neu allan o'r tŷ.

Diogelwch yn gyntaf

Mewn damwain fel hon, cyn helpu'r person ar lawr, mae'n rhaid i chi:

- Ddiffodd y soced.

- Tynnu'r plwg o'r soced.

Trafodwch

Allwch chi ddod o hyd i'r rheswm dros bob un o'r rhain:

- Rhaid cynnau a diffodd goleuadau'r ystafell ymolchi trwy dynnu cortyn, nid switsh arferol.
- Ni ddylai cebl estyniad fod yn goil tynn pan fydd yn cael ei ddefnyddio.
- Rhaid defnyddio dyfais diogelwch 'torri pŵer' bob tro pan fyddwch yn defnyddio dril neu beiriannau trydan i dorri'r gwair neu wrych.
- Ni ddylech chi adael y 'golau coch' ymlaen ar set deledu dros nos neu pan na fyddwch yn y tŷ.

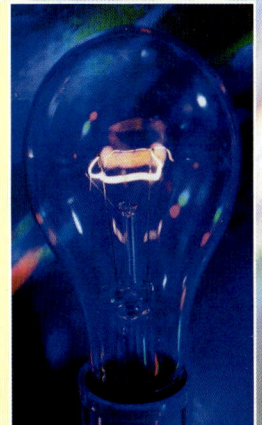

Prifddinas y mellt

Phoenix, Arizona, UDA yw prifddinas mellt y byd medden nhw. Os nad ydych chi'n rhy hoff o fellt a tharanau, peidiwch â mynd yno!

Mae mellten yn digwydd pan fydd gwefr yn ymgasglu yn un rhan o'r cwmwl, ac yna'n llifo'n gyflym – fel gwreichionen – i gwmwl arall neu i'r ddaear. Ond pam mae gwefr yn ymgasglu? Un eglurhad syml yw bod gronynnau iâ yn 'rhwbio' yn erbyn yr aer wrth iddyn nhw gael eu sugno i fyny trwy'r cwmwl. Ond mae'r sefyllfa go iawn yn llawer mwy cymhleth na hyn.

Mellt yn taro

Maen nhw'n dweud na fydd mellt byth yn taro ddwywaith. Ond nid yw hynny'n wir. Gallan nhw daro eto ... ac eto.

Yn y Rhyfel Byd Cyntaf, cafodd yr Uwchgapten Summerford ei anafu yn Fflandrys, nid gan y gelyn, ond gan fellten a wnaeth ei daro oddi ar ei geffyl. Chwe blynedd yn ddiweddarach, roedd yn pysgota a chafodd ei daro gan fellten arall – a'i daro wedyn, ymhen dwy flynedd arall wrth fynd am dro. Hyd yn oed ar ôl iddo farw ym 1932, ni chafodd lonydd gan y mellt. Daeth mellten i chwalu ei garreg fedd.

Ïonau yn yr awyr

Atomau neu foleciwlau wedi'u gwefru yw ïonau. Mae digonedd o'n cwmpas yn yr aer. Er enghraifft, bob tro y bydd mellten, bydd ïonau yn cael eu rhyddhau.

Maen nhw'n dweud bod rhai ïonau yn yr aer yn gwneud i chi deimlo'n well, er nad oes yna dystiolaeth gadarn i gefnogi hyn. Gallwch brynu peiriannau trydan bach i ïoneiddio'r aer yn eich cartref. Ac os ydych chi'n credu y byddwch yn teimlo'n well wedyn, mae'n debyg y byddwch chi!

HEDDWCH I'W LWCH

Cawell diogelwch

Mae'r gweithiwr yn y cawell yn ddigon diogel, er gwaethaf y gwreichion 2.5 miliwn folt a ddaw o'r generadur foltedd uchel enfawr. Mae'r trydan yn taro'r barrau metel, yn hytrach na mynd rhyngddyn nhw, felly mae'r cawell yn ei amddiffyn. Mewn gwirionedd, os anwybyddwch chi'r cyngor am ddiogelwch, mae llawer o'r arbrofion a wnewch chi yn labordy'r ysgol yn gallu bod yn fwy peryglus na hyn.

Atynnu llwch a lludw

Mae rhai pethau yn y tŷ fel petaen nhw'n denu llwch. Er enghraifft, mae llwch yn glynu wrth sgrin y teledu fel arfer. Mae gwefr yn ymgasglu ar y sgrin, a dyna sy'n tynnu'r llwch yno. Yn y cartref, mae atynnu llwch fel hyn yn gallu bod yn niwsans, ond gall fod yn ddefnyddiol iawn mewn sefyllfaoedd eraill. Dyma enghraifft.

Mewn rhai gorsafoedd pŵer a ffatrïoedd maen nhw'n gosod **tanc dyddodi electrostatig** yn y simneiau. Mae'n lleihau llygredd trwy dynnu darnau bach o ludw o'r nwyon gwastraff. Mae'r diagram yn dangos sut mae'n gweithio. Wrth i'r lludw a'r nwyon gwastraff fynd trwy'r siambr, mae'r gwifrau yn rhoi gwefr negatif i'r lludw. Mae'r lludw sydd wedi'i wefru yn cael ei atynnu gan y platiau positif ac mae'n glynu wrthyn nhw. Yna mae'r platiau'n cael eu hysgwyd, a'r lludw yn cael ei gasglu yn y gwaelod.

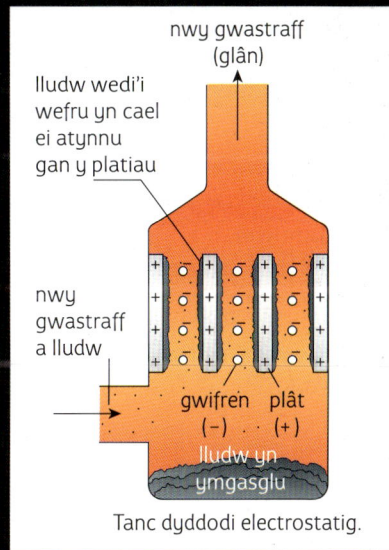

Tanc dyddodi electrostatig.

Labels in diagram: nwy gwastraff (glân); lludw wedi'i wefru yn cael ei atynnu gan y platiau; nwy gwastraff a lludw; gwifren (−); plât (+); lludw yn ymgasglu

Trafodwch

● Mae'r tanc dyddodi electrostatig uchod yn defnyddio'r atyniad rhwng gwefrau dirgroes. Trwy edrych ar dudalennau blaenorol yn y bennod hon, ceisiwch ddod o hyd i fwy o ffyrdd ymarferol o ddefnyddio'r grymoedd rhwng gwefrau.

● Rydych chi'n gweld fflach y fellten, ac yna'n clywed y daran ychydig yn ddiweddarach. Chwiliwch am wybodaeth am oleuni a sain yn y mynegai, a cheisiwch ddarganfod pam mae hyn yn digwydd. Gyda'r wybodaeth hon, allech chi amcangyfrif pa mor bell oedd y fellten os oedd y daran i'w chlywed 2 eiliad ar ôl y fflach?

1 Gallwn ddefnyddio'r gylched isod i brofi a yw gwahanol ddefnyddiau yn gadael i gerrynt trydanol fynd trwyddyn nhw ai peidio.

batri

bwlb

defnydd sy'n cael ei brofi

a A fydd y bwlb yn goleuo pan fydd y defnyddiau hyn rhwng y clipiau crocodil? (Atebwch BYDD neu NA FYDD ar gyfer pob un.)

  i Haearn

  ii Plastig

  iii Gwydr

  iv Copr

  v Alwminiwm

b Beth yw'r enw ar ddefnydd sydd:

  i yn gadael i gerrynt trydanol fynd trwyddo?

  ii yn rhwystro cerrynt trydanol rhag mynd trwyddo?

lamp   cell   switsh

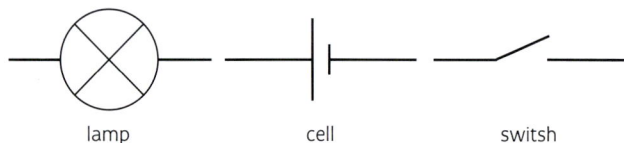

2 Mae'r diagramau isod yn dangos symbolau cylched.

  a i Yn eich llyfrau, tynnwch ddiagram cylched sy'n dangos dwy lamp, un gell a switsh wedi eu cysylltu mewn cyfres.

  b i Nawr lluniwch ddiagram cylched sy'n dangos dwy lamp mewn paralel, ynghyd â chell a switsh sy'n gweithio'r ddwy lamp.

  c i Lluniwch ddiagram cylched sy'n dangos dwy lamp mewn paralel, ynghyd â chell a switsh sy'n gweithio *un* o'r lampau.

  ii Ar eich diagram yn **c i**, dangoswch ym mhle y dylech osod amedr er mwyn mesur y cerrynt yn y gell.

3 Defnyddiwch eich syniadau am electronau i egluro pob un o'r rhain:

  a Mae electronau yn cael eu gwthio o derfynell negatif (–) batri, nid y positif (+).

  b Os rhwbiwch chi roden bolythen â darn o gadach, bydd y rhoden yn cael gwefr negatif (–), tra bod yr un faint o wefr bositif (+) ar y cadach.

4 Dyma wifrau wedi eu gwneud o'r un defnydd. Mae gwrthiant gan bob un.

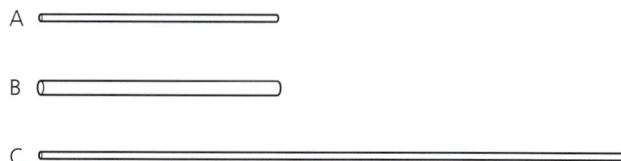

A

B

C

  a Pa wifren sydd â'r gwrthiant mwyaf?

  b Pa wifren sydd â'r gwrthiant lleiaf?

5 Mae'r diagram isod yn dangos dau wrthydd wedi eu cysylltu mewn cyfres.

A $2\,\Omega$ $4\,\Omega$ B

  a Cyfrifwch gyfanswm y gwrthiant rhwng A a B.

  b Yn eich llyfrau, tynnwch ddiagram cylched sy'n dangos dwy gell 1.5 V, switsh a'r ddau wrthydd uchod, i gyd wedi eu cysylltu mewn cyfres. Cyfrifwch y cerrynt sy'n llifo o amgylch y gylched.

6 Isod, mae amedrau yn cael eu defnyddio i fesur y cerrynt mewn gwahanol rannau o gylched.

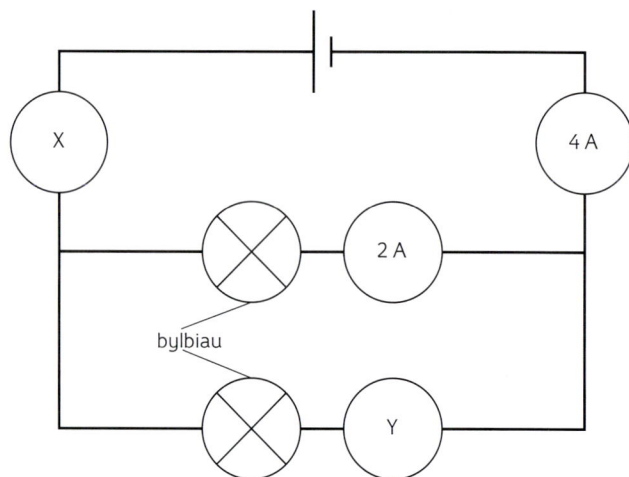

X

4 A

2 A

bylbiau

Y

i A yw'r bylbiau wedi eu cysylltu â'r batri mewn *cyfres* neu mewn *paralel*?

ii Beth yw'r darlleniad ar amedr X? Rhowch reswm dros eich ateb.

iii Beth yw'r darlleniad ar amedr Y? Rhowch reswm dros eich ateb.

iv Petai un o'r bylbiau yn cael ei dynnu o'r gylched, fel bod bwlch rhwng y gwifrau cysylltu, beth fydd yr effaith ar y bwlb arall?

7 Isod, mae foltmedrau yn cael eu defnyddio i fesur y foltedd ar draws gwahanol rannau o gylched.

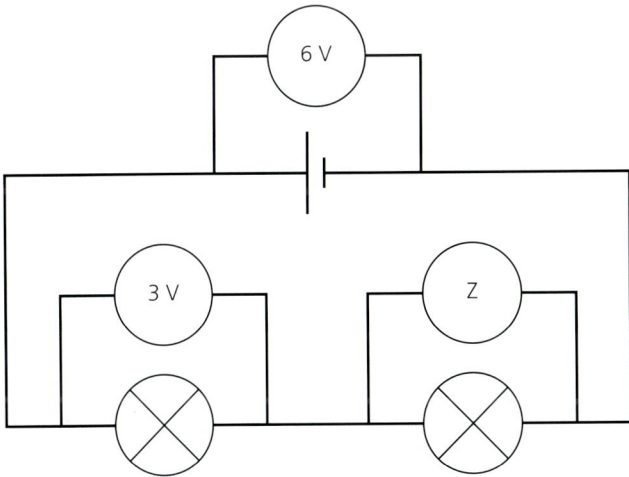

i A yw'r bylbiau wedi eu cysylltu â'r batri mewn *cyfres* neu mewn *paralel*?

ii Beth yw'r darlleniad ar foltmedr Z? Rhowch reswm dros eich ateb.

iii Petai un o'r bylbiau yn cael ei dynnu o'r gylched, fel bod bwlch rhwng y gwifrau cysylltu, beth fydd yr effaith ar y bwlb arall?

8 Prynodd dau deulu, A a B, set o oleuadau ar gyfer coeden Nadolig a'u gosod gan ddilyn y cyfarwyddiadau.

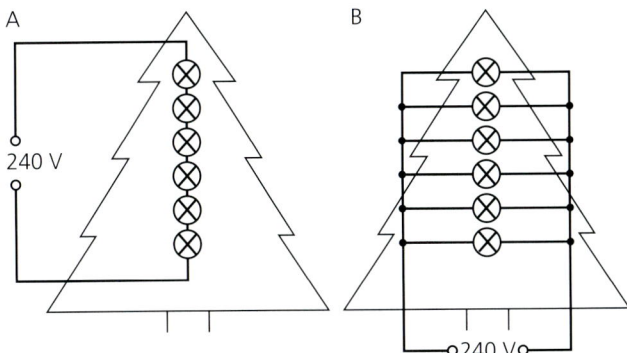

i Ymhen ychydig, mae un bwlb yn chwythu ym mhob coeden.

a Beth sy'n digwydd i oleuadau Teulu A?

b Beth sy'n digwydd i oleuadau Teulu B?

c Mae yna fwlb sbâr gyda phob set o oleuadau. Eglurwch yn glir beth sy'n rhaid i bob teulu ei wneud er mwyn dod o hyd i'r bwlb sydd wedi chwythu, a rhoi un arall yn ei le.

ii Mae 10 W wedi ei ysgrifennu ar bob un o'r bylbiau sydd gan Deulu A, tra bo 20 W ar fylbiau Teulu B.

a Bylbiau pwy yw'r rhai mwyaf llachar? Eglurwch eich ateb.

b Beth yw'r foltedd ar draws pob bwlb
1 ar goeden Teulu A?
2 ar goeden Teulu B?

c Beth yw'r cerrynt sy'n llifo trwy bob bwlb
1 ar goeden Teulu A?
2 ar goeden Teulu B?

ch A fyddai ffiws 13 amper yn addas ar gyfer unrhyw un o'r ddwy gylched? Eglurwch eich ateb.

9 Yn y gylched isod, mae batri 6 V wedi ei gysylltu â gwrthydd 3 Ω:

a Beth yw'r cerrynt yn y gylched?

b Beth yw allbwn pŵer y batri?

10 Mae dyn yn defnyddio tegell 2 kW i ferwi dŵr. Mae'n cymryd 6 munud i ferwi'r dŵr.

i Cyfrifwch yr egni sy'n cael ei drosglwyddo mewn **cilowat oriau**.

egni (kW awr) = pŵer (kW) × amser (oriau)

ii Mae trydan yn costio 12c am bob kW awr. Faint mae'n ei gostio i'r dyn ferwi'r dŵr?

11 20 W yn unig yw pŵer bwlb goleuni egni isel, ond mae'n cynhyrchu'r un faint o oleuni â bwlb cyffredin 100 W. Bydd y ddau fwlb yn cael eu cynnau am 1000 awr.

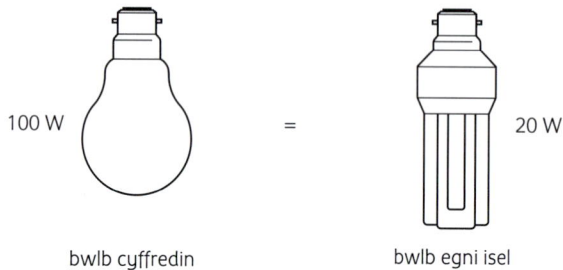

100 W = 20 W

bwlb cyffredin   bwlb egni isel

a Beth yw pŵer pob bwlb mewn kW?

b Faint o egni (mewn kW awr) fydd y bwlb egni isel yn ei ddefnyddio mewn 1000 awr?

c Faint o egni (mewn kW awr) fydd y bwlb egni cyffredin yn ei ddefnyddio mewn 1000 awr?

ch Os yw trydan yn costio 10c yr uned (kW awr), faint o arian fydd yn cael ei arbed ar filiau trydan dros gyfnod o 1000 awr trwy ddefnyddio'r bwlb egni isel yn lle'r bwlb cyffredin?

d Mae'r bwlb cyffredin yn defnyddio mwy o egni na'r un egni isel ar gyfer yr un faint o oleuni. Beth sy'n digwydd i'r egni ychwanegol sy'n cael ei gyflenwi?

12 Mae'r diagram isod yn dangos y gwifrau mewn plwg tri phin, 13 A.

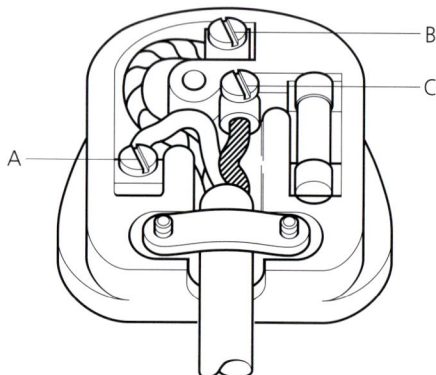

i Copïwch a chwblhewch y tabl isod gan roi enw a lliw y tair gwifren A, B ac C. Mae rhan o'r tabl wedi ei gwblhau'n barod.

Gwifren	Enw	Lliw
A		
B	Daearu	
C		

ii Disgrifiwch ac eglurwch swyddogaeth gwifren **B**.

iii Mae'r arwydd ▣ i'w weld ar lawer o ddyfeisiau domestig, sy'n golygu eu bod yn cynnwys ynysiad dwbl ac mai dwy wifren yn unig sydd eu hangen.

Pa **un** o'r tair gwifren yn y tabl na fydd ei hangen?

Eglurwch sut mae ynysiad dwbl yn gwneud hyn yn bosib.

13 Mae hwn yn blwg peryglus.

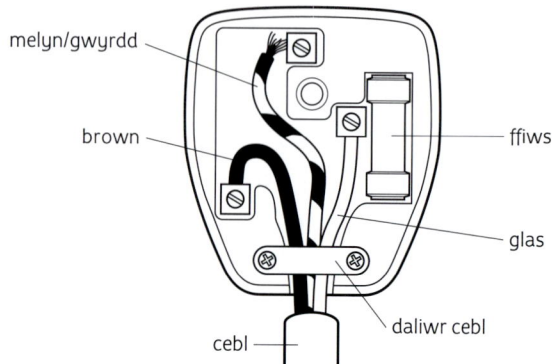

melyn/gwyrdd

brown

ffiws

glas

daliwr cebl

cebl

Disgrifiwch **dri** pheth sy'n gwneud y plwg yn **beryglus**.

14 Mae'r tân chwythu isod yn rhedeg ar y prif gyflenwad 230 V. Mae ganddo ddwy elfen wresogi, pob un yn cymryd cerrynt 4 A, a ffan sy'n cymryd cerrynt 0.5 A.

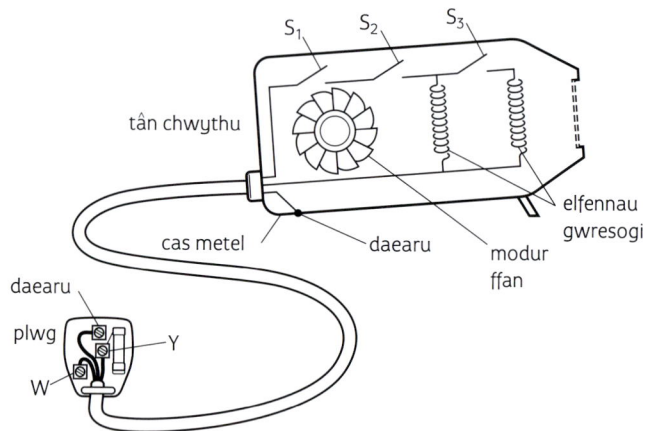

S_1 S_2 S_3

tân chwythu

cas metel   daearu

elfennau gwresogi

modur ffan

daearu

plwg

Y

W

a Pa switsh ddylai fod ar gau er mwyn cael:

i y ffan yn unig, i roi aer oer?

ii y ffan ac un elfen?

b Os yw'r tân chwythu ar bŵer llawn, faint o gerrynt sy'n llifo o'r prif gyflenwad?

c Pa ffiws ddylai fod yn y plwg, 3 A neu 13 A?

ch Pa derfynell yn y plwg sy'n fyw?

d Pam mae angen y cyswllt daearu?

dd Pa liw cebl ddylai gael ei gysylltu â therfynell W?

e Pa liw cebl ddylai gael ei gysylltu â therfynell Y?

f Rhowch resymau dros bob un o'r rhain:

  i Os yw dyfais yn cymryd cerrynt o 2 A, ni ddylech osod ffiws 13 A yn ei phlwg.

  ii Nid oes angen gwifren ddaearu mewn rhai dyfeisiau, fel radio a sychwr gwallt.

15 i Beth yw'r prif drawsffurfiad egni sy'n digwydd pan gaiff tân trydan dau far, 2 kW, 230 V, ei gynnau?

  ii Beth yw cyfradd pŵer y tân? Ysgrifennwch frawddeg sy'n egluro beth yn union y mae eich ateb yn ei olygu.

  iii Pa ran o'r tân trydan sydd bob amser wedi ei chysylltu â'r wifren ddaearu? Eglurwch beth allai ddigwydd petai nam ar y tân ac nad oedd yna wifren ddaearu.

  iv Ym mhle y dylid gosod y switsh ar gyfer cynnau a diffodd y tân? Eglurwch eich ateb.

  v O'r ffigurau a welwch yn **i**, cyfrifwch y cerrynt sy'n llifo trwy'r tân.

  vi Pa ffiws sydd fwyaf addas ar gyfer y gylched hon?

  vii Pam y byddai'n beryglus cysylltu dau dân fel yr un gaiff ei ddisgrifio uchod, i'r un soced mewn prif gylch?

  viii Os bydd unrhyw ddyfais drydanol yn ymddangos yn ddiffygiol pan gaiff ei chynnau, beth yw'r peth cyntaf y dylech ei wneud?

16 a Disgrifiwch un dull o gynhyrchu trydan statig. Cofiwch gynnwys diagramau gyda'ch eglurhad.

Mae'r llun isod yn dangos awyren yn cael ei llenwi â thanwydd.

b Eglurwch sut mae gwefr electrostatig yn gallu ymgasglu wrth roi tanwydd yn yr awyren.

c Wrth roi tanwydd yn yr awyren, caiff gwifren gopr ei rhoi rhwng yr awyren a'r tanc tanwydd. Heb y wifren, byddai gwefr yn ymgasglu ar yr awyren.

  i Pam mae'n beryglus os bydd gwefr yn ymgasglu ar yr awyren?

  ii Beth sy'n digwydd i unrhyw wefr sy'n ymgasglu ar yr awyren pan gaiff ei llenwi â thanwydd?

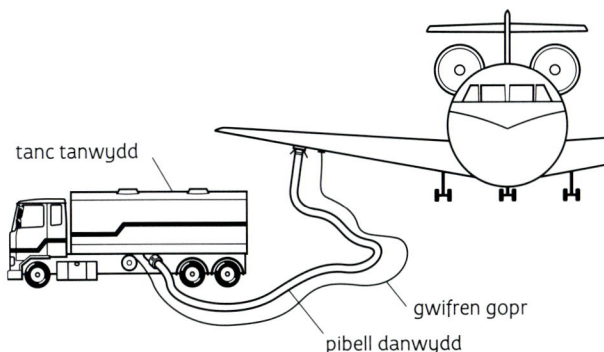

tanc tanwydd

gwifren gopr

pibell danwydd

nid yw wrth raddfa

Geiriau pwysig

Mae'r rhifau yn y cromfachau yn dangos ar ba dudalennau y cewch chi ragor o wybodaeth.

amedr — Darn o offer sy'n mesur cerrynt, mewn amperau (A). *(2.02)*

amper (A) — Uned cerrynt trydanol. *(2.02)*

batri — Casgliad o gelloedd trydan – er bod y gair yn aml yn cael ei ddefnyddio i sôn am un gell. *(2.01, 2.03)*

cell — Dyfais sy'n gwthio cerrynt o amgylch cylched pan fydd cemegau'n adweithio y tu mewn iddi. *(2.01, 2.03)*

cerrynt — Gwefr yn llifo. Mae'n cael ei fesur mewn amperau (A). *(2.02)*

cerrynt eiledol (c.e.) — Cerrynt sy'n llifo yn ôl ac ymlaen, yn ôl ac ymlaen… ac ati. Mae cerrynt y prif gyflenwad fel hyn. *(2.08, 2.10)*

cerrynt union (c.u.) — Cerrynt sydd bob amser yn llifo i'r un cyfeiriad. Cerrynt fel hyn sy'n dod o fatri. *(2.10)*

cilowat awr (kW awr) — Uned egni sy'n cael ei defnyddio gan gwmnïau cyflenwi trydan. Dyma'r egni sy'n cael ei gymryd mewn 1 awr gan ddyfais â phŵer o 1 kW. *(2.11)*

dargludydd (trydanol) — Defnydd sy'n gadael i gerrynt trydanol lifo trwyddo. Metelau yw'r dargludyddion gorau. *(2.01)*

deuod — Cydran sy'n gadael i gerrynt lifo trwyddi i un cyfeiriad ond nid i'r cyfeirad arall. *(2.05)*

electrolysis — Proses lle mae newidiadau cemegol yn digwydd pan fydd cerrynt yn llifo trwy hylif. *(2.13)*

electron — Gronyn â gwefr negatif (–) yn yr atom. Mewn cylched, llif o electronau yw'r 'trydan' yn y gwifrau. *(2.01, 8.01)*

folt (V) — Uned foltedd. *(2.03)*

foltedd — Yr uchaf yw foltedd batri, y mwyaf o egni sy'n cael ei roi i bob electron sy'n cael ei wthio allan i'r gylched. Yr uchaf yw'r foltedd ar draws bwlb (neu gydran arall), y mwyaf o egni sy'n cael ei golli gan bob electron wrth fynd trwyddo. *(2.03)*

foltmedr — Darn o offer sy'n mesur foltedd, mewn foltiau (V). *(2.03)*

gwefr — Mae rhai o'r gronynnau mewn atomau yn cludo gwefr. Mae dau fath: positif (+) a negatif (–). *(2.01, 2.12 – 2.13, 8.01)*

ffiws — Darn bach o wifren sy'n gorboethi, ymdoddi, a thorri cylched os bydd y cerrynt yn mynd yn rhy uchel. *(2.08)*

gwrthiant — Mae'n cael ei fesur mewn ohmau (Ω). Yr uchaf yw gwrthiant dargludydd, y lleiaf o gerrynt sy'n llifo trwyddo am bob folt ar ei draws. *(2.04)*

gwrthydd goleuni ddibynnol (LDR) — Cydran sydd â'i gwrthiant yn amrywio pan mae'n tywyllu neu'n goleuo. *(2.05)*

ïon — Atom (neu grŵp o atomau) â gwefr drydanol. *(2.13, 8.02)*

ohm (Ω) — Uned gwrthiant trydanol. *(2.04)*

pŵer — Y gyfradd y mae dyfais yn trawsffurfio egni (ei newid i ffurf arall). Mae'n cael ei fesur mewn watiau (W). Mae 1 wat yn hafal i 1 joule yr eiliad. *(2.09, 6.06)*

thermistor — Cydran sydd â newid mawr yn ei gwrthiant wrth i'w thymheredd newid. *(2.05)*

wat (W) — Uned pŵer. Mae'n hafal i 1 joule yr eiliad. *(2.09, 6.06)*

ynysydd (trydanol) — Defnydd nad yw'n gadael i gerrynt trydanol lifo trwyddo. *(2.01)*

Mae'r ferch hon yn neidio bynji oddi ar ganol pont sydd 180 metr uwchben ceunant. Heb ddim i weithio yn erbyn ei chwymp, byddai'n taro'r dŵr ar ôl 6 eiliad, ar fuanedd o 60 metr yr eiliad (135 m.y.a.). Ond mae ei chyflymiad yn lleihau wrth ddisgyn oherwydd gwrthiant yr aer sy'n rhuthro heibio iddi. Yna, yn y pen draw, bydd tyniad rhaff y bynji yn ei dal a'i stopio.

Buanedd, cyflymder a chyflymiad

Amcanion

Dylai'r adran hon eich helpu i

- egluro'r gwahaniaeth rhwng buanedd a chyflymder
- egluro beth yw cyflymiad

Buanedd

Dyma ffordd syml o fesur buanedd. Gallech ei defnyddio i ddarganfod buanedd beicwraig, fel yr un isod:

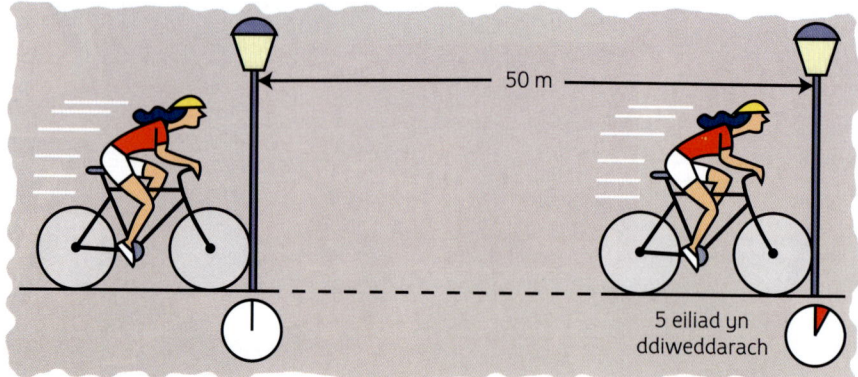

Mesurwch y pellter rhwng dau bwynt ar y ffordd, er enghraifft rhwng dau bolyn lamp, fel uchod. Mesurwch yr amser mae'n ei gymryd i deithio rhwng y ddau bwynt. Yna defnyddiwch yr hafaliad hwn:

$$buanedd = \frac{pellter\ teithio}{amser\ a\ gymerwyd}$$

pellter mewn metrau (m)
amser mewn eiliadau (s)
buanedd mewn metrau yr eiliad (m/s)

Os yw'r feicwraig yn teithio 50 m mewn 5 s, ei buanedd yw 50/5, sef 10 m/s.

Mae hyn yn cyfrifo ei buanedd cyfartalog, oherwydd mewn gwirionedd, efallai fod ei buanedd yn amrywio yn ystod y 5 s. I gyfrifo buanedd gwirioneddol, mae'n rhaid i chi wybod y pellter a deithiwyd yn yr amser byrraf y gallwch ei fesur.

Cyflymder

Mae **cyflymder** yn golygu buanedd mewn cyfeiriad arbennig. I ddangos y cyfeiriad, gallwch ddefnyddio saeth. Neu, mewn achosion syml, gallwch ddefnyddio + neu – i ddangos a yw'r mudiant i'r dde neu i'r chwith. Mae rhai enghreifftiau isod. (Gallwch ysgrifennu cyflymder o +10 m/s heb y +, sef 10 m/s.)

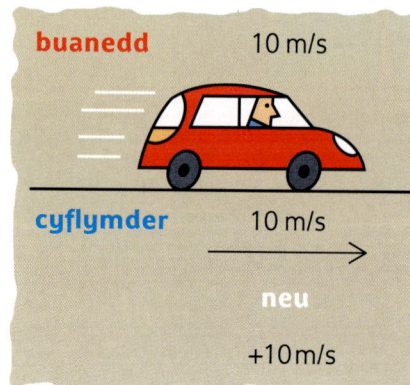

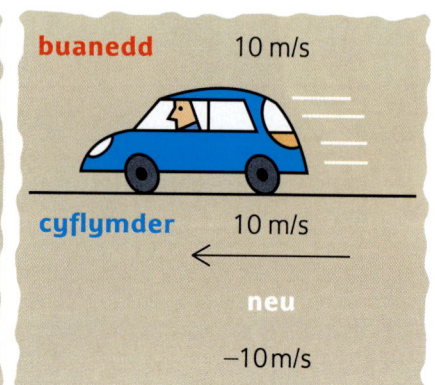

Mae'r rhedwyr gorau yn y byd yn gallu rhedeg 100 metr ar fuanedd cyfartalog o tua 10 m/s (neu 22 milltir yr awr (m.y.a.)).

Cwestiynau

1 Os yw beicwraig yn teithio 40 metr mewn 8 eiliad, beth yw ei buanedd cyfartalog?

2 Beth yw'r gwahaniaeth rhwng *buanedd* a *chyflymder*?

2 m/s²

amser (s)	cyflymder (m/s)
0	0
1	2
2	4
3	6
4	8

Mae cyflymder y car hwn yn cynyddu 2 m/s bob eiliad. Y cyflymiad yw 2 m/s².

Cyflymiad

Mae rhywbeth yn **cyflymu** os yw ei gyflymder yn *newid*. Mae cyflymder y car ar y chwith yn cynyddu 2 m/s bob eiliad. Mae gan y car gyflymiad o 2 fetr yr eiliad bob eiliad, neu 2 m/s². Dyma sut mae cyfrifo cyflymiad:

$$\text{cyflymiad} = \frac{\text{newid mewn cyflymder}}{\text{amser a gymerwyd}}$$

cyflymder (m/s)
amser (s)
cyflymiad (m/s²)

Mewn achosion syml, lle mae rhywbeth yn teithio i'r un cyfeiriad drwy'r amser, mae 'newid mewn cyflymder' yn golygu'r un peth â 'cynnydd mewn buanedd'. Er enghraifft, mae cyflymder y car uchod yn newid 8 m/s mewn 4 s. Hynny yw, mae ei fuanedd yn cynyddu 8 m/s mewn 4 s. Felly: cyflymiad $= 8/4 = 2$ m/s².

Arafiad

Mae **arafiad** yn groes i gyflymiad. Os yw arafiad car yn 2 m/s², mae ei gyflymder yn *lleihau* 2 m/s bob eiliad.

Mae arafiad o 2 m/s² yn golygu yr un fath â chyflymiad o – 2 m/s². Mae'r cyflymder yn lleihau 2 m/s bob eiliad.

Mae'r Wennol Ofod yn defnyddio parasiwt a breciau i gael yr arafiad angenrheidiol wrth lanio.

Cwestiynau

3 Mae gan gar gyflymiad o 4 m/s². Eglurwch beth yw ystyr hyn.

Mae cwestiynau 4-10 i gyd yn sôn am y tabl isod, sy'n dangos sut mae buanedd car yn newid gydag amser.

4 Beth oedd buanedd uchaf y car?

5 Am faint o eiliadau yr oedd y car yn cyflymu?

6 Pryd roedd cyflymiad y car yn sero?

7 Beth oedd y newid yn y buanedd yn y 3 eiliad cyntaf?

8 Beth oedd y cyflymiad dros y 3 eiliad cyntaf?

9 Sawl eiliad ar ôl dechrau'r daith y dechreuodd y car frecio?

10 Beth oedd yr arafiad dros y 4 eiliad olaf?

Amser (eiliadau)	0	1	2	3	4	5	6	7	8	9	10	11	12	13	14	15
Buanedd (m/s)	0	3	6	9	12	12	12	12	12	12	10	8	6	4	2	0

Amcanion

Dylai'r adran hon eich helpu i

- ddisgrifio sut i gofnodi ac astudio mudiant yn y labordy

FLIGHT RECORDER DO NOT OPEN

'Blwch du' i gofnodi manylion hedfan awyren – nid yw'n ddu o gwbl!

Mewn awyrennau mawr sy'n cludo teithwyr, mae 'blwch du' i gofnodi'r manylion hedfan, fel yr un ar y chwith. Un o dasgau'r blwch yw cofnodi – ar wifren fagnetig – safle'r awyren trwy gydol y daith. Petai yna ddamwain (sy'n annhebygol iawn), bydd y blwch yn ddigon cryf i oroesi. Yna gall peirianwyr ddefnyddio'r data ohono i ddarganfod pa mor gyflym roedd yr awyren yn teithio cyn y ddamwain, sut roedd y buanedd a'r cyfeiriad yn newid, ac a oedd hyn yn normal.

Arbrofion troli

Isod, fe welwch chi ffordd symlach o gofnodi mudiant, gan ddefnyddio tâp papur. Y 'cerbyd' sy'n cael ei astudio yw troli sy'n symud ar fainc yn y labordy. Wrth i'r troli gael ei dynnu ar draws y fainc, mae'n tynnu tâp papur ar ei ôl. Mae'r tâp yn mynd trwy amserydd. Mae hwn yn rhoi dot ar y tâp bob hyn a hyn o amser (bob 1/50 eiliad).

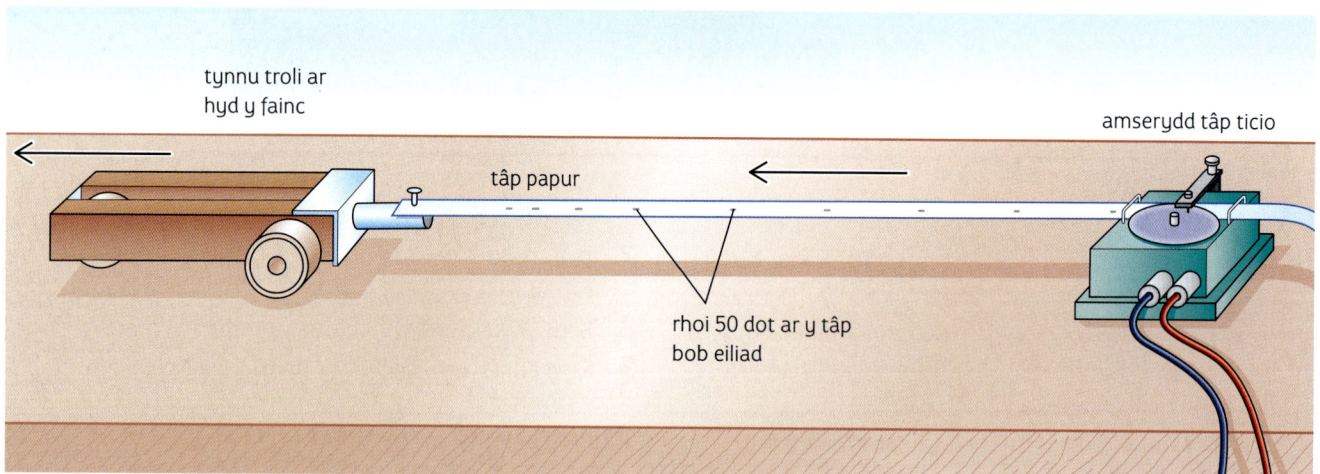

tynnu troli ar hyd y fainc

tâp papur

amserydd tâp ticio

rhoi 50 dot ar y tâp bob eiliad

Ar y dudalen nesaf, mae canlyniadau pedair o 'deithiau'r' troli. Ar gyfer pob un, gallwch gyfrifo mudiant y troli trwy edrych ar y newid yn y pellter rhwng y dotiau. Y cyflymaf yw'r troli, y pellaf y bydd yn teithio bob 1/50 eiliad, felly y mwyaf fydd y pellter rhwng y dotiau.

cychwyn

buanedd cyson: y pellter rhwng y dotiau yn aros yr un fath

buanedd cyson uwch: y pellter rhwng y dotiau yn fwy nag o'r blaen

cyflymiad: y pellter rhwng y dotiau yn cynyddu

cyflymiad ...   ... yna ...   ... arafiad

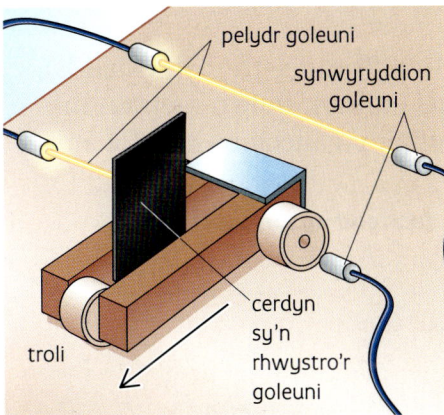

pelydr goleuni

synwyryddion goleuni

cerdyn sy'n rhwystro'r goleuni

troli

Rhagor o arbrofion troli

Ffordd arall o astudio mudiant troli yw defnyddio synwyryddion goleuni ac offer cofnodi data. Mae'r offer cofnodi data yn anfon yr wybodaeth at gyfrifiadur fel y gallwn ddangos y canlyniadau ar ffurf graff.

Mae cerdyn tywyll ar y troli a welwch ar y chwith. Wrth i'r cerdyn symud heibio i bob synhwyrydd, mae'r modiwl yn mesur am faint o amser y mae'r paladr goleuni yn cael ei rwystro: y cyflymaf yw'r troli, y byrraf yw'r amser. Gall y cyfrifiadur ddefnyddio'r wybodaeth hon i gyfrifo buanedd y troli. Trwy fesur mewn gwahanol fannau ar hyd y fainc, gall ddangos sut y mae buanedd y troli'n newid.

Cwestiynau

1 Mae tapiau A – Ch isod yn dod o arbrofion troli. Pa dâp sy'n dangos pob un o'r rhain?

a Cyflymiad, yna buanedd cyson.

b Buanedd cyson, yna arafiad nes ei fod yn stopio.

c Buanedd cyson, yna cyflymiad, yna buanedd cyson uwch.

2 Mae troli sy'n teithio ar fuanedd cyson yn colli buanedd, yn stopio, yna'n cyflymu. Copïwch y tâp gwag isod. Marciwch y patrwm dotiau y byddech yn disgwyl ei weld.

cychwyn

A 

B 

C 

Ch 

cychwyn

57

Graffiau mudiant

Dylai'r adran hon eich helpu i

- ddehongli graffiau pellter-amser a graffiau buanedd-amser

O graffiau mudiant, fe allwch chi ddarganfod pa mor gyflym mae rhywbeth yn symud, ac a yw'n cyflymu ai peidio.

Graffiau pellter-amser

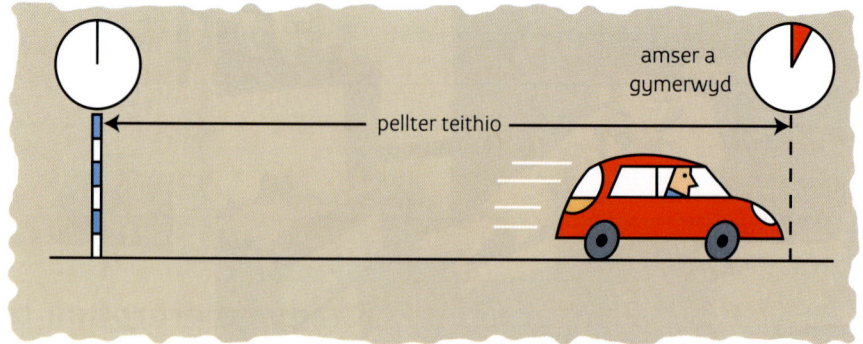

Mae'r car uchod yn teithio ar hyd ffordd syth. Bob eiliad (s), mae ei bellter o'r postyn yn cael ei fesur, mewn metrau (m). Dyma bedair enghraifft o'r graffiau y gallech eu paratoi â'r canlyniadau:

A Car yn teithio ar **fuanedd cyson**

amser (s)	pellter (m)
0	0
1	10
2	20
3	30
4	40
5	50

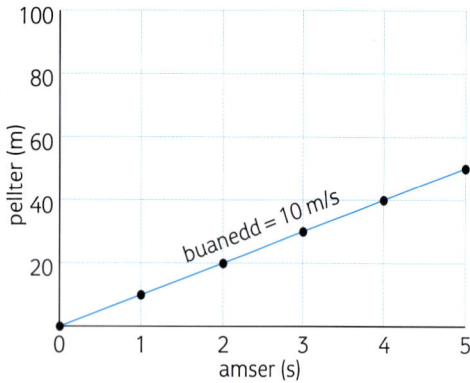

Mae'r llinell yn codi 10 m ar y raddfa bellter am bob 1 s ar y raddfa amser. Felly mae'r buanedd yn 10 m/s.

B Car yn teithio ar **fuanedd cyson uwch**

amser (s)	pellter (m)
0	0
1	20
2	40
3	60
4	80
5	100

Mae'r llinell yn fwy serth. Mae'n codi 20 m ar y raddfa bellter am bob 1 s ar y raddfa amser. Felly mae'r buanedd yn 20 m/s.

C Car yn **cyflymu**

amser (s)	pellter (m)
0	0
1	10
2	25
3	45
4	70
5	100

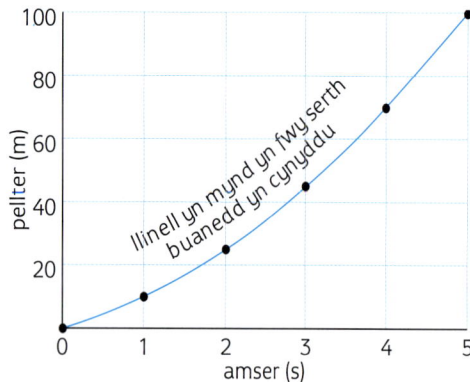

Mae'r buanedd yn cynyddu. Felly mae'r car yn teithio ymhellach bob eiliad na'r eiliad flaenorol, ac mae'r llinell yn crymu tuag i fyny.

Ch Car yn **llonydd** (wedi stopio)

amser (s)	pellter (m)
0	50
1	50
2	50
3	50
4	50
5	50

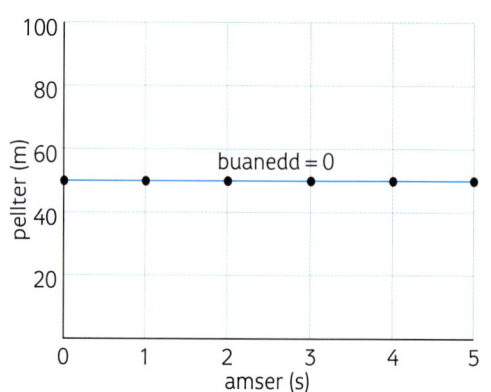

Mae'r car wedi ei barcio 50 m oddi wrth y postyn, felly mae'r pellter hwn yn aros yr un fath.

Graffiau buanedd-amser

Isod mae dwy enghraifft o'r graffiau y gallech eu gweld wrth fesur buanedd car bob eiliad wrth iddo deithio ar hyd ffordd syth.

Peidiwch â chymysgu rhwng y rhain a'r graffiau pellter-amser! Efallai fod eu siâp yn debyg, ond mae'r ystyr yn wahanol iawn.

D *Car yn teithio ar **fuanedd cyson***

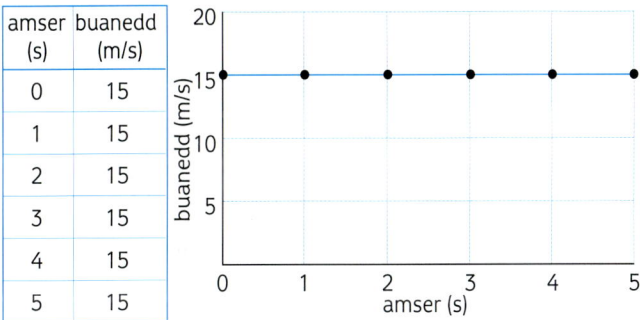

amser (s)	buanedd (m/s)
0	15
1	15
2	15
3	15
4	15
5	15

Mae'r buanedd yn aros yr un fath, felly mae'r llinell yn aros ar yr un lefel.

Dd *Car yn **cyflymu***

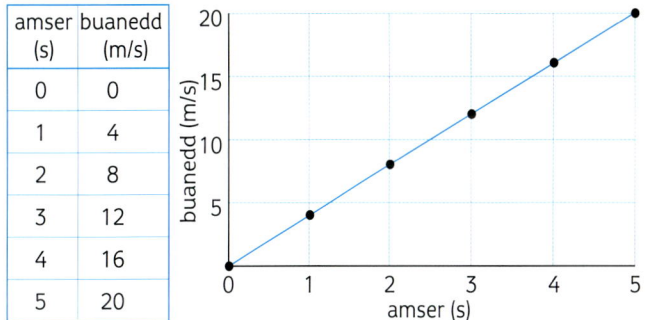

amser (s)	buanedd (m/s)
0	0
1	4
2	8
3	12
4	16
5	20

Wrth i fuanedd y car gynyddu, mae'r llinell yn codi 4 m/s ar y raddfa fuanedd am bob 1 s ar y raddfa amser.

Graffiau cyflymder-amser Ar y graffiau uchod, fe allech chi roi 'cyflymder (m/s)' yn label i'r echelin fertigol, yn hytrach na 'buanedd (m/s)'. Mewn achosion syml, lle mae rhywbeth yn teithio i'r un cyfeiriad drwy'r amser, mae graff buanedd-amser a graff cyflymder-amser yn edrych yn union yr un fath.

Cwestiynau

I ateb y cwestiynau hyn, bydd arnoch angen yr hafaliadau ar gyfer buanedd a chyflymiad o'r tudalennau blaenorol. Felly gwnewch nodyn o'r rhain cyn dechrau.

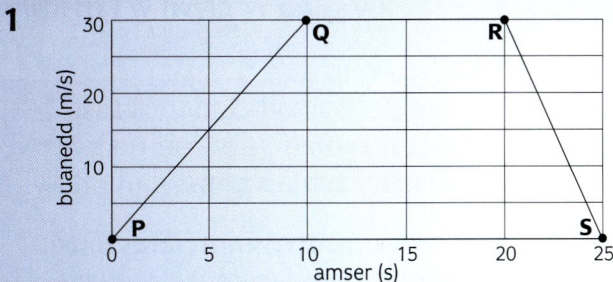

1

Dyma graff buanedd-amser ar gyfer beic modur yn teithio ar hyd ffordd syth.

a Beth mae'r beic modur yn ei wneud rhwng pwyntiau
   i P a Q?   **ii** Q ac R?   **iii** R ac S?

b Beth yw buanedd uchaf y beic modur?

c Am faint o eiliadau y mae'r beic modur yn symud?

ch Faint mae ei fuanedd yn cynyddu yn y 10 eiliad cyntaf?

d Beth yw'r cyflymiad yn y 10 eiliad cyntaf?

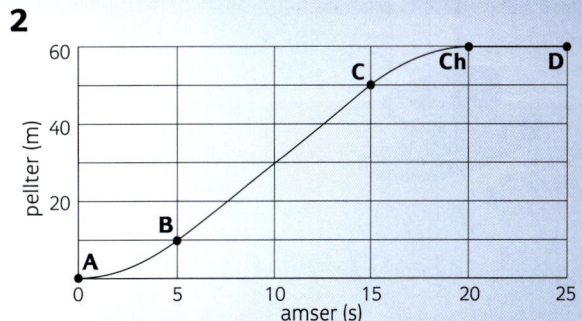

2

Dyma graff pellter-amser ar gyfer beic modur arall yn teithio ar hyd ffordd syth.

a Beth mae'r beic modur yn ei wneud rhwng pwyntiau Ch a D ar y graff?

b Beth yw buanedd y beic modur rhwng B ac C?

Grymoedd a disgyrchiant

Wyddoch chi?

Grymoedd cyffredin

Y grym i gynnau golau yn yr ystafell ymolchi...	10 N
Y grym i agor can diod...	20 N
Y grym i godi cês dillad trwm...	200 N
Grym peiriant jet...	250 000 N

Gwthiad neu dyniad yw **grym**. Mae'n cael ei fesur mewn **newtonau** (N). Mae'r tabl isod ar y chwith yn dangos gwerthoedd nodweddiadol rhai grymoedd.

Gallwch fesur grymoedd bach gan ddefnyddio clorian sbring (o'r enw **newtonmedr**) fel yr un ar waelod y dudalen. Y mwyaf yw'r grym, y mwyaf y mae'r sbring yn cael ei estyn, a'r uchaf yw'r darlleniad ar y raddfa.

Dyma rai enghreifftiau o rymoedd:

Tensiwn Y grym mewn defnydd wedi ei estyn.

Pwysau Tyniad disgyrchiant tuag i lawr.

Ffrithiant Y grym sy'n ceisio atal un peth rhag llithro heibio un arall.

Gwrthiant aer Math arall o ffrithiant.

Grym disgyrchiant

Os byddwch yn crogi rhywbeth o waelod clorian sbring, fel yn y llun ar y chwith, gallwch fesur tyniad y Ddaear tuag i lawr. **Grym disgyrchiant** yw'r enw ar y tyniad hwn.

Nid oes neb yn gwybod beth sy'n achosi grym disgyrchiant. Ond gwyddom sawl peth amdano:

- Mae pob màs yn atynnu ei gilydd. Y mwyaf yw'r masau, y cryfaf yw'r grym.
- Yr agosaf yw'r masau, y cryfaf yw'r grym.

Mae'r grym tynnu rhwng pethau bob dydd yn llawer rhy wan i'w fesur. Er mwyn i'r grym fod yn gryf, rhaid i fàs un o'r gwrthrychau fod yn enfawr, fel y Ddaear.

newtonmedr

sbring

grym mewn newtonau

1 kg

Y Ddaear

?

Cwestiynau

1 *kg* *N*

Beth yw ystyr y ddau symbol hyn?

2 Pa un o'r uchod y byddech chi'n ei ddefnyddio i fesur:

a màs?

b grym?

c pwysau?

Pwysau a chryfder maes disgyrchiant

Enw arall ar y grym disgyrchiant o'r Ddaear yw **pwysau**. Mae'n cael ei fesur mewn N, fel pob grym arall.

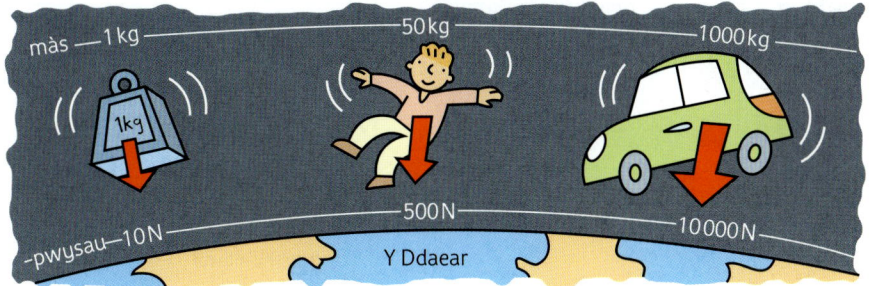

Y mwyaf yw màs rhywbeth, y mwyaf mae'n ei bwyso.

Ar y Ddaear, mae pob cilogram (kg) o fater yn pwyso 10 N. Mae **cryfder maes disgyrchiant** y Ddaear, sef *g*, yn 10 newton i bob cilogram (N/kg).

Os ydych chi'n gwybod màs rhywbeth, gallwch gyfrifo ei bwysau fel hyn:

$$\underset{\text{(N)}}{\text{pwysau}} = \underset{\text{(kg)}}{\text{màs}} \times g \qquad \text{lle mae } g \text{ yn 10 N/kg ar y Ddaear.}$$

Er enghraifft, màs y person yn y llun uchod yw 50 kg.

Felly:

pwysau = 50 × 10 = 500 N

Mae pobl yn aml yn defnyddio'r gair 'pwysau' pan maen nhw'n golygu 'màs' mewn gwirionedd. Nid yw'r person yn y diagram yn 'pwyso' 50 kg. Mae ei *fàs* yn 50 kg a'i *bwysau* yn 500 N.

?

Cwestiynau

3 Yn y diagram ar y dde, mae dringwr yn siglo ar raff, gan symud yn gyflym.

Tynnwch lun syml o'r diagram.

Pa *dri* grym sy'n gweithredu ar y dringwr.

Dangoswch nhw ar eich diagram a'u labelu.

4 Beth yw pwysau y tri màs isod, gan gymryd bod *g* yn 10 N/kg?

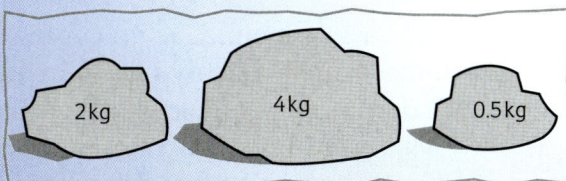

Ffrithiant

Ffrithiant yw'r grym sy'n ceisio atal pethau rhag llithro heibio i'w gilydd. Mae yna ffrithiant rhwng eich dwylo wrth i chi eu rhwbio gyda'i gilydd, a ffrithiant rhwng eich esgidiau a'r ddaear wrth i chi gerdded. Math arall o ffrithiant yw gwrthiant aer. Mae'n eich arafu wrth i chi reidio beic.

Gall ffrithiant fod yn ddefnyddiol neu gall fod yn niwsans. Dyma rai enghreifftiau, ar feic:

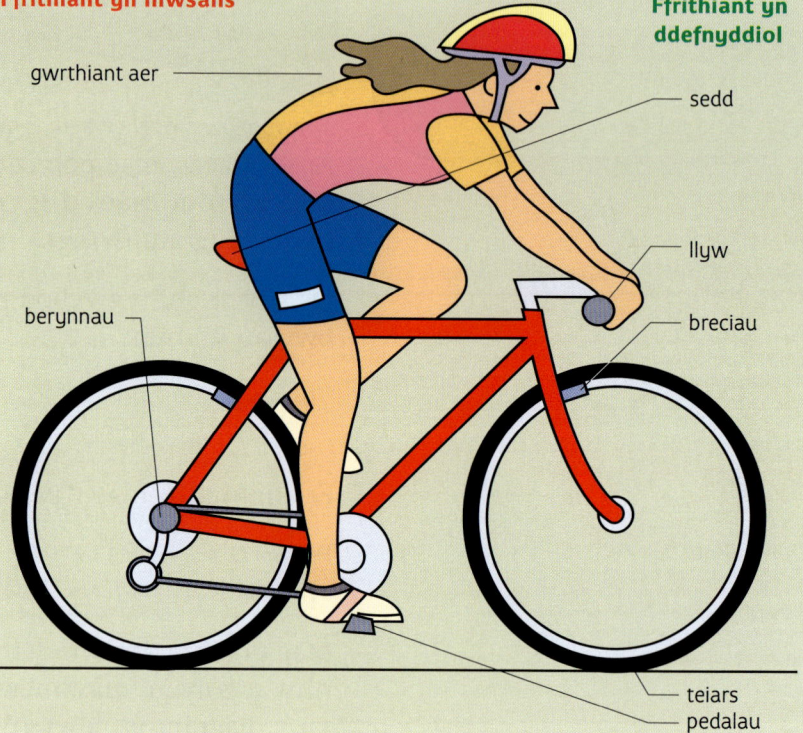

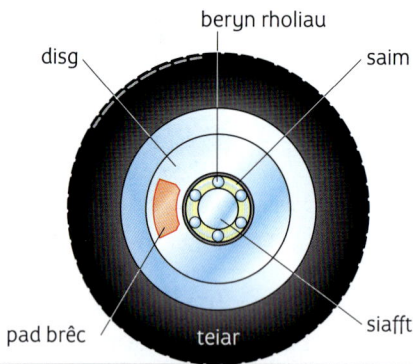

*Rhannau o olwyn car (edrychwch ar gwestiwn **3**).*

Defnyddio ffrithiant

Heb ffrithiant rhwng y teiars a'r ddaear, fyddech chi ddim yn gallu reidio beic. Byddai fel reidio ar iâ. Allech chi ddim cyflymu, troi na stopio.

Mae breciau yn dibynnu ar ffrithiant. Mae olwynion beic yn arafu trwy wasgu blociau rwber yn erbyn ymyl yr olwynion. Mae olwynion car yn arafu trwy wasgu padiau ffibr yn erbyn disgiau metel sy'n sownd yn yr olwynion. Ond fyddai'r breciau hyn yn dda i ddim heb y ffrithiant rhwng y teiars a'r ddaear.

Ffrithiant yn achosi problemau

Mae ffrithiant yn arafu pethau sy'n symud, ac yn cynhyrchu gwres. Mewn peiriannau, maen nhw'n defnyddio saim ac olew i leihau ffrithiant, rhag i'r darnau sy'n symud fynd yn rhy boeth a stopio gweithio. Mae pelferynnau a berynnau rholiau yn lleihau ffrithiant hefyd. Wrth i'r berynnau rolio, nid yw'r olwyn yn rhwbio yn erbyn ei siafft.

Ffrithiant o aer a dŵr

Mae aer a dŵr yn 'rhwbio' yn erbyn pethau wrth fynd heibio iddyn nhw. Er enghraifft, pan fo car yn teithio'n gyflym, gwrthiant aer yn sicr yw'r grym ffrithiannol mwyaf sy'n gwthio yn ei erbyn.

Petai car yn gallu teithio heb wrthiant aer, byddai'n defnyddio llawer llai o danwydd. Ni all dylunwyr ceir gael gwared â gwrthiant aer, ond mae'n bosib rhoi siâp llilin i'r car, er mwyn lleihau gwrthiant aer cymaint â phosib.

Mae gwrthiant aer yn cynyddu gyda buanedd. Felly un ffordd o leihau gwrthiant aer ac arbed tanwydd yw peidio â gyrru mor gyflym.

Lleihau ffrithiant o'r aer. Mae cyrff ceir yn cael eu dylunio'n arbennig er mwyn i'r aer lifo heibio'n llyfn a lleihau gwrthiant aer. Mae rhan flaen gymharol isel yn helpu hefyd.

Lleihau ffrithiant o'r dŵr. Wrth fynd yn gyflym, mae'r hydroffoil yn codi o'r dŵr ar sgïau er mwyn lleihau'r ffrithiant rhwng corff y llong a'r dŵr.

Cwestiynau

3 Edrychwch ar y diagram ar y dudalen gyferbyn, sy'n dangos rhannau o olwyn car.

   a Enwch *ddau* fan ar yr olwyn lle mae ffrithiant yn ddefnyddiol.

   b Enwch *un* man lle mae ffrithiant yn anfantais.

   c Yn y man a ddewisoch yn rhan **b**, beth sydd ar yr olwyn i leihau ffrithiant?

   ch Rhowch **ddau** reswm pam y mae'n bwysig lleihau ffrithiant yn y man a ddewisoch yn rhan **b**.

4 Edrychwch ar y ffotograff ar y dde. Rhestrwch y nodweddion y gallwch eu gweld sydd i fod i leihau ffrithiant.

5 Mae ceir yn cael eu harafu gan rym gwrthiant aer.

   a Disgrifiwch *ddwy* ffordd y gallwch leihau grym gwrthiant aer ar gar.

   b Beth yw manteision lleihau gwrthiant aer ar gar?

Grymoedd cytbwys

Amcanion

Dylai'r adran hon eich helpu i

- ddisgrifio sut y mae pethau llonydd a symudol yn ymddwyn os nad oes grymoedd arnyn nhw, neu os yw'r grymoedd yn gytbwys

Does neb yn ennill yr ornest tynnu rhaff uchod, ac nid yw'r cwlwm yn y canol yn symud. Mae'r ddau rym arno yn gytbwys. Maen nhw'n canslo ei gilydd. Effaith y ddau gyda'i gilydd yw 'sero'.

Mae'r adran hon yn sôn am y ffordd y mae pethau'n ymddwyn pan nad oes grymoedd yn gweithredu arnyn nhw, neu os yw'r grymoedd yn gytbwys.

Grymoedd cytbwys a phethau llonydd

Pan fo'r ferch yn llonydd, mae'r grymoedd arni yn gytbwys.

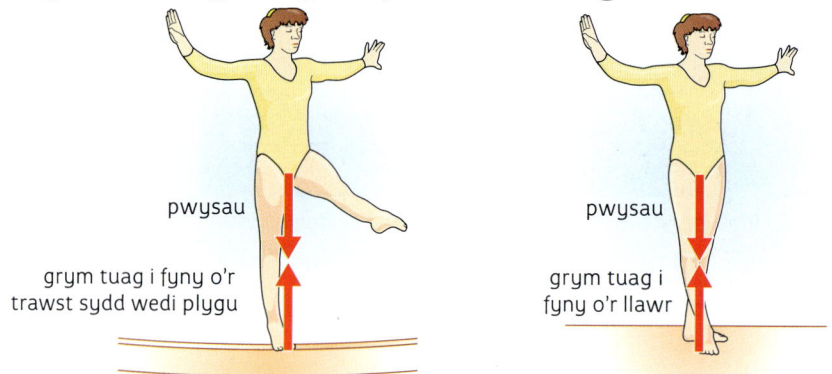

pwysau

grym tuag i fyny o'r trawst sydd wedi plygu

pwysau

grym tuag i fyny o'r llawr

Wrth i'r ferch sefyll ar y trawst, mae'r trawst yn plygu, nes bod y 'sbring' sydd yn y pren yn cynhyrchu digon o rym tuag i fyny i ddal ei phwysau. Yna mae'r grymoedd ar y ferch yn gytbwys, ac mae hi'n llonydd. Nid oes cymaint o 'sbring' yn y llawr ag sydd yn y trawst, ond mae'r llawr hefyd yn cynhyrchu grym tuag i fyny sy'n hafal i bwysau'r ferch wrth iddi sefyll arno.

Deddf mudiant gyntaf Newton

Ar y Ddaear, mae cerbydau heb bŵer yn stopio'n fuan iawn – grym ffrithiant sy'n eu harafu. Ond beth petai yna *ddim* grymoedd yn gweithredu ar y cerbydau? Yn ôl **deddf mudiant gyntaf** Syr Isaac Newton:

Os nad oes grym yn gweithredu ar rywbeth...

...os yw'n llonydd, bydd yn aros yn llonydd;
...os yw'n symud, bydd yn parhau i symud ar gyflymder cyson (buanedd cyson mewn llinell syth).

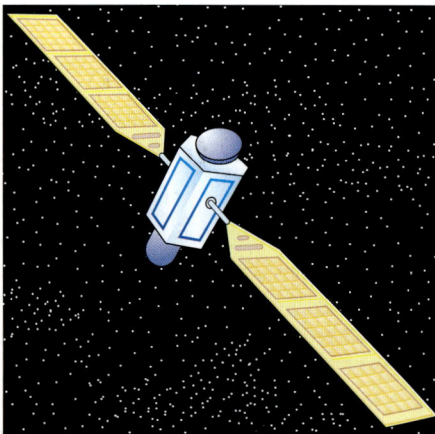

Ymhell yn y gofod, heb rymoedd ffrithiannol i'w harafu, bydd llong ofod heb bŵer yn parhau i symud am byth.

Grymoedd cytbwys a phethau'n symud

Os yw rhywbeth yn symud, a'r grymoedd arno yn gytbwys, mae'n ymddwyn fel petai dim grym yn gweithredu arno. Mae'n dal i symud ar fuanedd cyson mewn llinell syth, yn ôl deddf gyntaf Newton. Dyma ddwy enghraifft o bethau'n symud gyda grymoedd cytbwys arnyn nhw:

gwrthiant aer

pwysau

pwysau

grym tuag i fyny o'r iâ wedi'i wasgu

Plymiwr awyr â chyflymder cyson (buanedd cyson mewn llinell syth).

Sglefriwr â chyflymder cyson (buanedd cyson mewn llinell syth).

Buanedd terfynol

Mae plymiwr awyr yn neidio o hofrennydd. Wrth i'w buanedd godi, mae'r gwrthiant aer arni yn cynyddu nes ei fod yn cyfateb i'w phwysau. Yna, mae'r ddau rym yn gytbwys, ac mae hi'n cyrraedd buanedd cyson. Yr enw ar hyn yw ei **buanedd terfynol** (neu ei **chyflymder terfynol**). Fel arfer mae hyn tua 60 m/s (120 m.y.a.), er bod y gwerth go iawn yn dibynnu ar gyflwr yr aer, yn ogystal â maint, siâp a phwysau'r plymiwr awyr.

Pan fydd y ferch yn agor ei pharasiwt, bydd arwynebedd ychwanegol y defnydd yn cynyddu'r gwrthiant aer. Felly, bydd ei buanedd yn gostwng yn gyflym iawn nes bod y grymoedd unwaith eto'n gytbwys ar fuanedd terfynol newydd, arafach.

Pan fydd plymiwr awyr yn disgyn ar ei buanedd terfynol, mae'r grymoedd arni yn gytbwys.

Cwestiynau

1 Os yw'r grymoedd ar rywbeth yn gytbwys, pa un o'r rhain allai fod yn digwydd? (Efallai fod mwy nag un ateb.)

   a cyflymu   **b** arafu

   c aros yn llonydd   **ch** symud ar fuanedd cyson mewn llinell syth

2 Mae'r dyn â pharasiwt ar y dde yn disgyn ar fuanedd cyson.

   a Beth yw'r enw ar y buanedd hwn?

   b Copïwch y diagram. Marciwch a labelwch rym arall sy'n gweithredu.

c Sut mae'r grym hwn yn cymharu â'r pwysau?

ch Petai'r dyn yn defnyddio parasiwt mwy, sut byddai hynny'n effeithio ar y buanedd cyson y byddai'n ei gyrraedd? Eglurwch pam.

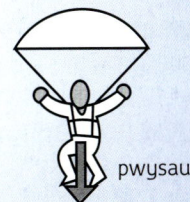

pwysau

Amcanion

Dylai'r adran hon eich helpu i

- ddisgrifio sut mae pethau'n ymddwyn os yw'r grymoedd arnyn nhw'n anghytbwys

Ar y Ddaear, mae mwy nag un grym yn gweithredu ar y rhan fwyaf o bethau. Er enghraifft, mae pwysau a gwrthiant aer ar garreg sy'n disgyn. Mae'r adran hon yn sôn am y ffordd y mae pethau'n ymddwyn pan fydd y grymoedd arnyn nhw'n anghytbwys.

Grym cydeffaith

Os yw'r grymoedd ar rywbeth yn anghytbwys, mae eu heffaith ar y cyd yn achosi grym **cydeffaith**. Mae'r siart isod yn rhoi enghreifftiau o gydeffaith dau rym. (N = newton.)

Dyma'r grymoedd	... a dyma eu cydeffaith
3N ← ● → 3N	sero
● 3N → 5N →	● → 8N
← 3N ● 5N →	● → 2N

Màs a mudiant

Mae popeth yn gwrthsefyll newid yn eu buanedd – hyd yn oed os yw eu buanedd yn sero. Os yw gwrthrych yn llonydd, mae angen grym i wneud iddo symud. Os yw'n symud, mae angen grym i wneud iddo fynd yn arafach neu'n gyflymach.

Y mwyaf o fàs sydd gan rywbeth, y mwyaf y mae'n gwrthsefyll unrhyw newid yn ei fudiant. Hynny yw, y mwyaf anodd yw iddo gyflymu.

Cwestiynau

1 Mae dau rym ar garreg: 10 N tuag i lawr a 4 N tuag i fyny.

   a Lluniwch ddiagram i ddangos y grymoedd ar y garreg.

   b Beth yw'r grym cydeffaith?

   c Beth yw cyfeiriad y grym hwn?

Mae màs y tancer hwn mor fawr, unwaith y mae'n symud mae'n anodd iawn ei stopio.

Effaith grym cydeffaith

Dychmygwch lori ar y ffordd...

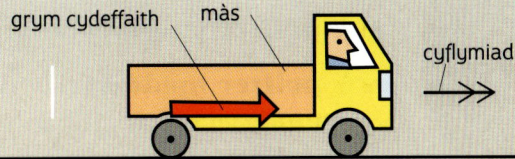

grym cydeffaith màs cyflymiad

Os oes grym cydeffaith ar y lori, bydd yn cyflymu – i'r un cyfeiriad â'r grym hwnnw.

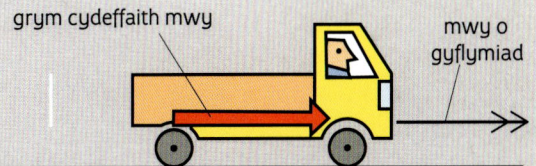

grym cydeffaith mwy mwy o gyflymiad

Mae cynyddu'r grym cydeffaith yn cynhyrchu mwy o gyflymiad.

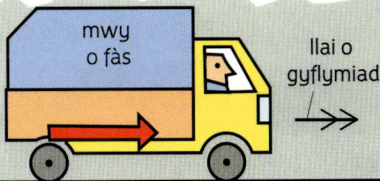

mwy o fàs llai o gyflymiad

Ond os bydd màs y lori'n cynyddu, bydd yr un grym yn achosi llai o gyflymiad.

Cwestiynau

2 Mae diagram **A** ar y dde yn dangos dau rym ar gar.

   a Beth yw cyfeiriad y grym cydeffaith?

   b Fyddech chi'n disgwyl i fuanedd y car *gynyddu* neu *leihau*?

   c Petai gan y car fwy o fàs, beth fyddai effaith hynny?

   ch Petai'r grym cydeffaith ar y car yn fwy, beth fyddai effaith hynny?

3 Mae diagram **B** ar y dde yn dangos dau rym ar gar arall.

   a Beth yw cyfeiriad y grym cydeffaith?

   b Fyddech chi'n disgwyl i fuanedd y car hwn *gynyddu* neu *leihau*? Rhowch reswm dros eich ateb.

c Beth fyddech chi'n disgwyl i'r car ei wneud petai'r ddau rym yn gytbwys?

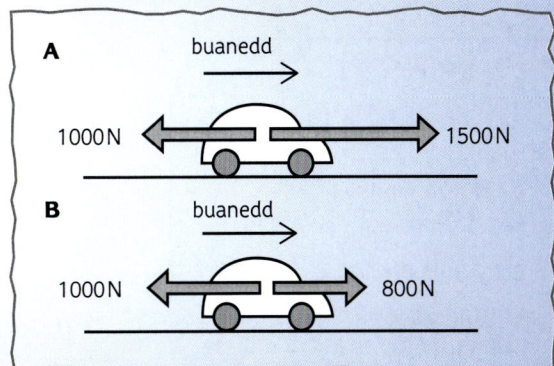

A buanedd

1000N 1500N

B buanedd

1000N 800N

Pellter stopio

Mewn argyfwng, efallai y bydd yn rhaid i yrrwr car ymateb yn gyflym a defnyddio'r breciau er mwyn stopio'r car.

Mae **pellter stopio** y car yn dibynnu ar ddau beth:

- Y **pellter meddwl**. Dyma pa mor bell y bydd y car yn symud *cyn* brecio, tra bo'r gyrrwr yn dal i adweithio.
- Y **pellter brecio**. Dyma pa mor bell y mae'r car yn symud wedyn, *ar ôl* brecio.

Ar gyfartaledd, mae gyrrwr yn cymryd mwy na hanner eiliad i adweithio a phwyso pedal y brêc. Dyma **amser adweithio** y gyrrwr. Yn ystod yr amser hwn, mae'r car yn dal i symud ar yr un buanedd. Er enghraifft:

Os yw car yn teithio ar fuanedd o 20 m/s (metr yr eiliad), ac amser adweithio y gyrrwr yn 0.5 s, bydd y car yn teithio 10 m yn ystod y cyfnod hwnnw. Ar fuanedd uwch, byddai'r pellter meddwl yn fwy.

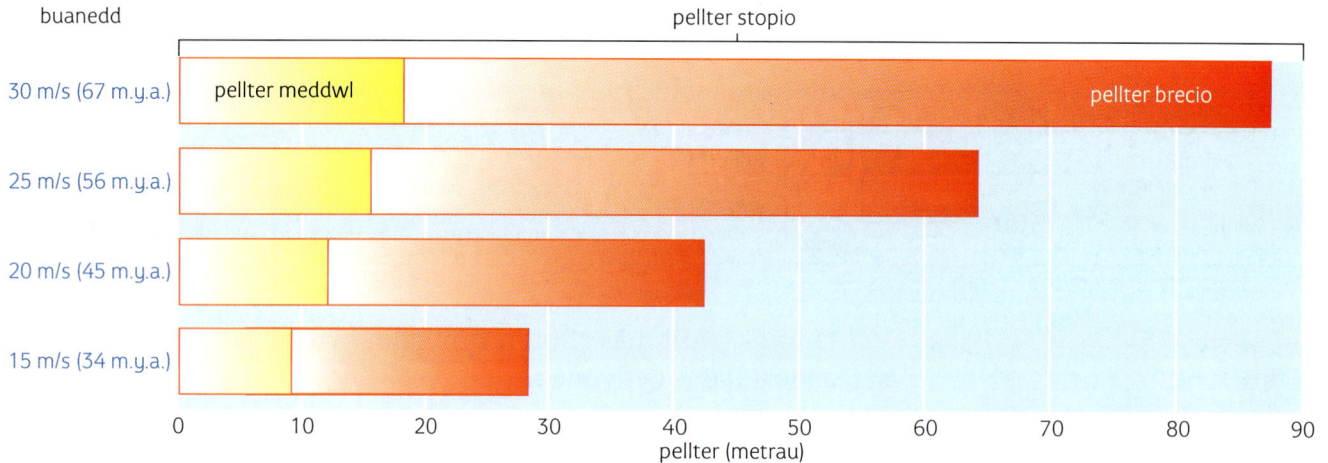

Mae'r siart uchod yn dangos y pellter stopio ar gyfer car ar wahanol fuaneddau. Gwerthoedd cyfartalog ar gyfer ffordd sych yw'r rhain. Gall y gwir bellter stopio fod yn *fwy*. Dyma rai o'r rhesymau:

Gall amser adweithio'r *gyrrwr* fod yn arafach, oherwydd…
- blinder
- tywydd gwael yn effeithio ar ba mor hawdd yw gweld
- effeithiau alcohol neu gyffuriau

Gall y *breciau* gymryd mwy o amser i stopio'r car, oherwydd…
- glaw neu rew ar y ffordd
- llwyth trwm yn y car
- breciau neu deiars wedi treulio

Cwestiynau

1 Ar gyfer car, beth yw ystyr y rhain?
  a pellter meddwl
  b pellter brecio
  c pellter stopio
2 Rhowch **ddau** reswm pam y gallai'r pellter meddwl fod yn fwy nag arfer?

Brecio, ffrithiant a llithro

Er mwyn stopio'n sydyn, rhaid i gar golli buanedd yn gyflym. I wneud hyn, mae angen grym brecio mawr. Y ffrithiant rhwng y teiars a'r ffordd sy'n rhoi'r grym. Ond mae yna ben draw i faint o ffrithiant ('gafael') a ddaw o'r teiars. Wrth frecio'n rhy galed, bydd yr olwynion yn 'cloi' (stopio troi) a bydd y car yn llithro.

Os nad oes digon o ffrithiant rhwng y teiars a'r ffordd, bydd y car yn llithro.

Nodweddion diogelwch

Mewn gwrthdrawiad, mae'r car yn stopio, ond mae'r teithwyr yn dal i symud... nes bod rhywbeth yn eu stopio hwythau hefyd. Efallai mai'r llyw neu'r ffenestr flaen sy'n eu stopio, ac mae taro yn erbyn pethau felly yn ddigon i achosi anaf drwg neu hyd yn oed eu lladd. Dyna pam mae'r nodweddion diogelwch hyn mewn ceir modern:

Gwregysau Mae'r rhain yn cadw'r teithwyr rhag taro'r ffenestr flaen neu rannau caled eraill y tu mewn i'r car.

Bagiau aer Mae'r rhain yn agor mewn gwrthdrawiad. Maen nhw'n glustog o aer rhwng y teithwyr ac effeithiau unrhyw wrthdrawiad.

Ardal gywasgu Mae rhan flaen y car yn 'ardal gywasgu'. Y syniad yw ei bod yn chwalu'n fwy graddol mewn gwrthdrawiad fel bod gan y gwregysau a'r bagiau aer fwy o amser i allu gwneud eu gwaith yn llai chwyrn.

Dyma brawf sy'n dangos sut y mae'r 'ardal gywasgu' ar flaen car yn chwalu mewn gwrthdrawiad, fel bod y cyfan yn llai chwyrn i'r teithwyr. (Mae'r rhan y mae'r teithwyr yn eistedd ynddi yn gawell anhyblyg sydd wedi ei dylunio i beidio chwalu.)

Cwestiynau

3 Disgrifiwch *dair* nodwedd ar gar modern sy'n golygu bod effeithiau gwrthdrawiad yn llai niweidiol i'r teithwyr.

4 Teithio'n arafach yw'r nodwedd ddiogelwch orau un. Pa rai o'r rhain sy'n mynd yn llai os yw car yn teithio'n arafach?
(Cewch ddewis mwy nag un ateb.)

  a Amser adweithio'r gyrrwr

  b Pellter meddwl

  c Pellter brecio

  ch Perygl anafiadau difrifol

5 Yn y siart ar y dudalen gyferbyn, beth yw'r pellter meddwl: **a** ar 25 m/s? **b** ar 30 m/s?

6 Mae alcohol yn arafu adweithiau pobl. Os yw amser adweithio gyrrwr yn 2 s, beth fydd ei bellter meddwl ar 25 m/s (56 m.y.a.)? (Efallai y bydd arnoch angen hafaliad o'r blwch isod i ateb hwn.)

$$\text{buanedd} = \frac{\text{pellter}}{\text{amser}}$$

Felly: pellter = buanedd × amser

pellter mewn metrau (m); amser mewn eiliadau (s); buanedd mewn m/s.

Arwaith ac adwaith

Dylai'r adran hon eich helpu i

• egluro sut mae grymoedd bob amser yn digwydd mewn parau, gydag un grym yn gweithredu ar un gwrthrych, a'i bartner hafal ond dirgroes yn gweithredu ar y llall

Mae pob grym yn gwthio neu'n tynnu rhwng *dau* beth. Felly maen nhw bob amser yn digwydd mewn parau. Mae un grym yn gweithredu ar un peth. Mae ei bartner hafal ond dirgroes yn gweithredu ar y llall. Yr enw ar y pâr o rymoedd yw **arwaith** ac **adwaith**. Nid oes ots pa un yw pa un. Ni all un fodoli heb y llall.

Dyma enghreifftiau o rymoedd arwaith–adwaith mewn parau:

Y Ddaear yn tynnu i lawr ar y plymiwr awyr

y plymiwr awyr yn tynnu i fyny ar y Ddaear

y rhedwraig yn gwthio'n ôl ar y llawr

y llawr yn gwthio ymlaen ar y rhedwraig

grym tuag ymlaen ar y bwled: bwled yn saethu allan

grym tuag yn ôl ar y gwn: gwn yn neidio'n ôl

Trydedd ddeddf mudiant Newton

Syr Isaac Newton oedd y cyntaf i sylweddoli bod grymoedd yn digwydd mewn parau. Dyma ddau fersiwn gwahanol o'i **drydedd ddeddf mudiant**:

Am bob arwaith, mae yna adwaith hafal a dirgroes.

neu

Pan fydd A yn gwthio ar B, mae B yn gwthio ar A gyda grym hafal ond dirgroes.

Os yw grymoedd bob amser yn digwydd mewn parau, pam nad ydyn nhw'n canslo ei gilydd?

Os yw pethau sy'n disgyn yn cael eu tynnu i lawr gan ddisgyrchiant, pam nad yw'r Ddaear yn cael ei thynnu i fyny?

ATEB

Mae'r ddau rym yn gweithredu ar bethau gwahanol, ac nid ar yr un peth

ATEB

Mae hi! Ond mae'r Ddaear mor enfawr a'r grym tuag i fyny mor fach fel nad ydym yn sylwi ar effaith y grym.

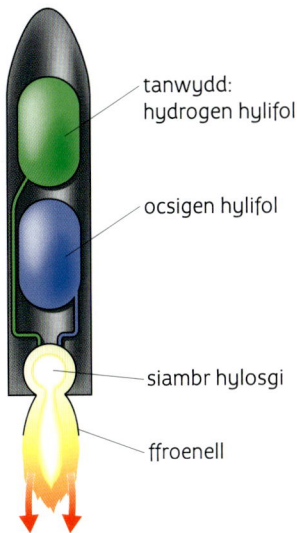

Roced. Wrth i nwy poeth gael ei wthio i lawr, mae'r roced yn cael ei gwthio i fyny.

tanwydd: hydrogen hylifol

ocsigen hylifol

siambr hylosgi

ffroenell

Rocedi a jetiau

Mae rocedi a jetiau yn defnyddio'r syniad arwaith–adwaith. Maen nhw'n gwthio màs enfawr o nwy i un cyfeiriad, felly maen nhw eu hunain yn cael eu gwthio i'r cyfeiriad dirgroes.

Mewn **peiriant roced** mae yna siambr hylosgi lle mae tanwydd yn cael ei gymysgu ag ocsigen, a'i losgi. Mae hyn yn cynhyrchu llawer o nwy poeth, sy'n ehangu ac yn rhuthro allan o'r ffroenell.

Mewn roced, mae'r tanwydd a'r ocsigen yn cael eu storio naill ai fel hylifau oer, neu mewn cemegau sydd wedi eu cywasgu yn belenni solid.

Mae **peiriant jet** yn gwthio llawer iawn o nwy allan hefyd. Ond aer yw'r nwy yn bennaf. Mae'n cael ei dynnu i mewn gan ffan enfawr.

Mae'r rhan fwyaf o'r aer yn cael ei wthio allan gan y ffan. Ond mae rhywfaint yn mynd i'r rhan o'r peiriant sy'n gyrru'r ffan. Dyma sut mae'n cael ei ddefnyddio. Mae'r aer yn cael ei gywasgu, yna ei gymysgu gyda thanwydd mewn siambr hylosgi, fel bod y tanwydd yn llosgi'n ffyrnig. Mae hyn yn cynhyrchu llawer o nwy poeth, sy'n ehangu a rhuthro allan o'r peiriant. Wrth wneud hynny, mae'n gyrru tyrbin. Mae'r tyrbin yn troi a gyrru'r cywasgydd a'r ffan.

chwistrellu tanwydd (cerosin)

siambr hylosgi

tyrbin

cywasgydd

ffan

Peiriant jet. Wrth i aer a nwy poeth gael eu gwthio yn ôl, mae'r peiriant yn cael ei wthio ymlaen.

Cwestiynau

1 Mae'r dyn ar y dde yn pwyso 500 N (newton). Mae'r diagram yn dangos grym ei draed yn pwyso ar y llawr.

   a Copïwch y diagram. Labelwch faint y grym (mewn N).

   b Mae'r llawr yn gwthio ar draed y dyn. Tynnwch lun y grym hwn a nodwch ei faint (mewn N).

2 Wrth saethu gwn, mae'r gwn yn gwthio'r fwled yn ei blaen. Pam mae'r gwn yn neidio tuag yn ôl?

3 Yn y diagram ar y dudalen gyferbyn, mae'r grymoedd ar y rhedwraig ac ar y llawr yn hafal. Mae'r rhedwraig yn symud ymlaen, ond nid yw'n ymddangos bod y llawr yn symud yn ôl. Pam?

Troi a chydbwyso

Gall grymoedd gael effaith droi. Yn y diagram isod, mae rhywun yn defnyddio sbaner i droi bollt. Gyda sbaner hirach, byddai'r un grym yn cynhyrchu effaith droi sy'n fwy o lawer.

Yr enw ar gryfder yr effaith droi yw **moment**. Dyma hafaliad i gyfrifo moment:

moment = grym × pellter o'r trobwynt

Y pellter yw'r pellter *byrraf* o'r trobwynt at linell y grym. Enw arall am y trobwynt yw **colyn**.

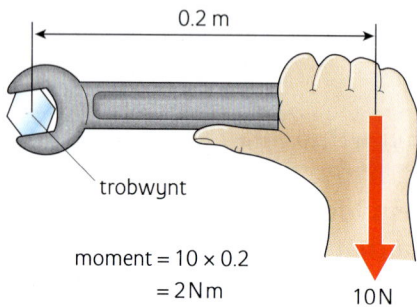

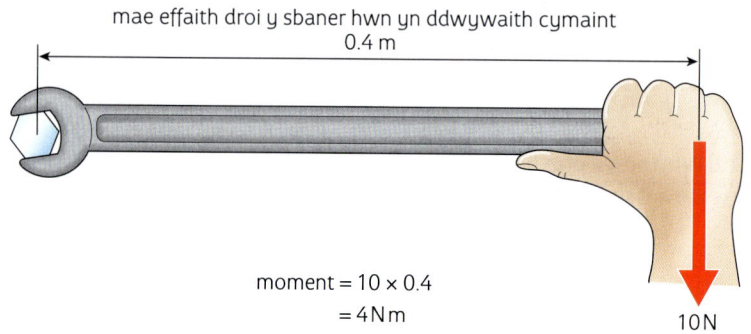

0.2 m

trobwynt

moment = 10 × 0.2
= 2 N m

10 N

mae effaith droi y sbaner hwn yn ddwywaith cymaint
0.4 m

moment = 10 × 0.4
= 4 N m

10 N

Momentau yn cydbwyso

Isod, mae trawst yn cydbwyso ar foncyff coeden. Mae pwysau wedi cael eu rhoi ar y trawst, fel bod y cyfan yn dal i gydbwyso. Mae un pwysau yn achosi effaith droi i'r chwith, a'r llall i'r dde. Mae'r ddwy effaith droi yn hafal, ac yn canslo ei gilydd. Dyna pam mae'r trawst yn cydbwyso.

Yn ôl y **ddeddf momentau**, os yw rhywbeth yn cydbwyso:

moment
sy'n troi i'r chwith
=
moment
sy'n troi i'r dde

Wyddoch chi?

Unedau

Rydyn ni'n mesur:

grym mewn newtonau (N).

pellter mewn metrau (m).

moment grym mewn newton metrau (N m).

Cwestiynau

1 Sut ydych chi'n cyfrifo moment grym?

2 Os yw rhywbeth yn cydbwyso, beth mae'r ddeddf momentau yn ei ddweud wrthych amdano?

2 m

3 m

trobwynt

60 N

40 N

moment (i'r chwith)
= 60 × 2 = 120 N m

mae'r rhain yn hafal

moment (i'r dde)
= 40 × 3 = 120 N m

Craidd màs

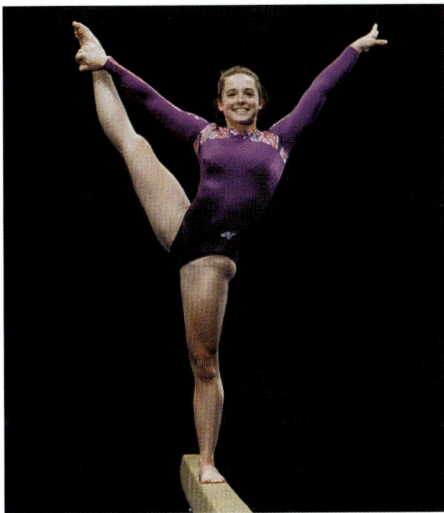

cyfanswm pwysau'r gwahanol rannau $=$ pwysau'r corff cyfan

craidd disgyrchiant

Er mwyn cydbwyso ar y trawst, mae'n rhaid cadw eich craidd màs uwchben y trawst. Neu bydd eich pwysau'n achosi effaith droi a bydd yn eich tynnu i un ochr.

Mae pwysau gan bob rhan o'ch corff. Gyda'i gilydd, mae'r pwysau bach hyn yn gweithio fel un grym sy'n tynnu mewn un pwynt yn unig. Y pwynt hwn yw eich **craidd màs** (neu'r **craidd disgyrchiant**). Gyda siapiau syml, fel pren mesur, bydd y craidd màs yn aml yn union yn y canol.

Wrth grogi darn o gerdyn ar edau, bydd craidd màs y cerdyn bob tro yn dilyn llinell yr edau. Gallwch ddefnyddio'r syniad hwn i ddod o hyd i'r craidd màs.

Clymwch edau wrth un gornel i grogi'r cerdyn a thynnwch linell fertigol ar hyd ymyl yr edau. Gwnewch hyn eto â chornel arall. Lle mae'r ddwy linell yn croesi – dyna'r craidd màs.

edau — cerdyn

y llinell gyntaf — craidd màs

Cwestiynau

3 Yn niagram **A** ar y dde:

a pa rym, *W* neu *Y*, sydd â'r effaith droi fwyaf ar y nyten? Eglurwch eich ateb.

b sut y gallech chi gynyddu effaith droi grym *Y*?

4 Yn niagram **B** ar y dde, mae'r trawst yn gytbwys:

a Beth yw moment y grym 100 N o gwmpas pwynt O?

b Pa foment sydd ei angen ar y grym 400 N er mwyn cydbwyso hyn?

c Pa mor bell yw'r grym 400 N oddi wrth O?

5 Ym mhle byddech chi'n disgwyl dod o hyd i'r craidd màs mewn pren mesur metr o hyd? Sut byddech chi'n cynnal arbrawf i wirio hyn?

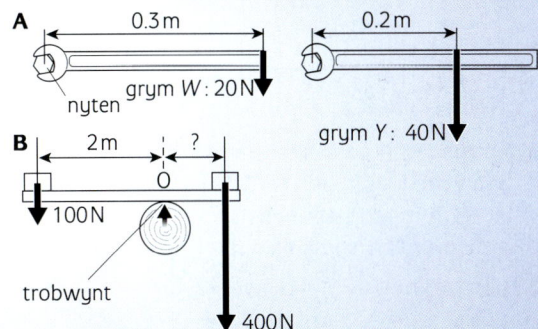

A 0.3 m | 0.2 m
nyten — grym *W*: 20 N — grym *Y*: 40 N

B 2 m | ?
O
100 N
trobwynt
400 N

Gwasgedd

Dylai'r adran hon eich helpu i

- gyfrifo gwasgedd
- disgrifio sut mae peiriannau hydrolig yn gweithio

Mae sgïau yn lleihau'r gwasgedd ar yr eira trwy gynyddu'r arwynebedd sy'n cynnal eich pwysau.

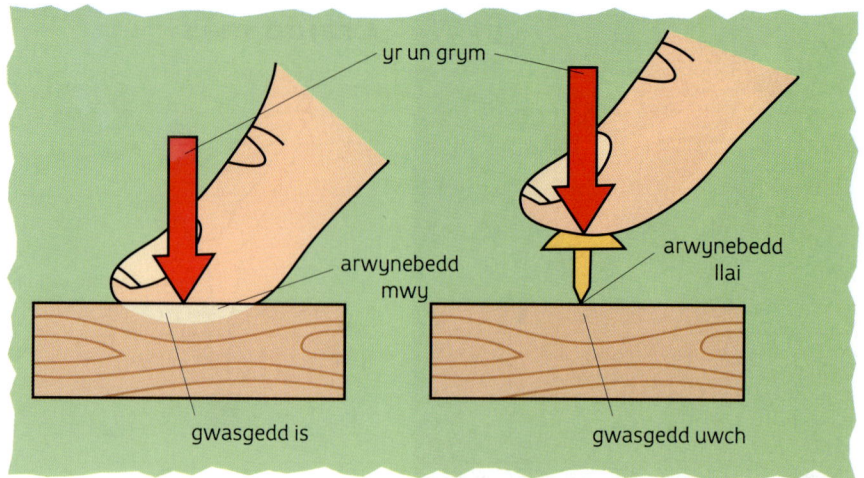

Allwch chi ddim gwthio eich bawd i bren. Ond fe allwch chi wthio pin bawd i'r pren gan ddefnyddio'r un grym, oherwydd bod y grym yn cael ei grynhoi ar ardal lawer llai. Yn wyddonol, rydym yn dweud bod y **gwasgedd** yn uwch.

Mae gwasgedd yn cael ei fesur mewn **newtonau y metr sgwâr** (N/m^2), neu **pascalau** (Pa). Dyma hafaliad i gyfrifo gwasgedd:

$$gwasgedd = \frac{grym}{arwynebedd}$$

grym mewn newtonau (N)
arwynebedd mewn metrau sgwâr (m^2)
gwasgedd mewn pascalau (Pa)

Er enghraifft, os yw grym o 1200N yn gwthio (ar ongl sgwâr) ar arwynebedd o $4\,m^2$: gwasgedd $= \dfrac{1200}{4} = 300\,N/m^2 = 300\,Pa$.

Gwasgedd a hylifau

Y dyfnaf yr ewch i hylif, y mwyaf fydd y gwasgedd. Mae'r gwasgedd hwn yn gwthio i bob cyfeiriad. Gwasgedd gan y dŵr sy'n cadw cwch yn nofio ar yr wyneb. Mae dŵr yn gwasgu ar waelod y cwch gan gynhyrchu gwthiad tuag i fyny o'r enw **brigwth**. Mae'r brigwth yn ddigon cryf i gynnal pwysau'r cwch.

1 Pam mae hi'n haws cerdded ar dywod meddal mewn esgidiau fflat yn hytrach nag mewn esgidiau sydd â sodlau bach?

2 Os oes grym o 12 N yn gwasgu (ar ongl sgwâr) ar arwynebedd o 4 m^2, beth yw'r gwasgedd?

Peiriannau hydrolig

Peiriannau hydrolig yw'r enw ar beiriannau sy'n defnyddio hylifau i drawsyrru grymoedd. Mae peiriannau fel hyn yn dibynnu ar ddwy o nodweddion hylifau:

- Ni allwch wasgu hylifau – prin y gallwch eu cywasgu.
- Os rhowch chi wasgedd ar hylif caeth, mae'r gwasgedd yn cael ei drawsyrru i bob rhan o'r hylif.

Mae'r diagram isod yn dangos jac hydrolig syml. Wrth bwyso ar y piston cul, mae'r gwasgedd yn cael ei drawsyrru gan yr olew i'r piston llydan. Mae'n cynhyrchu grym allbwn sy'n fwy na'r grym mewnbwn. Hynny yw, mae'n ffordd o **chwyddo grym**.

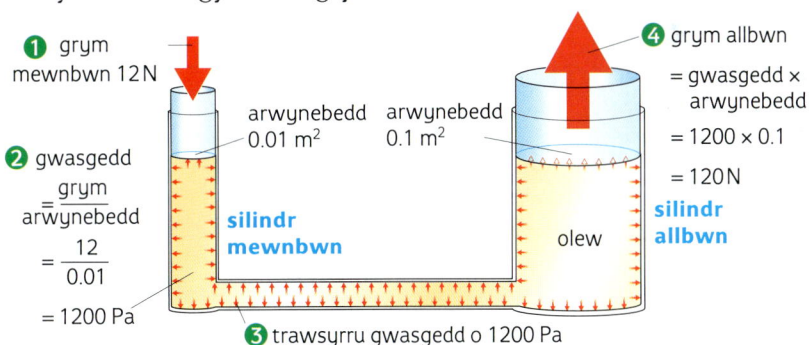

Hydroleg sy'n symud bwced y jac codi baw.

Dilynwch y rhifau o 1 i 4 ar y diagram. Maen nhw'n dangos sut i ddefnyddio'r berthynas rhwng gwasgedd, grym ac arwynebedd i gyfrifo'r grym allbwn.

❶ grym mewnbwn 12 N

❷ gwasgedd
$$= \frac{\text{grym}}{\text{arwynebedd}}$$
$$= \frac{12}{0.01}$$
$$= 1200\ \text{Pa}$$

arwynebedd 0.01 m² arwynebedd 0.1 m²

silindr mewnbwn olew **silindr allbwn**

❸ trawsyrru gwasgedd o 1200 Pa

❹ grym allbwn
= gwasgedd × arwynebedd
= 1200 × 0.1
= 120 N

Hydroleg sy'n gwneud i freciau car weithio. Wrth i chi bwyso pedal y brêc, mae piston yn rhoi gwasgedd ar hylif brêc caeth. Mae'r gwasgedd yn cael ei drawsyrru, trwy bibellau, i'r olwynion. Yno, mae'r gwasgedd yn gwthio ar bistonau sy'n symud y padiau brêc.

Cwestiynau

3 Mae bloc petryal yn mesur 4 m × 3 m × 2 m. Mae'n pwyso 600 N ac mae un wyneb yn gorffwys ar lawr gwastad. Lluniwch ddiagram i ddangos safle'r bloc pan fydd y gwasgedd oddi tano:
a mor uchel â phosib, **b** mor isel â phosib.

Cyfrifwch y gwasgedd yn y ddau achos.

(Arwynebedd petryal = hyd × lled)

4 Yn y system hydrolig syml ar y dde:

a beth yw gwasgedd yr olew?

b beth yw'r grym allbwn?

c petai diamedr y silindr allbwn yn fwy, sut byddai hyn yn effeithio ar y grym allbwn?

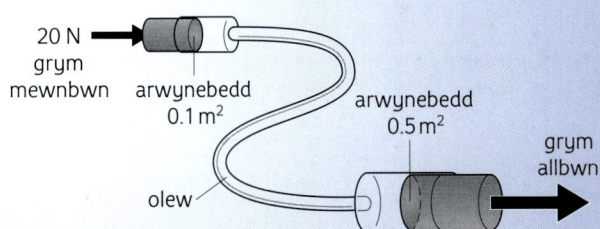

20 N grym mewnbwn arwynebedd 0.1 m² arwynebedd 0.5 m² grym allbwn olew

Dylai'r adran hon eich helpu i

- ddisgrifio sut mae gwifrau yn ymestyn
- disgrifio sut mae gwasgedd nwy yn dibynnu ar ei gyfaint

Ni ddylai'r ceblau dur ar y bont hon ymestyn yn fwy na'u terfan elastig.

Estyn gwifren

Wrth adeiladu pont gyda gwifrau dur, mae'n bwysig gwybod faint y bydd y ceblau'n ymestyn a pha lwyth y gall y ceblau ei gludo'n ddiogel.

Mae'r arbrawf isod yn dangos effaith grym estyn ar wifren ddur, denau, hir. Wrth i'r grym gynyddu, mae'r **estyniad** yn cynyddu hefyd. (Yr estyniad yw'r hyd y mae'r cebl yn ymestyn.)

Mae graff o *estyniad* yn erbyn *grym estyn* yn llinell syth hyd at bwynt X. O fewn y darn syth:

- Mae pob 100 N (newton) ychwanegol o rym yn cynhyrchu'r un estyniad ychwanegol (1 mm yn yr achos hwn).
- Os yw'r grym yn dyblu, mae'r estyniad yn dyblu, ac yn y blaen.

Os yw defnydd yn cynhyrchu graff llinell syth fel hyn, mae gwyddonwyr yn dweud ei fod yn unol â **deddf Hooke**. Mae dur a metelau eraill yn ufuddhau i ddeddf Hooke, yn ogystal â sbringiau dur. Ond nid yw rwber na nifer o blastigion yn gwneud hynny. Gyda'r defnyddiau hyn, byddai'r graff yn gromlin, nid yn llinell syth.

Yr enw ar bwynt E ar y graff yw'r **terfan elastig**. Hyd at y pwynt hwn, bydd y cebl yn mynd yn ôl i'w hyd gwreiddiol ar ôl cael gwared â'r grym. Rydyn ni'n dweud bod y defnydd yn **elastig**. Y tu hwnt i E, mae'r cebl wedi ei estyn yn barhaol. Ar bwynt Y, mae'n torri. Os *nad* yw defnydd yn mynd yn ôl i'w siâp gwreiddiol ar ôl cael gwared â'r grym estyn, yna mae'n **anelastig**.

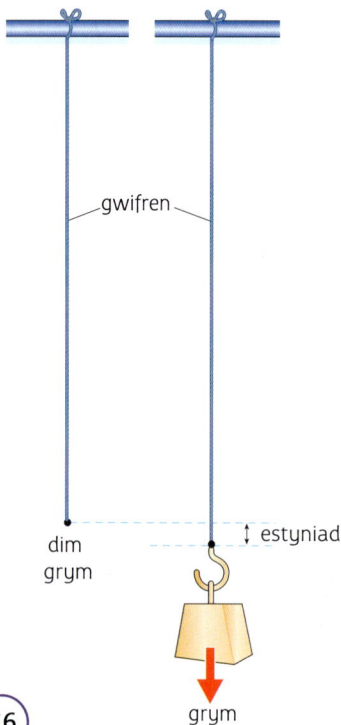

Grym estyn (N)	Estyniad (mm)
0	0
100	1.0
200	2.0
300	3.0
400	4.0
500	5.6
600	–

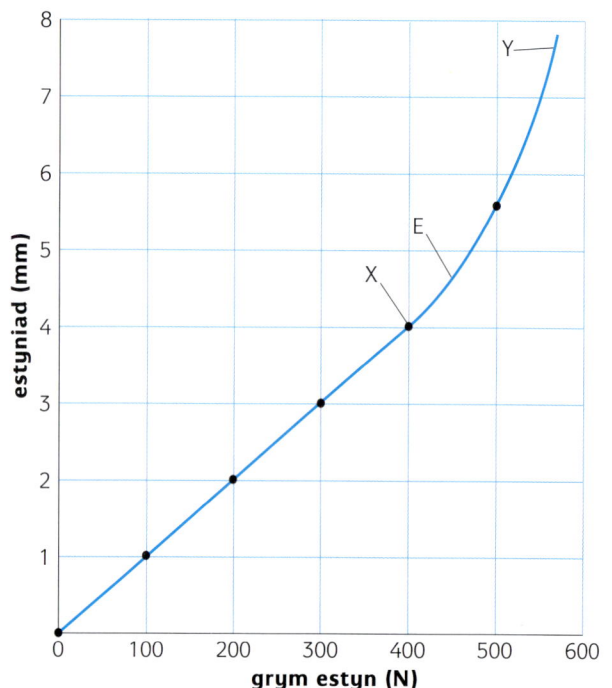

gwifren

dim grym

estyniad

grym

Cywasgu nwy

Wrth i nwy gael ei gywasgu i gyfaint llai, mae ei wasgedd yn codi. Mae'r arbrawf isod yn edrych ar y berthynas rhwng gwasgedd a chyfaint. Mae nwy (aer) wedi ei ddal yn gaeth mewn silindr. Mae'r nwy yn cael ei gywasgu trwy wthio'r piston i mewn. Mae'r gwasgedd a'r cyfaint yn cael eu mesur ar wahanol adegau.

Wrth i'r nwy gael ei gywasgu, mae'n cynhesu. Mae hyn yn effeithio ar y gwasgedd hefyd. Felly rhaid cywasgu'r nwy yn araf iawn er mwyn i'r nwy golli gwres ac aros ar dymheredd cyson.

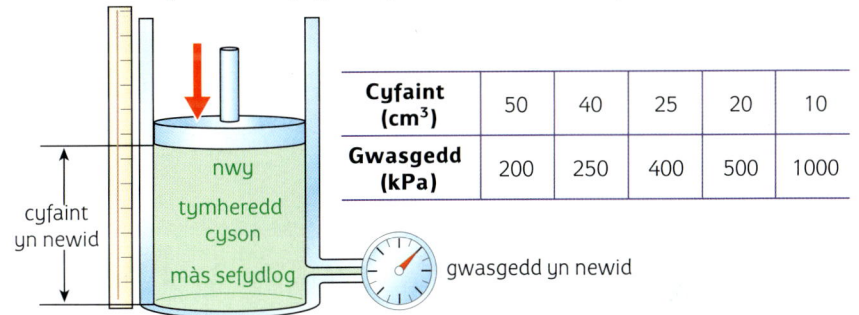

Cyfaint (cm³)	50	40	25	20	10
Gwasgedd (kPa)	200	250	400	500	1000

Mae'r tabl yn dangos darlleniadau nodweddiadol. Maen nhw'n dangos:

- Os yw'r cyfaint yn *haneru*, mae'r gwasgedd yn *dyblu*, ac ati.
- Mae gwasgedd × cyfaint yn cadw'r un gwerth (10 000 y tro hwn).

Mae **deddf Boyle** yn crynhoi'r canlyniadau hyn:

Os yw màs sefydlog o nwy yn cael ei gadw ar dymheredd cyson:

$$\frac{\text{gwasgedd}}{\text{gwreiddiol}} \times \frac{\text{cyfaint}}{\text{gwreiddiol}} = \frac{\text{gwasgedd}}{\text{terfynol}} \times \frac{\text{cyfaint}}{\text{terfynol}}$$

Cwestiynau

Bydd angen papur graff arnoch ar gyfer cwestiynau 2 a 3.

1 Beth yw'r gwahaniaeth rhwng defnydd *elastig* a defnydd *anelastig*?

2 Cafodd sbring ei estyn. Dyma'r darlleniadau:

Grym estyn (N)	0	1	2	3	4	5
Hyd (mm)	40	49	58	67	79	99

a Gwnewch dabl yn dangos *grym estyn* ac *estyniad*.

b Plotiwch graff o'r *estyniad* yn erbyn *grym estyn*.

c Sut gallwch chi ddweud a yw'r sbring yn cadw at ddeddf Hooke?

ch Os yw'n cadw at y ddeddf hon, hyd at ba bwynt y mae'n gwneud hynny?

d Pa rym sy'n cynhyrchu estyniad o 21 mm?

3 Edrychwch ar y tabl uchod, sy'n rhoi gwerthoedd cyfaint a gwasgedd ar gyfer nwy caeth.

a Defnyddiwch y darlleniadau i blotio graff *gwasgedd* yn erbyn *cyfaint*.

b Disgrifiwch beth mae'r graff yn ei ddangos.

c Pan fydd gwasgedd y nwy yn 300 kPa, beth fydd ei gyfaint?

4 Mae balŵn yn cynnwys 6 m³ o heliwm. Wrth i'r balŵn godi trwy'r atmosffer, mae'r gwasgedd yn gostwng o 100 kPa i 50 kPa, ond mae'r tymheredd yn aros yn gyson. Beth yw cyfaint newydd y balŵn?

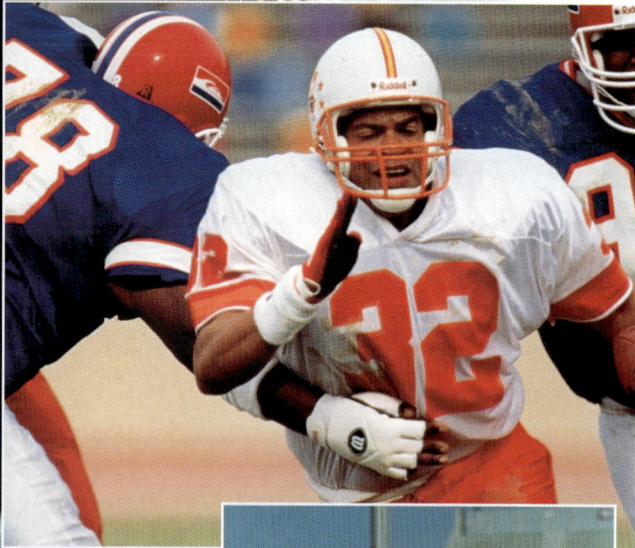

Defnyddio MÀS

Mewn pêl-droed Americanaidd, os ydych chi'n rhuthro trwy'r llinellau amddiffyn, mae angen i chi gael cymaint o fàs â phosib. Mae màs y chwaraewyr mwyaf yn fwy na 120 kg. Unwaith maen nhw'n dechrau rhedeg, mae'n anodd iawn eu stopio.

Yn y llun isod ar y chwith, dyma rywun sydd angen màs yn ogystal â chryfder. Wrth iddi wthio'r pwysau ymlaen, mae yna wthiad tuag yn ôl ar ei chorff, sy'n ei harafu ac yn lleihau buanedd y pwysau. Y mwyaf o fàs sydd ganddi, y lleiaf yw effaith y gwthiad hwn tuag yn ôl, a'r pellaf y bydd y pwysau'n teithio.

Pwy sy'n ennill dros 1500 metr?

Mewn ras fel yr un isod, byddai'r nofwyr dan anfantais gan fod gwrthiant dŵr yn llawer uwch na gwrthiant aer. Beicwyr yw'r cyflymaf ac maen nhw hyd yn oed yn gyflymach os oes cerbyd arall o'u blaen i ostwng y gwrthiant aer. Y buanedd uchaf erioed ar feic oedd 63 metr yr eiliad (140 m.y.a.) – y tu ôl i gar â tharian wynt ar y cefn.

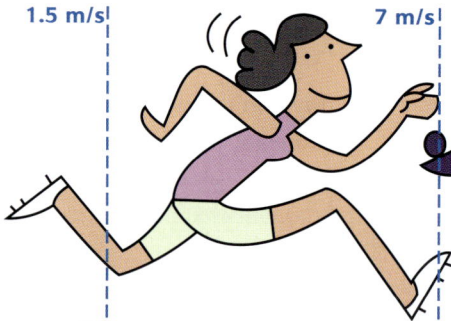

1.5 m/s   7 m/s   12 m/s   15 m/s

30 m.y.a.

BRAICH GYFLYM

Tynnwyd pob delwedd ar y ffotograff hwn yn syth ar ôl ei gilydd. Fyddech chi'n gallu cyfrifo buanedd y raced o'r llun hwn? Os na fyddech chi, pam hynny?

Grym penelin

Mae chwaraewraig dennis broffesiynol yn defnyddio raced gyda'i llinynnau yn dynn i'w helpu i daro'r bêl yn gyflym iawn. Mae'n ceisio taro'r bêl yn agos at ganol y raced. Fel arall, gall y grymoedd niweidio ei phenelin. Mae chwaraewyr cyffredin yn defnyddio raced gyda llinynnau sy'n llai tynn. Mae'r llinynnau yn ymestyn mwy wrth daro'r bêl, gan ostwng y buanedd. Ond, os na fydd y bêl yn taro canol y raced, bydd y grymoedd ar y penelin yn fach ac yn llai niweidiol.

Trafodwch

Allwch chi egluro pam:
- mae rhedwyr yn gallu teithio'n gyflymach na nofwyr?
- mae beicwyr yn gallu teithio'n gyflymach na rhedwyr?

Ceisiwch ddarganfod sut mae'r rhain yn lleihau'r grymoedd sy'n gwrthsefyll eu mudiant:

beicwyr rasio   sglefrwyr cyflym   nofwyr

Allwch chi lunio rhestr o'r chwaraeon lle mae cael corff â digon o fàs:

yn fantais?   yn anfantais?

g a rhagor o g

Ar y Ddaear, os gollyngwch chi rywbeth, bydd yn cyflymu tuag i lawr ar 10 m/s^2 (gan gymryd nad oes yna wrthiant aer). Hynny yw, mae ei fuanedd yn cynyddu 10 m/s bob eiliad. Y term am hyn yw **cyflymiad disgyn yn rhydd**, neu g. Mae yr un rhif â chryfder maes disgyrchiant y Ddaear. Enw hwnnw yw g hefyd.

Reid g

Gallwch deimlo effeithiau cyflymiad mawr ar reid ffair fel hon wrth i chi deithio'n gyflym iawn o amgylch troeon tynn. Mae'r cyflymiad mwyaf tua 3g.

Gall cyflymiad mawr dynnu gwaed o'ch pen i'ch traed a gwneud i chi lewygu. Ond nid ar y reid hon. Trwy eistedd â'ch penliniau i fyny, mae'n rhwystro'r gwaed rhag rhuthro i'ch traed.

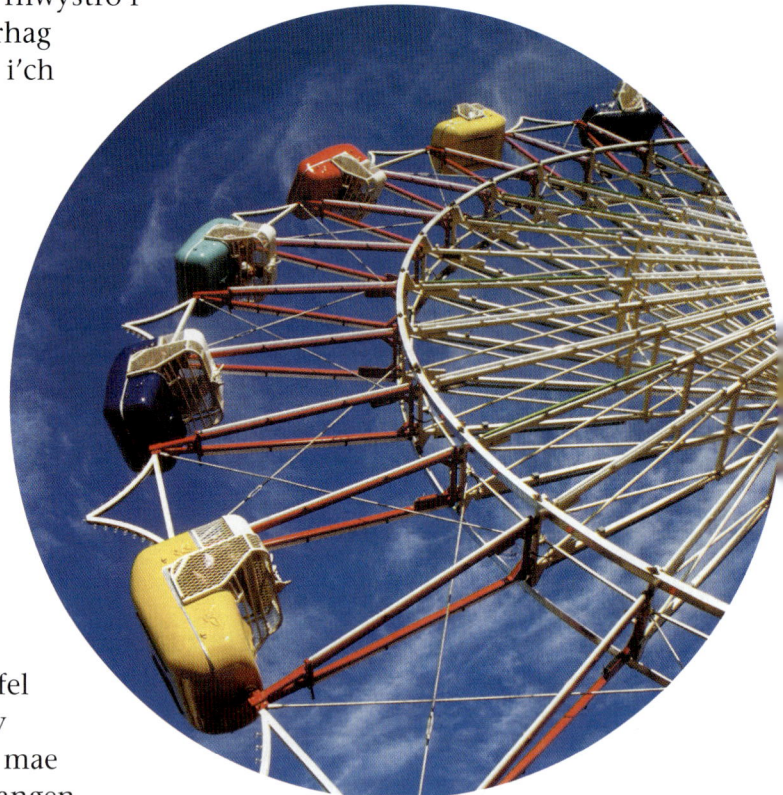

Ar gyfer reid 5**g** fel hon ar y chwith, mae arnoch angen sgiliau arbennig a gwerth miliwn o bunnau o hyfforddiant. Mae arnoch hefyd angen siwt arbennig sy'n gwasgu eich corff yn dynn. Wrth i'r awyren droi'n sydyn, mae rhannau o'r siwt yn llenwi â nwy gan wasgu eich coesau a'ch abdomen, rhag i ormod o waed lifo o'ch pen.

Y ffordd fwyaf diogel o deithio...

... yw tuag yn ôl, os oes cefn uchel ar eich sedd.

Mae hedfan mewn awyren yn un o'r ffyrdd mwyaf diogel o deithio. Ond petai'n rhaid i awyren geisio glanio mewn argyfwng, gallai'r arafiad fod yn uchel iawn. Seddi yn wynebu tuag yn ôl sy'n amddiffyn y teithiwr orau. Dyma pam mae'r fyddin yn eu gosod yn eu hawyrennau teithwyr. Ond hyd yma nid yw'r cwmnïau hedfan arferol yn gwneud hyn.

Anifeiliaid ac *g*

Mae rhai anifeiliaid yn gallu gwrthsefyll gwerthoedd *g* mawr iawn:

Mae coesau blaen y wiwer wedi addasu'n arbennig i ymdopi â'r sioc o lanio o uchder mawr. Mae'r arafiad yn gallu bod yn 20*g* neu fwy.

Mae clêr yn gallu cyrraedd cyflymiad o hyd at 20g. Mae hyn yn fwy nag y gall eich llaw ei gynhyrchu, sef un rheswm pam y mae hi mor anodd taro pryfed.

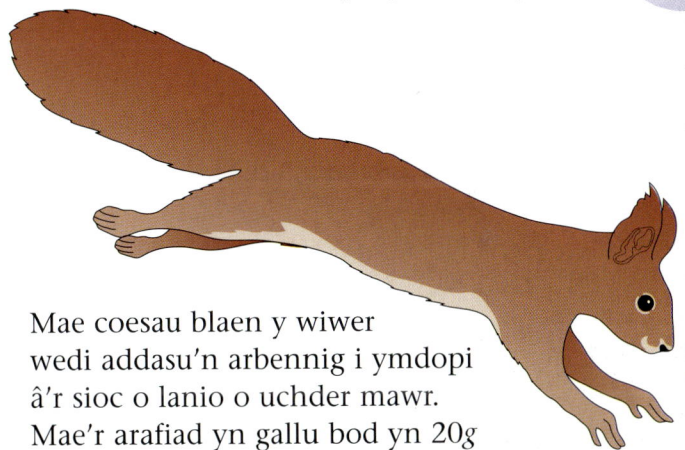

Mae un math o chwilen yn gallu cyflymu'n gynt nag unrhyw greadur arall. Mae'n dianc trwy neidio i'r awyr gyda chyflymiad mwyaf o dros 400g.

Trafodwch

- Ar reidiau ffair, gallwch brofi cyflymiad o 3g neu fwy. Ond heb gefn uchel ar eich sedd i ddal eich pen, ni fyddai cyflymiad fel hyn yn ddiogel. Allwch chi egluro pam?

- Ceisiwch ddarganfod pa nodweddion diogelwch sydd mewn ceir i leihau'r cyflymiad neu'r arafiad sy'n effeithio ar y teithwyr mewn gwrthdrawiad. Defnyddiwch y llyfr hwn neu ffynonellau gwybodaeth eraill.

- Os yw seddi sy'n wynebu tuag yn ôl yn fwy diogel, pam nad oes yr un cwmni hedfan wedi mynd ati i'w gosod? Allwch chi gynnig rhesymau?

1 Mae'r graff isod yn disgrifio mudiant bws wrth iddo deithio o un pentref i'r llall.

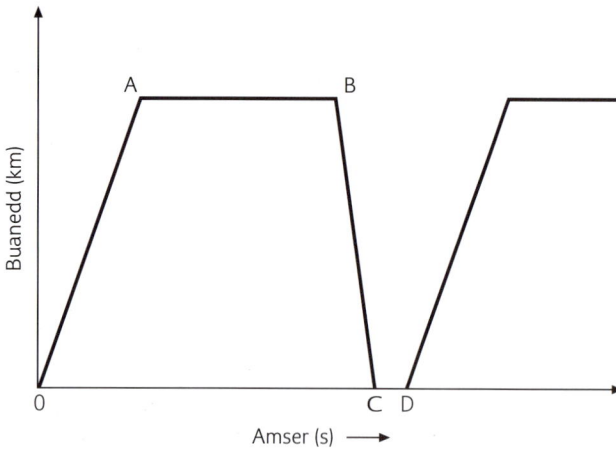

a Disgrifiwch yn fanwl beth sy'n digwydd rhwng 0A, AB, BC ac CD.

b Lluniwch fraslun o graff cyflymiad/amser ar gyfer taith y bws.

2 Mae Emma a Jên yn cael ras. Mae'r graff isod yn dangos sut y mae buanedd y ddwy redwraig yn newid gydag amser.

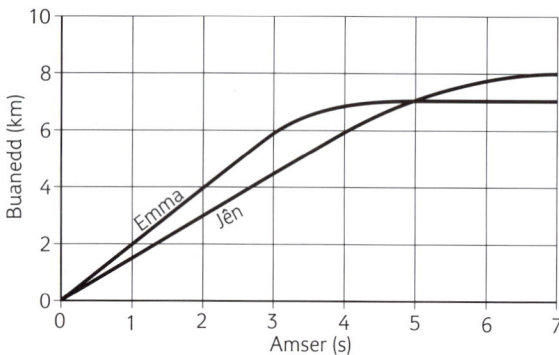

a Pa redwraig sy'n cyrraedd y buanedd uchaf?

b Pa redwraig sydd â'r cyflymiad mwyaf ar ddechrau'r ras?

c Ar ôl sawl eiliad y mae buanedd Jên yn fwy na buanedd Emma?

ch Beth yw buanedd mwyaf Emma?

d Ar y dechrau, cyflymiad Emma yw $2 \, m/s^2$. Beth mae'r ffigur hwn yn ei ddweud wrthych am y ffordd y mae ei buanedd yn newid?

3 Mae'r graff isod yn dangos taith dyn.

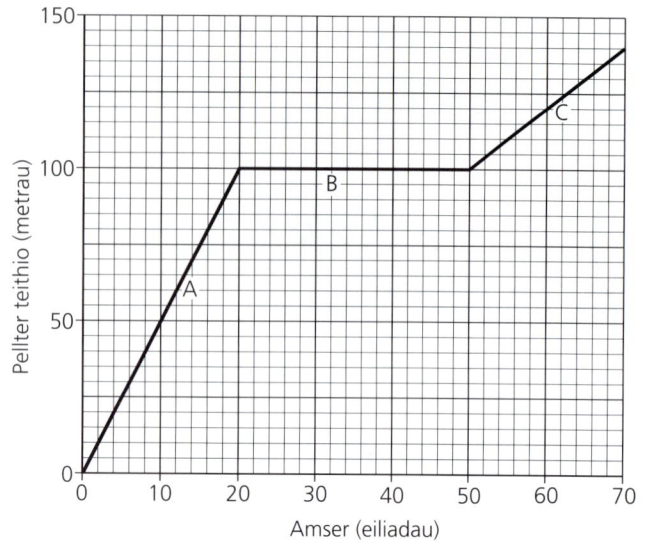

a Cyfrifwch fuanedd cyfartalog y dyn ar gyfer y daith gyfan.

b Cyfrifwch fuanedd y dyn yn rhan A y graff.

c Beth yw buanedd y dyn yn rhan B y graff?

ch Cyfrifwch fuanedd y dyn yn rhan C y graff.

4 Mae'r tabl isod yn dangos sut mae pellter stopio car yn dibynnu ar ei fuanedd.

Pellter stopio (m)	0	4	12	22	36	52	72
Buanedd (m/s)	0	5	10	15	20	25	30

a Nodwch DDWY ffactor, heblaw buanedd, sy'n effeithio ar bellter stopio car.

b Defnyddiwch yr wybodaeth yn y tabl uchod i lunio graff sy'n dangos pellter stopio yn erbyn buanedd.

c Y buanedd mwyaf a ganiateir mewn stad o dai yw 12.5 m/s. Defnyddiwch eich graff i amcangyfrif pellter stopio car sy'n teithio ar y buanedd hwn.

ch Disgrifiwch sut y mae'r pellter stopio'n newid wrth i fuanedd car gynyddu.

5 Dyma ddiagram o dîm bobsled ar ddechrau eu taith.

a Wrth i'r tîm wthio'r bobsled, mae'r grymoedd maen nhw'n eu rhoi yn achosi iddo gyflymu. Enwch un man lle mae ar y tîm angen **i** llawer iawn o ffrithiant a **ii** cyn lleied o ffrithiant â phosib.

b Beth mae'r tîm yn ei wneud ar y ffordd i lawr er mwyn lleihau unrhyw rymoedd gwrthiannol?

c Pam mae ar y tîm angen llawer o ffrithiant ar ddiwedd y daith?

6 Ym mhob un o'r achosion canlynol, penderfynwch a ddylai'r grymoedd ffrithiannol fod mor *isel* â phosib neu mor *uchel* â phosib:

a Esgidiau yn cyffwrdd palmant.

b Blociau brêc yn gwasgu yn erbyn ymyl olwyn beic.

c Dwylo yn gafael yn llyw y beic.

ch Sgïau yn llithro dros eira.

d Teiars car yn cyffwrdd wyneb ffordd.

dd Olwyn yn troi ar ei hechel.

7 Copïwch a chwblhewch y brawddegau hyn.

a i Pan fydd carreg yn cael ei gollwng o'r awyr, bydd yn disgyn i'r llawr. Enw'r grym sy'n achosi hyn yw _____. Wrth i'r garreg ddisgyn, mae ei buanedd yn _____.

ii Rydym yn mesur grymoedd mewn unedau o'r enw _____.

iii Cyn i'r garreg gael ei gollwng roedd ganddi egni _____. Yn union cyn iddi daro'r llawr roedd hwn i gyd wedi newid yn egni _____.

b Mae blwch sy'n pwyso 1000 N yn cael ei godi 2 m yn fertigol. Cyfrifwch y gwaith sy'n cael ei wneud ar y blwch.

8 Mae pêl blwm a phluen yn cael eu dal ar yr un uchder uwchben y ddaear ac yn cael eu rhyddhau ar yr un pryd.

a Pa un sy'n taro'r ddaear gyntaf? Eglurwch eich ateb.

b Pam mae angen parasiwtau ar y Wennol Ofod yn union wedi iddi lanio yn ôl ar y Ddaear?

9 a Mae car yn cyflymu o 0 i 200 km/awr mewn 20 s. Beth yw cyflymiad cyfartalog y car? Pam mai'r cyflymiad *cyfartalog* yw hwn?

b Mae trên yn arafu o 120 km/awr i 40 km/awr mewn 20 s. Beth yw arafiad y trên? Beth yw cyflymiad y trên?

c Mae roced fechan ar noson tân gwyllt yn cyflymu o fod yn llonydd i 40 m/s mewn 4 s. Beth yw cyflymiad y roced?

10 Mae merch yn plymio o hofrennydd sy'n hofran. Mae hi'n aros am rai eiliadau cyn agor ei pharasiwt. Mae'r tabl isod yn dangos sut mae ei buanedd yn newid gydag amser, o'r eiliad y mae hi'n neidio.

Amser (s)	0	1	2	3	4	5	6	7	8
Buanedd (m/s)	0		20	30	22	14	12	9	9

a Copïwch a chwblhewch y tabl, gan gynnwys y rhif sydd ar goll.

b Plotiwch graff buanedd yn erbyn amser.

c Ar ôl sawl eiliad y mae'r ferch yn agor ei pharasiwt? Sut mae eich graff yn dangos hyn?

ch Wrth i'r ferch ddisgyn, mae grym *tuag i lawr* yn gweithredu arni, yn ogystal â grym *tuag i fyny*.

i Beth sy'n achosi'r grym tuag i lawr?

ii Beth sy'n achosi'r grym tuag i fyny?

iii Ar ôl 2 eiliad, pa un o'r ddau rym hyn yw'r mwyaf?

iv Ar ôl 8 eiliad, sut mae'r ddau rym yn cymharu?

d Sut byddech chi'n disgwyl i'ch graff fod yn wahanol petai parasiwt y ferch yn fwy? (Fe allech chi ateb hwn trwy lunio brasluniau i ddangos sut mae'r graff yn newid.)

11 Mae'r diagram isod yn dangos model o graen. Mae'n bosib symud y gwrthbwysyn ar y craen.

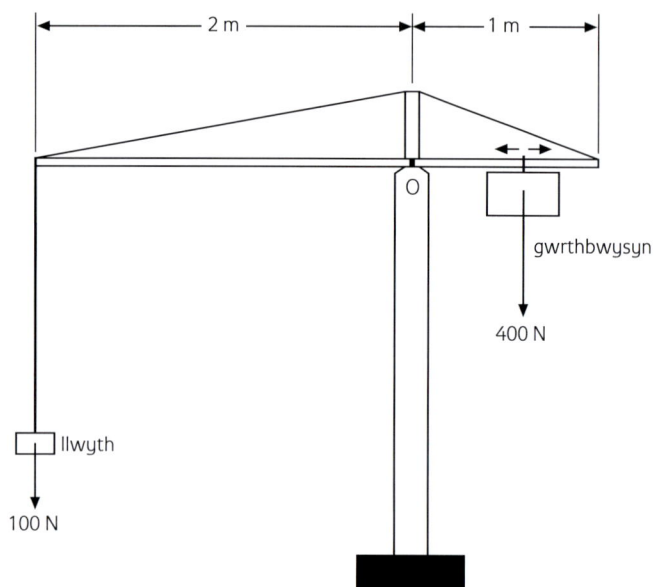

2 m — 1 m

O

gwrthbwysyn

400 N

llwyth

100 N

a Pam mae angen gwrthbwysyn ar y craen?

b Pam mae'n rhaid i'r gwrthbwysyn allu symud?

c Yn y diagram, beth yw moment y grym 100 N o gwmpas O?

ch Er mwyn i'r craen gydbwyso, pa foment y mae'n rhaid i'r grym 400 N ei gael?

d Pa mor bell oddi wrth O y dylid gosod y gwrthbwysyn?

dd Ym mhle byddech chi'n disgwyl i'r gwrthbwysyn gael ei osod os yw'r craen yn codi'r llwyth trymaf posib?

e Beth yw'r llwyth mwyaf y dylai'r craen ei godi?

f Disgrifiwch ddwy ffordd o wneud cynllun y craen yn fwy sefydlog.

12 Cyfrifwch y gwasgedd sy'n cael ei roi ar y ddaear gan:

a wraig sy'n pwyso 500 N os yw cyfanswm arwynebedd ei sodlau cul sy'n cyffwrdd y llawr yn 0.0025 m^2.

b eliffant sy'n pwyso 5000 N os yw cyfanswm yr arwynebedd o dan ei draed yn 0.1 m^2.

c dyn sy'n pwyso 750 N os yw cyfanswm arwynebedd ei esgidiau sy'n cyffwrdd y llawr yn 0.125 m^2.

13 Mae'r diagram isod yn dangos pin bawd.

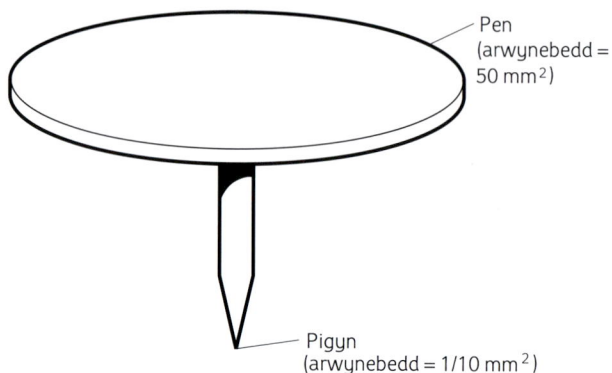

Pen (arwynebedd = 50 mm^2)

Pigyn (arwynebedd = 1/10 mm^2)

a Caiff grym o 50 N ei roi ar ben y pin. Cyfrifwch y gwasgedd sy'n cael ei greu ar ben y pin, mewn N/mm^2.

b Cyfrifwch y gwasgedd y mae'r grym 50 N yn ei greu ar bigyn y pin, mewn N/mm^2.

14 Mae disgybl wedi cynnal arbrawf i brofi Deddf Hooke. Dyma ei chanlyniadau.

Estyniad (mm)	0.3	0.6	0.9	1.2	1.7
Grym (N)	1	2	3	4	5

a Lluniwch graff o ganlyniadau'r disgybl.

b A yw'r graff yn cadarnhau Deddf Hooke? Eglurwch eich ateb.

c Beth sy'n debygol o ddigwydd i'r sbring pan fydd y grymoedd yn cael eu tynnu oddi arno?

15 Mae'r diagram isod yn dangos sut y mae sbring dur yn ymestyn pan fydd pwysyn yn crogi arno.

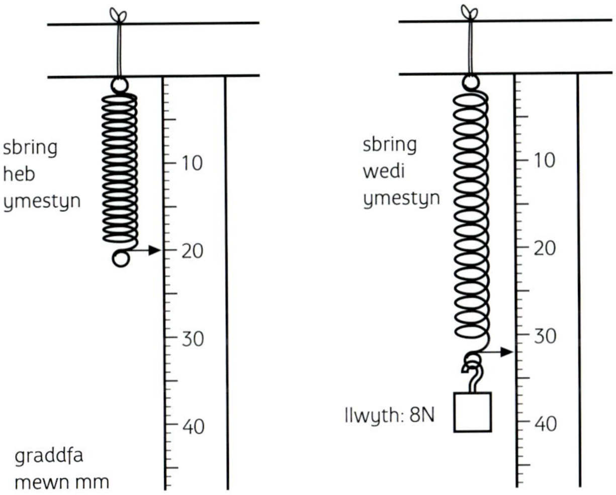

sbring heb ymestyn

sbring wedi ymestyn

llwyth: 8N

graddfa mewn mm

a Beth yw estyniad y sbring?

b Os yw'r sbring yn ufuddhau i Ddeddf Hooke, beth mae hyn yn ei ddweud wrthych am y ffordd y mae'r estyniad yn cynyddu gyda'r llwyth?

c Pa estyniad y byddech chi'n ei ddisgwyl ar gyfer y ddau lwyth yma?

i 4 N

ii 6 N

ch Wrth i ragor o bwysynnau gael eu rhoi ar y sbring, mae'r estyniad yn cynyddu. Sut mae hyn yn effeithio ar y sbring os bydd yn mynd heibio i'w derfan elastig?

Geiriau pwysig

Mae'r rhifau yn y cromfachau yn dangos ar ba dudalennau y cewch chi ragor o wybodaeth.

arafiad   Os yw cyflymder rhywbeth yn lleihau 10 m/s bob eiliad, yna mae'r arafiad yn 10 m/s^2. *(3.01)*

buanedd   Os yw rhywbeth yn teithio pellter o 10 m mewn 1 eiliad, ei fuanedd cyfartalog yw 10 m/s. *(3.01)*

cryfder maes disgyrchiant (y Ddaear), *g*   Yn agos at wyneb y Ddaear, mae hwn yn 10 N/kg. Hynny yw, mae 10 N o dyniad disgyrchiant ar bob kg o fàs. *(3.04)*

cyflymder   Buanedd i gyfeiriad penodol. Mae'n cael ei fesur mewn m/s. Gellir defnyddio saeth, neu + a –, i ddangos ei gyfeiriad. *(3.01)*

cyflymiad   Os yw cyflymder rhywbeth yn cynyddu 10 m/s bob eiliad, yna mae ei gyflymiad yn 10 m/s^2. *(3.01)*

ffrithiant   Y grym sy'n gwrthwynebu mudiant un defnydd dros (neu drwy) ddefnydd arall. *(3.05, 3.08)*

grym   Gwthiad neu dyniad. Mae'n cael ei fesur mewn newtonau (N). *(3.04)*

moment   Effaith droi unrhyw rym. Mae'r moment yn hafal i'r grym × pellter perpendicwlar at y colyn (trobwynt). *(3.10)*

newton (N)   Uned grym. *(3.04)*

pwysau   Cryfder tyniad disgyrchiant y Ddaear ar unrhyw wrthrych. Mae'n rym, felly mae'n cael ei fesur mewn newtonau (N). *(3.04)*

Broga coed o Dde America yw hwn. Mae'n llenwi'r goden fawr o dan ei wddf gydag aer i fwyhau sŵn ei lais. Dim ond y gwrywod sy'n gallu gwneud hyn, a gall eu galwadau deithio ddeg gwaith ymhellach na sŵn brogaod eraill. I gynhyrchu'r sain, mae aer o'r goden yn cael ei chwythu heibio i ddwy bilen sydd wedi eu hestyn yng ngwaelod ceg y broga. Mae hyn yn gwneud iddyn nhw ddirgrynu.

Tonnau'n symud

Dylai'r adran hon eich helpu i

- ddisgrifio sut mae tonnau'n teithio
- deall y berthynas rhwng buanedd, amledd a thonfedd

Os gollyngwch chi garreg i bwll o ddŵr, bydd tonnau bach yn symud ar draws wyneb y dŵr, fel yn y llun uchod. Mae'r tonnau yn symud oherwydd bod symudiadau i fyny ac i lawr yn y dŵr.

Mae goleuni, sain a signalau radio i gyd yn teithio ar ffurf tonnau. Mae tonnau yn cludo egni o un lle i'r llall, ond heb drosglwyddo unrhyw ddefnydd o gwbl.

Mae dau brif fath o don. Gallwch eu dangos trwy ddefnyddio sbring fel yr un isod. Wrth i un coil o'r wifren **osgiliadu** (symud yn ôl ac ymlaen), mae'n gwneud i'r coil nesaf osgiliadu bron yn syth wedyn … ac yn y blaen. Mae hyn yn gwneud i'r don symud ar hyd y sbring.

Wyddoch chi?

Tynnu llun tonnau

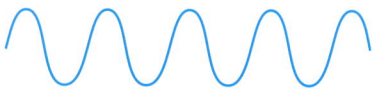

Gallwch ddangos tonnau ardraws fel y rhai welwch chi uchod.

Ffordd arall o ddarlunio tonnau yw defnyddio llinellau sy'n cael eu galw'n flaendonnau. Meddyliwch am bob blaendon fel pen uchaf ton ardraws, neu'r cywasgiad mewn ton hydredol.

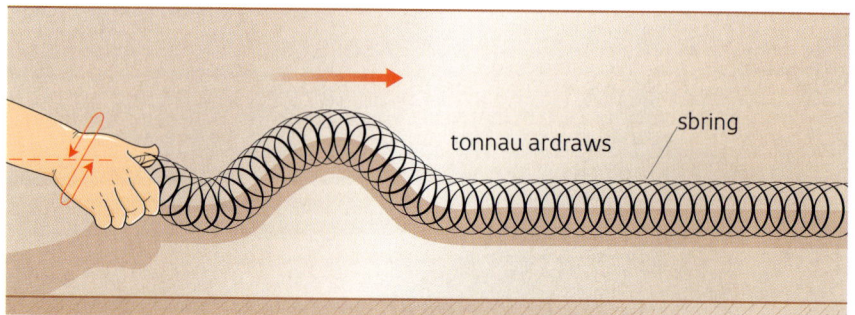

Mewn **tonnau ardraws**, mae'r osgiliadu o ochr i ochr (neu i fyny ac i lawr). Fel hyn y mae tonnau goleuni a thonnau radio yn teithio.

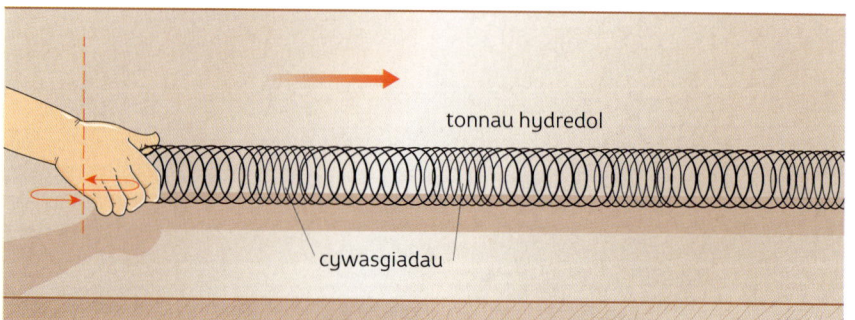

Mewn **tonnau hydredol**, mae'r osgiliadu yn ôl ac ymlaen. Fel hyn y mae tonnau sain yn teithio.

tonfedd

un don

tonfedd

osgled

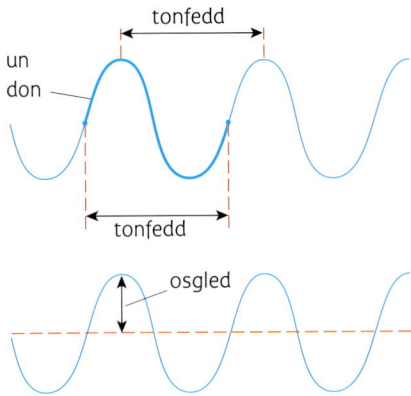

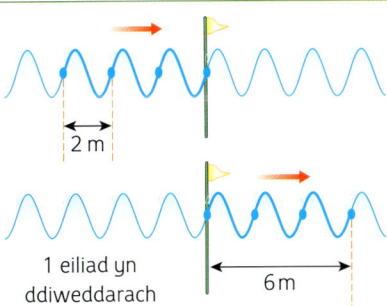

Disgrifio tonnau

Dychmygwch donnau yn teithio ar draws dŵr. Dyma rai o'r termau ar gyfer disgrifio'r tonnau:

Buanedd Mae hwn yn cael ei fesur mewn metrau yr eiliad (m/s).

Amledd Dyma nifer y tonnau sy'n cael eu hanfon allan bob eiliad. Mae'n cael ei fesur mewn hertz (Hz). Er enghraifft, os oes 3 ton yn cael eu hanfon allan bob eiliad, yr amledd yw 3 Hz.

Tonfedd Dyma'r pellter rhwng pwynt ar un don a'r un pwynt ar y don nesaf.

Osgled Mae'r pellter hwn i'w weld yn y diagram.

Cyfnod Dyma'r amser rhwng brig un don a'r nesaf. Er enghraifft, os oes 3 ton yn cael eu hanfon allan bob eiliad, yr amser rhwng brig un don a'r nesaf yw $\frac{1}{3}$ eiliad. Felly y cyfnod yw $\frac{1}{3}$ eiliad.

Hafaliad ar gyfer tonnau

Mae yna hafaliad sy'n cysylltu buanedd, amledd a thonfedd. Mae'r panel isod yn egluro pam mae'n gweithio:

$$\begin{array}{ccc} \text{buanedd} & = & \text{amledd} \times \text{tonfedd} \\ \text{(m/s)} & & \text{(Hz)} \qquad \text{(m)} \end{array}$$

2 m

1 eiliad yn ddiweddarach

6 m

Mae 3 ton yn mynd heibio i'r faner mewn 1 eiliad...
...felly yr amledd yw 3 Hz.
Mae pob ton yn 2 metr o hyd...   ...felly y donfedd yw 2 m.
Mae hyn yn golygu:
bod y tonnau yn teithio 6 metr mewn un eiliad...
...felly y buanedd yw 6 m/s.

Felly:
$$\begin{array}{ccccc} 6\,\text{m/s} & = & 3\,\text{Hz} & \times & 2\,\text{m} \\ \text{(buanedd)} & & \text{(amledd)} & & \text{(tonfedd)} \end{array}$$

Cwestiynau

1. Beth yw'r gwahaniaeth rhwng *tonnau hydredol* a *thonnau ardraws*?

2. Mae tair ton yn teithio ar *yr un buanedd*, ond mae ganddyn nhw wahanol amleddau a thonfeddi. Copïwch y tabl ar y dde, a llenwch y bylchau.

	Buanedd (m/s)	Amledd (Hz)	Tonfedd (m)
ton 1		8	4
ton 2		16	
ton 3			1

89

Effeithiau tonnau

Dylai'r adran hon eich helpu i

- ddisgrifio sut mae tonnau yn cael eu hadlewyrchu, eu plygu a'u diffreithio

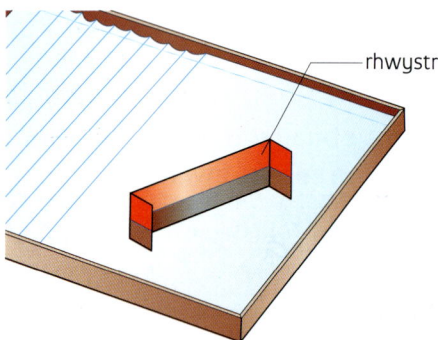

Gallwch ddefnyddio **tanc crychdonni** fel hwn i astudio sut mae tonnau yn ymddwyn. Mae crychdonnau (tonnau bach iawn) yn cael eu hanfon ar draws wyneb y dŵr, at wahanol rwystrau. Dyma rai o'r effeithiau.

Adlewyrchiad

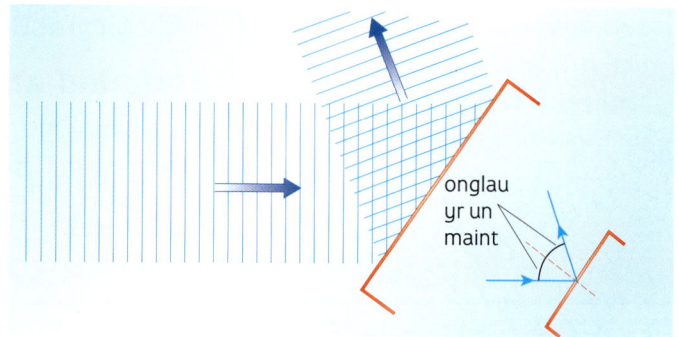

Caiff rhwystr fertigol ei osod yn llwybr y tonnau. Mae'r tonnau yn cael eu hadlewyrchu oddi ar y rhwystr ar yr un ongl ag y maen nhw'n ei daro.

Plygiant

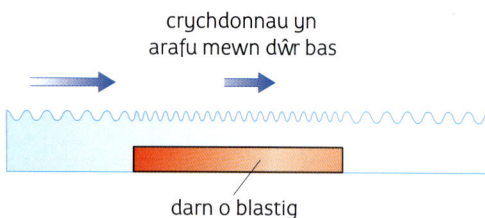

Mae darn plân o blastig yn gwneud y dŵr yn llai dwfn. Mae hyn yn arafu'r tonnau. Wrth iddyn nhw arafu, maen nhw'n newid cyfeiriad. Yr enw ar hyn yw **plygiant**.

Diffreithiant

Mae tonnau yn plygu o amgylch gwrthrychau, neu'n gwasgaru wrth fynd trwy agoriad. Yr enw ar hyn yw **diffreithiant**. Mae'n gweithio orau os yw lled yr agoriad tua'r un maint â'r donfedd. Nid yw agoriad llydan yn achosi cymaint o ddiffreithiant.

Tystiolaeth tonnau

Mae'n bosib adlewyrchu, plygu a diffreithio sain, goleuni a signalau radio. Mae hyn yn dystiolaeth eu bod yn teithio ar ffurf tonnau. Mae tonnau sain yn diffreithio o amgylch gwrthrychau mawr, a dyna pam rydych chi'n gallu clywed rownd corneli. Mae tonnau goleuni yn llawer byrrach, felly rhaid i'r bwlch neu'r agoriad fod yn fach iawn er mwyn achosi diffreithiant.

Cwestiynau

1 Nodwch a yw pob un o'r rhain yn enghraifft o *adlewyrchiad*, *plygiant* neu *ddiffreithiant*.

   a Paladr goleuni yn adlamu oddi ar ddrych, fel yn ffotograff W ar y dde.

   b Paladr goleuni yn plygu wrth fynd trwy floc gwydr, fel yn ffotograff Y ar y dde.

   c Sain yn plygu o gwmpas wal, fel y gallwch glywed rhywun yn siarad ar yr ochr arall.

   ch Tonnau radio yn plygu dros fryn, fel y gall radio barhau i godi signal yn y dyffryn.

2 Yn y diagram ar y dde, mae'r tonnau yn symud tuag at wal yr harbwr.

   a Beth fydd yn digwydd i donnau sy'n taro wal yr harbwr yn A?

   b Beth fydd yn digwydd i donnau sy'n cael eu harafu gan y banc tywod o dan y dŵr yn B?

   c Beth fydd yn digwydd i donnau sy'n mynd trwy fynedfa'r harbwr yn C?

   ch Petai mynedfa'r harbwr yn fwy llydan, pa wahaniaeth y byddai hynny yn ei wneud?

W

Y

môr
wal
A
tonnau
C
harbwr
B
banc tywod
o dan y
dŵr

Pelydrau goleuni

Amcanion

Dylai'r adran hon eich helpu i

- ddisgrifio prif nodweddion goleuni
- disgrifio beth sy'n gallu digwydd i oleuni wrth iddo daro defnyddiau

Mae goleuni yn fath o belydriad. Mae hynny'n golygu bod goleuni yn pelydru (gwasgaru i bob cyfeiriad) o'i ffynhonnell. Mewn diagramau, rydyn ni'n defnyddio llinellau o'r enw **pelydrau** i ddangos i ba gyfeiriad y mae'r goleuni'n mynd.

Ar y Ddaear, yr Haul yw ein prif ffynhonnell goleuni.

Os gallwch chi weld paladr goleuni, mae'n golygu bod gronynnau bach o lwch, mwg neu niwl yn adlewyrchu rhywfaint o'r goleuni i'ch llygaid.

Rydych yn gweld rhai pethau gan eu bod yn rhyddhau eu goleuni eu hunain. Mae'r Haul, lamp, laser, a sgrin deledu loyw yn gwneud hyn.

Rydych yn gallu gweld pethau eraill oherwydd bod golau dydd, neu oleuni arall, yn sboncio oddi arnyn nhw. Maen nhw'n **adlewyrchu** goleuni, ac mae rhywfaint yn mynd i'ch llygaid. Dyna sut rydych yn gallu gweld y dudalen hon. Mae'r papur gwyn yn adlewyrchu goleuni yn dda, felly mae'n edrych yn llachar. Ond mae'r llythrennau duon yn **amsugno** goleuni a phrin yn adlewyrchu dim ohono. Dyna pam maen nhw'n edrych mor dywyll. Mae defnyddiau tryloyw fel gwydr a dŵr yn gadael i oleuni fynd trwyddyn nhw. Maen nhw'n **trawsyrru** goleuni.

Cwestiynau

1. Rhowch *ddwy* enghraifft o bethau sy'n rhyddhau eu goleuni eu hunain.

2. Rhowch *ddwy* enghraifft o bethau y gallwch eu gweld oherwydd eu bod yn adlewyrchu goleuni o ffynhonnell arall.

goleuni yn gwasgaru

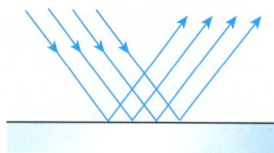

papur

Adlewyrchiad afreolaidd

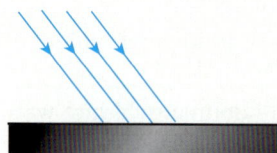

drych

Adlewyrchiad rheolaidd

arwyneb du

Amsugniad

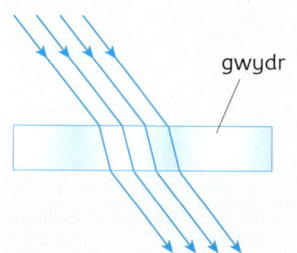

gwydr

Trawsyriant

Mae'r rhan fwyaf o arwynebau yn anwastad, neu'n cynnwys defnyddiau sy'n gwasgaru goleuni. Maen nhw'n adlewyrchu goleuni i bob cyfeiriad. Hynny yw, mae'r adlewyrchiad yn *afreolaidd*. Mae drychau yn llyfn a sgleiniog. Pan fydd drych yn adlewyrchu goleuni, mae'n adlewyrchiad *rheolaidd*.

Nodweddion goleuni

Mae goleuni yn teithio mewn llinellau syth Fe welwch chi hyn trwy edrych ar lwybr pelydrau haul neu baladr laser.

Mae goleuni yn teithio ar ffurf tonnau Allwch chi ddim gweld y 'crychau'. Grymoedd trydanol a magnetig bychan iawn yn dirgrynu ydyn nhw. Tonnau ardraws yw tonnau goleuni – y math sydd â dirgryniadau 'i fyny ac i lawr'. Maen nhw'n fach iawn: byddai mwy na 2000 o donnau goleuni yn ffitio mewn milimetr.

I egluro rhai o'r effeithiau, mae'n ddefnyddiol i wyddonwyr feddwl am oleuni fel llif o 'ronynnau egni' bach. Yr enw arnyn nhw yw **ffotonau**.

Mae goleuni yn gallu teithio trwy wactod (gofod gwag) Nid yw crychau trydanol a magnetig angen defnydd i deithio trwyddo. Dyna sut y gall goleuni'r Haul a'r sêr ein cyrraedd.

Goleuni yw'r peth cyflymaf un Yn y gofod, mae buanedd goleuni yn 300 000 cilometr yr eiliad. Ni all dim arall deithio'n gyflymach na hyn. Mae'n debyg mai buanedd goleuni yw'r buanedd mwyaf yn y bydysawd.

Mae goleuni yn cludo egni Mae angen egni i gynhyrchu goleuni. Mae defnyddiau yn cael egni wrth amsugno goleuni. Er enghraifft, mae celloedd solar yn defnyddio'r egni sydd mewn golau haul i gynhyrchu trydan.

Goleuni o laser.

Mae'r car pŵer solar hwn yn defnyddio egni golau haul i gynhyrchu trydan ar gyfer ei fodur.

Cwestiynau

3 Pa rai o'r defnyddiau isod y byddech chi'n disgwyl iddyn nhw:

  a adlewyrchu goleuni yn bennaf?

  b amsugno goleuni yn bennaf?

  c trawsyrru goleuni yn bennaf?

  (Efallai fod mwy nag un ateb i bob rhan.)

  gwydr   alwminiwm   dŵr   glo   eira

4 Rhowch un darn o dystiolaeth fod tonnau goleuni yn gallu teithio trwy wactod (gofod gwag).

5 Rhowch un darn o dystiolaeth fod goleuni yn cludo egni.

6 Rhowch *ddau* ddarn o dystiolaeth fod goleuni yn teithio mewn llinellau syth.

7 Goleuni yw'r peth cyflymaf un.

  a Beth yw buanedd goleuni? (Mae'r wybodaeth ar y dudalen hon yn rhywle.)

  b Os yw'r Lleuad 384 000 km o'r Ddaear, a fydd goleuni o'r Lleuad yn cymryd *llai* nag un eiliad i gyrraedd y Ddaear, neu *fwy* nag un eiliad?

Amcanion

Dylai'r adran hon eich helpu i

- ddisgrifio sut mae goleuni'n cael ei adlewyrchu gan ddrych gwastad
- disgrifio rhywfaint o dystiolaeth sy'n profi mai tonnau yw goleuni

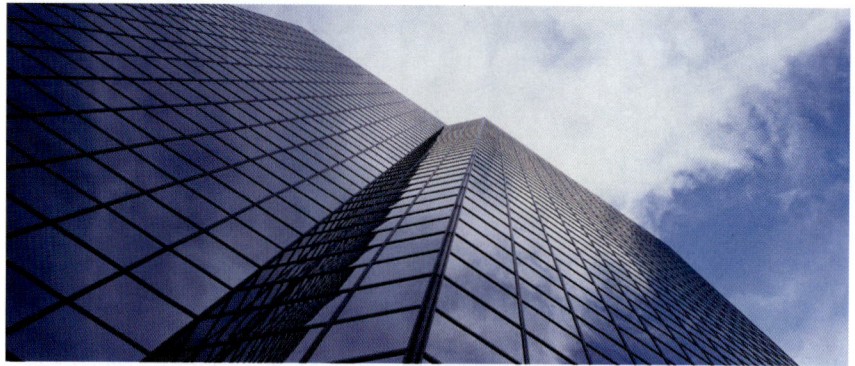

Mae ffenestri'r adeilad uchod fel drych enfawr. Yn yr adran hon, cewch weld beth mae drych yn ei wneud i oleuni, a pham mae gwyddonwyr yn credu bod goleuni yn teithio ar ffurf tonnau.

Mae'r diagram ar y chwith yn dangos beth sy'n digwydd i belydryn goleuni wrth iddo daro drych. Mae'r goleuni'n cael ei adlewyrchu ar yr un ongl ag y mae'n taro'r drych. Mewn termau gwyddonol:

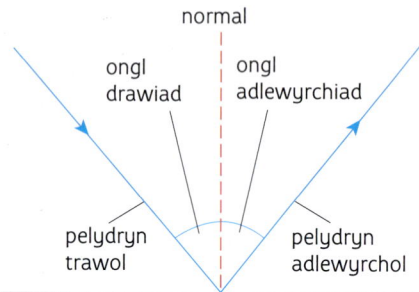

> Mae'r ongl drawiad yn hafal i'r ongl adlewyrchiad.

Fel hyn y mae drych yn adlewyrchu goleuni a dyma'r termau sy'n cael eu defnyddio i ddisgrifio'r gwahanol belydrau ac onglau. (Enw'r llinell sydd ar ongl sgwâr i arwyneb y drych yw'r **normal***.)*

Pam rydych chi'n gweld delwedd mewn drych

Isod, mae pelydrau goleuni yn dod o lamp o flaen drych. Fe allech chi dynnu llun miloedd o belydrau, ond mae dangos dau yn unig yn cadw pethau'n symlach. Mae'r pelydrau yn cael eu hadlewyrchu i lygaid y ferch. I'r ferch, mae'n ymddangos bod y pelydrau yn dod o safle y tu ôl i'r drych, felly dyna lle mae hi'n gweld **delwedd** o'r lamp.

Mae'r ferch yn gweld delwedd o'r lamp yn y man y mae'n ymddangos y daw'r pelydrau adlewyrchol ohono.

Tystiolaeth mai tonnau yw goleuni

Mae tonnau yn plygu o amgylch rhwystrau neu'n gwasgaru trwy agoriad – enw'r effaith yw **diffreithiant**. Wrth i donnau dŵr fynd trwy agoriad, mae'n hawdd gweld y diffreithiant. Fel arfer, mae diffreithiant goleuni yn llawer llai amlwg. Ond, mae goleuni yn diffreithio, ac mae hynny ynddo'i hun yn dystiolaeth fod goleuni yn teithio ar ffurf tonnau.

Dyma un ffordd o weld diffreithiant goleuni eich hun:

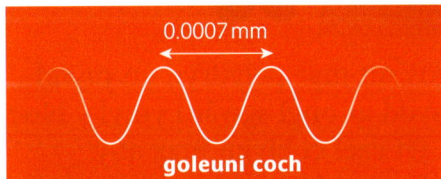

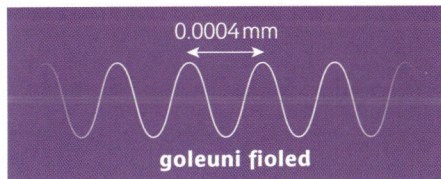

golygfa heb lenni rhwyd

golygfa trwy lenni rhwyd

0.0007 mm

goleuni coch

0.0004 mm

goleuni fioled

Tonfeddi.

Pan fydd hi'n dywyll, ceisiwch edrych trwy ffenestr, trwy lenni rhwyd, ar olau stryd yn y pellter. Rhaid i'r llenni rhwyd fod â thyllau mân iawn ynddyn nhw. Mae'n ddefnyddiol edrych trwy sbienddrych hefyd, i chwyddo'r effaith. Yn hytrach nag un smotyn o oleuni, fe welwch chi lawer o ddelweddau. Mae'r rhain yn cael eu ffurfio gan donnau goleuni'n diffreithio trwy'r tyllau bach yn y llenni, ac maen nhw'n cael eu plygu oddi ar eu llwybr.

Gydag unrhyw don, os yw maint yr agoriad yn llawer mwy na'r donfedd, nid yw'r diffreithiant yn ddigon mawr i'w weld. Mae angen tyllau bach iawn i ddiffreithio goleuni, sy'n awgrymu bod tonfeddi tonnau goleuni yn fyr iawn. O wybod maint yr agoriad a maint y diffreithiant, mae gwyddonwyr yn gallu cyfrifo tonfedd y tonnau. Mae gwerthoedd nodweddiadol ar gyfer tonnau goleuni ar y chwith.

Cwestiynau

1 Ar y dde, mae pelydryn goleuni yn taro drych.

   a 60º yw'r ongl sydd wedi'i labelu. Beth yw enw'r ongl hon?

   b Beth yw'r ongl adlewyrchiad yn yr achos hwn?

   c Copïwch a chwblhewch y diagram, gan labelu'r *pelydryn adlewyrchol* a'r *ongl adlewyrchiad.*

2 **a** Disgrifiwch un darn o dystiolaeth sy'n profi bod goleuni yn teithio ar ffurf tonnau.

   b Pam mae'r dystiolaeth hon yn awgrymu bod tonfeddi goleuni yn fyr iawn?

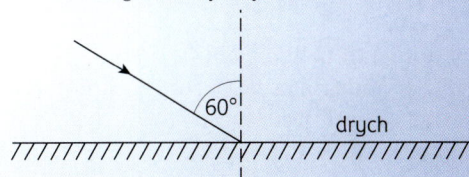

60°

drych

Plygu goleuni

Amcanion

Dylai'r adran hon eich helpu i

- ddisgrifio sut mae goleuni yn cael ei blygu
- egluro sut mae prism yn ffurfio sbectrwm

Yn y llun isod ar y chwith, mae'r dŵr yn plygu'r goleuni wrth i'r goleuni fynd i mewn ac allan ohono. Yr enw ar yr effaith hon yw **plygiant**. Mae gwydr a defnyddiau tryloyw eraill yn plygu goleuni hefyd, ond bod y graddau hynny'n amrywio.

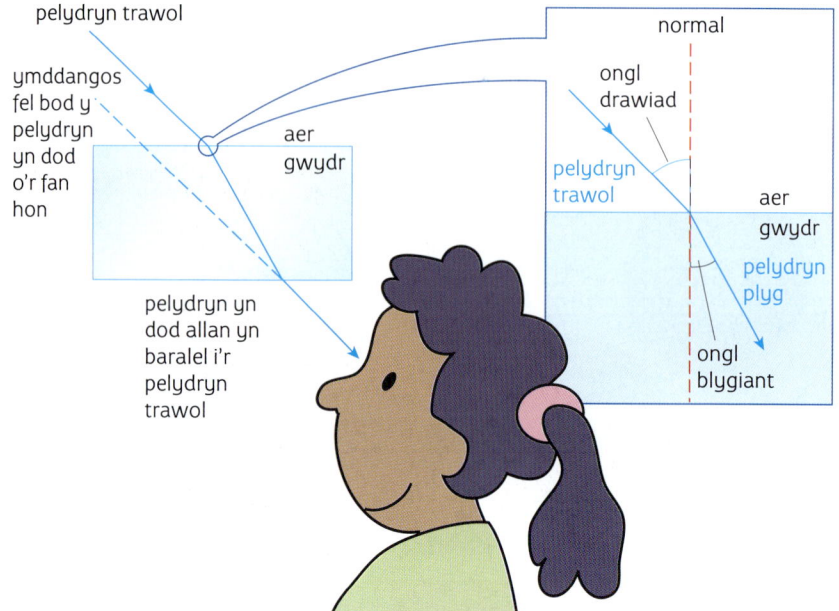

Plygiant goleuni sy'n gwneud i'r pensil ymddangos fel petai wedi torri.

Mae'r diagram uchod yn dangos sut mae pelydryn yn mynd trwy floc gwydr. Enw'r llinell sydd ar ongl sgwâr i ymyl y bloc yw'r **normal**. Mae'r pelydryn yn cael ei blygu tuag at y normal wrth fynd i mewn i'r bloc, ac oddi wrth y normal wrth ei adael.

Gyda bloc petryal fel yr un uchod, mae'r pelydryn yn dod allan yn baralel i'w gyfeiriad gwreiddiol. Os yw'r pelydryn yn taro'r bloc ar ongl sgwâr, mae'n mynd trwyddo heb gael ei blygu.

Dyfnach na'i olwg

Oherwydd plygiant, mae dŵr bob amser yn ddyfnach na'i olwg. Mae'r diagram isod yn dangos pam.

Cwestiynau

1 Mae bloc gwydr yn gallu plygu goleuni. Beth yw'r enw ar yr effaith blygu hon?

2 Yn y ffotograff uchod, pam mae hi'n ymddangos fel petai gwaelod y pensil wedi symud i un ochr?

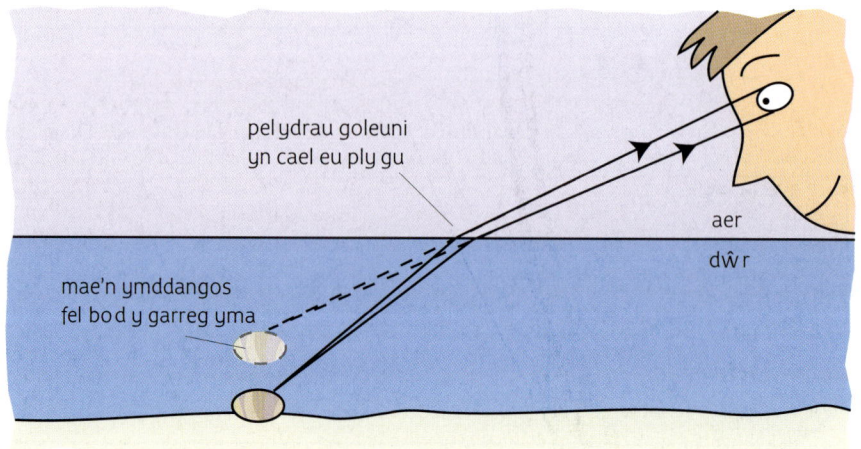

Pan fydd pelydrau o'r garreg yn gadael y dŵr, maen nhw'n cael eu plygu. Wrth i ni edrych, mae'n ymddangos bod y pelydrau yn dod o bwynt sy'n uwch, ac yn agosach. Mae hyn yn gwneud i bethau o dan y dŵr ymddangos yn fwy. Pan fydd gwyddonwyr neu archaeolegwyr yn astudio planhigion a physgod o dan y dŵr, neu'n gweithio ar longddrylliad, maen nhw'n tueddu i oramcangyfrif y meintiau a rhaid mesur i gael y manylion cywir.

Ffurfio sbectrwm

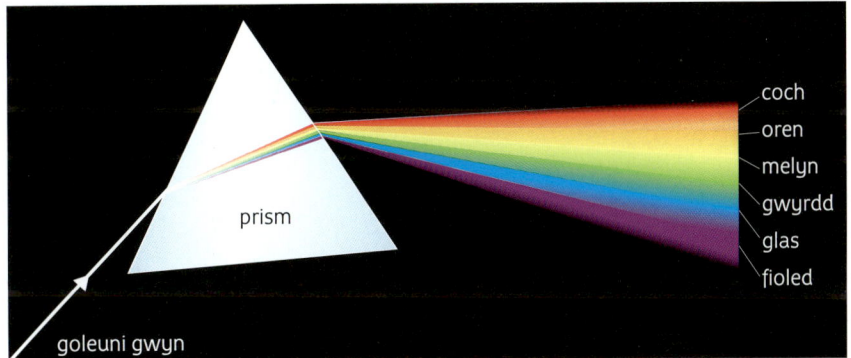

Goleuni coch sy'n cael ei blygu leiaf gan brism. Goleuni fioled sy'n cael ei blygu fwyaf. Yn y diagram hwn, mae'r gwahaniaeth yn edrych yn fwy nag y mae mewn gwirionedd.

Mae dafnau glaw yn gallu gweithio fel prismau bach pan fydd golau haul yn taro arnyn nhw.

Bloc triongl o wydr neu blastig yw **prism**. Pan fo paladr cul o oleuni gwyn yn mynd trwy brism, mae'r paladr yn hollti yn holl liwiau'r enfys. Mae hynny'n digwydd oherwydd bod gwyn yn fwy nag un lliw – mae'n gymysgedd o liwiau. Mae'r lliwiau yn mynd i mewn i'r prism gyda'i gilydd ond yn cael eu plygu i wahanol raddau gan y gwydr. Yr enw ar yr effaith hon yw **gwasgariad**.

Y term am yr holl liwiau hyn yw **sbectrwm**. Mae'r rhan fwyaf o bobl yn credu eu bod yn gallu gweld chwe lliw yn y sbectrwm. Mewn gwirionedd, mae'r lliw yn newid drwy'r amser, o ddechrau'r sbectrwm i'w ddiwedd.

Yr hyn sy'n creu'r gwahanol liwiau yn y sbectrwm yw tonnau goleuni â gwahanol donfeddi. Goleuni coch sydd â'r donfedd hiraf a fioled sydd â'r byrraf.

Cwestiynau

3 a Copïwch y diagram ar y dde. Tynnwch lun y *normal* a'r *pelydryn plyg,* a labelwch y ddau.

b Beth sy'n digwydd i belydryn goleuni os yw'n taro'r gwydr ar ongl sgwâr? Dangoswch hyn ar ddiagram arall.

4 Pan fo paladr cul o oleuni gwyn yn mynd trwy brism, mae'n gwasgaru yn nifer o liwiau.

a Beth yw'r enw ar yr holl wahanol liwiau hyn?

b Pa liw sy'n cael ei blygu fwyaf gan brism?

c Pa liw sy'n cael ei blygu leiaf?

5 Pam mae dŵr yn edrych yn llai dwfn nag y mae mewn gwirionedd?

aer

gwydr

Mae wyneb mewnol dŵr, gwydr, neu ddefnyddiau tryloyw eraill yn gallu gweithio fel drych perffaith.

Mae'r diagramau isod yn dangos beth sy'n digwydd i dri phelydryn sy'n gadael lamp danddwr ar wahanol onglau. Os yw'r goleuni yn taro'r wyneb ar ongl sy'n fwy na'r **ongl gritigol**, nid oes pelydryn plyg. Mae'r holl oleuni yn cael ei adlewyrchu. Yr enw ar hyn yw **adlewyrchiad mewnol cyflawn**.

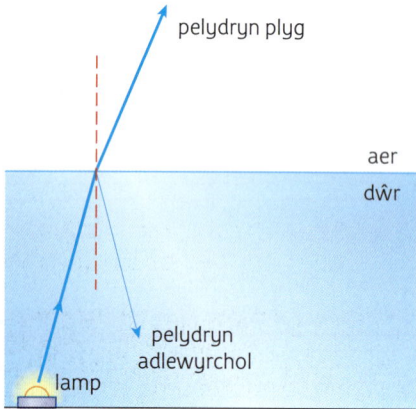

Mae'r pelydryn yn hollti yn belydryn plyg a phelydryn adlewyrchol gwannach.

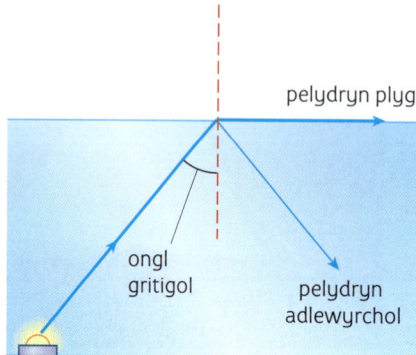

Mae'r pelydryn yn hollti, ond prin y mae'r pelydryn plyg yn gadael wyneb y dŵr.

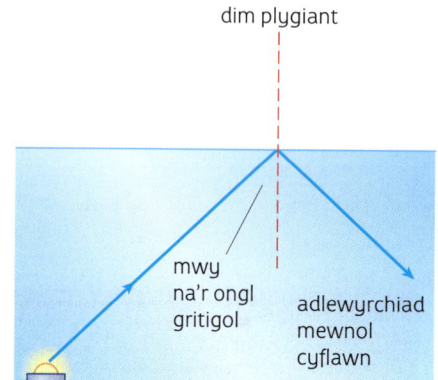

Nid oes pelydryn plyg. Mae wyneb y dŵr yn gweithio fel drych perffaith.

	Ongl gritigol
dŵr	49°
plastig acrylig	42°
gwydr	41°

Mae gwerth yr ongl gritigol yn dibynnu ar y defnydd, fel y gwelwch yn y tabl ar y chwith.

Prismau adlewyrchu

Mae adlewyrchiad mewnol cyflawn yn gallu digwydd y tu mewn i brism. Yn yr enghreifftiau isod, gwydr neu blastig acrylig yw'r prismau.

Mae wynebau mewnol y prismau hyn yn gweithio fel drychau perffaith gan fod y goleuni yn eu taro ar 45°. Mae hynny'n fwy na'r ongl gritigol ar gyfer gwydr neu blastig acrylig.

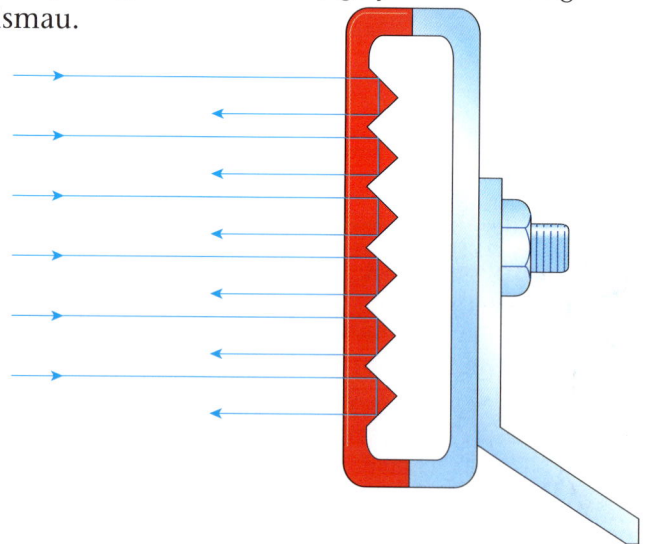

Mae'r adlewyrchydd ar gefn car neu feic yn cynnwys llawer o brismau bach. Mae'r rhain yn defnyddio adlewyrchiad mewnol cyflawn i anfon goleuni yn ôl yn y cyfeiriad dirgroes.

Ffibrau optegol

Rhodenni tenau, hyblyg o wydr (neu blastig tryloyw) yw **ffibrau optegol**. Maen nhw'n defnyddio adlewyrchiad mewnol cyflawn. Mae goleuni yn mynd i mewn yn un pen ac yna'n cael ei adlewyrchu o ochr i ochr nes iddo ddod allan yn y pen arall, fel y gwelwch isod.

Un ffibr optegol. Yn y math hwn, mae gorchudd o amgylch y craidd i amddiffyn yr wyneb sy'n adlewyrchu.

Casgliad o ffibrau optegol. Os yw'r ffibrau yn yr un safle cyfatebol ar y ddau ben, fe allwch chi weld llun trwyddyn nhw.

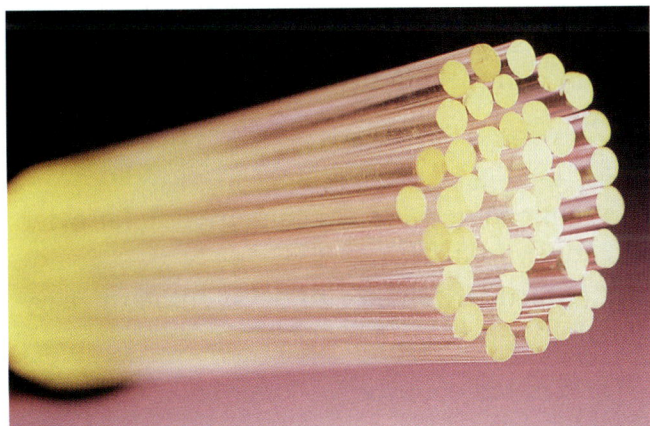

Grŵp o ffibrau optegol. Gall ffibrau optegol gludo galwadau ffôn. Mae'r signalau yn cael eu rhoi mewn cod a'u hanfon ar hyd y ffibrau ar ffurf curiadau o oleuni laser.

*Dyma ffotograff wedi ei dynnu trwy **endosgop**, sef teclyn arbennig sy'n cael ei ddefnyddio gan lawfeddygon i edrych y tu mewn i'r corff. Casgliad hir, tenau o ffibrau optegol yw endosgop.*

Cwestiynau

1 Copïwch a chwblhewch y diagramau ar y dde i ddangos i ble y bydd pob pelydryn yn mynd ar ôl taro'r prism.

2 Mae goleuni yn mynd i mewn i un pen i ffibr optegol a'r cyfan yn dod allan o'r pen arall, heb i ddim ddianc trwy'r ochrau. Pam?

3 a Enwch *ddwy* ffordd ymarferol o ddefnyddio ffibrau optegol.

   b Enwch ffordd ymarferol arall o ddefnyddio adlewyrchiad mewnol cyflawn.

4 Ongl gritigol gwydr yw $41°$. Beth yw ystyr hyn?

Tonnau electromagnetig

Y gwahanol fathau o donnau electromagnetig. Weithiau maen nhw'n cael eu galw'n belydriad electromagnetig oherwydd eu bod yn pelydru (gwasgaru) o'u ffynhonnell.

tonnau radio

| tonnau hir | tonnau canolig | tonnau byr | VHF | UHF | microdonnau |

1000 m   1 m   1 mm

hir iawn

Erial microdon ar gyfer teledu lloeren.

Mae defnydd poeth, gloyw fel hwn yn rhyddhau cymysgedd o oleuni coch gweladwy ac isgoch anweledig.

Mae goleuni yn rhan o deulu cyfan o donnau sy'n cael ei alw yn **sbectrwm electromagnetig**.

Tonnau radio I gynhyrchu'r rhain, mae cerrynt yn dirgrynu mewn erial. Maen nhw'n gallu cael eu hanfon ar ffurf patrwm arbennig sy'n dweud wrth deledu neu radio pa luniau neu seiniau i'w gwneud.

Caiff tonnau hir a chanolig eu defnyddio ar gyfer radio AM.

Caiff tonnau VHF (amledd uchel iawn) eu defnyddio ar gyfer radio stereo FM o ansawdd uchel.

Caiff tonnau UHF (amledd uwch eto) eu defnyddio ar gyfer y teledu daearol 'analog'.

Microdonnau Tonnau radio â thonfeddi byr iawn yw'r rhain. Mae lloerennau yn eu defnyddio i gyfathrebu. Maen nhw'n cael eu defnyddio hefyd i anfon signalau teledu a ffôn o amgylch y wlad, ac ar gyfer rhwydwaith ffonau symudol. Mae radar yn eu defnyddio hefyd.

Mae bwyd yn amsugno rhai microdonnau yn dda iawn. Mae egni'r tonnau yn gwresogi'r bwyd. Dyna sut mae popty microdon yn gweithio.

Isgoch Mae pethau poeth, fel tân, i gyd yn rhyddhau pelydriad isgoch. Yn wir, mae popeth yn rhyddhau rhywfaint o isgoch. Wrth i chi amsugno'r pelydrau isgoch, rydych yn cynhesu.

Wrth i wrthrychau fynd yn boethach, mae'r tonfeddi isgoch sy'n cael eu rhyddhau yn mynd yn fyrrach. Pan fydd rhywbeth mor boeth nes troi'n goch, neu'n 'gochias', bydd rhai tonfeddi mor fyr fel y gallwch eu gweld â'ch llygaid.

Mae'r teclyn newid sianeli teledu yn gweithio trwy anfon negeseuon sy'n defnyddio curiadau isgoch.

Goleuni Dyma'r unig ran o'r sbectrwm y gallwn ei weld â'n llygaid.

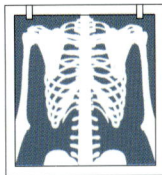

PERYGL

YMBELYDREDD

| isgoch | goleuni | uwchfioled | pelydrau X | pelydrau gama |

Nodweddion tonnau electromagnetig
- Maen nhw'n cludo egni.
- Maen nhw'n gallu teithio trwy ofod gwag.
- Eu buanedd trwy'r gofod (ac aer) yw 300 000 km/s. Rydym yn galw'r buanedd hwn yn **fuanedd goleuni**, er bod yr holl donnau yn teithio ar y buanedd hwn.

0.001 mm   0.000 001 mm   0.000 000 01 mm

tonfedd   byr iawn

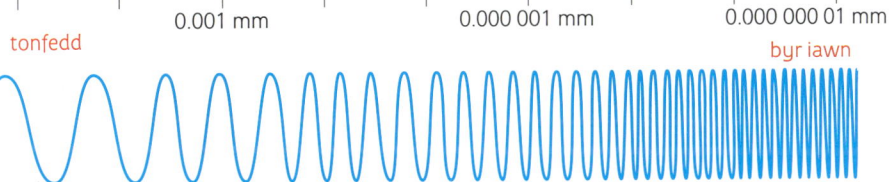

Mae pelydriad uwchfioled yr Haul yn achosi lliw haul – a chanser y croen.

Uwchfioled Mae yna uwchfioled yn ein cyrraedd o'r Haul, ond ni all eich llygaid ei weld. Dyma'r math o belydriad sy'n achosi lliw haul. Ond mae gormod ohono yn gallu achosi canser y croen, a niwed i'ch llygaid.

Mae rhai cemegau yn tywynnu wrth amsugno uwchfioled. **Fflwroleuedd** yw'r enw ar hyn. Mewn lampau fflwroleuol, caiff haen o bowdr gwyn ei rhoi y tu mewn i'r tiwb. Mae'r powdr yn tywynnu a rhyddhau goleuni wrth amsugno uwchfioled. Mae'r uwchfioled yn cael ei gynhyrchu wrth anfon cerrynt trydan trwy'r nwy yn y tiwb.

Pelydrau X Mae tonfeddi byr yn gallu treiddio trwy fetelau dwys. Mae tonfeddi hirach yn gallu pasio trwy gnawd ond nid trwy esgyrn. Felly bydd yr esgyrn i'w gweld fel 'cysgod' ar ffotograff pelydr X. Mae pelydrau X yn gallu niweidio celloedd byw ac achosi canser, felly am eiliadau yn unig y cewch chi belydrau X mewn prawf.

Pelydrau gama Mae'r rhain yn dod o ddefnyddiau ymbelydrol ac maen nhw'n cael yr un effaith â phelydrau X. Gan eu bod yn lladd germau, maen nhw'n cael eu defnyddio i ddiheintio offer meddygol. Mae'n bosib defnyddio pelydr crynodedig o belydrau gama (neu belydrau X) i ladd celloedd canser.

Cwestiynau

1 Mae'r siart ar frig y dudalen yn dangos y gwahanol fathau o donnau electromagnetig. Rhowch *ddwy* nodwedd sy'n perthyn i bob un o'r tonnau yn y siart.

2 Ysgrifennwch enw'r don electromagnetig sy'n cael ei disgrifio gan bob un o'r rhain (weithiau, efallai y bydd mwy nag un math):
  a   gallwch ei weld â'ch llygaid.
  b   mae'n gallu mynd trwy gnawd.
  c   y rhain sydd â'r donfedd hiraf.
  ch   yn cael eu defnyddio ar gyfer radar.
  d   yn cael eu rhyddhau gan bethau poeth.
  dd   yn cael eu rhyddhau gan bethau 'cochias'.
  e   yn cael eu defnyddio i goginio.
  f   yn achosi lliw haul ar rai mathau o groen.
  ff   yn gallu niweidio celloedd byw yn ddwfn yn y corff.
  g   curiadau o'r rhain sy'n cael eu hanfon gan y teclyn newid sianeli teledu.
  ng   yn cael eu defnyddio i gyfathrebu.
  h   yn achosi i gemegau dywynnu mewn lampau fflwroleuol.

Anfon signalau

Mae teleffon, radio a theledu i gyd yn ffurfiau ar **delegyfathrebu** – ffyrdd o drawsyrru (anfon) gwybodaeth dros bellter hir. Gall yr wybodaeth fod yn seiniau, lluniau neu ddata cyfrifiadurol.

ffôn clust

llais allan

llais i mewn

microffon

signalau trydanol

gwifrau yn y cebl

Yn y system deleffon syml uchod, mae'r microffon yn troi'r wybodaeth sy'n cyrraedd (llais) yn gerrynt trydan sy'n newid drwy'r amser. Mae'r newidiadau, sef **signalau**, yn teithio ar hyd gwifrau i'r ffôn clust. Yno maen nhw'n cael eu troi yn ôl yn wybodaeth ddefnyddiol (llais). Mewn system go iawn, caiff **mwyhadur** ei ddefnyddio i gryfhau'r signalau.

Signalau analog a digidol

signal analog
(mae'r graff yn dangos sut mae'r cerrynt yn newid ag amser)

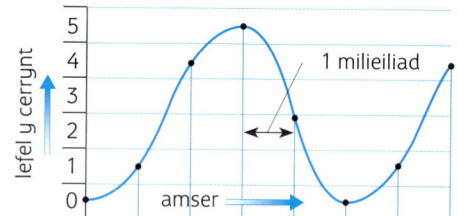

1 milieiliad

lefel y cerrynt

amser

lefel y cerrynt (samplu bob milieiliad)	0	1	4	5	2	0	1	4
lefel y cerrynt (wedi ei newid yn god deuaidd)	000	001	100	101	010	000	001	100
signalau digidol (curiadau yn cynrychioli cod deuaidd)								

Sut mae signal analog yn cael ei drawsnewid yn guriadau digidol. Mewn systemau go iawn, mae cannoedd o lefelau a chyfradd samplu gyflymach.

Mae'r tonnau sain sy'n mynd i ficroffon yn gwneud i'r cerrynt trwyddo amrywio, fel y gwelwch uchod. Yr enw ar amrywiad parhaus fel hyn yw **signal analog**. Mae'r tabl yn dangos sut y gallwn ei drawsnewid yn **signalau digidol** – signalau sy'n cael eu cynrychioli gan rifau. Mae'r cerrynt yn cael ei **samplu** (ei fesur) yn electronig nifer o weithiau bob eiliad, a'r mesuriadau yn cael eu troi yn **god deuaidd** (rhifau sy'n defnyddio 0 ac 1 yn unig). Mae'r rhain yn cael eu trawsyrru ar ffurf cyfres o guriadau a'u troi yn ôl yn signalau analog yn y pen arall, yn y derbynnydd.

Cwestiynau

1 Beth yw'r gwahaniaeth rhwng signal *analog* a signal *digidol*?

2 Beth yw gwaith *mwyhadur*?

Manteision trawsyrru digidol

Mae signalau digidol yn well na rhai analog am ddau reswm:

- Mae signalau digidol yn cyrraedd y pen arall heb newid. Mae signalau analog yn colli ansawdd wrth gael eu trawsyrru.
- Mae signalau digidol yn gallu cludo mwy o wybodaeth ar hyd cebl (neu sianel radio) nag y gall signalau analog.

Defnyddio ffibrau optegol

Rhodenni tenau, hyblyg o wydr neu blastig yw ffibrau optegol. Mae'n bosib anfon signalau digidol ar eu hyd, ar ffurf curiadau isgoch neu oleuni. Mae ceblau ffibrau optegol yn fwy tenau ac ysgafn na cheblau trydan. Maen nhw'n gallu cludo mwy o signalau, gan golli llai o bŵer. Maen nhw'n cael eu defnyddio i gludo negeseuon dros bellter mawr mewn rhwydweithiau ffôn.

Ffibrau optegol y tu mewn i gebl. Mae angen llai o orsafoedd i gryfhau'r neges gyda chebl fel hwn na sydd eu hangen gyda cheblau trydan.

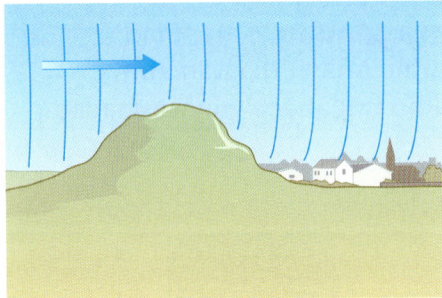

Defnyddio tonnau radio

Caiff tonnau radio eu defnyddio ar gyfer radio, teledu a ffonau symudol. Maen nhw'n cael eu hanfon o **drawsyrrydd**, gan gynhyrchu cerrynt bychan yn erial y **derbynnydd**. Er mwyn cludo'r signalau, rhaid amrywio set o donnau o'r enw y **cludydd** mewn rhyw ffordd. Gydag **AM (modyliad osgled)**, y cryfder sy'n cael ei amrywio. Gydag **FM (modyliad amledd)**, yr amledd sy'n cael ei amrywio. Nid yw ymyrraeth yn effeithio cymaint ar FM.

Mae tonnau hir a chanolig yn diffreithio (plygu) o gwmpas bryniau. Bydd rhai'n cael eu hadlewyrchu gan yr **ïonosffer** hefyd – sef haen o ronynnau wedi'u gwefru yn yr uwch atmosffer. Mae hyn yn golygu eu bod yn gallu teithio ymhellach. Mae'n rhaid i amleddau uwch gael llwybr syth at erial.

Mae tonnau hir a chanolig yn diffreithio (plygu) o gwmpas bryniau.

Amleddau radio nodweddiadol				
1 cilohertz (kHz) = 1000 ton yr eiliad		1 megahertz (MHz) = 1000 000 ton yr eiliad		
radio AM tonfedd hir 200 kHz	radio AM tonfedd ganol 1 MHz	radio FM VHF 100 MHz	teledu UHF 500 MHz	ffôn symudol 900 MHz

Cwestiynau

3 Weithiau bydd systemau ffôn yn defnyddio ffibrau optegol.

   a Ar ba ffurf y mae'r signalau yn teithio ar hyd y ffibr?

   b Rhowch *ddwy* o fanteision anfon signalau digidol yn hytrach na rhai analog.

   c Rhowch *ddwy* o fanteision defnyddio cyswllt ffibrau optegol yn hytrach na chebl sy'n cynnwys gwifrau.

4 Eglurwch pam, wrth ddefnyddio radio mewn dyffryn, y gallech chi gael derbyniad da gyda thonfedd hir AM, ond bod derbyniad VHF yn wael.

5 a Beth yw ystyr FM ac AM?

   b Rhowch un fantais defnyddio FM yn hytrach nag AM i anfon negeseuon radio.

6 Mae gorsaf radio yn darlledu ar amledd o 2 MHz.

   a Faint o donnau radio y mae erial drawsyrru'r orsaf yn eu hanfon allan bob eiliad?

   b Beth yw'r amledd mewn Hz?

   c Beth yw'r amledd mewn kHz?

Tonnau sain

Dylai'r adran hon eich helpu i

- ddisgrifio beth yw tonnau sain a sut y maen nhw'n teithio

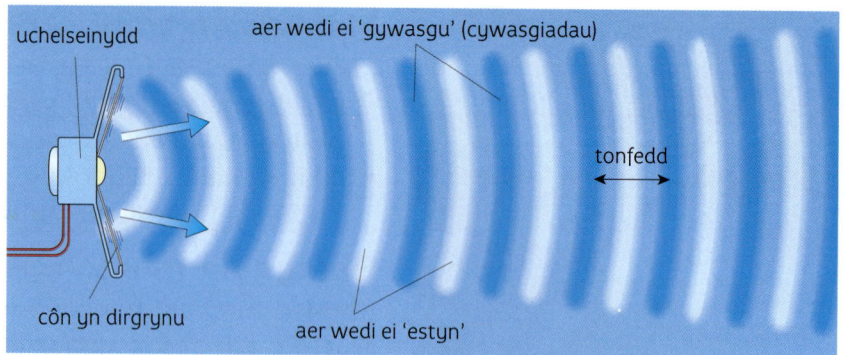

uchelseinydd

aer wedi ei 'gywasgu' (cywasgiadau)

tonfedd

côn yn dirgrynu

aer wedi ei 'estyn'

Pan fydd côn uchelseinydd yn dirgrynu, bydd yn symud i mewn ac allan yn gyflym iawn. Mae hyn yn estyn a gwasgu yr aer o'i flaen. Mae'r 'estyn' a'r 'gwasgu' yn teithio trwy'r aer – yn ddigon tebyg i grychdonnau ar bwll dŵr. **Tonnau sain** yw'r rhain. Wrth gyrraedd eich clust, maen nhw'n gwneud i bilen y glust ddirgrynu ac rydych chi'n clywed **sain**.

Enw'r rhannau 'gwasgu' yw **cywasgiadau**. Yma, mae gwasgedd yr aer yn uwch na'r arfer. Mewn diagramau, yn aml caiff llinellau eu defnyddio i ddangos y cywasgiadau.

Nodweddion seiniau

llinynnau (tannau) yn dirgrynu

colofn o aer yn dirgrynu

coesau'r fforc yn dirgrynu

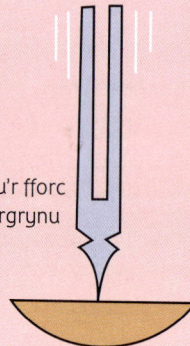

cloch fetel yn dirgrynu

1 Mewn tonnau sain, beth yw'r enw ar y pellter rhwng cywasgiadau?

2 Ym mha ffordd y mae tonnau sain yn wahanol i'r crychdonnau sy'n symud arwyneb dŵr?

Dirgryniadau sy'n achosi tonnau sain Gall unrhyw beth sy'n dirgrynu fod yn ffynhonnell tonnau sain. Un enghraifft yw côn uchelseinydd. Mae rhagor o enghreifftiau uchod.

Tonnau hydredol yw tonnau sain Mae hyn yn golygu bod eu dirgryniadau yn ôl ac ymlaen, yn hytrach nag i fyny ac i lawr fel crychdonnau.

Mae'n bosib adlewyrchu a phlygu tonnau sain Mae rhagor am hyn ar y tudalennau nesaf.

Mae'n bosib diffreithio tonnau sain Mae hyn yn golygu eu bod yn gallu plygu o gwmpas gwrthrychau a thrwy fylchau. Dyna pam rydych yn gallu clywed rownd corneli.

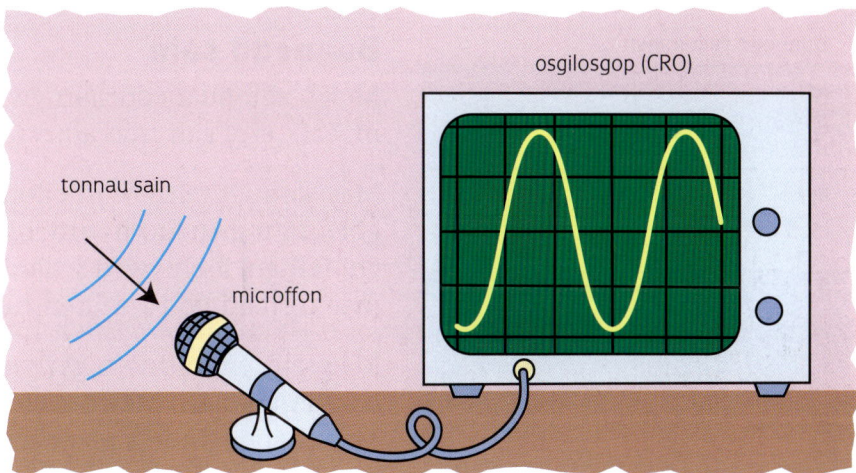

jar wydr

bandiau rwber

cloch drydan

gwactod

batri

← pwmp gwactod

Os bydd yr aer yn cael ei dynnu o'r jar, fyddwch chi ddim yn gallu clywed y gloch.

Gall tonnau sain deithio trwy solidau, hylifau a nwyon Mae'r rhan fwyaf o seiniau sy'n cyrraedd eich clust wedi teithio trwy'r aer. Ond fe allwch chi glywed seiniau o dan ddŵr hefyd. Mae waliau, ffenestri, drysau a nenfydau yn gallu trawsyrru sain (anfon sain ymlaen) hefyd.

Ni all tonnau sain deithio trwy wactod (gofod gwag) Os yw'r aer yn cael ei bwmpio o'r jar ar y chwith, bydd y sain yn stopio, er bod y gloch yn dal i weithio. Allwch chi ddim gwneud tonnau sain heb ddefnydd i'w wasgu a'i estyn.

Gweld seiniau

Allwch chi ddim gweld seiniau. Ond gydag **osgilosgop** wedi ei gysylltu â **microffon**, gallwch ddangos seiniau ar ffurf tonnau ar sgrin.

osgilosgop (CRO)

tonnau sain

microffon

Pan fydd tonnau sain yn cyrraedd y microffon, mae'r dirgryniadau yn cael eu newid yn signalau trydanol. Mae'r osgilosgop yn defnyddio'r rhain i wneud i smotyn ddirgrynu i fyny ac i lawr ar y sgrin. Mae'n symud y smotyn yn raddol i'r ochr ar yr un pryd. Felly, fe welwch chi **donffurf** ar y sgrin.

Questions

3 *cywasgiadau   dirgryniadau   tonffurfiau*
Dewiswch pa un o'r geiriau uchod sy'n mynd gyda'r rhain:

a Dyma sy'n achosi tonnau sain.

b Mewn tonnau sain, mae'r rhain yn ardaloedd o wasgedd uwch.

4 Rhowch un darn o dystiolaeth sy'n dangos pob un o'r rhain:

a Mae sain yn gallu teithio trwy nwy.

b Mae sain yn gallu teithio trwy hylif.

c Mae sain yn gallu teithio trwy solid.

ch Nid yw sain yn gallu teithio trwy wactod.

5 Rhowch reswm dros bob un o'r rhain:

a Nid yw sain yn gallu teithio trwy wactod.

b Mae'n bosib clywed rownd corneli.

6 Tonnau hydredol yw tonnau sain – mae eu dirgryniadau yn ôl ac ymlaen. Pam rydych chi'n gweld 'tonnau' ardraws (i fyny ac i lawr) ar sgrin osgilosgop pan fydd rhywun yn chwibanu i'r microffon?

Buanedd sain ac atseiniau

Amcanion

Dylai'r adran hon eich helpu i

- ddisgrifio pa mor gyflym y mae sain yn teithio
- egluro sut mae atseiniau'n cael eu cynhyrchu

Mae sain yn llawer arafach na goleuni, felly rydych yn clywed y fellten ar ôl ei gweld.

Buanedd sain mewn ...

aer ar 0°C	330 m/s
aer ar 30°C	350 m/s
dŵr ar 0°C	1400 m/s
concrit	5000 m/s

Buanedd sain

Mewn aer, buanedd sain yw tua 330 metr yr eiliad (760 m.y.a.), er y gall hyn amrywio yn ôl y tymheredd.

Mae sain yn teithio un cilometr mewn tua 3 eiliad. Mae goleuni'n gwneud hynny bron ar unwaith. Felly, os gwelwch chi fellten, a chlywed y daran 3 eiliad yn ddiweddarach, mae'n rhaid bod y fellten tua chilometr i ffwrdd.

Mae sain yn teithio'n gyflymach mewn hylifau nag mewn nwyon (fel aer). Mewn solidau y mae'n teithio gyflymaf. Mae rhai enghreifftiau ar y chwith.

Sain a phlygiant

aer cynhesach: tonnau sain cyflymach

aer oerach: tonnau sain arafach

Cwestiynau

1. Pam rydych chi'n clywed mellten ar ôl ei gweld?
2. Os yw eu buanedd yn newid, gall tonnau sain newid cyfeiriad. Beth yw'r enw ar yr effaith hon?

Mae trenau a thraffig pell yn aml i'w clywed yn gryfach gyda'r nos. Yn ystod y nos, pan fydd y ddaear yn oeri'n gyflym, bydd aer sy'n agos at y ddaear yn oerach na'r aer uwch ei ben. Mae tonnau sain yn teithio'n arafach trwy'r aer oer hwn. Felly bydd tonnau sy'n gadael y ddaear yn tueddu i blygu'n ôl tuag at y ddaear, yn hytrach na gwasgaru tuag i fyny. Yr enw ar hyn yw **plygiant**.

Adlewyrchu seiniau: atseiniau

Mae arwynebau caled fel waliau yn adlewyrchu tonnau sain. Pan glywch chi **atsain**, rydych yn clywed sain wedi ei hadlewyrchu yn fuan iawn ar ôl y sain wreiddiol.

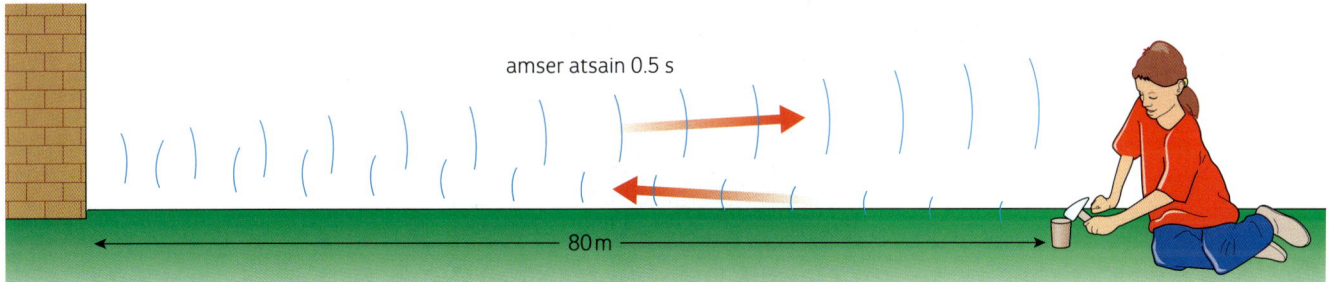

amser atsain 0.5 s

80 m

Mae'r ferch hon 80 metr oddi wrth wal frics fawr. Bob tro mae hi'n taro'r darn o bren, mae hi'n clywed atsain 0.5 eiliad yn ddiweddarach. Dyma'r amser atsain. Dyna'r amser y mae'n ei gymryd i'r sain deithio'r 160 metr at y wal *ac yn ôl wedi hynny*.

Nawr gallwch chi gyfrifo gwerth ar gyfer buanedd sain:

$$\text{buanedd sain} = \frac{\text{pellter teithio}}{\text{amser a gymerwyd}} = \frac{\text{pellter at y wal ac yn ôl}}{\text{amser atsain}}$$

Felly:

$$\text{buanedd sain} = \frac{160}{0.5} = 320 \text{ metr/eiliad (m/s)}$$

Os byddwch yn mesur amser atsain, ond yn gwybod beth yw buanedd sain yn barod, gallwch ddarganfod pa mor bell yw'r arwyneb sy'n adlewyrchu'r sain. Dyma syniad y **seinydd atsain** sy'n cael ei ddefnyddio gan longau i fesur dyfnder y dŵr. Mae rhagor am hyn yn y tudalennau am **Uwchsain**.

Cwestiynau

Cymerwch fod buanedd sain mewn aer yn 330 m/s.

3 Pa rai o'r pethau yn y siart isod sy'n teithio'n gyflymach na sain mewn aer?

Amser i deithio 1000 metr	
car rasio	5 eiliad
awyren jet	2 eiliad
bwled	4 eiliad

4 Os gwelwch chi fellten, a'i chlywed 4 eiliad ar ôl ei gweld, pa mor bell i ffwrdd yw hi?

5 Trwy ba un y mae sain yn teithio gyflymaf:

   a *aer oer* neu *aer poeth*?

   b *solid* neu *nwy*?

6 Mae llong 330 metr oddi wrth glogwyn mawr pan fo'n canu ei chorn niwl.

   a Pan gaiff yr atsain ei chlywed ar y llong, pa mor bell y mae'r sain wedi teithio?

   b Beth yw'r amser atsain (yr amser sy'n mynd heibio cyn i'r atsain gael ei chlywed)?

Amcanion

Dylai'r adran hon eich helpu i

- ddisgrifio sut mae seiniau uchel yn wahanol i seiniau isel, a seiniau cryf yn wahanol i seiniau tawel
- defnyddio'r hafaliad tonnau

Mae ef yn canu'n gryfach na hi. Mae ef yn creu dirgryniadau mwy yn yr aer. Ond fe all hi gyrraedd nodau uwch nag ef. Mae hi'n gallu rhyddhau mwy o donnau sain bob eiliad.

Amledd a thraw

Mae amledd sain yn cael ei fesur mewn hertz (Hz). Os yw côn uchelseinydd yn dirgrynu 100 gwaith yr eiliad, mae'n rhyddhau 100 ton sain bob eiliad, a'r amledd yw 100 Hz.

Mae gwahanol amleddau yn swnio'n wahanol i'r glust. Mae amledd *uchel* yn swnio fel nodyn *uchel*: mae ganddo **draw uchel**. Mae amledd *isel* yn swnio fel nodyn *isel*: mae ganddo **draw isel**. Felly:

Yr uchaf yw amledd y sain, yr uchaf yw ei thraw.

Gall y glust ddynol ganfod amleddau o tua 20 Hz i 20 000 Hz, er bod y terfan uchaf yn gostwng gydag oedran.

Isod, fe welwch ddau wahanol amledd ar sgrin osgilosgop. Gyda'r amledd uwch, mae mwy o donnau ar y sgrin: mae'r tonnau yn agosach at ei gilydd.

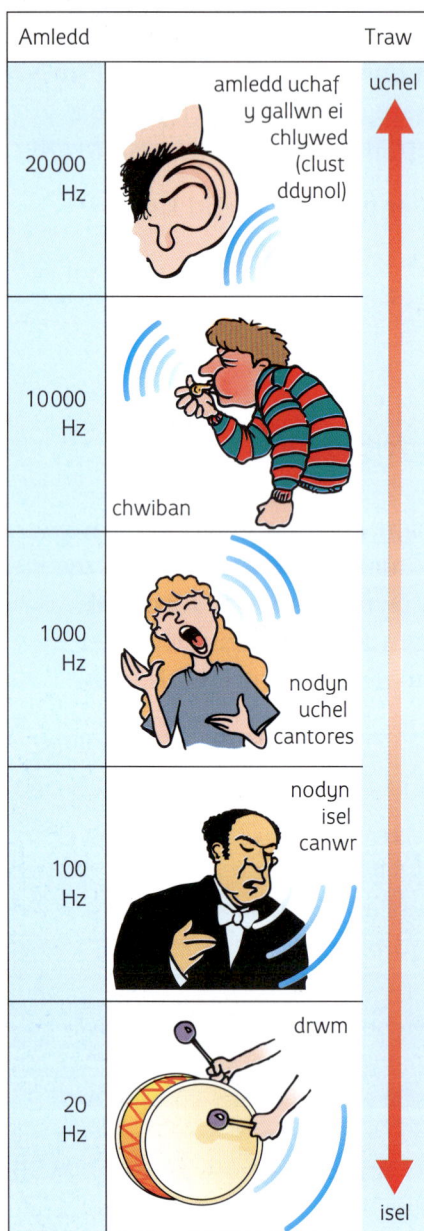

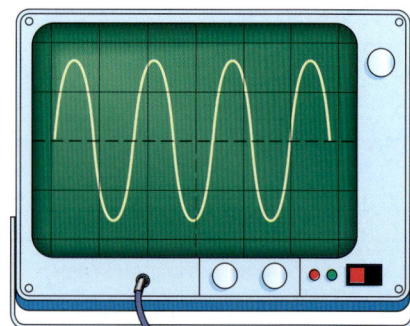

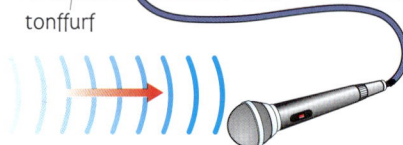

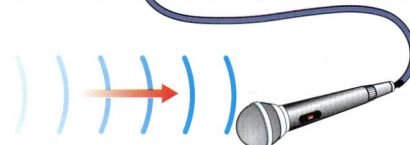

Amledd		Traw
20 000 Hz	amledd uchaf y gallwn ei chlywed (clust ddynol)	uchel
10 000 Hz	chwiban	
1000 Hz	nodyn uchel cantores	
100 Hz	nodyn isel canwr	
20 Hz	drwm	isel

tonffurf

Mae traw (ac amledd) y sain hon yn uwch ... ... na hon.

Osgled a chryfder

Isel **a** chryf.

Mae'r sain hon yn gryfach... ...na hon.

Yr un amledd sydd gan y seiniau a welwch ar y sgriniau osgilosgop uchod. Ond mae un yn *gryfach* na'r llall. Mae'r dirgryniadau yn yr aer yn fwy, ac **osgled** y donffurf yn fwy. Felly:

Y mwyaf yw'r osgled, y cryfaf yw'r sain.

Hafaliad tonnau

Mae'r hafaliad hwn yn wir am donnau sain, yn union fel y tonnau eraill:

$$\begin{array}{ccc} \text{buanedd} & = & \text{amledd} \times \text{tonfedd} \\ \text{(m/s)} & & \text{(Hz)} \qquad \text{(m)} \end{array}$$

Yr uchaf yw'r amledd, y byrraf yw'r donfedd.

Enghreifftiau o donnau

Buanedd sain mewn aer yw 330 m/s. O'r hafaliad ar y dde: mae gan donnau sain sydd ag amledd 110 Hz donfedd sy'n 3 m. Mae gan donnau sain sydd ag amledd 330 Hz donfedd sy'n 1 m.

Cwestiynau

1 Sain A: 400 Hz   Sain B: 200 Hz

Mae seiniau A a B yn cael eu chwarae yr un mor gryf â'i gilydd. I rywun sy'n gwrando ar y ddwy sain, sut byddai B yn cymharu ag A?

2 Mae microffon yn codi tair gwahanol sain, **U**, **W** ac **Y**, un ar ôl y llall. Ar y dde, fe welwch chi eu tonffurfiau ar sgrin osgilosgop.

  a Pa sain sydd â'r osgled mwyaf?

  b Pa sain yw'r cryfaf?

  c Pa sain sydd â'r amledd uchaf?

  ch Pa sain sydd â'r traw uchaf?

3 Yng nghwestiwn **1**, pa un o'r ddwy sain, A neu B, sydd â'r donfedd hiraf?

4 Defnyddiwch yr hafaliad tonnau ar y dudalen hon i gyfrifo tonfedd sain sydd ag amledd o 660 Hz. (Cymerwch mai buanedd sain mewn aer yw 330 m/s.)

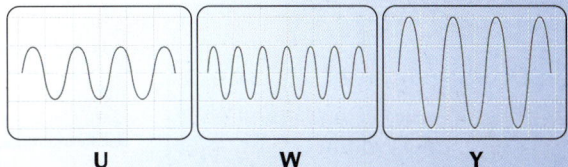

U   W   Y

Uwchsain

amledd (Hz)

| 20 | 20000 | 50000 | 120000 |

amrediad clyw pobl

uwchsain

terfan uchaf i ... ...bobl ...cŵn ...ystlumod

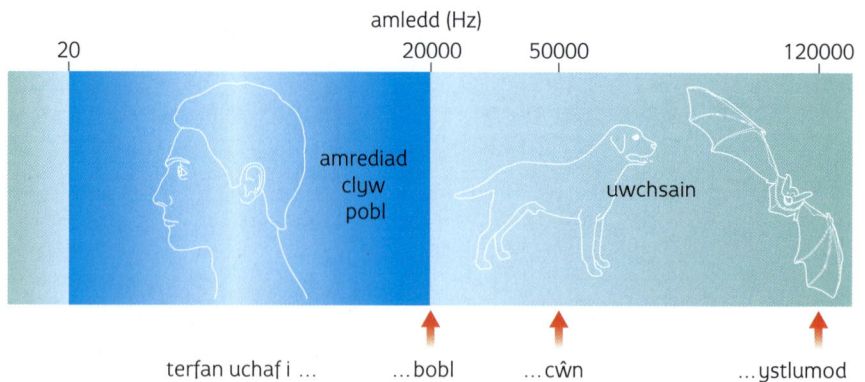

Mae'r glust ddynol yn gallu clywed seiniau hyd at amledd o tua 20 000 Hz. Mae seiniau uwchben hynny yn cael eu galw'n **seiniau uwchsonig**, neu **uwchsain**. Dyma rai ffyrdd o ddefnyddio uwchsain:

Glanhau a thorri

Mae'n bosib defnyddio uwchsain i lanhau peiriannau bregus, heb eu tynnu'n ddarnau. Mae'r peiriant yn cael ei roi mewn tanc o hylif. Yna caiff dirgryniadau pwerus o uwchsain eu defnyddio i symud darnau o faw a saim.

Mewn ysbytai, gall meddygon ddefnyddio pelydr crynodedig o uwchsain i chwalu cerrig mewn arennau a cherrig y bustl heb i'r cleifion orfod cael llawdriniaeth.

Seinydd atsain

Mae llongau yn defnyddio **seinydd atsain** i fesur dyfnder y dŵr o dan y llong. Mae seinydd atsain yn anfon curiadau o uwchsain at wely'r môr, fel y gwelwch ar y chwith. Yna mae'n mesur yr amser mae'n ei gymryd i bob atsain ddod yn ei hôl (y sain wedi ei hadlewyrchu). Yr hiraf yw'r amser, y dyfnaf yw'r dŵr.

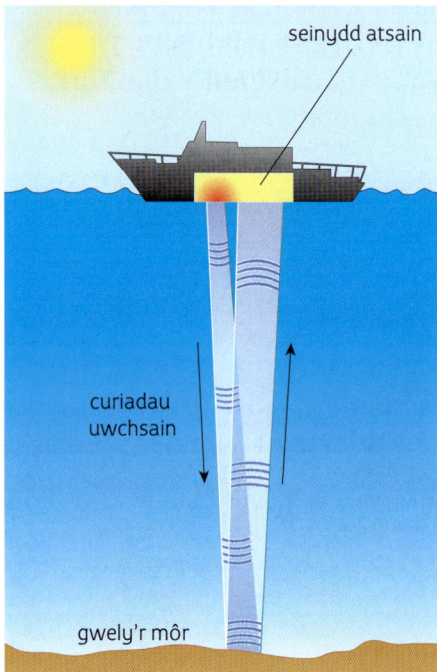

seinydd atsain

curiadau uwchsain

gwely'r môr

Llong yn defnyddio seinydd atsain i fesur dyfnder y dŵr.

Mae'r ystlum yn defnyddio uwchsain i ddod o hyd i bryfed a phethau eraill o'i flaen. Mae'n anfon curiadau uwchsain a defnyddio ei glustiau a'u siâp arbennig i ganfod yr adlewyrchiadau.

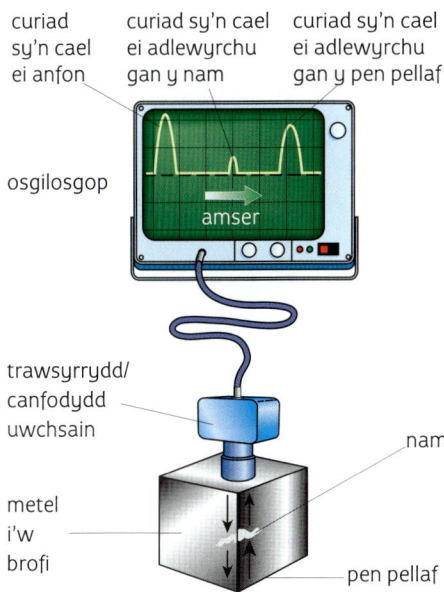

curiad sy'n cael ei anfon

curiad sy'n cael ei adlewyrchu gan y nam

curiad sy'n cael ei adlewyrchu gan y pen pellaf

osgilosgop

amser

trawsyrrydd/ canfodydd uwchsain

nam

metel i'w brofi

pen pellaf

Defnyddio uwchsain i brofi am nam mewn metel.

Profi metel

Gallwn ddod o hyd i namau mewn metel gan ddefnyddio'r un syniad â seinydd atsain. Mae curiad uwchsain yn cael ei anfon trwy'r metel, fel y gwelwch ar y chwith. Os oes nam (twll bach) yn y metel, mae *dau* guriad yn cael eu hadlewyrchu yn ôl i'r canfodydd – un gan y twll a'r llall gan ben pellaf y metel. Gallwn ddangos y curiadau ar osgilosgop.

Sganio'r groth

Mae uwchsain yn cael ei ddefnyddio i sganio croth y fam feichiog isod. Mae trawsyrrydd yn anfon curiadau uwchsain i gorff y fam. Mae canfodydd yn darganfod y curiadau sy'n cael eu hadlewyrchu gan y baban a gwahanol haenau o fewn y corff. Yna mae cyfrifiadur yn prosesu'r signalau, sy'n rhoi delwedd ar y sgrin.

Mae hi'n llawer mwy diogel defnyddio uwchsain i 'weld' y tu mewn i'r groth na defnyddio pelydrau X, gan fod pelydrau X yn gallu niweidio celloedd y baban sy'n tyfu.

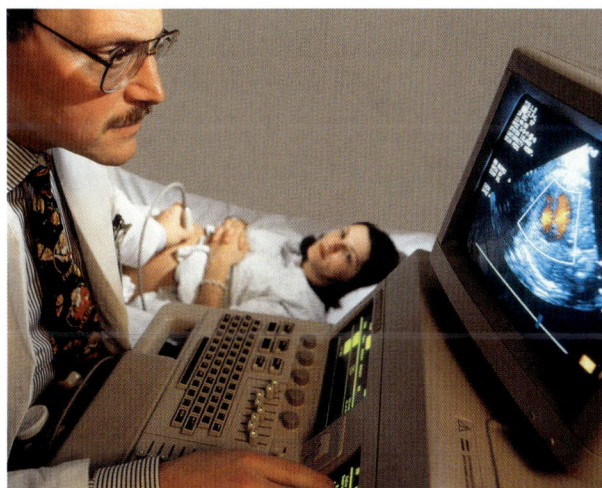

Sgan uwchsain o'r groth. Mae'r meddyg yn symud trawsyrrydd/ canfodydd uwchsain dros gorff y fam. Mae'r cyfrifiadur yn defnyddio'r curiadau sy'n cael eu hadlewyrchu i gynhyrchu delwedd.

Cwestiynau

4 Mewn ysbytai, gall meddygon ddefnyddio uwchsain i 'weld' y tu mewn i groth mam feichiog.

a Pam mae'n well gan feddygon ddefnyddio uwchsain i wneud hyn, yn hytrach na phelydr X?

b Enwch un ffordd arall o ddefnyddio uwchsain mewn ysbytai.

5 Enwch *ddwy* ffordd o ddefnyddio uwchsain ym myd diwydiant.

6 I ateb y cwestiwn hwn, bydd arnoch angen yr wybodaeth ar y dde.

Mae seinydd atsain yn cael ei osod ar gwch sy'n defnyddio uwchsain gydag amledd o 40 kHz.

a Beth yw amledd yr uwchsain mewn Hz?

b Os yw curiad uwchsain yn cymryd 0.1 eiliad i deithio o'r cwch at wely'r môr ac yn ôl, pa mor bell y mae'n teithio?

c Pa mor ddwfn yw'r dŵr o dan y cwch?

buanedd sain mewn dŵr = 1400 metr yr eiliad (m/s)

1 cilohertz (kHz) = 1000 Hz

$$\text{buanedd} = \frac{\text{pellter teithio}}{\text{amser a gymerwyd}}$$

Tonnau seismig

Dylai'r adran hon eich helpu i
- egluro o ble y daw tonnau seismig
- disgrifio adeiledd mewnol y Ddaear

Difrod gan ddaeargryn.

Mae'r llun yn dangos y difrod yn dilyn daeargryn. Symudiadau sydyn yn y graig o dan y ddaear sy'n achosi daeargryn. Mae'r dirgryniadau yn anfon **tonnau seismig** (tonnau sioc) trwy'r Ddaear.

Mae tonnau seismig yn mynd yn wannach wrth deithio trwy'r ddaear. Eto, filoedd o gilometrau i ffwrdd, mae'n bosib eu canfod a'u cofnodi gyda dyfais sensitif o'r enw **seismograff**. Mae math syml i'w weld isod. Mae unrhyw ddirgryniadau bychan yn y ddaear yn cael eu chwyddhau fel bod pin ysgrifennu yn symud i fyny ac i lawr. Mae'r pin yn llunio graff ar ddrwm sy'n troi yn araf.

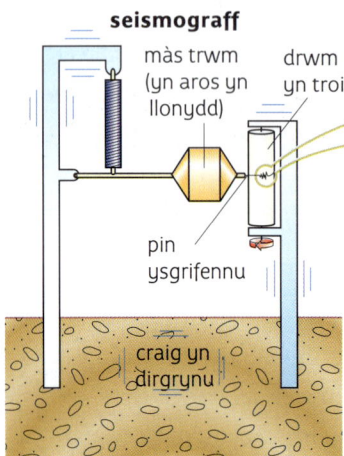

seismograff

màs trwm (yn aros yn llonydd)

drwm yn troi

pin ysgrifennu

craig yn dirgrynu

Y patrwm sy'n cael ei gofnodi gan y seismograff

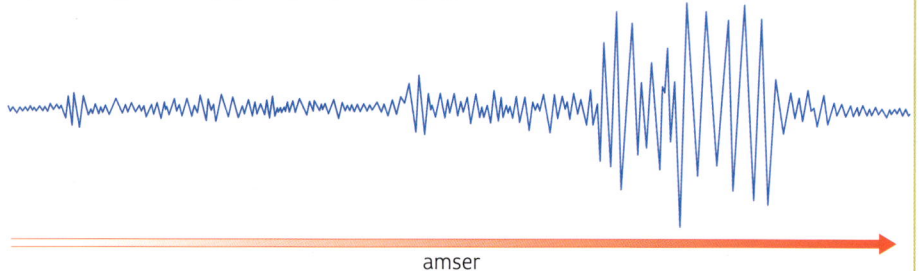

amser

Cliwiau o dan y ddaear

Trwy astudio graffiau o orsafoedd cofnodi mewn gwahanol fannau, gall gwyddonwyr gyfrifo ym mhle'r oedd y daeargryn, beth oedd ei gryfder a thrwy ba fath o graig y teithiodd y tonnau seismig.

Weithiau bydd daearegwyr sy'n gweithio i gwmnïau olew yn tanio ffrwydrad bach i anfon tonnau sioc i'r ddaear. Trwy ganfod y tonnau sy'n cael eu hadlewyrchu gan wahanol haenau o graig, maen nhw'n gallu darganfod a fydd olew yn y creigiau ai peidio.

1 Beth sy'n achosi tonnau seismig?
2 Pa ddarn o offer sy'n cael ei ddefnyddio i ganfod tonnau seismig?

Y tu mewn i'r Ddaear

Trwy astudio tonnau seismig, mae gwyddonwyr wedi datblygu llun o du mewn y Ddaear. Mae tair prif ran:

Y **gramen** yw haen allanol, denau y Ddaear. Y cyfandiroedd yw'r rhannau mwyaf trwchus (hyd at 90 km). **Gwenithfaen** yw'r graig yn bennaf yma. O dan y cefnforoedd, mae'r gramen yn deneuach. **Basalt** yw'r graig yno'n bennaf.

cramen

mantell

craidd

Mae'r rhan fwyaf o'r **fantell** yn graig solid, wedi ei gwneud o **silicadau**. Ond, mae gwres a gwasgedd yn cadw'r fantell yn hyblyg, yn ddigon tebyg i glai. Felly mae'r graig yn gallu llifo. Mae gwres o graidd y Ddaear yn gwneud i'r graig gylchdroi yn araf iawn.

Haearn tawdd (wedi ymdoddi) yw'r **craidd** yn bennaf, ond mae'r gwasgedd enfawr yn cadw'r craidd mewnol yn solid. Dyma ran boethaf y Ddaear. Yn ddwfn yn y craidd, mae'r tymheredd yn cyrraedd 5000 °C.

Dwysedd y Ddaear

Ar wyneb y Ddaear, dwysedd cyfartalog y creigiau yw 2800 kg/m³. Hynny yw, mae 2800 cilogram o fàs wedi ei bacio i bob metr ciwbig. Ond, o wybod pa mor gryf yw disgyrchiant y Ddaear, mae gwyddonwyr yn gwybod bod yn rhaid i ddwysedd cyfartalog yr *holl* Ddaear fod yn llawer uwch: 5500 kg/m³.

Os yw'r creigiau ar yr wyneb yn *llai* dwys na'r cyfartaledd ar gyfer y Ddaear gyfan, yna mae'n rhaid fod y defnyddiau yn ddwfn yn y Ddaear yn *fwy* dwys. Dyna un o'r rhesymau pam mae gwyddonwyr yn credu mai haearn yw craidd y Ddaear yn bennaf.

Cwestiynau

3 Mae'r diagram ar y dde yn dangos toriad syml trwy'r Ddaear. Pa ardal, **U**, **W** neu **Y**, sy'n perthyn i bob un o'r rhain?

   a y craidd

   b y gramen

   c y fantell

   ch mae'n ddigon hyblyg i lifo'n araf iawn

   d y rhan boethaf

   dd haearn tawdd yn bennaf

   e wedi ei wneud o'r defnyddiau lleiaf dwys

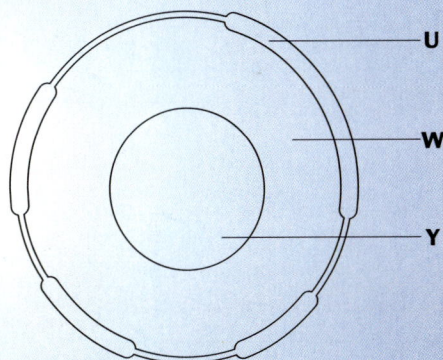

Dylai'r adran hon eich helpu i

- roi rhywfaint o dystiolaeth fod y cyfandiroedd yn symud
- disgrifio beth yw platiau, a'r cysylltiad rhwng platiau a daeargrynfeydd

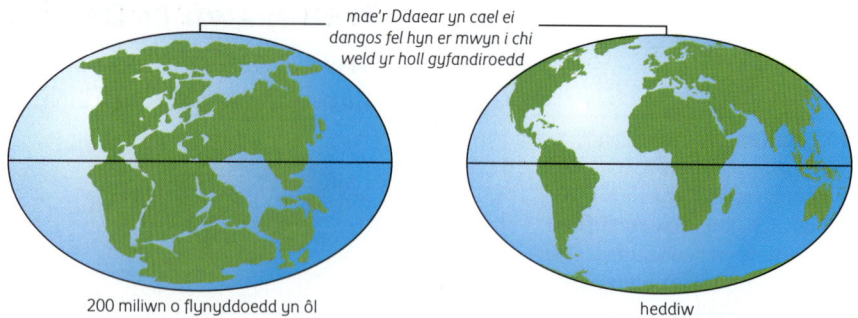

mae'r Ddaear yn cael ei dangos fel hyn er mwyn i chi weld yr holl gyfandiroedd

200 miliwn o flynyddoedd yn ôl

heddiw

Allwedd:

cyfeiriad lledu gwely'r môr

creigiau hen iawn

Ym 1915, sylweddolodd Alfred Wegener y gallai siapiau'r cyfandiroedd ffitio at ei gilydd fel darnau jig-so enfawr. Yn ei ddamcaniaeth am **ddrifft cyfandirol**, awgrymodd fod y cyfandiroedd fel rafftiau mawr sy'n 'arnofio' ar y defnydd dwysach oddi tanyn nhw. Filiynau o flynyddoedd yn ôl, roedd yna un cyfandir enfawr. Chwalodd hwnnw'n ddarnau llai. Byth er hynny, mae'r darnau wedi symud yn araf oddi wrth ei gilydd.

Dyma ddau ddarn o dystiolaeth fodern sy'n cefnogi'r syniad hwn:

Patrymau creigiau a ffosiliau Mae'r rhain yn cyfateb ar wahanol gyfandiroedd: er enghraifft, ar hyd arfordiroedd Affrica a De America sy'n wynebu Cefnfor Iwerydd.

Lledu gwely'r môr Mae craig dawdd yn llifo o graciau folcanig mewn cefnen ar hyd gwaelod Cefnfor Iwerydd. Mae hon yn oeri a chaledu gan ffurfio cramen newydd. Felly, yn araf, mae'r Iwerydd yn lledu – ychydig gentimetrau bob blwyddyn.

Platiau

Erbyn hyn, mae gwyddonwyr yn credu bod cramen y Ddaear (a'r fantell uchaf) wedi ei rhannu yn ddarnau mawr, o'r enw **platiau**. Mae'r rhain yn symud yn araf dros y defnydd dwysach, mwy hyblyg oddi tanyn nhw.

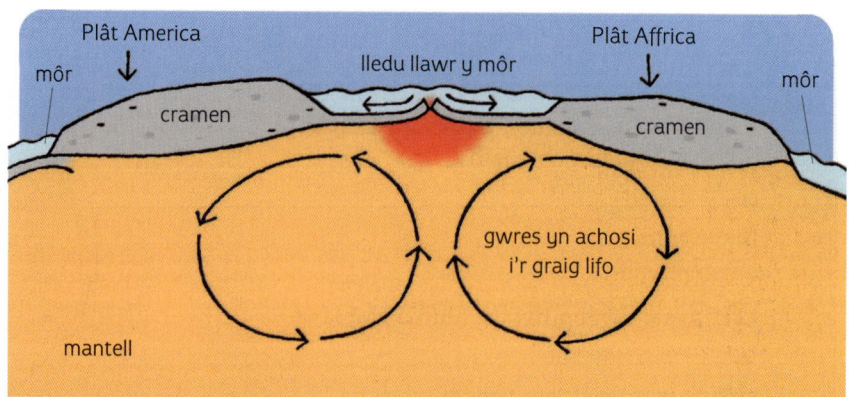

Mae Affrica ac America yn symud oddi wrth ei gilydd yn araf oherwydd bod defnydd yn llifo yn y fantell.

Daeargrynfeydd a llosgfynyddoedd

• = lleoliad daeargryn

Lle mae yna blatiau yn llithro neu'n gwthio yn erbyn ei gilydd, efallai y cewch chi ddaeargryn. Ar y map uchod, mae pob dot coch yn dangos lle cafwyd daeargryn yn yr 20 mlynedd diwethaf. Gyda'i gilydd, mae'r dotiau coch yn dangos lle mae'r gwahanol blatiau yn cyfarfod.

Mae'r rhan fwyaf o losgfynyddoedd ar ymylon platiau, lle mae'r gramen wedi cracio ac yn wan. Yma hefyd mae ffrithiant y platiau yn rhwbio yn erbyn ei gilydd yn gallu cynhyrchu gwres. Mae craig boeth yn y fantell yn troi'n hylif ac yn cael ei gwthio allan o losgfynyddoedd ar ffurf **lafa**.

Lafa yn llifo o losgfynydd.

Pam mae platiau yn symud

Mae'r rhan fwyaf o'r graig yn y fantell yn boeth ond heb ymdoddi. Ond, mae'n ddigon hyblyg i allu llifo'n araf iawn, ac mae'n gwneud hynny oherwydd effaith gwres. Daw'r gwres o ddefnyddiau ymbelydrol sy'n bresennol yn naturiol yn y Ddaear, ac mae'n achosi **ceryntau darfudiad** yn y fantell. (Cerrynt darfudiad yw unrhyw lif o ddefnydd sy'n cylchdroi oherwydd gwres. Er enghraifft, os rhowch ddŵr mewn sosban ar blât poeth popty, bydd y gwres o hwnnw yn creu ceryntau darfudiad yn y dŵr.)

Cwestiynau

1 Ym 1915, awgrymodd Alfred Wegener y gallai'r cyfandiroedd i gyd fod yn rhan o un cyfandir enfawr, filiynau o flynyddoedd yn ôl. Ar beth y sylwodd ef i gael y syniad hwn?

2 Rhowch *ddau* ddarn o dystiolaeth sy'n cefnogi'r syniad bod y cyfandiroedd wedi symud oddi wrth ei gilydd.

3 Beth yw ystyr y gair *platiau* yn y fan hyn?

4 Mae'r map ar frig y dudalen yn dangos lleoliadau daeargrynfeydd dros yr 20 mlynedd diwethaf.

a Pam mae daeargrynfeydd yn tueddu i ddigwydd ar hyd y llinellau a welwch chi, yn hytrach nag ym mhobman dros y Ddaear?

b Pam mae'r rhan fwyaf o losgfynyddoedd hefyd yn agos at y llinellau sy'n cael eu dangos gan y dotiau coch?

5 Beth sy'n achosi i blatiau'r Ddaear symud yn araf?

115

Cyfandiroedd yn symud (2)

Dylai'r adran hon eich helpu i

- ddisgrifio beth sy'n digwydd ar ffiniau platiau
- egluro sut mae creigiau'n cael eu hailgylchu

Yr enw ar y ddamcaniaeth platiau a'u symudiadau yw **tectoneg platiau**. Mae'r platiau yn cwrdd ar ffiniau. Mae tri phrif fath o ffin:

Ffiniau adeiladol Mae'r rhain o dan y cefnforoedd yn bennaf. Mae'r platiau yn symud oddi wrth ei gilydd ac yn tyfu wrth i graig dawdd lifo i fyny trwy graciau ac yna oeri i ffurfio cramen newydd. Yr enw ar y graig dawdd yw **magma**.

Ffiniau distrywiol Mae platiau'n symud at ei gilydd fel bod un yn cael ei **dansugno** (ei gario i lawr) o dan y llall. Gall gwres o'r ffrithiant doddi'r graig, gan achosi llosgfynyddoedd lle mae'r magma yn cael ei wthio o'r ddaear ar ffurf lafa. Wrth i'r platiau wrthdaro, mae haenau o graig yn cael eu gwthio yn **blygion**, gan ffurfio mynyddoedd.

Ffiniau ceidwadol Mae'r platiau yn llithro heibio i'w gilydd ac felly'n cadw eu siâp. Weithiau bydd dau blât yn bachu yn ei gilydd. Wrth iddyn nhw neidio'n rhydd, gallan nhw achosi daeargrynfeydd mawr.

Creigiau wedi plygu.

Creigiau newydd o hen greigiau

Dros filiynau o flynyddoedd, gall craig yn y gramen gael ei thansugno, ymdoddi i ffurfio magma, cael ei chodi, ac yna caledu i ffurfio craig newydd. Y term am ailgylchu hen graig i ffurfio craig newydd yw'r **gylchred greigiau**.

Grisialau craig wedi eu chwyddhau

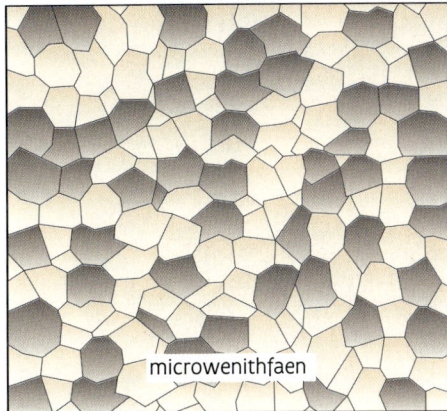

microwenithfaen

Oerodd y graig hon yn fwy cyflym…

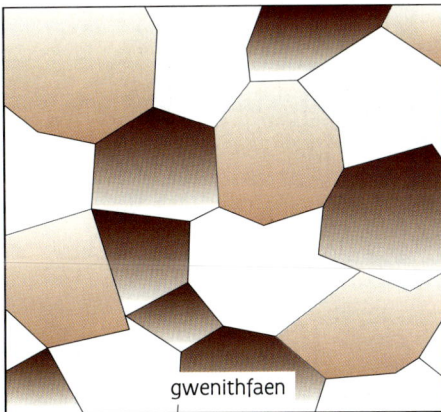

gwenithfaen

… na hon.

Mae tri phrif fath o greigiau yng nghramen y Ddaear:

Creigiau igneaidd, fel gwenithfaen a basalt. Mae'r rhain wedi eu gwneud o risialau bychan ac yn cael eu ffurfio wrth i fagma oeri ac ymsolido.

Os yw'r magma yn oeri'n *gyflym*, mae'r grisialau yn *fach*. Mae hyn yn digwydd, er enghraifft, pan fydd lafa yn dod allan o losgfynydd ac yn oeri. Os yw magma yn oeri'n *araf*, mae gan y grisialau amser i dyfu, ac maen nhw'n *fawr*. Gall hyn ddigwydd i fagma yn ddwfn yn y gramen.

Creigiau gwaddod, fel tywodfaen a chalchfaen. Mae'r rhain yn ymffurfio wrth i haenau o waddod gael eu gollwng gan ddŵr neu wynt. Yn aml, darnau wedi treulio oddi ar hen greigiau yw'r gwaddod. Wrth i ragor o waddod ymgasglu uwch ei ben, mae'n cael ei gywasgu, ac mae'n setio fel concrit.

Creigiau metamorffig Yn ddwfn o dan y ddaear, mae gwres neu wasgedd (neu'r ddau) yn gallu ailrisialu creigiau igneaidd a chreigiau gwaddod. Maen nhw'n troi'n greigiau metamorffig ('craig wedi newid') sydd fel arfer yn galetach na'r gwreiddiol. Enghreifftiau yw marmor a llechfaen.

Cwestiynau

1 Beth yw *magma*?

2 Dyma ddwy ffordd y gall platiau symud:

tuag at ei gilydd   oddi wrth ei gilydd

a Pa un o'r rhain sy'n cynhyrchu mynyddoedd plyg?

b Pa un sy'n cynhyrchu ardal dansugno?

c Ym mha ffordd arall y gall platiau symud?

3 Pam y gall llosgfynyddoedd ymffurfio uwchben ardal dansugno?

4 Pam rydych yn debygol o ddod o hyd i greigiau metamorffig yn agos at ardal dansugno?

5 Mae craig igneaidd yn ymffurfio wrth i fagma oeri. Wrth edrych ar y graig, sut y gallech chi ddweud a wnaeth y magma oeri'n gyflym neu'n araf?

Seiniau cerddorol

Mae'r glust ddynol yn gallu clywed amleddau rhwng tua 20 Hz (20 ton sain yr eiliad) hyd at tua 20 000 Hz. O fewn yr amrediad hwnnw, mae'n bosib amrywio a chymysgu seiniau i greu patrymau cymhleth – sef cerddoriaeth.

Newid Nodyn

Yr uchaf yw amledd y tonnau sain, yr uchaf yw traw y nodyn rydych chi'n ei glywed.

Ar gitâr, er mwyn codi traw y nodyn rydych yn pwyso'r tant yn erbyn cribell, gan wneud i ddarn byrrach o'r tant ddirgrynu. Wrth diwnio'r offeryn, rhaid tynhau neu lacio'r tant er mwyn addasu'r traw.

Gyda thrombôn, gallwch godi traw y nodyn trwy leihau hyd y tiwb y mae'r tonnau sain yn teithio trwyddo. Gallwch hefyd newid y traw trwy reoli'r ffordd y mae eich gwefusau'n dirgrynu wrth i chi chwythu.

Mae bandiau dur yn defnyddio casgenni olew ag un pen wedi ei dolcio mewn sawl man. Mae pob tolc wedi ei diwnio i gynhyrchu nodyn gwahanol wrth ei daro.

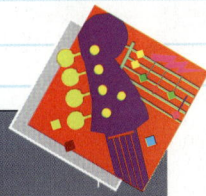

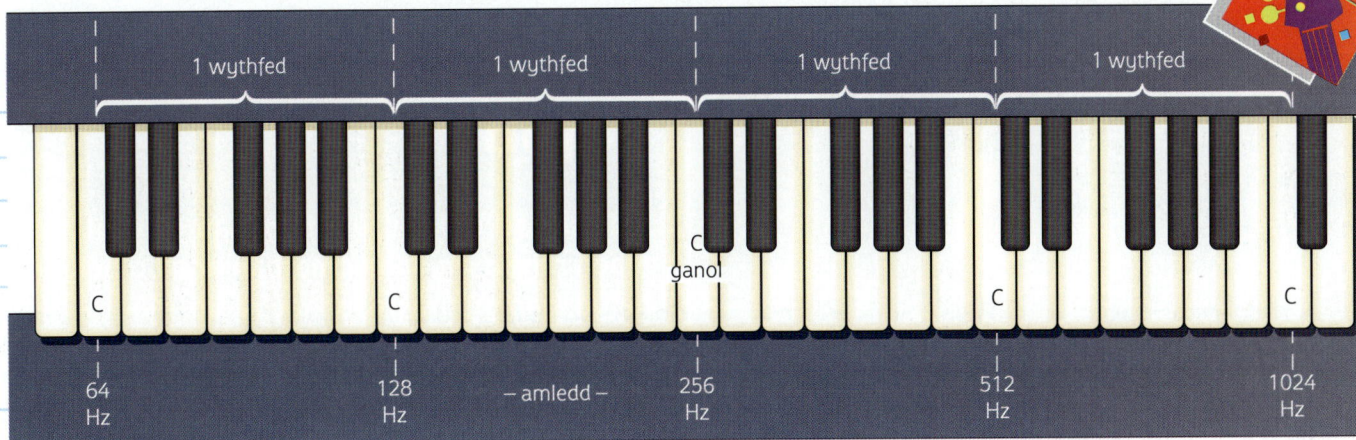

| 1 wythfed | 1 wythfed | 1 wythfed | 1 wythfed |

C — 64 Hz
C — 128 Hz — amledd —
C ganol — 256 Hz
C — 512 Hz
C — 1024 Hz

Wythfedau

Mae graddfa gerddorol wedi ei seilio ar **wythfedau**. Os yw dau nodyn wythfed oddi wrth ei gilydd, mae amledd un o'r ddau nodyn yn *ddwbl* amledd y llall. (Mae'r allweddellau uchod wedi eu tiwnio yn ôl 'traw gwyddonol'. Mae bandiau a cherddorfeydd yn defnyddio amleddau ychydig yn wahanol i'r rhain wrth diwnio.)

Yr un fath ond gwahanol

Wrth chwarae'r C Ganol ar gitâr, nid yw'n swnio yn union yr un fath â'r C Ganol ar biano. Mae gan y ddwy sain **amledd sylfaenol** cryf, sy'n rhoi C Ganol. Ond yn gymysg â hwnnw, mae yna amleddau eraill, gwannach, o'r enw **uwchdonau**. Mae'r rhain yn amrywio o un offeryn i'r llall.

Mewn allweddellau electronig, neu syntheseiddydd, mae cyfrifiadur yn gallu cymysgu gwahanol amleddau i gynhyrchu sain gitâr, piano, neu unrhyw offeryn arall. Er mwyn swnio'n iawn, rhaid i bob nodyn ddechrau a darfod yn gywir. Er enghraifft, mae 'plonc' piano yn dechrau'n sydyn a diflannu'n araf: mae'r sain yn **canu'n gryf** am gyfnod byr a **thawelu** am gyfnod hirach. Rhaid i'r syntheseiddydd greu'r effaith hon hefyd.

Trafodwch

Gan ddefnyddio gwybodaeth ar y tudalennau hyn neu o rywle arall, allwch chi egluro pam:

- mae tant gitâr yn cynhyrchu nodyn uwch wrth i chi ei dynhau?

- nad yw gitâr yn swnio fel sacsoffon, hyd yn oed os yw'r ddau yn chwarae yr un nodyn?

- mae syntheseiddydd electronig yn gallu ail-greu sain bron unrhyw offeryn cerdd?

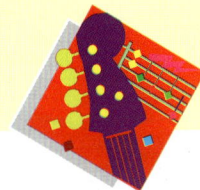

119

Tonnau radio o'r gofod

Mae sêr, fel yr Haul, yn rhyddhau goleuni. Ond maen nhw'n rhyddhau mathau eraill o belydriad hefyd, gan gynnwys tonnau radio. Mae **telesgop radio**, fel y rhai isod, yn gallu canfod y tonnau hynny. Yn y gofod, gall signalau radio deithio trwy gymylau o lwch sy'n rhwystro goleuni, felly gall telesgop radio 'weld' sêr a fyddai'n anweledig trwy delesgop cyffredin.

Cafodd y ddelwedd o sêr pell ar y chwith ei chreu gan gyfrifiadur, gan ddefnyddio signalau o delesgop radio. Nid yw'r lliwiau yn gywir.

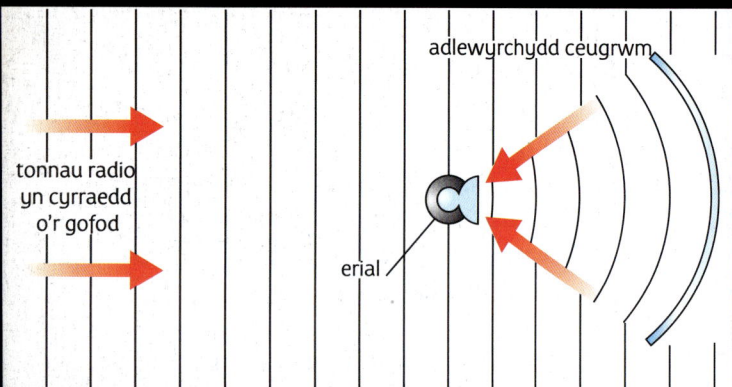

Prif nodwedd y rhan fwyaf o delesgopau radio yw adlewyrchydd ceugrwm (siâp dysgl) enfawr. Mae'r ddysgl yn adlewyrchu'r pelydriad at erial fechan. Rhaid cael dysgl fawr am ddau reswm. Yn gyntaf, gydag ardal gasglu fawr gallwch ganfod y sêr gwannaf a'r rhai pellaf. Yn ail, pan fydd y tonnau'n cyrraedd y ddysgl, bydd llai o ddiffreithiant. Byddai unrhyw ddiffreithiant yn pylu'r ddelwedd derfynol.

tonnau radio yn cyrraedd o'r gofod

adlewyrchydd ceugrwm

erial

Mae adeiladu dysglau mawr yn broses anodd a drud. Ateb haws yw defnyddio cyfres o ddysglau llai, fel y gwelwch fan hyn, a chyfuno pob signal.

Gama a ffrwythau ffres

Cafodd y mefus hyn eu casglu dair wythnos cyn tynnu'r llun.

A'r rhai isod hefyd, ond cafodd y rhain eu rhoi yn syth mewn paladr o belydriad gama. Mae'r pelydriad wedi rhwystro'r broses bydru, felly mae'r hen fefus yn edrych mor ffres â'r diwrnod y cawson nhw eu casglu.

Mae arbelydru bwyd yn gallu golygu gwell ansawdd, llai o wastraff a phrisiau rhatach. Er nad yw'r pelydriad yn gwneud y ffrwythau'n ymbelydrol, mae'r beirniaid yn dweud y gallai ladd fitaminau ac effeithio ar sylweddau yn y ffrwythau. A'r tro nesaf y prynwch chi fefus ffres, pa mor ffres fyddan nhw mewn gwirionedd?

Llachar iawn

Mae pelydrau'r Haul yn cynnwys rhywfaint o belydriad uwchfioled. Er na allwn ei weld â'n llygaid, gallwn ei ddefnyddio i wneud pethau yn fwy llachar!

Mae paent **fflwroleuol** yn cynnwys cemegau sy'n amsugno egni'r uwchfioled anweledig a'i ryddhau ar ffurf goleuni gweladwy. Mae'n gwneud i'r paent ymddangos yn arbennig o lachar.

Mae yna lifynnau fflwroleuol mewn rhai powdrau golchi. Mae'r llifyn yn amsugno uwchfioled ac yn rhyddhau ei egni fel goleuni ychwanegol, felly mae eich dillad yn edrych yn 'wynnach na gwyn'. O dan lampau disgo uwchfioled, mae rhai ffabrigau yn edrych fel petaen nhw'n tywynnu!

Mewn pinnau ysgrifennu sy'n cael eu defnyddio i roi marciau diogelwch ar bethau, mae'r inc yn cynnwys llifyn fflwroleuol. Mae'r inc yn edrych fel dŵr ac fel arfer allwch chi ddim ei weld ar ôl iddo sychu. Ond os rhowch chi'r cyfan o dan lamp uwchfioled gryf, bydd yr enw neu'r rhif a roddoch ar eich eiddo i'w weld yn glir.

Trafodwch

Gan ddefnyddio'r mynegai, neu wybodaeth o rywle arall, allwch chi ddarganfod pa fath o belydriad electromagnetig:

- sy'n debyg i belydrau gama ac sydd â'r un effeithiau?
- sy'n cael ei ddefnyddio ar gyfer cyfathrebu trwy loerenni a rhwydweithiau ffôn symudol?
- sy'n dod o wrthrychau cynnes neu boeth?
- sy'n cael ei anfon ar hyd ffibrau optegol?

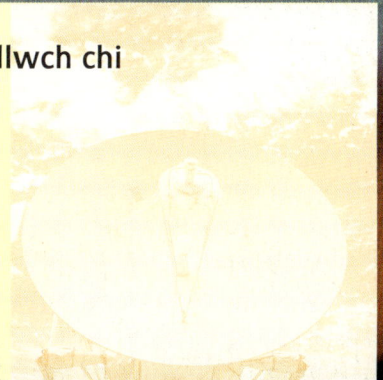

1

A

drych

B

ffibr optegol

C

prism

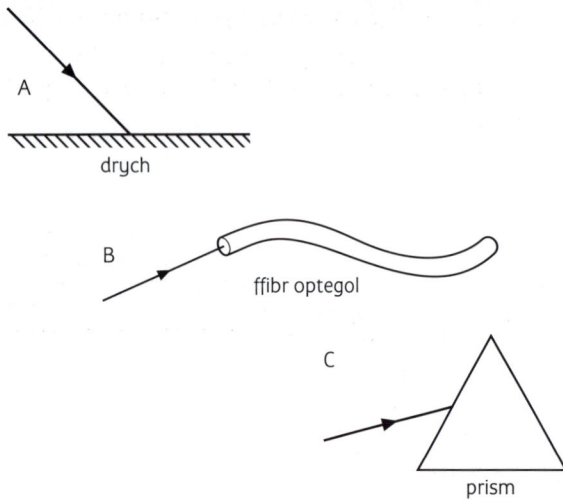

a Copïwch a chwblhewch y diagramau uchod i ddangos beth fydd yn digwydd i'r pelydrau.

b Pa un o'r uchod sy'n enghraifft o:

i blygiant?

ii adlewyrchiad mewnol cyflawn?

2 Mae bachgen yn edrych ar ei ddelwedd mewn drych.

Dewiswch ddwy o'r brawddegau hyn sy'n disgrifio'r ddelwedd honno'n gywir.

Mae'r ddelwedd yr un mor bell y tu ôl i'r drych ag yw'r bachgen o'i flaen	**A**
Mae'r ddelwedd yn fwy na'r bachgen	**B**
Mae'r ddelwedd yr un maint â'r bachgen	**C**
Mae'r ddelwedd yn llai na'r bachgen	**CH**
Mae'r ddelwedd ben i waered	**D**

3 Mae'r diagram isod yn dangos pelydryn goleuni yn mynd i mewn i floc gwydr.

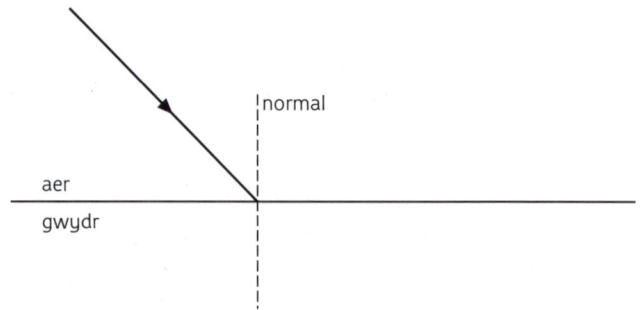

normal

aer

gwydr

a Copïwch y diagram a dangoswch lwybr y pelydryn trwy'r bloc gwydr.

b Beth sy'n digwydd i'r pelydryn wrth iddo fynd i mewn ac allan o'r bloc?

c Eglurwch pam mae'r pelydryn yn ymddwyn fel hyn.

ch Lluniwch ddiagram i ddangos beth sy'n digwydd i belydryn goleuni os yw'n taro wyneb y bloc gwydr ar 90º.

4 Mae'r diagram isod yn dangos dyn yn gwylio pysgodyn yn nofio mewn llyn.

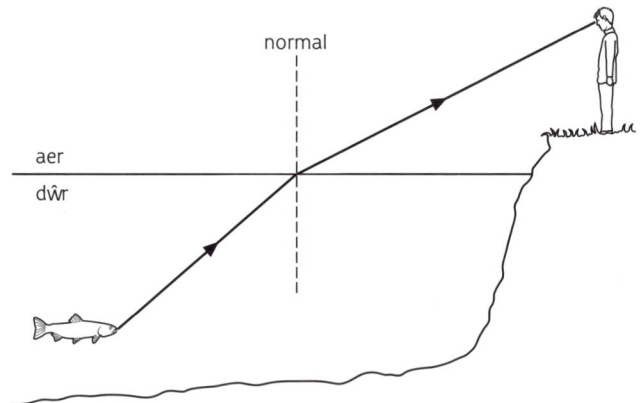

normal

aer

dŵr

Wrth i'r pelydryn goleuni adael y dŵr, mae'n newid cyfeiriad.

a Pam mae'r pelydryn yn newid cyfeiriad?

b Copïwch y diagram uchod i'ch llyfr. Ar y diagram, marciwch lle mae'r dyn yn gweld y pysgodyn. Eglurwch eich ateb.

5 Mae'r diagram isod yn dangos perisgop prismatig syml.

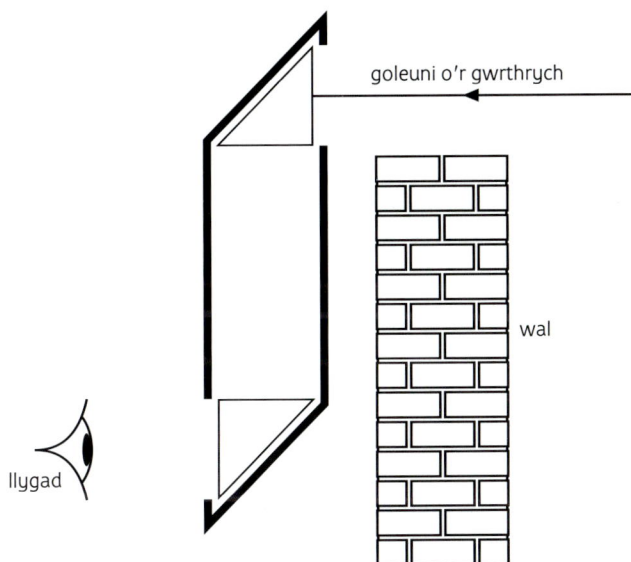

goleuni o'r gwrthrych

wal

llygad

a Copïwch y diagram ac yna cwblhewch lwybr y pelydryn goleuni o'r gwrthrych i'r llygad.

b Beth sy'n digwydd i'r pelydryn goleuni y tu mewn i bob prism?

c Enwch un ddyfais arall sy'n defnyddio'r effaith hon.

6 Mae'r diagram isod yn dangos pelydryn goleuni yn teithio trwy ffibr optegol.

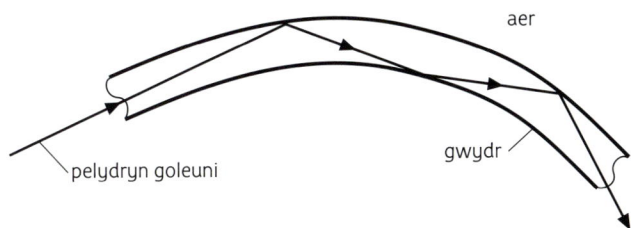

aer

gwydr

pelydryn goleuni

Eglurwch beth sy'n digwydd i'r pelydryn goleuni bob tro y mae'n taro'r ffin rhwng y gwydr a'r aer.

7 Mae goleuni gwyn yn gymysgedd o nifer o liwiau.

Mae'r diagram isod yn dangos sut y gallwn ddefnyddio prism i hollti goleuni gwyn i'r gwahanol liwiau hyn.

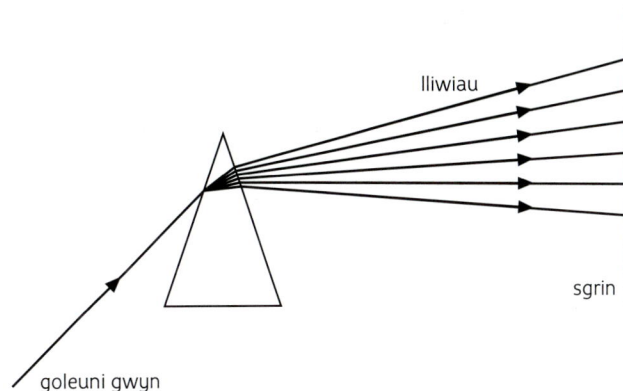

lliwiau

sgrin

goleuni gwyn

a Copïwch y diagram hwn a labelwch y gwahanol liwiau fydd i'w gweld ar y sgrin.

8 Mae'r diagram isod yn dangos tonnau sain yn cael eu hadlewyrchu oddi ar wyneb caled gwastad.

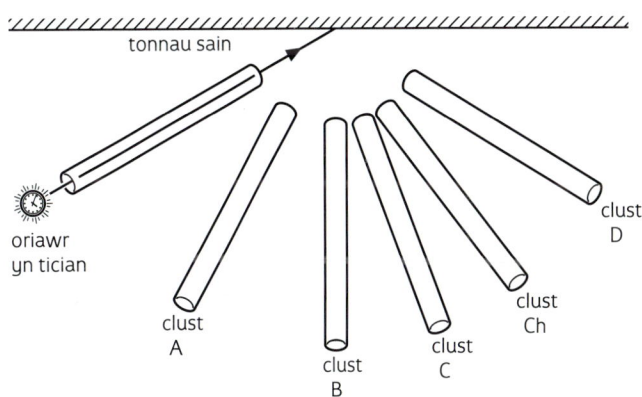

tonnau sain

oriawr yn tician

clust A

clust B

clust C

clust Ch

clust D

Ym mha safle y dylech chi roi'r tiwb er mwyn clywed yr oriawr yn tician? Eglurwch eich ateb.

9 Mae llong sy'n chwilio am bysgod yn anfon tonnau sain sy'n cael eu hadlewyrchu gan wely'r môr. Os ydych chi'n gwybod beth yw buanedd sain mewn dŵr, ac yn mesur yr amser sy'n mynd heibio cyn i chi glywed yr atsain, mae'n bosib cyfrifo pa mor ddwfn yw'r dŵr yno.

a Beth fydd y swyddog ar y llong yn ei glywed os bydd haig o bysgod yn nofio o dan y llong? Sut gallai'r swyddog gyfrifo'n fras pa mor ddwfn yw'r haig o bysgod?

b Awgrymwch un ffordd y gallai'r canfodydd fod yn derbyn signal anghywir (h.y. does yna ddim pysgod o dan y llong).

c Os yw tonnau sain yn teithio trwy ddŵr ar 1500 m/s,

i pa mor ddwfn yw gwely'r môr os yw'r atsain i'w chlywed ar ôl 1 s?

ii pa mor gyflym y byddech chi'n clywed atsain os oes haig o bysgod yn nofio 250 m o dan y llong?

10 Mae microffon wedi ei gysylltu ag osgilosgop (CRO). Pan wneir tair gwahanol sain, A, B ac C, o flaen y microffon, dyma'r tonffurfiau sydd i'w gweld ar y sgrin:

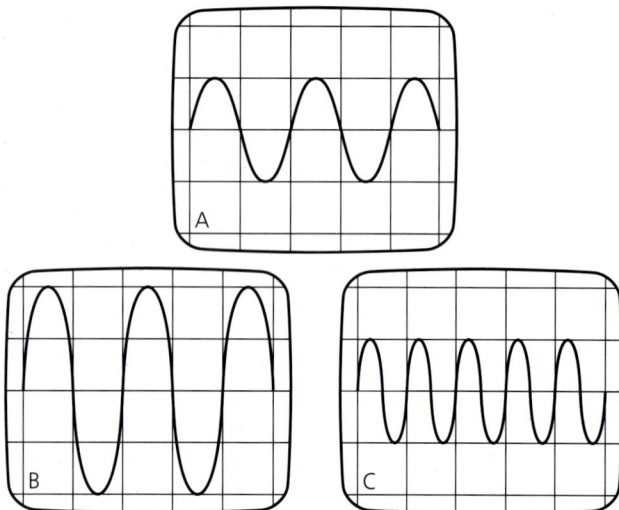

a Gan gymharu seiniau A a B, sut y bydden nhw'n swnio'n wahanol?

b Gan gymharu seiniau A ac C, sut y bydden nhw'n swnio'n wahanol?

c Pa sain sydd â'r osgled mwyaf?

ch Pa sain sydd â'r amledd uchaf?

d Amledd sain A yw 220 Hz. Os yw buanedd sain yn 330 m/s, beth yw tonfedd sain A?

dd Beth yw amledd sain C?

11 Mae'r diagram isod yn dangos dwy wahanol sain ar sgrin osgilosgop, sef A a B. Mae'r osgilosgop wedi ei osod yr un fath ar gyfer y ddwy.

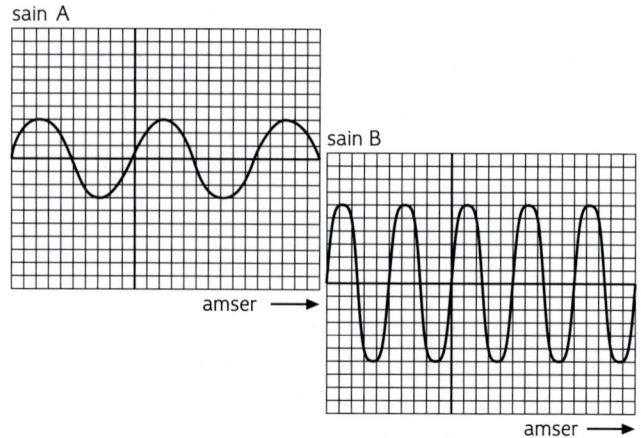

a Mae A a B yn **swnio** yn wahanol.

Ysgrifennwch **ddau** wahaniaeth yn y ffordd y maen nhw'n swnio.

Eglurwch eich atebion mor llawn â phosib.

12 Mae dyn yn sefyll ar draeth 340 m oddi wrth glogwyn uchel. Mae'n clywed ei atsain ar ôl 2 s.

a Beth yw atsain?

b Eglurwch sut mae'n bosib defnyddio atseiniau i ddarganfod pa mor ddwfn yw'r dŵr o dan gwch.

c Gan ddefnyddio'r wybodaeth uchod, cyfrifwch fuanedd sain mewn aer.

ch Beth yw tonnau uwchsain?

d Enwch un ffordd o ddefnyddio tonnau uwchsain.

13 a Sain W: amledd 10 000 Hz.

Sain Y: amledd 30 000 Hz.

Terfan uchaf y glust ddynol: 20 000 Hz.

i Beth yw terfan uchaf y glust ddynol mewn kHz?

ii Pa un o'r seiniau uchod sy'n enghraifft o uwchsain?

b Gall uwchsain deithio trwy rai meinweoedd yn y corff a gall gwahanol haenau o fewn y corff ei adlewyrchu.

i Disgrifiwch un enghraifft o'r ffordd y caiff uwchsain ei ddefnyddio mewn ysbytai.

ii I gynhyrchu delweddau meddygol, pam mae'n well gan feddygon ddefnyddio uwchsain yn hytrach na phelydr X, os yw hynny'n bosib?

iii Disgrifiwch un enghraifft o ddefnyddio uwchsain ym myd diwydiant.

14 Mae'r diagram hwn yn dangos y sbectrwm electromagnetig, ond mae dau fath o belydriad ar goll.

a Pa belydriad ddylai fod yn rhan A?

b Pa belydriad ddylai fod yn rhan B?

tonnau radio	micro-donnau	A	goleuni	uwch-fioled	B	pelydrau gama

c Pa fath o belydriad electromagnetig:

i sydd â'r donfedd fyrraf?

ii sydd â'r amledd isaf?

iii fydd yn diffreithio o gwmpas bryniau?

iv sy'n rhoi lliw haul i chi?

v y gallwch ei ddefnyddio i goginio bwyd?

vi y gallwch ei ganfod â thermomedr?

vii sy'n gallu achosi canser y croen?

viii sy'n cael ei ddefnyddio wrth dynnu ffotograff gyda chamera arferol?

ch Mewn goleuni gweladwy, pa liw:

i sydd â'r donfedd hiraf?

ii sydd â'r donfedd fyrraf?

15 a Lluniwch ddiagram o don. Labelwch yr osgled a'r donfedd.

b Mae eich diagram yn cynrychioli ton sain. Beth y byddech chi'n ei glywed petai

i y donfedd yn mynd yn fyrrach?

ii yr osgled yn mynd yn fwy?

16 Mae'r diagram isod yn dangos ton sain sy'n teithio.

a Ar gopi o'r diagram dangoswch

i donfedd y don

ii osgled y don

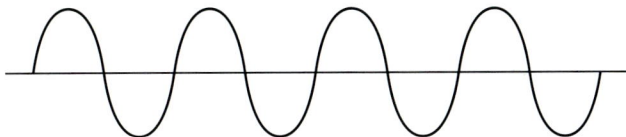

b Tynnwch lun ton sain arall sydd yr un mor gryf â'r gyntaf ond sydd ag amledd uwch.

c Tynnwch lun trydedd don sydd â'r un traw â'r don gyntaf ond sy'n cynrychioli sain dawelach.

ch Cafodd y don sain yn y diagram uchod ei chreu mewn $\frac{1}{10}$ s. Beth yw amledd y sain hon?

17 a Caiff gwahanol fathau o belydriad electromagnetig eu defnyddio i wneud gwahanol bethau.

Dewiswch eiriau o'r rhestr hon i gwblhau'r tabl isod.

pelydrau gama   **goleuni**
microdonnau   **tonnau radio**
pelydrau uwchfioled

Math o belydriad	Un ffordd o ddefnyddio'r pelydriad
	ei anfon ar hyd ffibrau optegol mewn endosgop
	rhoi lliw haul i'r croen
	diheintio offer meddygol
	anfon gwybodaeth yn ôl ac ymlaen i loerenni

b Nodwch un ffynhonnell o belydriad gama.

18 Caiff gwresogydd solar ei ddefnyddio i gynhesu dŵr.

a Pa fath o egni sy'n cynhesu'r dŵr?

b Mae'r gwresogydd solar yn fwy effeithlon pan fydd y dŵr mewn cynhwysydd du yn hytrach nag un gwyn. Eglurwch pam.

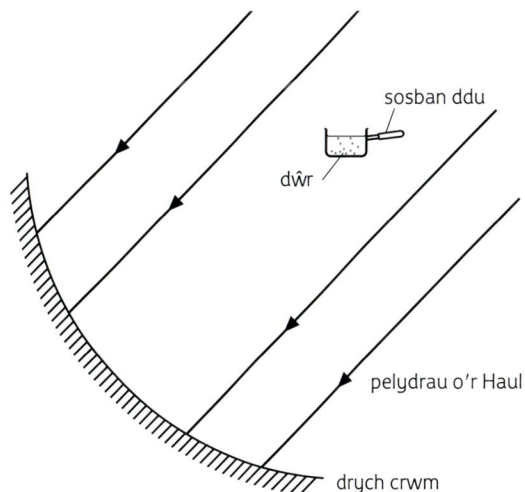

sosban ddu

dŵr

pelydrau o'r Haul

drych crwm

Geiriau pwysig

Mae'r rhifau yn y cromfachau yn dangos ar ba dudalennau y cewch chi ragor o wybodaeth.

adlewyrchiad mewnol cyflawn Os yw goleuni yn taro wyneb mewnol bloc tryloyw neu hylif ar ongl sy'n ddigon mawr, bydd yr holl oleuni'n cael ei adlewyrchu a dim ohono'n cael ei blygu. Yr enw ar hyn yw adlewyrchiad mewnol cyflawn. *(4.06)*

amledd Nifer y dirgryniadau bob eiliad, neu nifer y tonnau bob eiliad. Mae'n cael ei fesur mewn hertz (Hz). Os bydd 100 ton yn cael eu hanfon allan bob eiliad, yr amledd yw 100 Hz. *(4.01, 4.11)*

atsain Sain wedi ei hadlewyrchu, sydd i'w chlywed yn fuan iawn ar ôl i'r sain wreiddiol gael ei hanfon. *(4.10)*

cyfnod Yr amser rhwng un flaendon (neu 'frig' ton) yn mynd heibio a'r nesaf. *(4.01)*

diffreithiant Y gwasgaru neu'r plygu sy'n digwydd wrth i donnau deithio trwy fylchau neu heibio i rwystrau. *(4.02, 4.08)*

ffibr optegol Ffibr gwydr neu blastig, sy'n cael ei ddefnyddio ym maes cyfathrebu i gludo signalau ar ffurf curiadau o oleuni neu isgoch. *(4.06, 4.08)*

hertz (Hz) Uned amledd. Os oes 100 dirgryniad bob eiliad, neu 100 ton yn cael eu hanfon allan bob eiliad, yr amledd yw 100 Hz. *(4.01, 4.11)*

ongl gritigol Os oes pelydryn yn taro wyneb mewnol bloc tryloyw neu hylif ar ongl sy'n fwy na hyn, bydd yr holl oleuni'n cael ei adlewyrchu a dim ohono'n cael ei blygu. *(4.06)*

osgled Mewn ton sy'n cael ei dangos ar sgrin osgilosgop, dyma uchder y 'brig' uwchben y llinell ganol. *(4.01, 4.11)*

platiau Darnau enfawr o gramen y Ddaear (a'r fantell uchaf) sy'n symud yn araf dros y defnydd oddi tanyn nhw. *(4.14 – 4.15)*

plygiant Y plygu sy'n digwydd wrth i donnau (fel tonnau goleuni neu sain) deithio ar ongl o un defnydd i ddefnydd arall. *(4.02, 4.05)*

signalau analog Signalau sy'n amrywio drwy'r amser yn yr un ffordd â'r ffynhonnell. *(4.08)*

signalau digidol Signalau wedi eu gwneud o gyfres o guriadau sy'n cynrychioli 0 ac 1. Rhaid dadgodio pob 0 ac 1 i ail-greu'r wybodaeth sy'n cael ei hanfon. *(4.08)*

tonfedd Y pellter rhwng blaendonnau: hynny yw, y pellter rhwng 'brig' un don a'r nesaf. *(4.01)*

tonnau ardraws Tonnau lle mae'r osgiliadau (dirgryniadau) o ochr i ochr (neu i fyny ac i lawr). *(4.01)*

tonnau electro-magnetig Teulu o donnau sy'n cynnwys tonnau radio (gan gynnwys microdonnau), isgoch, goleuni, uwchfioled, pelydrau X a phelydrau gama. *(4.07)*

tonnau hydredol Tonnau lle mae'r osgiliadau (dirgryniadau) yn ôl ac ymlaen *(4.01)*

tonnau seismig Dirgryniadau sy'n teithio trwy'r Ddaear ac sy'n cael eu hachosi gan ddaeargrynfeydd. *(4.13)*

traw Pa mor uchel yw'r nodyn i'r glust. Yr uchaf yw amledd y tonnau sain, yr uchaf fydd y traw. *(4.11)*

uwchsain Tonnau sain sydd ag amleddau sy'n rhy uchel i'r glust ddynol eu clywed. *(4.12)*

Dyma ran o nifwl yr Eryr – llun a dynnwyd gan *Delesgop Gofod Hubble* mewn orbit o amgylch y Ddaear. Mae lled y golofn enfawr hon o nwy a llwch yn ymestyn am biliynau o gilometrau. Y tu mewn i'r nifwl, mae sêr newydd yn ymffurfio wrth i fater ymgasglu'n dalpiau gan dyniad disgyrchiant. Mae'r llun yn gipolwg yn ôl mewn amser hefyd. Mae'r nifwl mor bell i ffwrdd nes bod ei oleuni yn cymryd 7000 o flynyddoedd i gyrraedd y Ddaear.

Pelen enfawr, boeth o nwy sy'n tywynnu yw'r Haul – mae'n **seren**. Mae'r Ddaear yn belen oerach, lawer llai – mae'n **blaned**. Mae'r Haul 150 miliwn cilometr oddi wrthym. Mae sêr eraill yn edrych fel smotiau bach o oleuni gan eu bod lawer ymhellach i ffwrdd.

Y Ddaear, yn troi a throelli

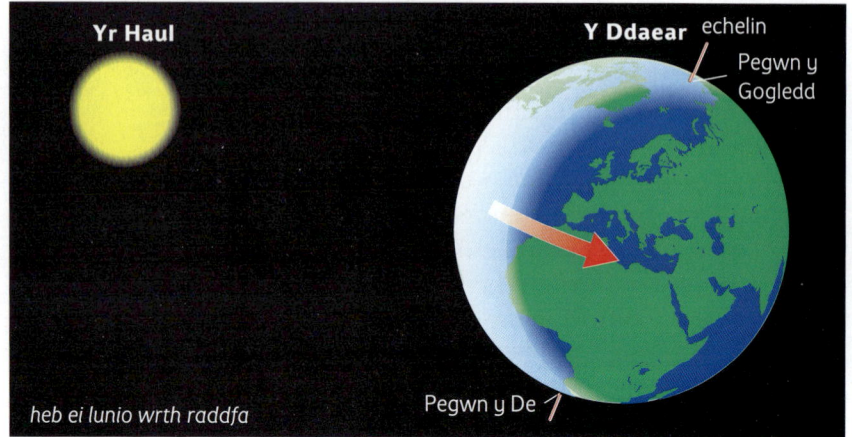

Wrth i'r Ddaear droelli'n araf ar ei hechelin, mae un hanner yng ngolau'r Haul tra bo'r llall mewn cysgod.

Mae'r Ddaear yn symud o gwmpas yr Haul gan ddilyn llwybr sy'n cael ei alw'n **orbit**. Mae un orbit yn cymryd ychydig dros 365 diwrnod, sef hyd un flwyddyn i ni.

Wrth i'r Ddaear symud trwy'r gofod, mae'n troelli'n araf o gwmpas llinell sy'n cael ei galw yn **echelin**. Mae'r echelin yn mynd o Begwn y Gogledd i Begwn y De. Mae'n cymryd un diwrnod (24 awr) i'r Ddaear droi un waith ar ei hechelin. Wrth iddi wneud hynny, mae lleoedd yn symud o'r ochr sydd yng ngolau'r Haul i'r ochr sydd yn y cysgod – hynny yw, o ddydd i nos. Dyna pam mae'n ymddangos bod yr Haul yn codi, yn symud ar draws yr awyr, ac yna'n machlud.

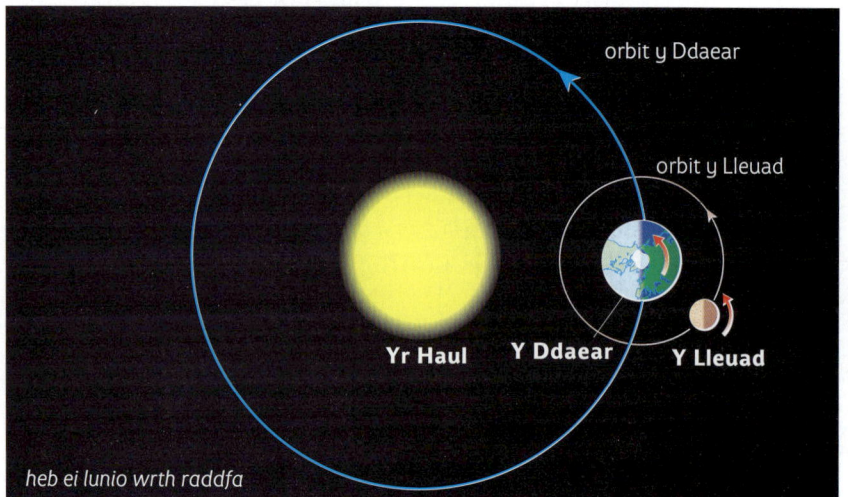

Mae'r Lleuad yn troi mewn orbit o amgylch y Ddaear, a'r Ddaear yn troi o amgylch yr Haul. Maen nhw i gyd yn troelli'n araf ar eu hechelinau i'r un cyfeiriad.

Y Lleuad

Mae'r Lleuad yn troi mewn orbit o amgylch y Ddaear. Mae pob orbit yn cymryd tua 28 diwrnod. Mae'r Lleuad yn cymryd yr un faint o amser i droelli unwaith ar ei hechelin hefyd, felly yr un wyneb sydd tuag atom drwy'r amser.

Mae'r Lleuad yn llai na'r Ddaear (tua chwarter y diamedr) a 380 000 km i ffwrdd. Mae wyneb y Lleuad yn greigiog ac yn llawn craterau. Nid yw'r Lleuad yn boeth nac yn tywynnu fel yr Haul. Yr unig reswm y gallwn weld y Lleuad yw bod ei harwyneb yn adlewyrchu golau'r Haul. Allwn ni ddim gweld y rhan sydd yn y cysgod. Dyna pam rydym yn gweld y siâp cilgant ar adegau.

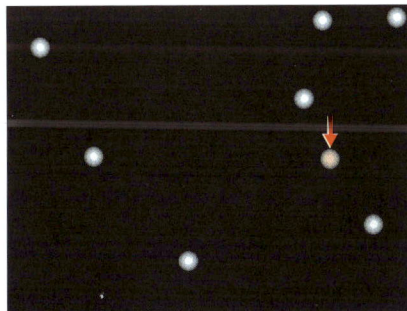

Wrth edrych ar y Lleuad, y rhan sydd yng ngolau'r Haul yn unig y gallwch chi ei gweld.

Edrych ar yr awyr

Ar noson glir, mae'r awyr yn llawn o smotiau bach o oleuni. Sêr yw'r rhan fwyaf o'r rhain. Fel yr Haul, mae'n ymddangos bod y rhain yn symud ar draws yr awyr wrth i'r Ddaear droelli ar ei hechelin. Ond, mewn perthynas â'i gilydd, prin y gwelwn eu safleoedd yn newid o gwbl.

Mae'n amlwg bod lleoliad rhai o'r dotiau yn awyr y nos *yn newid*. Planedau eraill mewn orbit o amgylch yr Haul yw'r rhain. (Mae'r gair 'planed' yn dod o hen air Groeg sy'n golygu 'crwydryn'.)

Yn ystod y dydd allwch chi ddim gweld y sêr na'r planedau oherwydd bod golau'r Haul yn eu boddi'n llwyr.

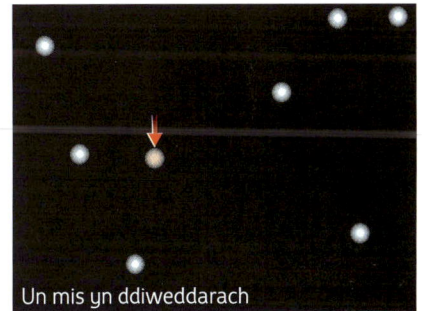

Un mis yn ddiweddarach

Mae lleoliad ymddangosiadol planed (Mawrth) yn gallu newid mewn perthynas â'r sêr.

Cwestiynau

3 Copïwch y diagram ar y dde. Lliwiwch y rhan o'r Ddaear sydd yn y cysgod. Yna ysgrifennwch a yw hi'n *ddydd* neu'n *nos* yn y mannau canlynol:

a Cymru **b** Pegwn y Gogledd **c** Pegwn y De

4 Gan nad yw'r Lleuad yn boeth ac yn tywynnu fel yr Haul, pam rydyn ni'n gallu ei gweld?

5 Petaech yn ei wylio bob nos am rai misoedd, sut gallech chi ddweud a oedd smotyn o oleuni yn awyr y nos yn seren neu'n blaned?

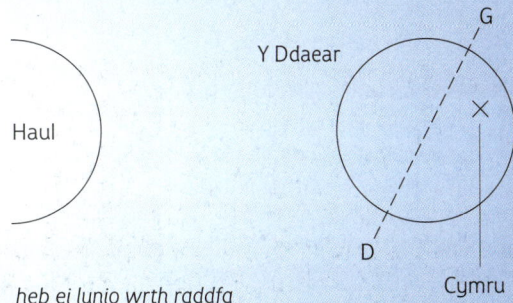

Haul

Y Ddaear

G

×

D

Cymru

heb ei lunio wrth raddfa

Cysawd yr Haul (1)

Amcanion

Dylai'r adran hon eich helpu i

- egluro beth sy'n cadw'r planedau mewn orbit, a chymharu data amdanyn nhw

Mae'r Ddaear yn un o nifer o blanedau sy'n troi o amgylch yr Haul. Mae gan rai o'r planedau hyn leuadau llai sy'n troi o'u cwmpas. **Cysawd yr Haul** yw'r enw ar yr Haul, y planedau, a'r gwrthrychau eraill sydd mewn orbit. Mae Cysawd yr Haul yn llawer rhy fawr i ni ddangos meintiau'r planedau a'u pellteroedd oddi wrth yr Haul ar yr un llun wrth raddfa.

Y pellaf yw planed oddi wrth yr Haul, yr arafaf y mae'n teithio, a'r mwyaf o amser y bydd yr orbit yn ei gymryd.

meintiau wrth raddfa, ond nid eu pellter oddi wrth yr Haul

Yr Haul   Mercher   Gwener   Y Ddaear   Mawrth   asteroidau   Iau   Sadwrn   Wranws   Neifion   Plwton

Y planedau mewnol – mae'r rhain yn fach a dwys ac wedi eu gwneud o graig a haearn yn bennaf.

Asteroidau – miloedd o fân blanedau yw'r rhain. 1000 km ar ei draws yw maint y mwyaf.

Y planedau allanol – heblaw Plwton, mae'r rhain yn fawr a'u dwysedd yn isel, gydag atmosfferau dwfn a dim wyneb solid. Mae'n debyg mai craig a rhew yw Plwton.

	Mercher	Gwener	Y Ddaear	Mawrth	Iau	Sadwrn	Wranws	Neifion	Plwton
Pellter cyfartalog o'r Haul (miliwn km)	58	108	150	228	778	1427	2870	4490	5900
Amser un orbit (bl)	0.24	0.62	1	1.88	11.86	29.46	84.01	164.8	247
Diamedr (km)	4900	12 100	12 800	6800	143 000	120 000	51 000	49 000	2300
Màs o'i gymharu â'r Ddaear (Y Ddaear = 1)	0.06	0.82	1.00	0.11	318	95.2	14.5	17.2	0.002
Tymheredd cyfartalog yr arwyneb	350°C	480°C	22°C	−23°C	−150°C	−180°C	−210°C	−220°C	−230°C
Nifer y lleuadau	0	0	1	2	16	23	15	8	1

sêr

O'r Ddaear, mae planed yn ymddangos fel smotyn bach yn awyr y nos. Heb delesgop, mae'n anodd dweud ai seren neu blaned rydych yn edrych arni.

planed

Rydym yn gweld planed oherwydd ei bod yn adlewyrchu golau'r Haul. Yn wahanol i seren, nid yw'n ddigon poeth i roi ei goleuni ei hun.

Orbitau'r planedau

Mae gan y rhan fwyaf o'r planedau mewnol ac allanol orbitau sydd bron yn gylchoedd o amgylch yr Haul. Mae'r rhan fwyaf yn teithio fwy neu lai yn yr un plân hefyd (maen nhw'n lefel â'i gilydd). Ond mae gan Plwton orbit ychydig ar osgo.

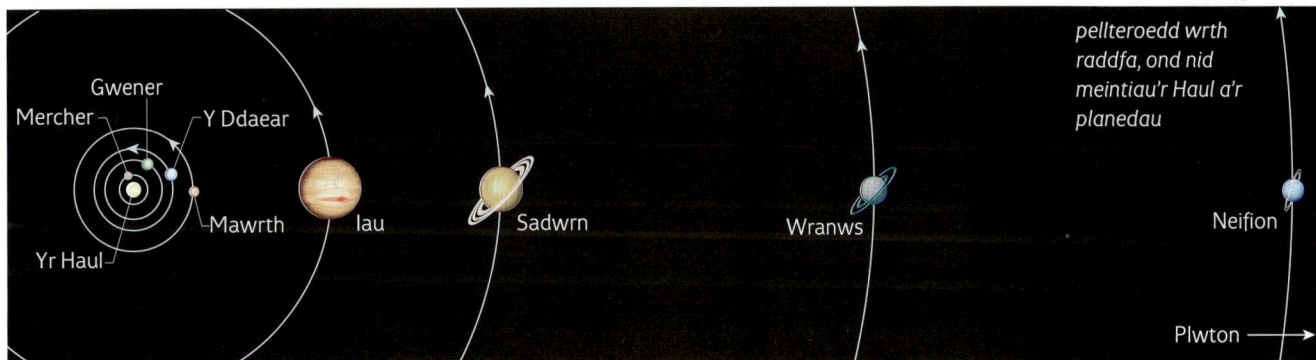

pellteroedd wrth raddfa, ond nid meintiau'r Haul a'r planedau

Gwener · Mercher · Y Ddaear · Mawrth · Iau · Sadwrn · Wranws · Neifion · Yr Haul · Plwton

Disgyrchiant ar waith

Mae disgyrchiant yn ein tynnu tuag at y Ddaear. Ond mae gwyddonwyr wedi darganfod bod tyniad disgyrchiant rhwng *pob* màs:

- Mae tyniad masau bach yn wannach na thyniad masau mawr.
- Mae tyniad masau pell yn llawer gwannach na thyniad masau agos.

Mae'r tyniad rhwng pethau cyffredin bob dydd yn llawer rhy wan i'w ganfod. Nid yw'r tyniad yn gryf nes bod màs un o'r pethau yn enfawr, er enghraifft planed. Mae'r grym disgyrchiant rhwng y blaned a'r Haul yn dal y blaned mewn orbit o amgylch yr Haul. Fel arall, byddai'r blaned yn crwydro trwy'r gofod. Mae'r grym disgyrchiant rhwng lleuad a'i phlaned yn dal y lleuad mewn orbit o amgylch y blaned.

Cwestiynau

1 Pa blanedau sy'n llai na'r Ddaear?
2 Pa blanedau sydd â màs llai na'r Ddaear?
3 Pa blaned sy'n teithio ar y buanedd mwyaf o amgylch yr Haul?
4 **a** Pa blanedau sy'n oerach na'r Ddaear?
  b Pam maen nhw'n oerach, yn eich barn chi?
5 Mae'r diagram ar y dde yn dangos yr Haul a dwy blaned.
  a Beth yw enw'r grym sy'n dal y planedau yn eu horbitau?
  b Ar ba un o'r ddwy blaned y mae'r grym mwyaf (os yw màs y ddwy yn weddol debyg)?
  c Pa un o'r ddwy blaned sy'n cymryd yr amser hiraf i fynd o amgylch yr Haul?

ch O'r Ddaear, mae Gwener yn edrych fel smotyn llachar. Pam mae'n llachar os nad yw'n boeth nac yn tywynnu fel seren?

d Mae carbon deuocsid yn atmosffer Gwener yn achosi effaith tŷ gwydr difrifol (cynhesu byd-eang). Pa gliw sy'n awgrymu hyn yn y tabl ar y dudalen gyferbyn?

heb ei lunio wrth raddfa

Yr Haul · Gwener · Y Ddaear

Dyma lun o asteroid sydd dros 50 km o hyd. Tynnwyd y llun gan y llong ofod Galileo.

Rhagor am y planedau

Mercher yw'r blaned agosaf at yr Haul. Mae craterau ar arwyneb y blaned ac nid oes ganddi atmosffer.

Gwener yw'r gwrthrych mwyaf llachar yn awyr y nos (heblaw y Lleuad). Mae cymylau trwchus o asid sylffwrig yn ei gorchuddio.

Y Ddaear yw'r unig blaned yng Nghysawd yr Haul sy'n cynnal bywyd, hyd y gwyddom ni.

Mawrth – weithiau caiff hon ei galw'n 'blaned goch' oherwydd lliw ei harwyneb. Tenau yw'r atmosffer. Mae yno gapiau rhew yn y pegynau a llwch dros yr arwyneb i gyd.

Yr asteroidau – mae diamedr y rhain yn amrywio o ychydig gilometrau i hyd at 1000 km. Mae orbit ambell un yn elips hir iawn (siâp hirgrwn) sy'n croesi llwybrau'r planedau eraill.

Iau – mae màs hon yn fwy na'r holl blanedau eraill gyda'i gilydd. Nwy (hydrogen) yw'r blaned yn bennaf ac nid oes ganddi arwyneb solid.

Sadwrn – nwy yw hon yn bennaf hefyd. Mae cyfres o 'gylchoedd' o'i chwmpas.

Wranws – nwy a rhew yw hon yn bennaf.

Neifion – mae'n debyg i Wranws, ond mae ei hatmosffer yn fwy ffyrnig.

Plwton – planed fechan, rewllyd. Mae ei horbit yn elips, ac yn cymryd bron i 250 mlynedd. Er mai dyma'r blaned 'fwyaf allanol,' mae ei safle ar hyn o bryd y tu mewn i orbit Neifion.

Mae cylchoedd Sadwrn wedi eu gwneud o filiynau o ddarnau o rew a chraig, pob un mewn orbit o amgylch y blaned.

Mae comed Halley i'w gweld o'r Ddaear bob 76 mlynedd. Roedd y tro diwethaf ym 1986.

Comedau, meteorau a meteorynnau

Yn ogystal â'r planedau mwy a'r asteroidau, mae yna bethau eraill mewn orbit o amgylch yr Haul, gan gynnwys **comedau** a miliynau o ddarnau bach o graig a rhew.

Mae gan gomedau orbitau eliptigol iawn. Mae buanedd comed ar ei leiaf pan fydd hi bellaf oddi wrth yr Haul. Dyma hefyd pryd y mae tyniad disgyrchiant yr Haul ar ei wannaf. Wrth iddi symud yn nes at yr Haul, mae'n cyflymu.

Mae 'pen' y gomed yn dalp o rew, rai cilometrau ar draws weithiau. Mae'n cael ei wresogi gan yr Haul nes bod rhuban o lwch a nwy yn llifo oddi arno i'r gofod, gan ffurfio cynffon enfawr, sy'n filiynau o gilometrau o hyd. Mae'r gynffon yn adlewyrchu golau'r Haul, felly gallwn ei gweld.

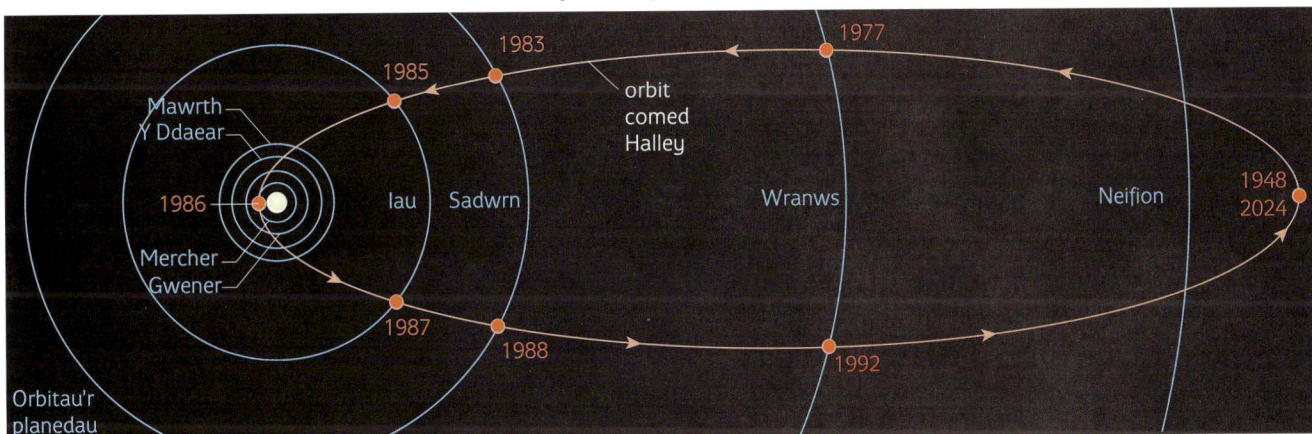

Orbit comed Halley. Mae'r dotiau coch yn dangos lle'r oedd y gomed – neu ble bydd hi – rhwng 1948 a 2024.

Wrth i'r Ddaear symud trwy'r gofod, mae'n taro yn erbyn gronynnau bach o ddefnyddiau sy'n taro'r atmosffer mor gyflym nes eu bod yn llosgi. Mae pob un yn achosi strimyn o oleuni o'r enw **meteor**. Yn gymharol anaml, bydd darn mwy o ddefnydd yn cyrraedd wyneb y ddaear heb losgi'n llwyr. Yr enw ar un o'r rhain yw **meteoryn**.

Cwestiynau

1 Pa blaned sydd i'w gweld fwyaf amlwg o'r Ddaear?

2 Beth yw cylchoedd Sadwrn?

3 Os yw Plwton yn nes at yr Haul nawr nag yw Neifion, pam rydyn ni'n dweud mai Plwton yw'r 'blaned fwyaf allanol'?

4 Pam y byddai'n anodd i ofodwyr lanio ar y blaned Iau?

5 Beth yw'r gwahaniaeth rhwng meteor a meteoryn?

6 Mae'r diagram ar y dde yn dangos orbit comed.

   a Ar ba bwynt (U, W neu Y) y mae tyniad disgyrchiant yr Haul gryfaf ar y gomed?

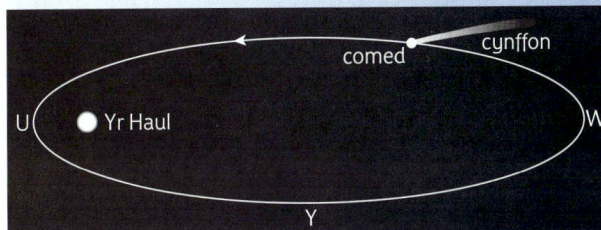

   b Ar ba bwynt y mae buanedd y gomed ar ei fwyaf?

   c Ar ba bwynt y mae buanedd y gomed ar ei leiaf?

   ch Sut mae cynffon y gomed yn cael ei ffurfio?

   d Pam y gallwn ni weld cynffon y gomed?

Lloerenni mewn orbit

Amcanion

Dylai'r adran hon eich helpu i

- ddisgrifio sut y caiff lloerenni eu rhoi mewn orbit ac i beth y maen nhw'n cael eu defnyddio

Mae cannoedd o loerenni mewn orbit o amgylch y Ddaear. Ar y dudalen gyferbyn, mae'n disgrifio gwaith rhai o'r lloerenni.

Er mwyn dal i symud heb bŵer, rhaid i loeren fod yn uwch nag atmosffer y Ddaear, lle nad oes gwrthiant aer i'w harafu. Mae angen llai o fuanedd ar gyfer orbit uchel nag ar gyfer orbit isel. Ond, rhaid i'r roced lansio adael y Ddaear yn gyflymach er mwyn gallu dal i symud ymhellach i'r gofod pan fydd ei pheiriannau yn diffodd ar ôl llosgi'r holl danwydd oedd yn y tanciau.

Yn aml, bydd lloeren sy'n cynnal arolwg o'r Ddaear yn cael ei rhoi mewn **orbit pegynol** isel – orbit sy'n mynd dros Begynau'r Gogledd a'r De. Wrth i'r Ddaear droi oddi tani, gall sganio'r arwyneb i gyd.

Mae lloeren gyfathrebu fel arfer mewn **orbit geosefydlog**. Mae'n cylchdroi ar yr un gyfradd â'r Ddaear, felly mae'n ymddangos fel ei bod yn aros yn yr un safle yn yr awyr. Ar y ddaear, mae'r dysglau sy'n anfon a derbyn y signalau yn gallu cyfeirio at un man sefydlog.

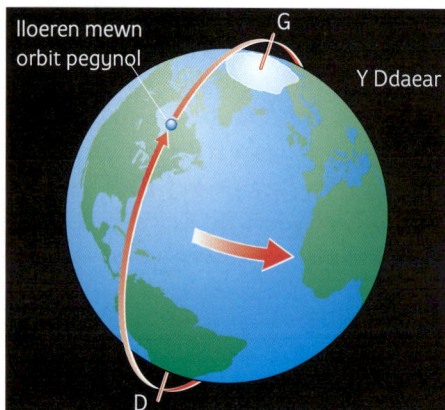

Ar gyfer orbit pegynol isel, mae angen buanedd o 29 100 km/awr (18 100 m.y.a.).

Pam mae lloeren yn aros i fyny

Yn yr 'arbrawf dychmygol' ar y dde isod, mae gofodwraig ar ben tŵr uchel, uwchben yr atmosffer. Mae hi'n ddigon cryf i allu taflu pêl ar fuanedd roced!

Mae hi'n gollwng pêl A. Mae disgyrchiant yn tynnu'r bêl yn syth i lawr.

Mae hi'n taflu pêl B yn llorweddol. Mae disgyrchiant yn tynnu'r bêl i lawr, ond hefyd mae'n symud i'r ochr ar fuanedd cyson.

Mae hi'n taflu pêl C yn llorweddol hefyd, ond mor gyflym nes bod cromlin ei symudiad yn dilyn siâp crwm y Ddaear. Mae'r bêl mewn orbit. Heb wrthiant aer i'w harafu, bydd yn cadw'r un buanedd ac yn aros mewn orbit.

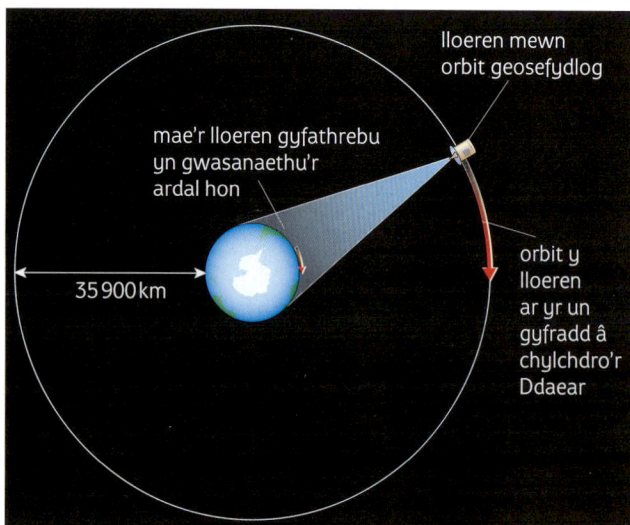

Ar gyfer orbit geosefydlog, rhaid i'r lloeren fod 35 900 km uwchben y cyhydedd, ac ar fuanedd o 11 100 km/awr.

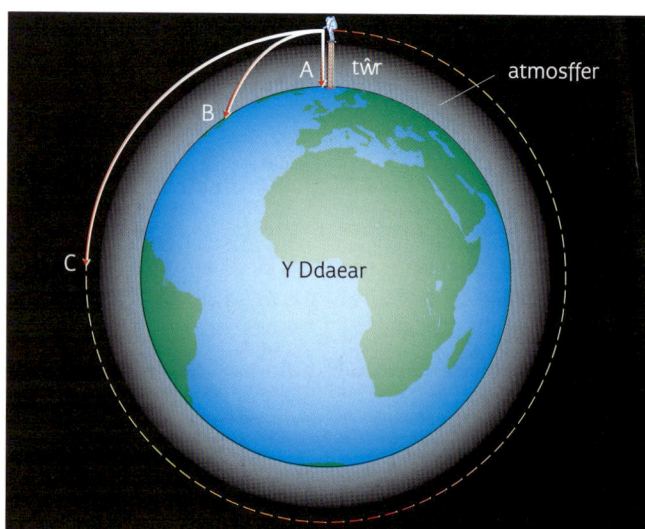

Yn yr 'arbrawf dychmygol' hwn, mae pêl C yn cael ei thaflu mor gyflym fel nad yw byth yn cyrraedd y ddaear. (Edrychwch ar yr eglurhad uchod.)

Mae **lloerenni cyfathrebu** yn anfon signalau ffôn a theledu o le i le.

Weithiau daw'r lluniau teledu o loeren fel hon.

Mae **lloerenni monitro** yn astudio'r tywydd ac amodau eraill ar y Ddaear.

Cafodd y llun hwn ei dynnu o loeren dywydd uwchben Ewrop.

Lloerenni ymchwil Mae rhai o'r rhain yn cynnwys telesgop i edrych ar sêr a phlanedau. Uwchben yr atmosffer, mae'r olygfa'n fwy clir.

*Dyma **Delesgop Gofod Hubble**. Mae'n defnyddio signalau radio i anfon ei luniau yn ôl i'r Ddaear.*

Mae **lloerenni mordwyo** yn anfon signalau radio. Gall llongau, awyrennau a phobl ar y ddaear eu defnyddio i ddarganfod eu lleoliad.

*Dyma dderbynnydd **system leoli fyd-eang (GPS)** sy'n defnyddio signalau amser o loerenni i gyfrifo ei leoliad.*

Cwestiynau

1 Mae lloeren tirfesur mewn orbit pegynol isel.
   a Beth yw mantais y math hwn o orbit?
   b Pam mae'n rhaid i'r lloeren fod uwchben yr atmosffer?
   c Rhowch *dri* defnydd arall i loerenni.

2 Mae lloeren yn cael ei lansio o roced pan fydd y roced yn teithio'n llorweddol. Beth fydd yn digwydd i'r lloeren os yw'r roced:
   a yn rhy gyflym?   **b** yn rhy araf?

3 Mae lloerenni teledu mewn orbit ac yn symud. Eto, ar y ddaear, mae'r dysglau sy'n derbyn y signalau yn pwyntio i un cyfeiriad sefydlog. Sut mae hyn yn bosib?

4 Caiff lloeren A ei rhoi mewn un orbit o gwmpas y Ddaear. Caiff lloeren B ei rhoi mewn orbit uwch.
   a Pa loeren sydd â'r buanedd mwyaf?
   b Pa loeren sy'n cymryd y mwyaf o amser i fynd o amgylch y Ddaear?

Amcanion

Dylai'r adran hon eich helpu i

- egluro beth yw sêr a galaethau, a pha mor bell maen nhw oddi wrth ei gilydd

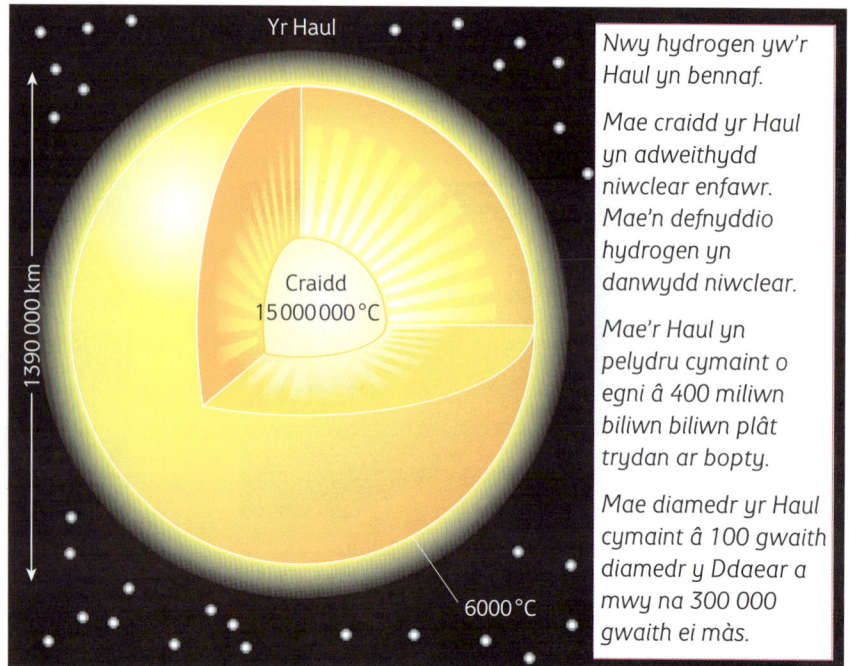

Yr Haul

Craidd 15 000 000 °C

6000 °C

Nwy hydrogen yw'r Haul yn bennaf.

Mae craidd yr Haul yn adweithydd niwclear enfawr. Mae'n defnyddio hydrogen yn danwydd niwclear.

Mae'r Haul yn pelydru cymaint o egni â 400 miliwn biliwn biliwn plât trydan ar bopty.

Mae diamedr yr Haul cymaint â 100 gwaith diamedr y Ddaear a mwy na 300 000 gwaith ei màs.

1 390 000 km

Cytser Orïon. Nid yw'r sêr mewn grŵp mewn gwirionedd. Mae Rigel bron ddwywaith mor bell i ffwrdd â Betelgeuse.

Un seren o blith biliynau yw'r Haul. Mae yna sêr sy'n llawer mwy a rhai sy'n fwy llachar o lawer. Ond, o'r Ddaear, mae'r holl sêr eraill yn edrych fel dotiau bach oherwydd eu bod mor bell i ffwrdd.

Cytserau

Mae'n ymddangos fel petai'r sêr disgleiriaf yn ffurfio patrymau yn yr awyr. Yr enw ar y gwahanol grwpiau yw **cytserau**. Mae enwau fel Orïon, yr Arth Fawr a'r Pysgodyn arnynt. Ond nid yw'r sêr mewn cytser yn un grŵp mewn gwirionedd. Er enghraifft, efallai fod un o'r sêr lawer ymhellach nag un arall, ond ei bod yn ymddangos yr un mor llachar oherwydd ei bod yn fwy neu'n boethach.

Am resymau ymarferol, mae seryddwyr yn dal i rannu'r awyr yn gytserau. Mae'n un ffordd o ddod o hyd i leoliad gwahanol sêr.

Blynyddoedd goleuni

Goleuni yw'r peth cyflymaf sy'n bod. Er hynny, gall gymryd llawer o amser iddo deithio'r pellteroedd enfawr yn y gofod:

Mae goleuni'n teithio ar 300 000 cilometr yr eiliad. Mae'n cymryd…

heb ei lunio wrth raddfa

…8 munud i'n cyrraedd ni o'r Haul

…6 awr i'n cyrraedd o'r blaned bellaf

…4 blynedd i'n cyrraedd o'r seren agosaf

Mae gan seryddwyr unedau arbennig ar gyfer mesur pellter trwy'r gofod. Er enghraifft: **blwyddyn goleuni** yw'r pellter mae goleuni yn ei deithio mewn un flwyddyn. Mae hyn tua 9 miliwn miliwn cilometr.

Y seren agosaf atom (heblaw'r Haul) yw Proxima Centauri. Mae hi 4 blwyddyn goleuni o'r Ddaear.

Galaethau

Mae'r Haul yn rhan o system sêr enfawr o'r enw **galaeth**. Mae'r alaeth yn cynnwys dros 100 biliwn o sêr, ac mae ei lled bron yn 100 000 blwyddyn goleuni. Mae'r alaeth yn cylchdroi'n araf. Atyniad disgyrchiant sy'n dal y cyfan at ei gilydd.

Enw ein galaeth ni yw'r **Llwybr Llaethog**. Gallwn weld ymyl ei disg fel band disglair o sêr ar draws awyr y nos. Mae'n un yn unig o'r biliynau o alaethau sydd yn y **Bydysawd**.

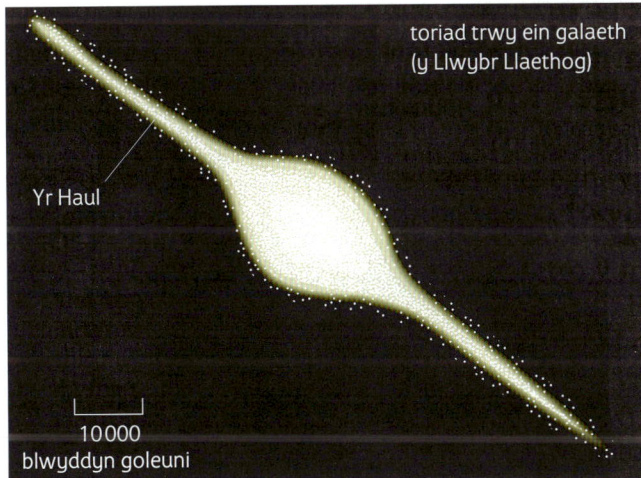

toriad trwy ein galaeth
(y Llwybr Llaethog)

Yr Haul

10000
blwyddyn goleuni

Mae ein Haul ni tua hanner ffordd o ganol ein galaeth.

Mae galaeth Andromeda 2 filiwn o flynyddoedd goleuni o'r Ddaear. Mae ei goleuni wedi cymryd 2 filiwn o flynyddoedd i'n cyrraedd.

Cwestiynau

1 Pa sylwedd yw'r Haul yn bennaf?
2 Pa sylwedd sy'n danwydd niwclear i'r Haul?
3 Eglurwch ystyr y termau hyn:
   a galaeth   **b** y Llwybr Llaethog
   c cytser   **ch** blwyddyn goleuni
4 Mae'n ymddangos fel petai sêr sydd yn yr un cytser yn ffurfio grŵp.
   Ydyn nhw mewn grŵp mewn gwirionedd?
   Os nad ydyn nhw, eglurwch pam.
5 Rhowch werth bras ar gyfer y rhain:
   a y pellter y mae goleuni'n ei deithio mewn un eiliad.

b nifer y sêr yn ein galaeth.
c diamedr ein galaeth, mewn blynyddoedd goleuni.
ch sawl gwaith yn fwy na diamedr y Ddaear yw diamedr yr Haul.
d yr amser mae'n ei gymryd i oleuni deithio o'r Haul i'r Ddaear.
dd y pellter o'r Ddaear i'r seren agosaf (heblaw'r Haul) mewn blynyddoedd goleuni.
e nifer y cilometrau mewn blwyddyn goleuni.
f y pellter o'r Ddaear i'r seren agosaf (heblaw'r Haul) mewn cilometrau.

Bywyd seren

Mae'r Haul yn seren ganol oed, ddigon cyffredin. Dyma hanes seren fel yr Haul: ei geni, sut mae'n tywynnu, a sut mae'n marw.

Seren newydd

Mae gwyddonwyr yn credu i'r Haul a gweddill Cysawd yr Haul ymffurfio tua 4500 miliwn o flynyddoedd yn ôl, mewn cwmwl enfawr o nwy a llwch o'r enw **nifwl**:

Dylai'r adran hon eich helpu i

- ddisgrifio sut y cafodd yr Haul ei ffurfio, a beth fydd yn digwydd iddo yn y pen draw

nifwl o nwy a llwch
(tua 4500 miliwn o flynyddoedd yn ôl)

adweithiau niwclear yn dechrau yn yr Haul

heb ei lunio wrth raddfa

talp o fater yn dechrau ymgasglu yn y canol

mater yn mynd yn fwy dwys a phoeth

Yn y nifwl, yn araf bach dechreuodd disgyrchiant dynnu'r nwy a'r llwch yn dalpiau. Yn y canol, tyfodd un talp yn fwy na'r lleill i gyd. O'i gwmpas, ymffurfiodd talpiau llai. Planedau a lleuadau fyddai'r rhain.

Ymffurfiodd yr Haul o'r talp mawr yn y canol. Wrth i ddisgyrchiant dynnu mwy a mwy o ddefnydd i mewn, aeth y talp yn boethach a phoethach. Yn y pen draw, roedd y craidd mor boeth ac o dan gymaint o wasgedd nes i adweithiau niwclear ddechrau. 'Goleuodd' y cyfan a dod yn seren. Mae sêr eraill yn dal i ymffurfio yn yr un ffordd.

Egni o seren

Nwy hydrogen yw 75% o'r Haul. Hydrogen yw tanwydd yr Haul. Yn ddwfn yng nghraidd y seren, mae adweithiau niwclear yn rhyddhau symiau enfawr o egni o'r hydrogen, trwy ei newid yn heliwm.

Mae gwyddonwyr yn credu bod digon o hydrogen ar ôl yn yr Haul i'w gadw'n tywynnu am 6000 miliwn o flynyddoedd eto.

Y Nifwl Mawr yng nghytser Orïon. Mae sêr newydd yn ymffurfio mewn cymylau o lwch a nwy fel hwn.

Seren yn marw

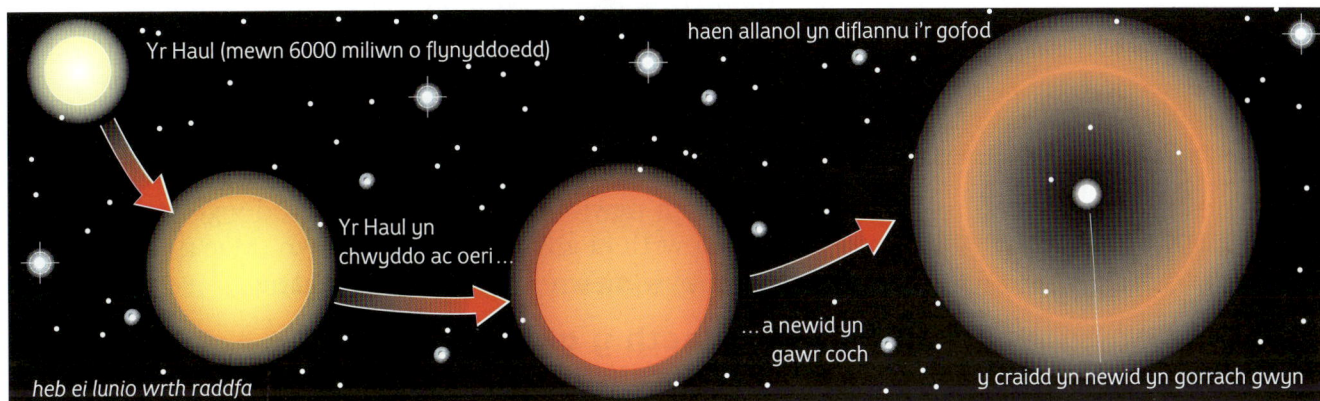

Yr Haul (mewn 6000 miliwn o flynyddoedd)

haen allanol yn diflannu i'r gofod

Yr Haul yn chwyddo ac oeri...

...a newid yn gawr coch

y craidd yn newid yn gorrach gwyn

heb ei lunio wrth raddfa

Nifwl y Cranc: gweddillion uwchnofa.

Yng nghraidd yr Haul, mae'r effaith wresogi mor gryf nes ei bod yn atal disgyrchiant rhag tynnu mater ymhellach tuag i mewn. Ond, mewn tua 6000 miliwn o flynyddoedd, bydd y craidd wedi defnyddio ei holl danwydd hydrogen, a bydd yn crebachu. Yr un pryd, bydd haen allanol yr Haul yn ehangu ac oeri nes troi'n goch gloyw. Bydd yr Haul wedi troi'n fath o seren o'r enw **cawr coch**.

Yn y pen draw, bydd haen allanol yr Haul yn diflannu i'r gofod, gan adael craidd dwys, poeth o'r enw **corrach gwyn**. Heliwm fydd tanwydd y seren fechan hon. Pan ddaw'r heliwm i ben, bydd y seren yn pylu am byth.

Uwchnofâu a thyllau duon

Os yw seren yn llawer mwy o faint na'r Haul, mae'n marw mewn ffordd wahanol. Mae'n chwalu mewn ffrwydrad niwclear anferthol o'r enw **uwchnofa**, gan adael craidd dwys iawn o'r enw **seren niwtron**.

Pan fydd y sêr mwyaf un yn ffrwydro, ni all y craidd osgoi tyniad disgyrchiant. Mae'n crebachu fwy a mwy. Y canlyniad yw **twll du**. Ni all dim ddianc o dwll du, dim hyd yn oed goleuni. Mae'n bosib fod twll du yng nghanol pob galaeth.

Cwestiynau

1 Fel sêr eraill, ymffurfiodd yr Haul mewn *nifwl*.
- **a** Beth yw nifwl?
- **b** Beth wnaeth i fater yn y nifwl ymgasglu yn dalpiau?
- **c** Tua faint o amser yn ôl yr ymffurfiodd yr Haul?
- **ch** Beth arall a ymffurfiodd yn y nifwl yr un pryd â'r Haul?

2 Mae'r Haul yn cael ei egni o adweithiau niwclear.
- **a** Ym mhle yn yr Haul y mae'r adweithiau hyn yn digwydd?

- **b** Pa danwydd y mae'r Haul yn ei ddefnyddio ar gyfer yr adweithiau hyn?
- **c** Mewn tua faint o amser y bydd y tanwydd hwn yn dod i ben?

3 Rhyw ddiwrnod, bydd yr Haul yn newid yn *gawr coch*.
- **a** Beth yw cawr coch?
- **b** Beth fydd yn digwydd i'r Haul yn y diwedd, ar ôl iddo fod yn gawr coch?

4 **a** Beth yw *uwchnofa*?
- **b** Ar ôl i uwchnofa ddigwydd, beth sydd ar ôl yn ei chanol?

Y Bydysawd yn ehangu

Amcanion

Dylai'r adran hon eich helpu i

- egluro pam mae'r rhan fwyaf o wyddonwyr yn credu bod y Bydysawd wedi dechrau gyda chlec fawr, a'i fod yn ehangu

Mae sêr wedi eu gwneud o fater o'r glec fawr. Ac rydym ninnau wedi ein gwneud o fater a ddaeth o sêr.

Mae biliynau o alaethau yn y Bydysawd. Mae'r rhai pellaf mor bell i ffwrdd nes bod eu goleuni wedi cymryd mwy na 10 biliwn o flynyddoedd i'n cyrraedd. Dechreuodd y goleuni ar ei daith bron ar ddechrau amser ei hun.

Yn y 1920au, aeth Edwin Hubble ati i edrych ar y goleuni oedd yn dod o'r galaethau pell. Edrychodd ar y ffordd yr oedd y goleuni wedi newid. Daeth i'r casgliad bod y galaethau yn symud oddi wrth ei gilydd yn gyflym iawn. Mae'n ymddangos ein bod yn byw mewn Bydysawd sy'n ehangu.

Damcaniaeth y glec fawr

Yn ôl y ddamcaniaeth hon, fe ddechreuodd y Bydysawd fwy na 10 biliwn o flynyddoedd yn ôl. Bryd hynny, ffrwydrodd un 'uwchatom' anhygoel o ddwys a phoeth yn danchwa o egni. Cafodd hyn ei alw'n **glec fawr**. Dyma ddechrau amser. O hyn y daeth popeth sydd yn y Bydysawd.

Dyma ddau ddarn o dystiolaeth o blaid y ddamcaniaeth hon:

- Mae'n ymddangos bod y galaethau yn symud oddi wrth ei gilydd yn gyflym, felly efallai fod y cyfan wedi tarddu o'r un gofod, a chyfaint hwnnw'n fychan iawn ar y dechrau.
- Mae telesgopau radio fel yr un yn y ffotograff isod wedi canfod pelydriad cefndir gwan iawn o bob cyfeiriad yn y gofod. Efallai mai 'atsain' y glec fawr yw hyn.

Mae sêr yn rhyddhau tonnau radio, yn ogystal â goleuni a mathau eraill o belydriad. Mae telesgopau radio fel hwn yn gallu canfod y signalau radio gwannaf sy'n dod o'r galaethau pellaf, a darganfod o ble maen nhw'n dod.

Nid ffrwydrad i ofod gwag a oedd eisoes yn bodoli oedd y glec fawr. Y glec fawr a *greodd* y gofod, ac yna dechreuodd y gofod ei hun ehangu. Mae hi'n eithaf anodd dychmygu hyn, ond mae'r model balŵn hwn yn helpu. Yma, mae wyneb y balŵn yn cynrychioli'r gofod, ac yn ymestyn wrth iddo lenwi ag aer.

y glec fawr

galaethau yn symud oddi wrth ei gilydd wrth i'r Bydysawd ehangu

Model balŵn o Fydysawd yn ehangu.

Dychmygwch eich bod ar un o'r galaethau wrth i'r balŵn lenwi ag aer. Does dim ots ar ba alaeth yr ydych chi. Bydd yn ymddangos fel petai pob galaeth arall yn symud yn bellach oddi wrthych.

Tynged y Bydysawd

Beth fydd yn digwydd i'r Bydysawd yn y dyfodol? Nid yw'r gwyddonwyr yn siŵr. Tan yn ddiweddar, roedd rhai yn credu bod atyniad disgyrchiant yn arafu'r ehangiad. Efallai y byddai'r galaethau yn stopio symud oddi wrth ei gilydd mor gyflym a chael eu tynnu at ei gilydd unwaith eto. Efallai mai diwedd amser fyddai clec fawr arall! Ond yn ddiweddar, mae rhai gwyddonwyr wedi bod yn cael canlyniadau rhyfedd iawn. Mae'r rhain yn awgrymu bod yr ehangiad yn cyflymu, ond does neb yn gwybod pam.

Cwestiynau

1 Pa arsylwad wnaeth roi'r syniad cyntaf i wyddonwyr fod y Bydysawd yn ehangu?

2 Yn ôl damcaniaeth y glec fawr, dechreuodd y Bydysawd pan ffrwydrodd un 'uwchatom' anhygoel o ddwys a phoeth yn danchwa o egni. Rhowch *ddau* ddarn o dystiolaeth sy'n cefnogi'r syniad hwn.

3 Yn ôl damcaniaeth y glec fawr, beth yw oedran y Bydysawd?

4 Mae rhai galaethau yn llawer rhy bell a gwan i'w gweld gyda thelesgop arferol, yn enwedig lle mae cymylau o nwy a llwch yn y gofod yn rhwystro'r goleuni rhag ein cyrraedd. Sut mae gwyddonwyr yn gallu casglu gwybodaeth am y galaethau hyn?

5 Tan yn ddiweddar, roedd gwyddonwyr yn credu bod ehangiad y Bydysawd yn arafu.

a Pa rym oedd yn ei arafu, yn eu barn nhw?

b Pa ganlyniadau newydd sy'n ymddangos yn anodd eu hegluro?

Chwilio am fywyd

Byddai gwyddonwyr wrth eu boddau yn dod o hyd i dystiolaeth o fywyd yn y gofod. Byddai'r ffurfiau symlaf un yn gwneud y tro, hyd yn oed bacteria syml. Ond hyd yma, chawson nhw ddim lwc.

Cartref i fywyd

Mae'r Ddaear yn lle arbennig iawn. Yma mae'r amodau prin sy'n gwneud cynnal bywyd yn bosib, gan gynnwys dŵr sy'n hylif, a phellter o'r Haul sy'n rhoi tymheredd addas i ni. Mae gan y Ddaear 'warchodwr' hefyd, sef y blaned Iau. Mae tyniad disgyrchiant Iau yn rhwystro llawer o gomedau ac asteroidau rhag taro'r Ddaear.

Ond ai'r Ddaear yw unig gartref bywyd? O fewn Cysawd yr Haul, dau le posib arall yw'r blaned Mawrth ac Ewropa – un o leuadau'r blaned Iau. Efallai mai planed farw yw Mawrth erbyn heddiw, ond roedd dŵr yn llifo yno unwaith, ac efallai fod bywyd syml yn arfer byw yno. Mae canol Ewropa yn gynnes, ac efallai fod dŵr hylifol o dan ei hwyneb rhewllyd.

Mae pethau byw yn newid y tir, y môr a'r aer. Er enghraifft, petai bywyd heb esblygu ar y Ddaear, byddai llawer llai o ocsigen yn ein hatmosffer ac ni fyddai ffosiliau yn y creigiau. Felly, wrth astudio Mawrth ac Ewropa efallai y cawn gliwiau am fywyd yno – nawr, neu yn y gorffennol.

Ewropa

Ai ar y Ddaear yn unig y mae bywyd?

...Neu a oes bywyd yn cuddio o dan wyneb rhewllyd Ewropa?

Neu ar blaned Mawrth? Ni ddaeth y robot hwn o hyd i unrhyw dystiolaeth o fywyd pan laniodd yno. Ond pwy a ŵyr beth ddaw i'r golwg yn y dyfodol?

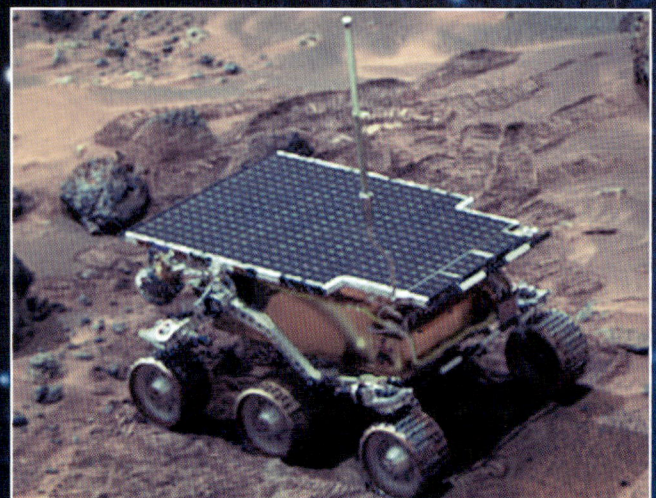

SETI

Gallwn anfon llongau gofod i fannau yng Nghysawd yr Haul, ond byddai ymweld â'r seren agosaf atom yn cymryd miloedd o flynyddoedd. Er mwyn dod o hyd i fywyd ymhell yn y gofod, rhaid i ni obeithio bod y bywyd hwnnw yn ddeallus ac yn anfon signalau radio atom ni. Y prosiect sy'n chwilio am y signalau hyn yw **Chwilio am Ddeallusrwydd Arallfydol (SETI)**.
Mae'r prosiect ar waith er 40 o flynyddoedd.

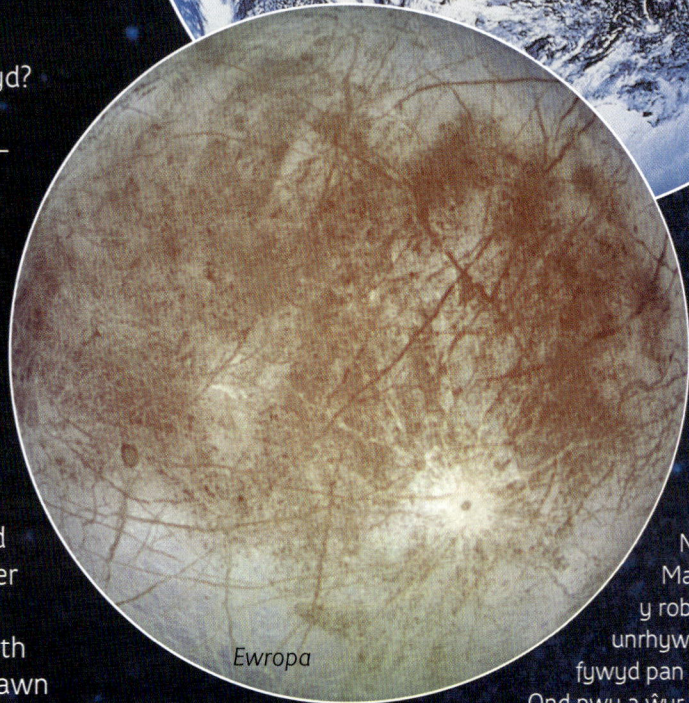

Gall telesgopau radio fel hwn ganfod y tonnau radio naturiol sy'n dod o'r sêr. Mae gwyddonwyr SETI yn eu defnyddio hefyd i chwilio am signalau gan unrhyw fywyd deallus yn y gofod.

Os byddan nhw byth yn dod o hyd i signalau, fe fydd hi bron yn amhosib i ni gysylltu â'r sawl sy'n eu hanfon. Mae'n cymryd tua 4 blynedd i donnau radio ein cyrraedd o'r seren agosaf, a 2 filiwn o flynyddoedd o'r alaeth agosaf atom, sef Andromeda. Os anfonwn ni signalau nawr, ni fydd 'pobl' Andromeda yn eu derbyn am 2 filiwn o flynyddoedd.

Dynion bach gwyrdd

Ddiwedd y 1960au, roedd y ffisegydd Jocelyn Bell yn dadansoddi data o delesgop radio pan sylwodd ar signalau rhyfedd yn dod o seren bell. Roedd y curiadau mor gyson a chyflym nes i bobl ei chael yn anodd credu ar y dechrau eu bod yn naturiol. Efallai mai 'dynion bach gwyrdd' oedd yn ceisio anfon neges atom!

Ond roedd damcaniaeth y **dynion bach gwyrdd** yn hollol anghywir. Roedd Jocelyn Bell wedi darganfod math newydd o seren o'r enw **pwlsar** – seren niwtron fechan sy'n troelli'n gyflym. Mae'n anfon pelydrau radio ac mae'r curiadau yn debyg i'r fflachiadau goleuni welwch chi wrth i lamp goleudy droi rownd a rownd.

Ond y tro nesaf y darganfyddwn ni guriadau rhyfedd, efallai mai dynion bach gwyrdd go iawn fydd yn eu hanfon!

Trafodwch

Allwch chi egluro pam, yn y dyfodol agos, nad yw gofodwyr yn debygol o ymweld â phlanedau sy'n troi o gwmpas sêr eraill?

Allwch chi egluro beth yw'r prosiect SETI?

Allwch chi egluro hyn? Os y gwnawn ni byth ganfod signalau radio gan 'estroniaid' o bell, ni fyddwn yn gallu cyfnewid negeseuon â nhw.

1 Copïwch a chwblhewch y brawddegau isod gan ddewis geiriau o'r rhestr hon:

galaeth   planed   lloeren   cytser   seren

a Mae'r Haul yn _____.

b Mae'r Lleuad yn _____ naturiol.

c Yr enw ar grŵp bychan o sêr, fel maen nhw i'w gweld o'r Ddaear, yw _____.

ch Y Llwybr Llaethog yw enw ein _____.

2

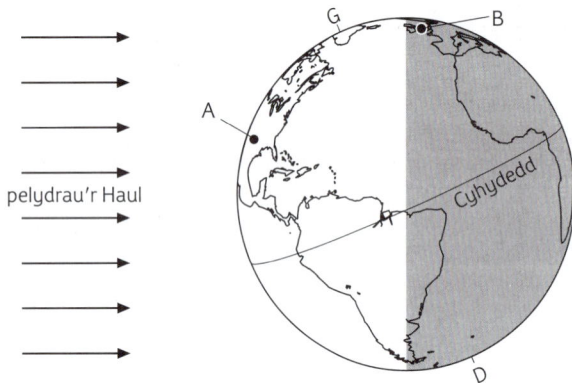

a Eglurwch pam mae hi'n ddydd yn A.

b Eglurwch pam mae hi'n nos yn B.

c Faint o amser mae hi'n ei gymryd i'r Ddaear gylchdroi un waith?

ch Un lloeren naturiol sydd gan y Ddaear. Beth yw ei henw?

d Pa rymoedd sy'n cadw'r Ddaear mewn orbit o amgylch yr Haul?

dd Mae Mercher a Gwener yn ddwy blaned sy'n agosach at yr Haul na'r Ddaear. A yw'r grymoedd arnyn nhw'n fwy neu'n llai na'r rhai ar y Ddaear? Eglurwch eich ateb.

3 a Enwch un gwrthrych sy'n oleuol yn awyr y nos.

b Enwch un gwrthrych nad yw'n oleuol yn awyr y nos.

c Mae'r diagramau yn dangos cytser y Tarw ar ddwy noson – B fis yn ddiweddarach nag A.

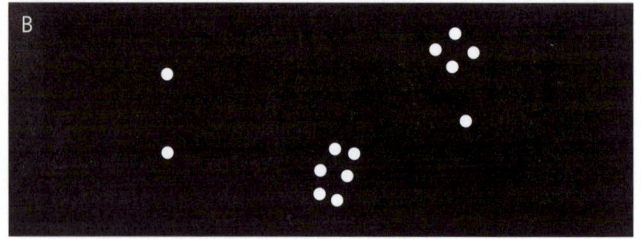

i Pa dystiolaeth sy'n dangos bod un o'r gwrthrychau yn blaned? Lluniwch fraslun i ddangos pa wrthrych yw hwnnw.

ii Pam na fydd y blaned bob amser yn ymddangos ymysg sêr y Tarw?

ch i Beth yw lloeren?

ii Enwch un lloeren artiffisial.

4 Mae'r diagram isod yn dangos dwy loeren unfath, A a B, mewn orbit o amgylch y Ddaear.

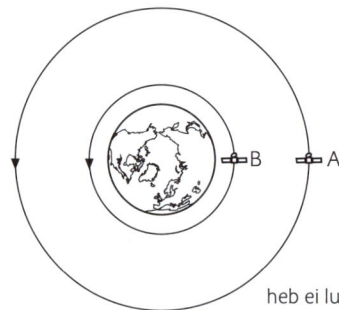

heb ei lunio wrth raddfa

a Pa loeren sy'n cael ei thynnu gryfaf gan faes disgyrchiant y Ddaear?

b Pa loeren sy'n symud gyflymaf?

c Pa loeren fydd yn cymryd y mwyaf o amser i gwblhau un orbit o amgylch y Ddaear?

ch Mae lloeren A mewn orbit geosefydlog. Beth yw ystyr hyn?

d Pam mae lloerenni cyfathrebu fel arfer yn cael eu rhoi mewn orbit geosefydlog?

5 Mae'r diagram yn dangos llwybr lloeren mewn orbit pegynol isel o amgylch y Ddaear.

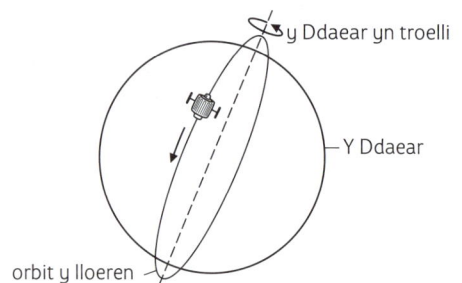

Mae orbit y lloeren hon o amgylch y Ddaear yn cymryd 2 awr.

a Sawl orbit fydd y lloeren wedi ei gwblhau mewn un diwrnod cyfan?

b Eglurwch pam y mae orbit pegynol isel yn ddefnyddiol ar gyfer lloerenni tywydd.

c Disgrifiwch un ffordd arall o ddefnyddio lloeren mewn orbit fel hwn.

ch Pam na fyddai orbit fel hwn yn addas ar gyfer lloeren gyfathrebu?

d Beth yw orbit geosefydlog?

6 Dyma wybodaeth am y planedau:

Planed	Diamedr y blaned (km)	Pellter cyfartalog o'r Haul (miliwn km)	Amser un orbit (blwy-ddyn)	Tymheredd cyfartalog yr arwyneb (°C)
Mercher	4900	58	0.2	350
Gwener	12 000	108	0.6	480
Y Ddaear	12 800	150	1.0	22
Mawrth	6800	228	1.9	−23
Iau	143 000	778	11.9	−150
Sadwrn	120 000	1427	29.5	−180
Wranws	52 000	2870	84.0	−210
Neifion	49 000	4497	164.8	−220
Plwton	3 000	5900	247.8	−230

Defnyddiwch y tabl uchod i ateb y cwestiynau canlynol:

a Pa un yw'r blaned fwyaf?

b Pa un yw'r blaned leiaf?

c Pa blaned sydd agosaf at yr Haul?

ch Pa blaned sy'n cymryd bron 12 blwyddyn Daear i gwblhau orbit o amgylch yr Haul?

d Pa mor hir yw blwyddyn ar blaned Mercher? Eglurwch eich ateb.

dd Sut byddech chi'n disgwyl i dymheredd arwyneb planed ddibynnu ar ei phellter oddi wrth yr Haul? A yw'r data sydd yn y tabl uchod yn cefnogi hyn? Eglurwch eich ateb.

7 Mae'r graff isod yn dangos amser orbit a phellter cyfartalog o'r Haul ar gyfer nifer o blanedau.

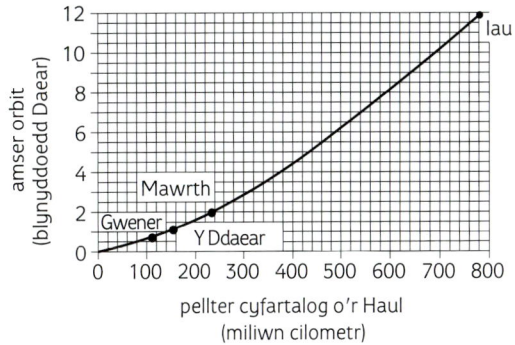

a Pa blaned sy'n teimlo'r grymoedd disgyrchiant mwyaf o'r Haul?

b Pa blaned sy'n teimlo'r grymoedd disgyrchiant lleiaf o'r Haul?

c Eglurwch pam mae hi'n cymryd mwy o amser i Iau fynd mewn orbit o amgylch yr Haul na Gwener.

ch Rhwng pa blanedau y mae'r strimyn asteroidau?

d Amcangyfrifwch yr amser orbit ar gyfer asteroid yng nghanol y strimyn.

dd Pa siâp yw orbitau'r planedau a'r asteroidau?

8

meteoryn	galaeth	uwchnofa
clec fawr	cytser	twll du
lleuad	comed	Cysawd yr Haul

Pa eiriau sy'n cyfateb orau i'r disgrifiadau canlynol?

a Gwrthrych creigiog mewn orbit o amgylch planed.

b Yr Haul, ei blanedau, a gwrthrychau eraill mewn orbit.

c Gwrthrych bach creigiog sy'n taro yn erbyn planed; gall fod yn ddarn o asteroid.

ch Talp o rew, nwy a llwch, fel arfer mewn orbit eliptig iawn o amgylch yr Haul.

d Grŵp enfawr o filiynau lawer o sêr.

dd Ffrwydrad anferthol sy'n digwydd pan fydd seren enfawr wedi defnyddio ei thanwydd niwclear i gyd.

Geiriau pwysig

Mae'r rhifau yn y cromfachau yn dangos ar ba dudalennau y cewch chi ragor o wybodaeth.

asteroidau   Weithiau rydym yn eu galw'n blanedau bach. Talpiau o graig yw'r rhain, gydag orbitau rhwng Mawrth ac Iau yn bennaf. *(5.02 – 5.03)*

blwyddyn goleuni   Y pellter y mae goleuni yn ei deithio mewn blwyddyn. Mae hyn tua 10 000 000 000 000 cilometr. *(5.05)*

Bydysawd   Yr holl alaethau: popeth sy'n bodoli. *(5.05, 5.07)*

cawr coch   Seren bron ar ddiwedd ei hoes, wedi ehangu ac yn tywynnu'n goch. *(5.06)*

comed   Talp rhewllyd o ddefnydd sy'n symud o amgylch yr Haul mewn orbit eliptig iawn. Llif tenau o nwy a llwch yw'r 'gynffon', sy'n adlewyrchu golau'r Haul. *(5.03)*

corrach gwyn   Y craidd poeth, dwys sydd ar ôl pan fydd seren gawr coch wedi colli ei haen allanol i gyd. *(5.06)*

cytser   Sêr sy'n ymddangos fel petaen nhw'n ffurfio grŵp neu batrwm wrth i ni edrych arnyn nhw o'r Ddaear. Fel arfer, mae'r sêr ar wahanol bellterau oddi wrthym, ac nid oes perthynas rhyngddyn nhw o gwbl. *(5.05)*

damcaniaeth y glec fawr   Y ddamcaniaeth bod y Bydysawd wedi ei greu pan ehangodd 'uwchatom' anhygoel o ddwys a phoeth, fwy na 10 biliwn o flynyddoedd yn ôl. *(5.07)*

galaeth   System enfawr o biliynau o sêr. *(5.05, 5.07)*

Haul   Seren yw'r Haul. *(5.01, 5.05 – 5.06)*

lleuad   Gwrthrych mawr, creigiog sydd mewn orbit o amgylch planed. *(5.01 – 5.02)*

lloeren   Unrhyw wrthrych mewn orbit o amgylch y Ddaear (neu blaned arall). Mae'r rhan fwyaf o loerenni'n cael eu rhoi mewn orbit gan rocedi. Ond mae'r Lleuad yn lloeren naturiol i'r Ddaear. *(5.04)*

meteoryn   Talp o graig o'r gofod sy'n taro'r Ddaear (neu blaned neu leuad arall). *(5.03)*

nifwl   Cwmwl enfawr o nwy a llwch yn y gofod. Ynddo, mae sêr newydd yn ymffurfio. *(5.06)*

orbit   Llwybr crwn neu eliptig gwrthrych wrth iddo symud o amgylch planed, lleuad neu'r Haul. *(5.01 – 5.04)*

orbit geosefydlog   Orbit a gafodd ei ddewis yn arbennig er mwyn i loeren ymddangos yn llonydd yn yr awyr. Mae hyn yn digwydd oherwydd ei bod yn troi mewn orbit ar yr un gyfradd ag y mae'r Ddaear yn troi. *(5.04)*

planed   Gwrthrych mawr (fel y Ddaear) mewn orbit o amgylch seren (fel yr Haul). *(5.01 – 5.02)*

seren   Pelen enfawr o nwy poeth sy'n tywynnu, fel yr Haul. Adweithiau niwclear sy'n rhoi pŵer i'r seren. *(5.01, 5.05 – 5.06)*

seren niwtron   Craidd dwys iawn uwchnofa. *(5.06)*

twll du   Dyma sy'n weddill ar ôl i seren enfawr grebachu ar ddiwedd ei hoes. Mae disgyrchiant twll du mor gryf fel na all dim ddianc ohono, dim hyd yn oed goleuni. *(5.06)*

uwchnofa   Ffrwydrad anferthol sy'n digwydd pan fydd seren enfawr ar ddiwedd ei hoes. *(5.06)*

Rhaeadr Niagara, ar y ffin rhwng Canada ac UDA. Yn y llun mae rhan uchaf y rhaeadr, lle mae'r dŵr yn disgyn dros 30 metr i'r afon islaw. Mae bron i 3 miliwn litr o ddŵr yn llifo dros y creigiau bob eiliad. Mae'r rhan fwyaf o'r egni yn cael ei gwastraffu, ond mae rhywfaint yn cael ei harneisio gan orsaf bŵer trydan-dŵr sy'n cynhyrchu trydan ar gyfer yr ardal leol.

Gwaith ac egni

Amcanion

Dylai'r adran hon eich helpu i

* gyfrifo gwaith a disgrifio'r cysylltiad rhwng gwaith ac egni
* disgrifio gwahanol fathau o egni

Gwaith

Mae'r ferch hon yn gwneud gwaith wrth chwarae tennis. Felly mae hi'n defnyddio egni.

Rydych chi'n gwneud gwaith wrth ddringo'r grisiau, codi bag, neu daro pêl dennis. I wyddonwyr, mae gwaith yn cael ei wneud pryd bynnag y mae grym yn gwneud i rywbeth symud. Y mwyaf yw'r grym, a'r pellaf y mae'n symud, y mwyaf o waith sy'n cael ei wneud.

Mae gwaith yn cael ei fesur mewn **jouleau** (J). Caiff 1 joule o waith ei wneud pan fydd grym o 1 newton (N) yn gwneud i rywbeth symud pellter o 1 metr (m).

Mae yna hafaliad ar gyfer cyfrifo gwaith:

gwaith sy'n   =   grym   ×   pellter symud
cael ei wneud   (yng nghyfeiriad y grym)

　(J)　　　　　　(N)　　　　　(m)

Er enghraifft, mae'r siopwr isod yn defnyddio grym 10 N i wthio troli dros bellter o 3 m. Felly:

gwaith sy'n cael ei wneud = grym × pellter symud = 10 × 3 = 30J

Egni

Mae egni gan bethau os gallan nhw wneud gwaith. Mae egni gan garreg sy'n disgyn, sbring wedi'i estyn a thanc o betrol. Gallwn eu defnyddio i wneud i rywbeth symud.

Cwestiynau

1 Pa uned sy'n cael ei defnyddio i fesur gwaith?

2 Mae Anna yn defnyddio grym o 20 N i wthio peiriant torri gwair dros bellter o 4 m. Faint o waith mae hi'n ei wneud?

3 Faint o waith fyddai Anna yn ei wneud petai hi'n gwthio'r peiriant ddwywaith mor bell?

Mae egni yn gallu bodoli mewn gwahanol ffurfiau:

Egni cinetig

Dyma'r egni sydd gan bethau am eu bod yn symud.

Egni pelydrol

Mae goleuni a sain yn ffurfiau ar egni sy'n pelydru (lledaenu) oddi wrth eu ffynhonnell.

Egni thermol (gwres)*

Dyma'r egni sy'n dod o bethau poeth wrth iddyn nhw oeri.

Egni potensial

Egni wedi'i storio yw hwn. Dyma rai enghreifftiau:

Mae gan sbring wedi'i estyn egni potensial elastig.

Mae egni cemegol gan fwydydd, tanwyddau a batrïau. Mae'r egni yn cael ei ryddhau gan adweithiau cemegol (er enghraifft, trwy losgi tanwydd).

Mae gan graig ar ben clogwyn egni potensial disgyrchiant. Mae'r egni yn cael ei ryddhau pan fydd disgyrchiant yn gwneud i'r graig ddisgyn.

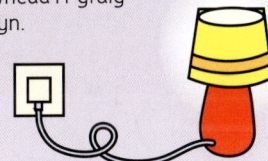

Mae gwifrau yn cludo egni trydanol i ddriliau, lampau a dyfeisiau eraill.

Mae defnyddiau ymbelydrol yn storio egni niwclear.

---

* *Mae popeth wedi ei wneud o ronynnau bychan bach (atomau neu foleciwlau). Mae'r rhain yn symud drwy'r amser, felly mae ganddyn nhw egni. Yr uchaf yw'r tymheredd, y cyflymaf y maen nhw'n symud, a'r mwyaf o egni sydd ganddyn nhw.*

Yn union fel gwaith, mae egni yn cael ei fesur mewn jouleau (**J**). Am bob joule o waith sy'n cael ei wneud, rhaid defnyddio un joule o egni.

Unedau mwy ar gyfer mesur egni (a gwaith) yw **cilojoule** a **megajoule**:

1 cilojoule (kJ) = 1000J   1 megajoule (MJ) = 1000 000J

50J — egni pêl droed wrth i chi roi cic galed iddi

300 000J — egni wedi ei storio mewn bisged siocled

100J — egni sy'n cael ei belydru bob eiliad gan fwlb 100 wat

Cwestiynau

4 Pa uned sy'n cael ei defnyddio ar gyfer mesur egni?

5 Gall adweithiau cemegol ryddhau'r egni sydd wedi ei storio mewn rhai pethau. Rhowch *ddwy* enghraifft.

6 Edrychwch ar y diagram uchod, sy'n dangos pêl droed, bisged siocled a bwlb.

a Pa ffurf ar egni sydd gan y bêl droed sy'n symud?

b Faint o egni y mae'r fisged siocled yn ei storio, mewn cilojouleau (kJ)?

c Faint o egni y mae'r bwlb golau yn ei belydru mewn un funud?

Newidiadau egni

Nid yw egni yn diflannu wrth i chi ei ddefnyddio. Mae'n mynd i rywle arall! Mae'r diagram isod yn enghraifft o'r ffordd y gall egni newid o un ffurf i ffurf arall. Weithiau byddwn yn galw hyn yn **gadwyn egni**.

Ym mhob cadwyn egni, mae cyfanswm yr egni yn aros yr un fath. Mae gwyddonwyr yn nodi hyn yn y **ddeddf cadwraeth egni**:

Gall egni newid o un math i fath arall, ond ni allwch chi greu egni na'i ddinistrio.

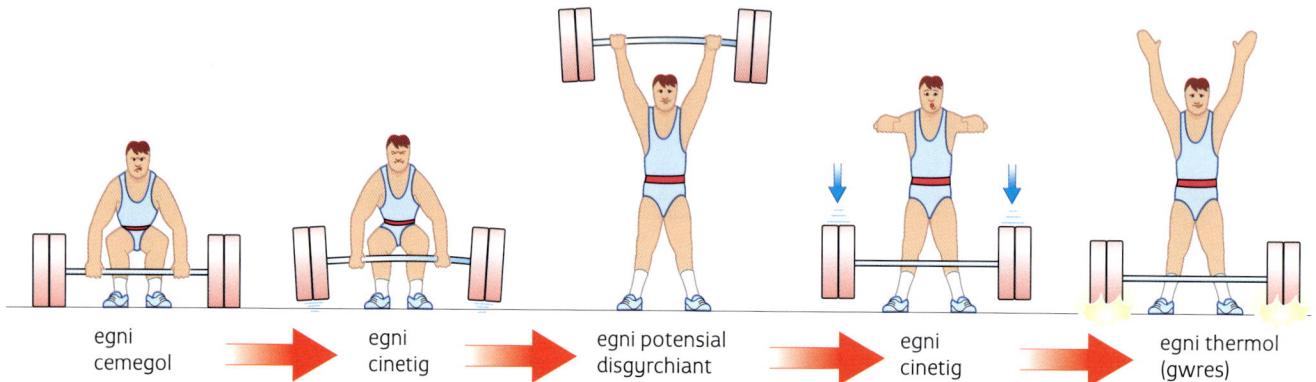

| egni cemegol | → | egni cinetig | → | egni potensial disgyrchiant | → | egni cinetig | → | egni thermol (gwres) |

Uchod, pan fydd y pwysau yn taro'r llawr, maen nhw'n gwneud i'r atomau a'r moleciwlau sydd yn y llawr – ac yn y pwysau eu hunain – symud fymryn yn gyflymach. Felly mae eu hegni cinetig yn cael ei newid yn egni thermol (gwres). Yn unrhyw gadwyn, mae egni bob tro'n cael ei wastraffu ar ffurf gwres. Er enghraifft, rydych chi'n rhyddhau gwres wrth wneud ymarfer corff, a dyna pam rydych chi'n chwysu! Ond, mae *cyfanswm* yr egni (gan gynnwys gwres) yn aros yr un fath.

Pethau sy'n newid egni

Dyma enghreifftiau o bethau sy'n newid egni:

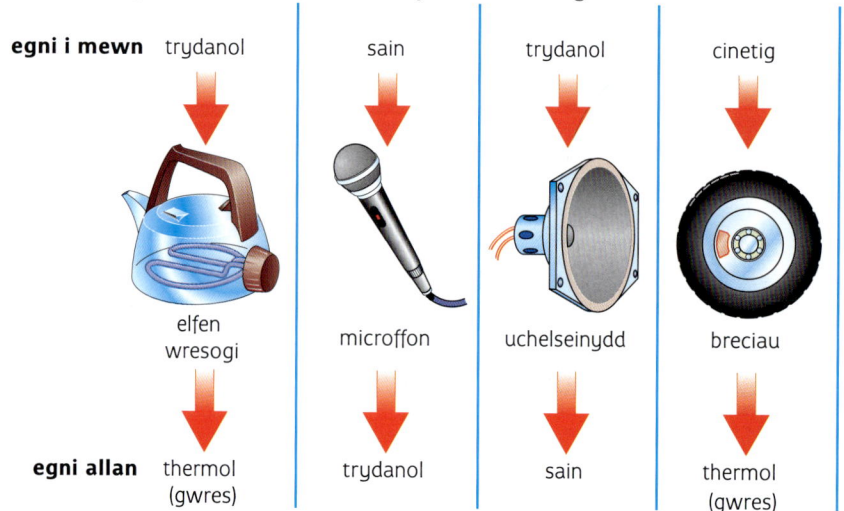

egni i mewn	trydanol	sain	trydanol	cinetig
	elfen wresogi	microffon	uchelseinydd	breciau
egni allan	thermol (gwres)	trydanol	sain	thermol (gwres)

Cwestiynau

1 Beth yw'r ddeddf cadwraeth egni?

2 Os ydych chi'n taro hoelen gyda morthwyl, beth sy'n digwydd i egni cinetig y morthwyl?

Màs a phwysau

Ar y Ddaear, mae grym disgyrchiant o 10 newton (N) ar bob cilogram (kg). Enw'r grym hwn yw pwysau. Felly:

Mae gan fàs o 2 kg bwysau o 20 N

Mae gan fàs o 3 kg bwysau o 30 N

… ac yn y blaen.

Codi a gollwng

Am bob joule (J) o waith rydych chi'n ei wneud ar rywbeth, mae'n ennill 1 J o egni.

Isod, mae carreg â màs 2 gilogram (kg) yn cael ei chodi at uchder o 5 metr (m) cyn cael ei gollwng. O wybod hyn, fe allwch chi gyfrifo:

1 Y gwaith sy'n cael ei wneud wrth godi'r garreg.
2 Egni potensial disgyrchiant y garreg ar ôl ei chodi.
3 Egni cinetig y garreg yn union cyn iddi daro'r ddaear.

Ewch drwy'r cyfrifiadau isod yn eu trefn. Ond yn gyntaf, darllenwch y panel ar y chwith, sy'n egluro'r berthynas rhwng màs a phwysau.

1 Gwaith sy'n cael ei wneud wrth godi'r garreg

I gyfrifo hyn, rhaid defnyddio'r hafaliad:

gwaith sy'n cael = grym × pellter symud
ei wneud (J)   (N)   (m)

Yn yr achos hwn, rhaid i'r grym sy'n cael ei ddefnyddio gyfateb i bwysau'r garreg er mwyn ei chodi. Ar gyfer màs 2 kg, y pwysau yw 20 N. Felly:

gwaith sy'n cael = pwysau × uchder codi
ei wneud   = 20   × 5
                  = 100 J

Felly: y gwaith sy'n cael ei wneud yw 100 J

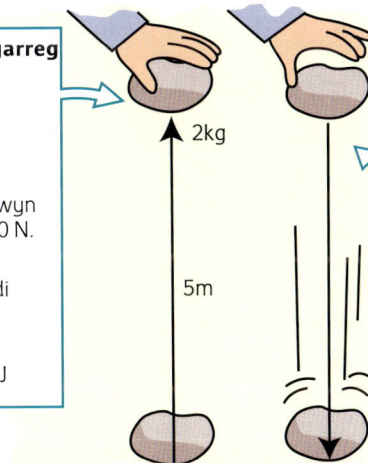

2kg

5m

2 Egni potensial disgyrchiant y garreg

Mae hwn yn hafal i'r gwaith sy'n cael ei wneud wrth godi'r garreg. Felly:

Mae'r egni potensial disgyrchiant yn 100 J

3 Egni cinetig y garreg

Wrth i'r garreg ddisgyn, mae ei hegni potensial disgyrchiant yn cael ei newid yn egni cinetig. Os nad oes egni yn cael ei wastraffu oherwydd gwrthiant aer, bydd yr *holl* egni potensial disgyrchiant yn troi'n egni cinetig. Felly:

Yr egni cinetig yw 100 J

Cwestiynau

3 *neidiwr â pholyn rhedwraig*
tostiwr trydan   batri

Pa un o'r rhain:

a sy'n newid egni trydanol yn egni thermol (gwres)?

b sy'n newid egni cinetig yn egni potensial disgyrchiant?

c sy'n newid egni cemegol yn egni cinetig?

4 Disgrifiwch y newidiadau egni sy'n digwydd wrth i chi ddefnyddio'r breciau ar feic sy'n symud.

5 Yn ôl gwyddonwyr, 'allwch chi byth ddinistrio egni'. Eglurwch hyn.

6 Beth yw pwysau (mewn N) pob kg o fàs, ar y Ddaear?

7 Mae carreg â màs 4 kg yn cael ei chodi at uchder o 6 m uwchben y ddaear ac yna'n cael ei gollwng.

a Beth yw pwysau'r garreg (mewn N)?

b Faint o waith sy'n cael ei wneud i godi'r garreg at uchder o 6 m?

c Beth yw egni potensial disgyrchiant y garreg ar uchder o 6 m?

ch Beth yw egni cinetig y garreg yn union cyn iddi daro'r ddaear?

d Pan fydd y garreg yn taro'r ddaear, beth sy'n digwydd i'w hegni?

Egni a gwaith

Dylai'r adran hon eich helpu i

- gyfrifo egni potensial disgyrchiant ac egni cinetig
- egluro pam 'mae cyflymder yn lladd'

Wrth sgïo, mae gan y rhain egni potensial disgyrchiant (EPD yn fyr). Mae ganddyn nhw hefyd egni cinetig (EC). Fe allwch chi gyfrifo'r ddau beth.

Cyfrifo EPD

Os yw rhywbeth uwchben y ddaear, fel y bêl ar y chwith, gallwch gyfrifo ei EPD mewn jouleau (J) fel hyn:

$$EPD = mgh$$

m yw màs y gwrthrych mewn kg
g yw cryfder maes disgyrchiant y Ddaear (10 N/kg)
h yw'r uchder uwchben y ddaear, mewn metrau (m)

Er enghraifft, os oes carreg â màs 2 kg wedi ei chodi 5 m uwchben y ddaear:

$$EPD = mgh = 2 \times 10 \times 5 = 100\,J$$

Mewn gwirionedd, mae'r hafaliad hwn yn ffordd arall o ddweud bod yr EPD yn hafal i'r gwaith sy'n cael ei wneud wrth godi'r garreg yn y lle cyntaf. Er enghraifft, ar y Ddaear mae gan y garreg 2 kg bwysau o 20 N. Felly mae angen grym o 20 N i'w chodi. Ac os caiff ei chodi at uchder o 5 m:

gwaith sy'n = grym × pellter symud = 20 × 5 = 100 J
cael ei wneud

Cyfrifo EC

Gallwch gyfrifo egni cinetig rhywbeth sy'n symud fel hyn:

$$EC = \tfrac{1}{2}mv^2$$

m yw màs y gwrthrych mewn kg
v yw buanedd y gwrthrych mewn metrau yr eiliad (m/s)

Mae dwy enghraifft ar frig y dudalen nesaf.

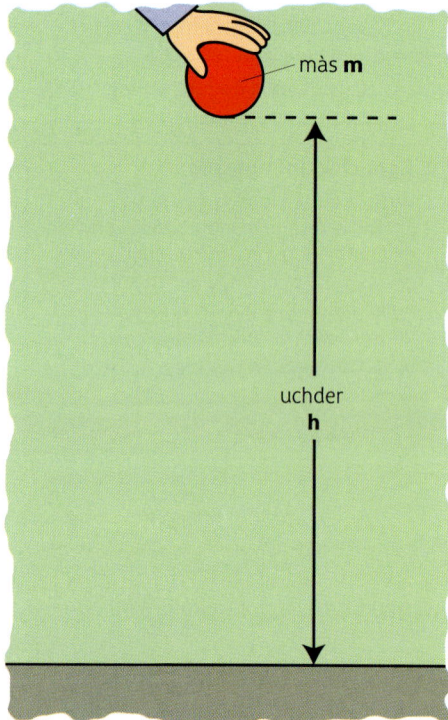

màs **m**

uchder **h**

Mae mwy o fuanedd yn golygu llawer mwy o egni cinetig, sy'n gallu bod yn beryglus.

màs 2 kg — buanedd 3 m/s

$EC = \frac{1}{2}mv^2$
$= \frac{1}{2} \times 2 \times 3^2$
$= 9\,J$

màs 2 kg — buanedd 6 m/s

$EC = \frac{1}{2}mv^2$
$= \frac{1}{2} \times 2 \times 6^2$
$= 36\,J$

Peryglon buanedd

Dyma mae'r cyfrifiadau uchod yn ei ddangos: os yw buanedd rhywbeth yn *dyblu*, bydd ganddo *bedair gwaith* cymaint o egni cinetig. Dyma un o'r rhesymau pam y mae arbenigwyr diogelwch ar y ffyrdd yn dweud bod 'cyflymder yn lladd'. Meddyliwch am effaith hyn ar gar sy'n dyblu ei fuanedd. Os yw'r car yn brecio fel arfer, bydd arno angen pedair gwaith cymaint o bellter i stopio. Petai'n taro ffens, neu gar arall, neu gerddwr, yn hytrach na stopio, bydd yn achosi llawer mwy o niwed neu ddifrod oherwydd yr holl egni ychwanegol sydd ganddo i'w golli.

Gwaith sy'n cael ei wneud ac egni sy'n cael ei drawsffurfio

Yn wyddonol, pan fydd egni yn newid o un ffurf i ffurf arall, mae egni yn cael ei **drawsffurfio** (mae rhai llyfrau'n dweud **trosglwyddo**).

Bob tro y mae egni'n cael ei drawsffurfio, mae gwaith yn cael ei wneud. Er enghraifft, ar y chwith, mae bricsen yn disgyn gan golli 100 J o EPD. Gan gymryd nad oes gwrthiant aer o gwbl, mae hyn yn cael ei newid yn 100 J o EC. Felly caiff 100 J o waith ei wneud wrth gyflymu'r fricsen. Pan fydd y fricsen yn taro'r ddaear, bydd 100 J o EC yn troi'n wres (egni thermol). Unwaith eto, caiff 100 J o waith ei wneud wrth i'r fricsen wasgu'r llawr oddi tani. Ym mhob achos:

gwaith sy'n cael ei wneud = egni sy'n cael ei drawsffurfio

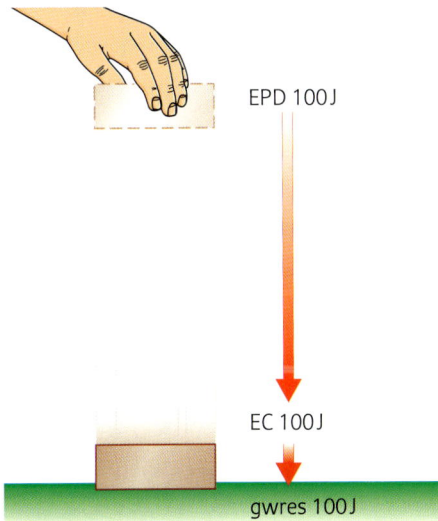

EPD 100 J

EC 100 J

gwres 100 J

| 100 J egni ar un ffurf | 100 J gwaith sy'n cael ei wneud | 100 J egni ar ffurf arall |

Cwestiynau

1 Mae bricsen 4 kg yn cael ei dal 3 m uwchben y llawr. Os yw $g = 10$ N/kg:
a beth yw EPD y fricsen?
b beth fydd ei EPD os bydd ei huchder uwchben y llawr yn dyblu?

2 a Yng nghwestiwn **1**, faint o waith y byddai'n rhaid i chi ei wneud i godi'r fricsen 3 m?
b Faint o egni sy'n cael ei drawsffurfio wrth i chi godi'r fricsen fel hyn?

3 Os yw bricsen 4 kg yn disgyn ar fuanedd o 2 m/s:
a beth yw EC y fricsen?
b beth fydd ei EC os yw'n disgyn ar ddwywaith y buanedd?

4 Dyma mae gyrrwr car yn ei gredu: os bydd ei fuanedd yn dyblu ac yna yntau'n gorfod brecio, dim ond tua dwywaith cymaint o bellter y bydd ei angen i'w gar stopio. Ydy'r gyrrwr yn gywir? Os nad yw, pam?

Amcanion

Dylai'r adran hon eich helpu i

- ddisgrifio sut mae egni'n gallu teithio trwy ddargludiad thermol a darfudiad
- disgrifio ffyrdd o ddefnyddio defnyddiau ynysu

Dargludyddion da

metelau	e.e.	copr
		alwminiwm
		haearn
silicon		
graffit		

Dargludyddion gwael (ynysyddion)

gwydr

dŵr

plastigion

rwber

pren

defnyddiau sy'n dal aer
- gwlân
- gwlân gwydr (ffibrgwydr)
- ewyn plastig
- polystyren wedi'i ehangu

Mae'r defnyddiau hyn wedi eu gosod yn eu trefn, o'r dargludydd gorau i lawr.

Dargludiad thermol

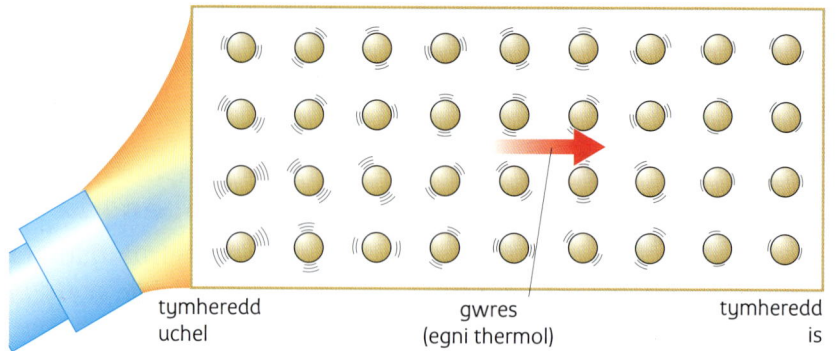

tymheredd uchel · gwres (egni thermol) · tymheredd is

Mae pob defnydd wedi ei wneud o ronynnau bychan bach sy'n symud (sef atomau neu foleciwlau). Yr uchaf yw'r tymheredd, y cyflymaf y maen nhw'n symud. Os bydd un pen i far metel yn cael ei wresogi, fel yn y llun uchod, bydd gwres (**egni thermol**) yn cael ei drosglwyddo o'r pen poeth i'r pen oer wrth i'r gronynnau cyflymaf drosglwyddo eu symudiad ychwanegol i'r gweddill ar hyd y bar. Mae'r egni yn teithio trwy **ddargludiad thermol** (neu **ddargludiad**, yn fyr).

Metelau yw'r **dargludyddion** gwres gorau. Mae solidau sydd yn anfetelau yn tueddu i fod yn ddargludyddion gwael – mae hyn hefyd yn wir am hylifau. Nwyon yw'r gwaethaf un. Yr enw ar ddargludyddion gwael yw ynysyddion. Mae llawer o ddefnyddiau yn **ynysyddion** gan eu bod yn cynnwys pocedi o aer wedi ei ddal.

Darfudiad

Mae hylifau a nwyon yn ddargludyddion gwael, ond os ydyn nhw'n rhydd i symud, maen nhw'n gallu cludo gwres o un lle i'r llall. Dyma enghraifft isod. Yma, mae'r aer yn yr ystafell yn cael ei gynhesu gan wresogydd. Mae'r aer cynnes yn codi wrth i aer oerach, mwy dwys suddo a chymryd ei le (ei wthio o'r ffordd). Y canlyniad yw llif o aer yn cylchdroi, sef cerrynt **darfudiad**. Mae hyn yn cludo gwres i rannau eraill o'r ystafell.

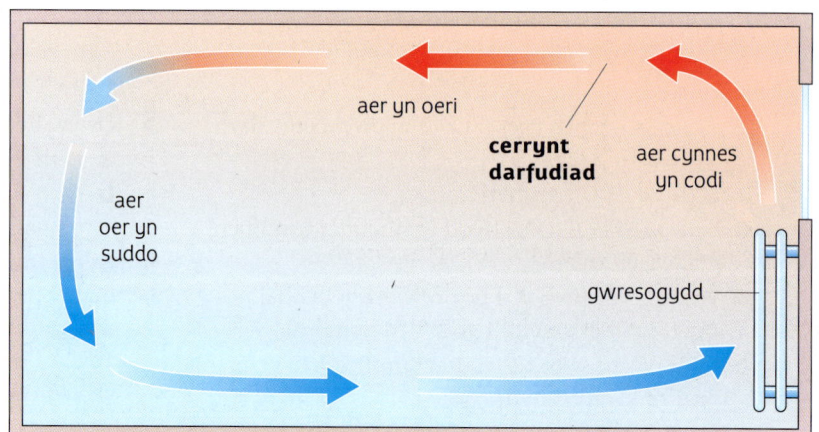

aer yn oeri · **cerrynt darfudiad** · aer cynnes yn codi · aer oer yn suddo · gwresogydd

Gall darfudiad ddigwydd mewn hylifau hefyd. Er enghraifft, mae dŵr poeth yn codi pan ddaw dŵr oerach, mwy dwys i suddo o'i gwmpas a chymryd ei le. Dyna pam mae'r dŵr poethaf i'w gael ym mhen uchaf tanc dŵr poeth, fel yr un yn y diagram isod.

Defnyddio defnyddiau ynysu

Mewn tŷ, mae ynysu da yn golygu biliau tanwydd is. Dyma rai o'r ffyrdd y gallwch ddefnyddio defnyddiau ynysu er mwyn lleihau faint o wres sy'n dianc o'r tŷ:

Mae plu yn ynysydd thermol da, yn enwedig wrth eu codi i ddal rhagor o aer fel hyn.

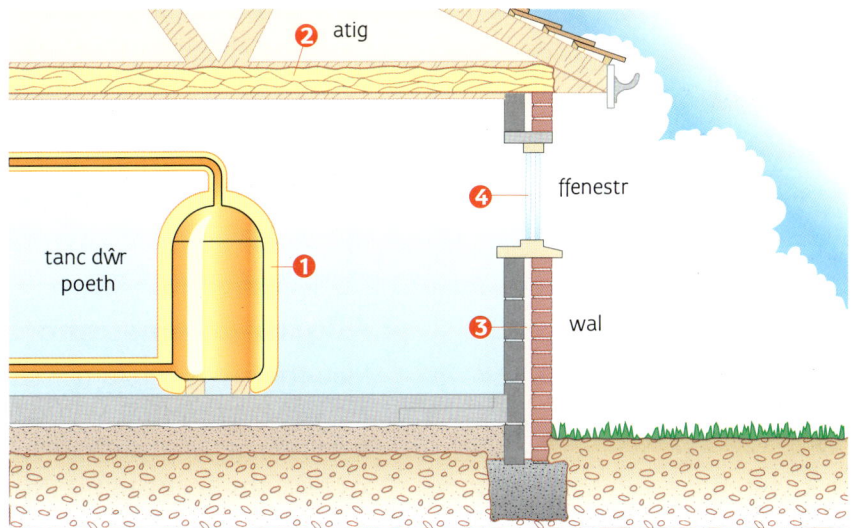

1 Lapio ewyn plastig o gwmpas y tanc dŵr poeth.
2 Ynysu'r atig gyda gwlân mwynol neu wlân gwydr.
3 Rhoi ewyn plastig, gleiniau, neu wlân mwynol yn y ceudod aer rhwng y waliau.
4 Ffenestri gwydr dwbl: dwy haen o wydr ag aer yn y canol.

Mae haen sgleiniog, fetelig ar rai defnyddiau ynysu er mwyn lleihau faint o wres sy'n cael ei golli trwy belydriad thermol (mae rhagor am hyn ar y tudalennau nesaf).

Cwestiynau

1 Pa ddefnyddiau yw'r dargludyddion gorau?
2 Pam mae gwlân a phlu yn ynysyddion da?
3 Eglurwch y rhain:
   a Fe allech chi gael sosban gyda gwaelod copr ond handlen blastig.
   b Efallai y byddech yn oer mewn fest dyllau, ond yn gynnes ar ôl rhoi crys tynn drosti.
   c Mae'n fwy diogel gafael mewn llestri poeth gyda chadach sych na chadach gwlyb.

4 Eglurwch y rhain:
   a Mae gwresogydd yn cynhesu'r holl aer mewn ystafell yn gyflym, er bod aer yn ddargludydd thermol gwael.
   b Mae unrhyw un sy'n sefyll wrth ymyl coelcerth yn teimlo drafft.
   c Os oes elfen wresogi drydan y tu mewn i danc dŵr poeth, bydd yn cael ei gosod wrth waelod y tanc, yn hytrach nag wrth y pen uchaf.
5 Enwch *dair* ffordd y mae defnyddiau ynysu yn cael eu defnyddio i leihau colledion gwres o dŷ.

Amcanion

Dylai'r adran hon eich helpu i

- egluro pa arwynebau sydd orau am allyrru ac amsugno pelydriad thermol
- disgrifio sut mae panel solar a fflasg wactod yn gweithio

Ar y Ddaear, rydyn ni'n cael ein cynhesu gan yr Haul. Mae ei egni yn teithio atom ar ffurf **tonnau electromagnetig** bach, bach. Mae'r rhain yn cynnwys tonnau **isgoch** anweledig yn ogystal â goleuni. Gall y tonnau deithio trwy ofod gwag. Maen nhw'n gwresogi pethau sy'n eu hamsugno, felly yn aml maen nhw'n cael eu galw'n **belydriad thermol**.

Mae popeth yn allyrru (anfon allan) rhywfaint o belydriad thermol. Y poethaf ydyn nhw, y mwyaf o egni y maen nhw'n ei belydru bob eiliad.

Allyrru ac amsugno

Mae rhai arwynebau'n well am allyrru pelydriad thermol nag eraill. Mae'r siart ar y dudalen nesaf yn cymharu gwahanol arwynebau. Mae pethau sy'n dda am allyrru pelydriad hefyd yn dda am ei amsugno. Mae arwynebau gwyn neu arian sgleiniog yn wael am amsugno gan eu bod yn adlewyrchu'r rhan fwyaf o'r pelydriad sy'n eu taro. Dyna pam mae tai yn aml yn cael eu peintio'n wyn mewn gwledydd poeth, i'w cadw'n oer y tu mewn.

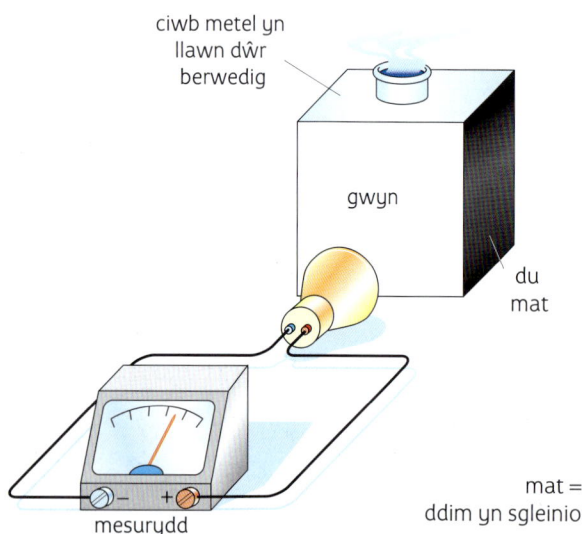

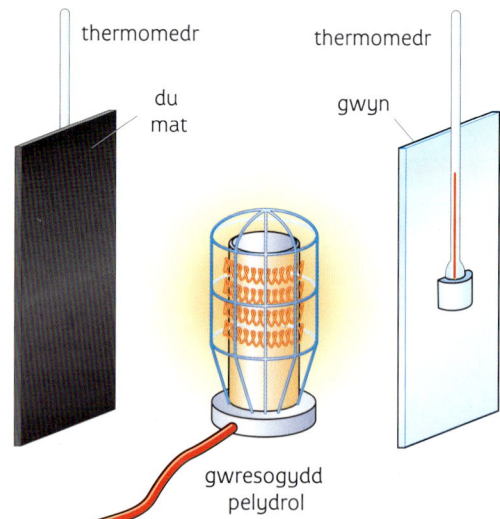

Cymharu pethau sy'n allyrru *Mae'r ciwb metel yn llawn dŵr berwedig. Mae'r dŵr yn gwresogi'r arwynebau i'r un tymheredd. Caiff y mesurydd ei osod yr un pellter oddi wrth y ddau arwyneb yn eu tro i fesur y pelydriad thermol, a'u cymharu.*

Cymharu pethau sy'n amsugno *Caiff y platiau metel eu gosod yr un pellter oddi wrth wresogydd pelydrol. Er mwyn darganfod pa arwyneb sy'n amsugno pelydriad thermol gyflymaf, rhaid cymharu faint mae'r ddau dymheredd yn codi.*

allyrru	gorau				gwaethaf

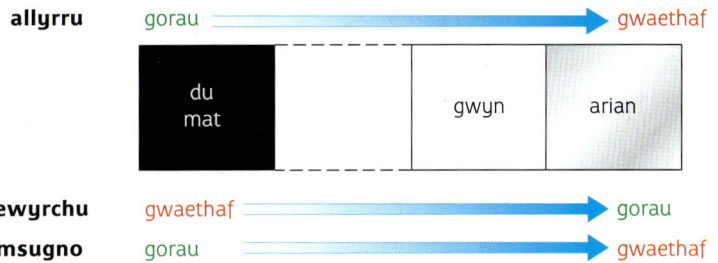

du mat		gwyn	arian

adlewyrchu	gwaethaf				gorau
amsugno	gorau				gwaethaf

Dyma siart sy'n dangos sut mae rhai arwynebau yn cymharu o ran allyrru, adlewyrchu ac amsugno pelydriad thermol.

Panel solar

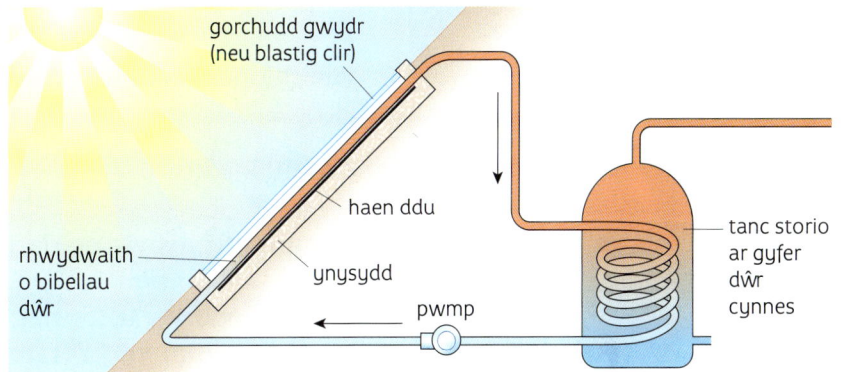

Mae'r **panel solar** uchod yn defnyddio pelydriad thermol yr Haul i gynhesu dŵr ar gyfer y tŷ. Mae'r haen ddu yn amsugno'r egni pelydrol ac yn gwresogi'r dŵr sy'n llifo trwy'r pibellau.

Fflasg wactod

Mae fflasg wactod fel hon yn gallu cadw diodydd yn boeth (neu'n oer) am oriau. Dyma sy'n arafu llif yr egni sy'n mynd allan o'r fflasg (neu i mewn iddi):

1 Caead sy'n rhwystro darfudiad (aer poeth yn codi).
2 Cynhwysydd gyda dwy wal a bwlch rhyngddyn nhw.
   Mae'r aer wedi cael ei dynnu o'r bwlch i leihau dargludiad.
3 Waliau gydag arwynebau lliw arian i leihau pelydriad thermol.

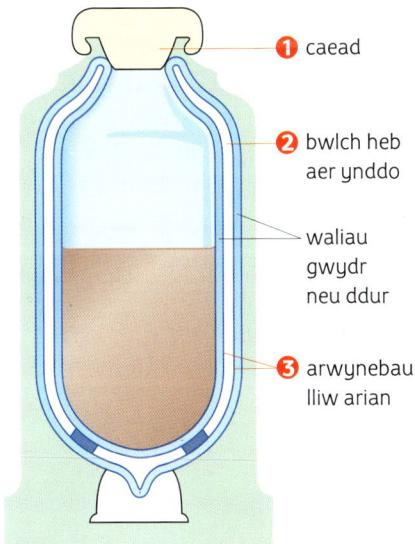

Fflasg wactod.

① caead
② bwlch heb aer ynddo
   waliau gwydr neu ddur
③ arwynebau lliw arian

Cwestiynau

1 *gwyn   lliw arian   du mat*
Pa un o'r arwynebau hyn sydd orau am
  a amsugno pelydriad thermol?
  b allyrru pelydriad thermol?
  c adlewyrchu pelydriad thermol?
2 Pam mae gan y panel solar uchod:
  a haen ddu ar y cefn?
  b rhwydwaith o bibellau dŵr?

3 Pa un o nodweddion fflasg wactod sy'n ei rhwystro rhag colli (neu ennill) gwres trwy belydriad thermol?
4 Eglurwch pam:
  a Mewn gwledydd poeth, mae'r tai yn aml yn cael eu peintio'n wyn.
  b Ar ddiwrnod poeth o haf, os bydd ceir mewn maes parcio, bydd y tu mewn i gar gwyn yn oerach na'r tu mewn i gar du.
  c Mae ffoil alwminiwm yn helpu i gadw bwyd yn gynnes mewn dysglau ar y bwrdd.

Effeithlonedd a phŵer

Mae peiriannau a moduron yn gwneud gwaith trwy wneud i bethau symud. Er mwyn gwneud hyn, mae peiriannau yn defnyddio'r egni sydd yn eu tanwydd. Mae modur trydan yn defnyddio egni o fatri neu eneradur. Mae hyd yn oed eich corff yn fath o beiriant. Mae'n defnyddio'r egni yn eich bwyd.

Effeithlonedd

Mae peiriant yn gwneud gwaith defnyddiol gyda rhywfaint o'r egni sy'n cael ei roi ynddo, ond mae'r gweddill yn cael ei wastraffu ar ffurf gwres. Gallwch gyfrifo pa mor **effeithlon** yw peiriant fel hyn (mae'r ddau hafaliad yn golygu'r un peth):

$$\text{effeithlonedd} = \frac{\text{gwaith defnyddiol sy'n cael ei wneud}}{\text{mewnbwn egni}} \quad \text{neu}$$

$$\text{effeithlonedd} = \frac{\text{allbwn egni defnyddiol}}{\text{mewnbwn egni}}$$

Er enghraifft, os yw peiriant petrol yn gwneud 25 J o waith defnyddiol am bob 100 J o egni sy'n cael ei roi ynddo, yna ei effeithlonedd yw 0.25, neu 25%. Hynny yw, mae ei allbwn egni defnyddiol yn $\frac{1}{4}$ cyfanswm ei fewnbwn egni. Dyma enghreifftiau nodweddiadol:

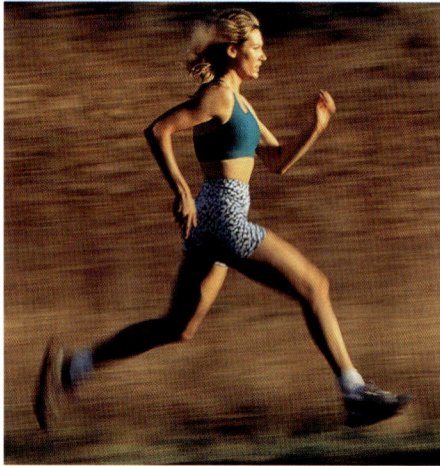

Mae effeithlonedd y 'peiriant' dynol (ein cyhyrau) tua 15%.

Mewnbwn egni	Gwaith defnyddiol sy'n cael ei wneud		Effeithlonedd
100 J	peiriant petrol	25 J	25%
100 J	peiriant diesel	35 J	35%
100 J	modur trydan	80 J	80%

Er bod moduron trydan yn effeithlon iawn, mae effeithlonedd y gorsafoedd pŵer sy'n cynhyrchu'r trydan ar eu cyfer cyn ised â 35%.

Pŵer

Mae peiriant bychan yn gallu gwneud yr un faint o waith â pheiriant mawr, ond mae'n cymryd mwy o amser i wneud hynny. Mae'r peiriant mawr yn gallu gweithio ar gyfradd gyflymach. Yr enw ar y gyfradd gwneud gwaith yw **pŵer**.

Mae pŵer yn cael ei fesur mewn **watiau** (W). Mae pŵer o 1 wat yn golygu bod gwaith yn cael ei wneud ar gyfradd o 1 J yr eiliad. Mewn geiriau eraill, mae egni yn cael ei ddefnyddio ar gyfradd o 1 J yr eiliad. Dyma sut mae cyfrifo pŵer:

$$\text{pŵer} = \frac{\text{gwaith sy'n cael ei wneud}}{\text{amser mae'n ei gymryd}} \quad \text{neu} \quad \text{pŵer} = \frac{\text{egni sy'n cael ei ddefnyddio}}{\text{amser mae'n ei gymryd}}$$

Er enghraifft, os yw peiriant yn gwneud 1000 J o waith defnyddiol mewn 2 eiliad, ei allbwn pŵer yw 500 wat (500 J yr eiliad).

Weithiau caiff y pŵer ei roi mewn **cilowatiau** (kW). 1 kW = 1000 W.

Allbwn pŵer nodweddiadol

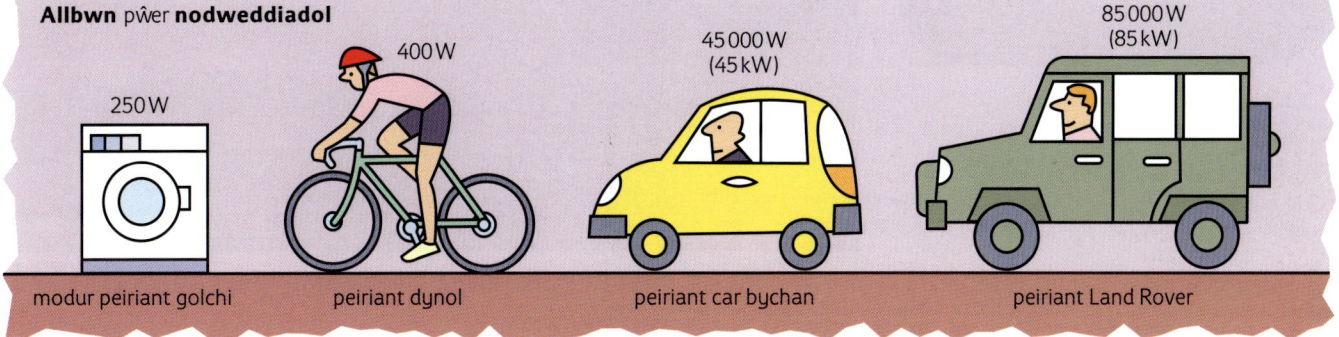

250 W
modur peiriant golchi

400 W
peiriant dynol

45 000 W (45 kW)
peiriant car bychan

85 000 W (85 kW)
peiriant Land Rover

Dyma ffordd arall o gyfrifo effeithlonedd peiriant:

$$\text{effeithlonedd} = \frac{\text{allbwn pŵer defnyddiol}}{\text{mewnbwn pŵer}}$$

màs: 4 kg

amser mae'n ei gymryd: 10 s

uchder codi: 3 m

Mae'r craen bach ar y chwith yn gallu codi màs 4 kg at uchder o 3 metr mewn 10 eiliad. Dyma sut i gyfrifo ei allbwn pŵer defnyddiol:

○ Cyfrifo'r grym sy'n cael ei symud. (Y pwysau sy'n cael ei godi yw hwn. Ar y Ddaear, mae'n 10 N am bob kg o fàs.)

grym (pwysau) = 4 × 10 = 40 N

○ Defnyddio gwaith = grym × pellter i gyfrifo'r gwaith defnyddiol sy'n cael ei wneud.

gwaith defnyddiol sy'n cael ei wneud = 4 × 3 = 120 J

○ Defnyddio pŵer = $\dfrac{\text{gwaith sy'n cael ei wneud}}{\text{amser mae'n ei gymryd}}$ i gyfrifo'r allbwn pŵer defnyddiol.

allbwn pŵer defnyddiol = $\dfrac{120}{10}$ = 12 W

Cwestiynau

3 Gyda phob 5000 J o egni mae'n ei gael o'i danwydd, mae peiriant yn gwneud 2000 J o waith defnyddiol.
   a Beth yw ei effeithlonedd?
   b Beth sy'n digwydd i weddill yr egni mae'n ei gael?

4 Os yw peiriant yn gwneud 800 J o waith mewn 4 s, beth yw ei allbwn pŵer defnyddiol mewn W?

5 Mae gan fodur allbwn pŵer defnyddiol o 3 kW.
   a Beth yw ei allbwn pŵer defnyddiol mewn W?
   b Faint o waith defnyddiol y mae'n ei wneud mewn 1 s?

c Os yw'r mewnbwn pŵer i'r modur yn 4 kW, beth yw ei effeithlonedd?

6 Mae rhywun yn codi llwyth sy'n pwyso 600 N at uchder fertigol o 10 m mewn 20 s.
   a Faint o waith defnyddiol mae hi'n ei wneud?
   b Faint o waith defnyddiol mae hi'n ei wneud mewn 1 s?
   c Beth yw ei hallbwn pŵer defnyddiol?

7 Effeithlonedd y 'peiriant' dynol (cyhyrau) yw tua 15%. Eglurwch pam mae'n rhaid i chi fynd yn boeth wrth wneud ymarfer corff.

Amcanion

Dylai'r adran hon eich helpu i

- ddisgrifio sut mae gorsafoedd pŵer thermol yn cynhyrchu trydan

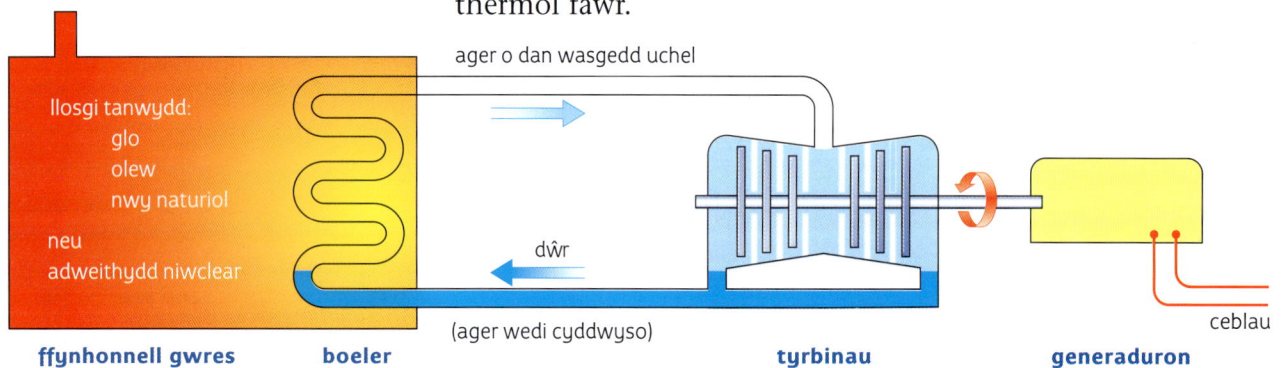

Gorsaf bŵer sy'n llosgi glo. Tyrau oeri yw'r tyrau mawr, crwn sydd â chymylau o ager yn codi ohonyn nhw.

Mae cymunedau diwydiannol yn defnyddio llawer iawn o egni. Daw llawer ohono o'r prif gyflenwad trydan. Mae hwnnw'n dod o'r **generaduron** mewn **gorsafoedd pŵer**.

Gorsafoedd pŵer thermol

Mae gorsafoedd pŵer sy'n defnyddio gwers o danwydd i gael eu hegni yn cael eu galw yn **orsafoedd pŵer thermol**. Mae'r diagram isod yn dangos y drefn arferol mewn gorsaf bŵer thermol fawr.

llosgi tanwydd:
    glo
    olew
    nwy naturiol

neu
adweithydd niwclear

ager o dan wasgedd uchel

dŵr

(ager wedi cyddwyso)

ceblau

ffynhonnell gwres   **boeler**   **tyrbinau**   **generaduron**

Mae'r generaduron yn cael eu troi gan y **tyrbinau**, sy'n cael eu troi gan ager o dan wasgedd uchel. I gynhyrchu'r ager, mae dŵr yn cael ei wresogi mewn boeler. Daw'r gwres o losgi tanwydd (glo, olew neu nwy naturiol) neu o **adweithydd niwclear**. Nid llosgi y mae tanwydd niwclear. Mae ei egni yn cael ei ryddhau gan adweithiau niwclear sy'n hollti atomau wraniwm.

Unwaith y mae ager wedi mynd trwy'r tyrbinau, mae'n cael ei oeri, ei gyddwyso (ei droi'n ôl yn hylif) ac yn cael ei anfon yn ôl i'r boeler.

I gyddwyso'r ager, mae rhai gorsafoedd pŵer yn defnyddio tyrau oeri enfawr gyda drafftiau aer yn codi trwyddyn nhw, fel yn y ffotograff uchod. Mae rhai eraill yn defnyddio dŵr o'r môr neu o afon gerllaw i oeri'r ager.

Cwestiynau

1 Enwch bedwar math o danwydd sy'n cael eu defnyddio mewn gorsafoedd pŵer thermol.

2 Enwch un math o orsaf bŵer thermol nad yw'n llosgi ei thanwydd.

Problemau effeithlonedd

Mae gorsafoedd pŵer thermol yn gwastraffu mwy o egni nag y maen nhw'n ei gyflenwi. Mae'r rhan fwyaf yn cael ei cholli fel gwres yn y dŵr oeri a'r nwyon gwastraff. Er enghraifft, tua 35% yn unig yw effeithlonedd gorsaf bŵer arferol sy'n llosgi glo – tua 35% yn unig o'r egni yn y tanwydd sy'n cael ei newid yn egni trydanol. Fe welwch chi beth sy'n digwydd i'r gweddill yn y siart isod.

Mae peirianwyr yn ceisio gwneud gorsafoedd pŵer mor effeithlon â phosib. Ond mae'n amhosib defnyddio'r holl wres o'r tanwydd i gynhyrchu symudiad. Mae'r un broblem yn wir am beiriannau petrol a diesel.

Nid oes rhaid i'r holl wres o orsaf bŵer gael ei wastraffu. Gyda phibellau dŵr hir, mae'n bosib defnyddio rhywfaint i wresogi adeiladau yn yr ardal.

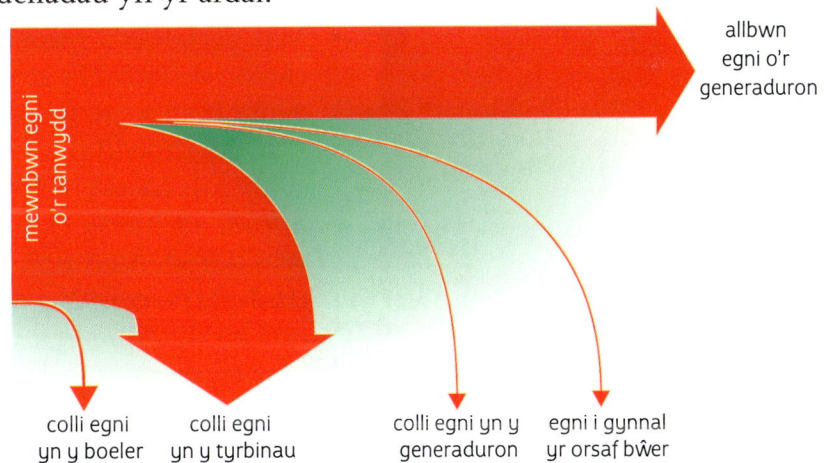

Tyrbin o orsaf bŵer.

allbwn egni o'r generaduron

mewnbwn egni o'r tanwydd

colli egni yn y boeler — colli egni yn y tyrbinau — colli egni yn y generaduron — egni i gynnal yr orsaf bŵer

*Dyma sy'n digwydd i'r egni mewn gorsaf pŵer thermol fawr. Y mwyaf trwchus yw'r saeth, y mwyaf yw'r egni. Yr enw ar siart llif egni fel hwn yw **diagram Sankey**.*

Cwestiynau

3 Mewn gorsaf bŵer thermol:
  a O ble y daw'r ager?
  b I beth y mae'r ager yn cael ei ddefnyddio?
  c Beth sy'n troi'r generaduron?
  ch Beth yw gwaith y tyrau oeri?

4 Mae'r tabl ar y dde yn rhoi data am y mewnbwn pŵer a cholledion pŵer mewn dwy orsaf bŵer, W ac Y:
  a Ym mhle mae'r rhan fwyaf o egni yn cael ei wastraffu?
  b Ar ba ffurf y mae'r egni hwn yn cael ei golli?
  c Beth yw allbwn pŵer trydanol pob gorsaf?

(Cymerwch fod y tabl yn dangos yr holl golledion pŵer ym mhob gorsaf.)

ch Pa orsaf yw'r fwyaf effeithlon?

| | Gorsaf bŵer | |
	W glo	Y niwclear
mewnbwn pŵer o'r tanwydd (MW)	5600	5600
colledion pŵer (MW):		
– mewn adweithyddion/boeleri	600	200
– mewn tyrbinau	2900	3800
– mewn generaduron	40	40
pŵer i gynnal yr orsaf (MW)	60	60
allbwn pŵer trydanol (MW)	?	?

Amcanion

Dylai'r adran hon eich helpu i

- ddisgrifio'r problemau sy'n cael eu hachosi gan orsafoedd pŵer niwclear a rhai sy'n llosgi tanwydd
- disgrifio sut y mae'n bosib cynhyrchu trydan gan ddefnyddio dŵr yn symud a gwynt

Problemau llygredd

tanwydd (glo, olew neu nwy naturiol)

ocsigen (o'r aer)

LLOSGI

carbon deuocsid

anwedd dŵr

nwyon eraill

Un o effeithiau glaw asid.

Fe fyddai hi'n anodd iawn i ni fyw heb drydan, ond mae'r gorsafoedd pŵer sy'n ei gynhyrchu yn achosi llygredd. Mae gorsafoedd pŵer sy'n llosgi tanwydd yn cynhyrchu nwyon gwastraff, fel y gwelwch uchod. Nid yw gorsafoedd pŵer niwclear yn llosgi eu tanwydd, ond maen nhw'n cynhyrchu gwastraff ymbelydrol.

- Mae gorsafoedd pŵer sy'n llosgi tanwydd yn rhyddhau nwy carbon deuocsid i'r atmosffer. Mae'r carbon deuocsid yn dal egni'r Haul a gall fod yn cyfrannu at **gynhesu byd-eang**.
- Mae gorsafoedd pŵer sy'n llosgi glo yn cynhyrchu nwy sylffwr deuocsid hefyd. Mae hyn yn achosi **glaw asid**, sy'n difrodi adeiladau carreg. Un ateb yw llosgi glo sylffwr isel, sy'n ddrud. Ateb arall yw gosod **unedau dadsylffwreiddio** drud i dynnu'r sylffwr o'r nwyon sy'n cael eu rhyddhau yn y gorsafoedd pŵer.
- Mae cludo'r tanwyddau yn gallu achosi llygredd. Er enghraifft, efallai y bydd tancer olew yn colli olew i'r môr.
- Mae'r gwastraff ymbelydrol o orsafoedd pŵer niwclear yn beryglus iawn. Rhaid ei gludo oddi yno a'i storio yn ddiogel mewn cynwysyddion arbennig am flynyddoedd lawer – miloedd o flynyddoedd mewn rhai achosion.
- Prin yw damweiniau niwclear. Ond pan fyddan nhw'n digwydd, mae'r gwynt yn gallu cludo nwy a llwch ymbelydrol am filoedd o gilometrau.

Os bydd tancer yn mynd ar y creigiau a cholli olew, gall hyn gael effaith ddychrynllyd ar yr arfordir a'r bywyd gwyllt.

Pŵer o ddŵr a gwynt

Mae rhai generaduron yn cael eu troi gan rym dŵr yn symud neu'r gwynt. Mewn cynlluniau pŵer fel hyn, does dim costau tanwydd, na nwyon llygru yn cael eu rhyddhau. Ond, mae'n gallu bod yn ddrud i'w hadeiladu, ac mae angen llawer o dir ar eu cyfer.

Cynllun pŵer trydan-dŵr *Mae dŵr glaw ac afonydd yn llenwi'r llyn y tu ôl i'r argae. Wrth i ddŵr ruthro i lawr o'r argae, mae'n troi tyrbinau sy'n troi generaduron.*

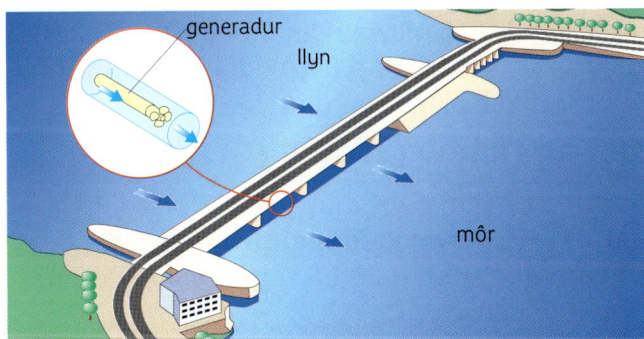

Cynllun pŵer llanw *Rhaid codi argae ar draws afon lle mae'n cwrdd â'r môr. Mae'r llyn y tu ôl i'r argae yn llenwi wrth i'r llanw ddod i mewn, a gwagio wrth i'r llanw fynd allan. Mae llif y dŵr yn troi'r generaduron.*

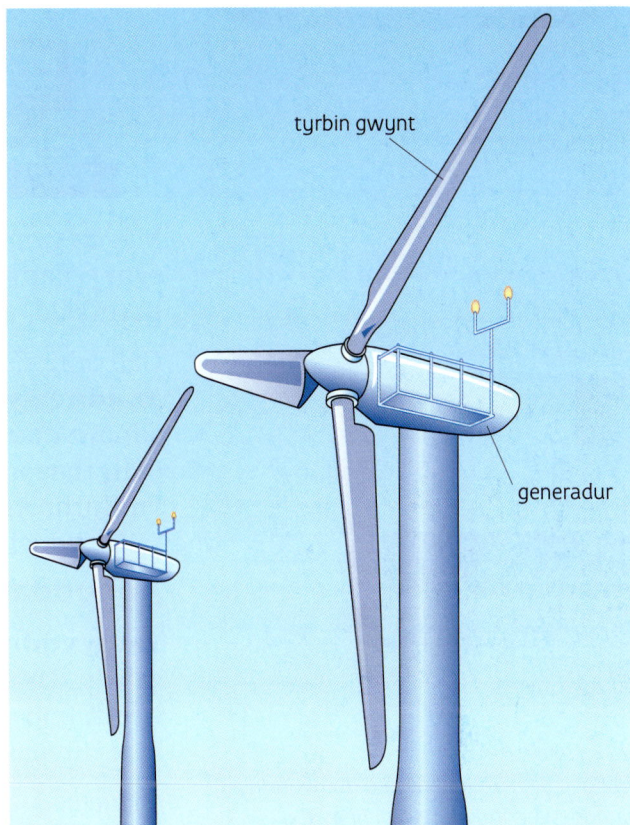

Fferm wynt *Casgliad o **aerogeneraduron** yw fferm wynt – sef generaduron sy'n cael eu gyrru gan dyrbinau gwynt enfawr ('melinau gwynt').*

Cwestiynau

1 Ysgrifennwch *dri* math o orsaf bŵer sydd *ddim* yn llosgi tanwydd.

2 Mae gorsafoedd pŵer sy'n llosgi tanwydd yn rhyddhau nwy carbon deuocsid. Pa broblem sy'n cael ei hachosi wrth ryddhau'r nwy hwn i'r atmosffer?

3 Disgrifiwch sut mae'r generaduron yn cael eu troi mewn cynllun pŵer trydan-dŵr.

4 Beth yw *aerogeneraduron*?

5 Mae gorsafoedd pŵer sy'n llosgi glo yn cynhyrchu sylffwr deuocsid hefyd.

a Beth yw effaith rhoi'r nwy hwn yn yr atmosffer?

b Sut y gallwn leihau faint o sylffwr deuocsid sy'n cael ei ryddhau?

6 Nid yw gorsafoedd pŵer niwclear yn ychwanegu at gynhesu byd-eang.

a Pam nad ydyn nhw'n ychwanegu at gynhesu byd-eang?

b Rhowch **ddau** reswm pam mae angen safonau diogelwch arbennig o uchel mewn gorsafoedd pŵer niwclear.

163

Adnoddau egni

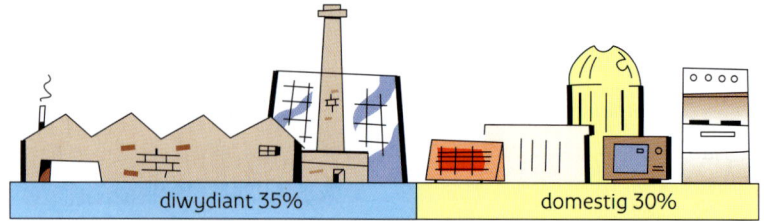

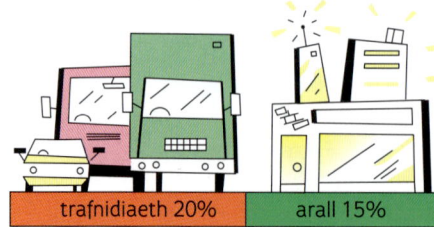

diwydiant 35% · domestig 30% · trafnidiaeth 20% · arall 15%

Sut rydym yn defnyddio egni yng ngwledydd Prydain.

Mae ar gymunedau diwydiannol angen egni. Daw'r rhan fwyaf o'r egni o danwyddau sy'n cael eu llosgi mewn gorsafoedd pŵer, ffatrïoedd, cartrefi a cherbydau.

Gall adnoddau egni fod yn **adnewyddadwy** neu'n **anadnewyddadwy**. Er enghraifft, mae coed yn danwydd adnewyddadwy. Unwaith y byddwn wedi ei ddefnyddio, gallwn dyfu rhagor yn ei le. Ond mae olew yn anadnewyddadwy. Bu'n ymffurfio yn y ddaear dros filiynau o flynyddoedd. Unwaith y caiff ei ddefnyddio, ni fydd rhagor yn dod yn ei le.

Adnoddau egni anadnewyddadwy

Tanwyddau ffosil Mae glo, olew a nwy naturiol yn cael eu galw'n danwyddau ffosil oherwydd iddyn nhw ymffurfio o weddillion planhigion a chreaduriaid bach y môr a oedd yn byw filiynau o flynyddoedd yn ôl.

Problemau Ychydig ohonyn nhw sydd ar gael. Wrth losgi'r tanwyddau, mae eu nwyon gwastraff yn achosi llygredd. Mae carbon deuocsid yn ychwanegu at gynhesu byd-eang.

Tanwyddau niwclear Mae'r rhan fwyaf yn cynnwys wraniwm. Mae 1 kg o danwydd niwclear yn storio cymaint o egni â 25 tunnell fetrig o lo.

Problemau Mae hi'n ddrud i adeiladu gorsafoedd pŵer niwclear, ac yn ddrud i'w cau pan fyddan nhw'n hen. Mae'r gwastraff ymbelydrol yn beryglus a gall aros yn ymbelydrol am filoedd o flynyddoedd.

Adnoddau egni adnewyddadwy

Egni trydan-dŵr Mae afon yn llenwi llyn y tu ôl i argae. Mae dŵr sy'n llifo o'r llyn yn troi'r generaduron.

Problemau Drud i'w hadeiladu. Ychydig o ardaloedd yn y byd sy'n addas. Mae adeiladu argae a gorlifo tir yn achosi niwed i'r amgylchedd.

Egni'r llanw Tebyg i egni trydan-dŵr, ond bod llyn yn llenwi pan fydd y llanw'n dod i mewn, a gwagio pan fydd yn mynd allan.

Problemau Yr un rhai ag ar gyfer egni trydan-dŵr.

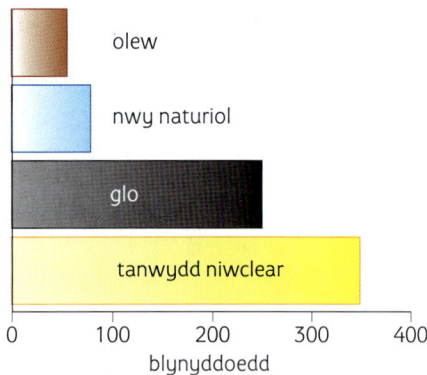

olew · nwy naturiol · glo · tanwydd niwclear · blynyddoedd

Gallai cyflenwadau'r byd o danwyddau anadnewyddadwy ddod i ben yn y cyfnodau uchod, os byddwn yn parhau i ddefnyddio cymaint ag yr ydym heddiw.

Mae'r byd yn defnyddio llawer iawn o olew, ac mae cwmnïau olew yn chwilio am gyflenwadau newydd o hyd.

Mae'r celloedd solar hyn yn cynhyrchu cerrynt pan fydd golau'r Haul yn eu taro.

Egni gwynt Tyrbinau gwynt ('melinau gwynt') yn troi generaduron.

Problemau Mae angen ardaloedd mawr, anghysbell, gwyntog. Mae'r gwynt yn amrywio. Mae tyrbinau gwynt yn swnllyd, ac yn difetha'r dirwedd.

Egni tonnau Generaduron yn cael eu gyrru gan symudiad 'i fyny ac i lawr' y tonnau ar y môr.

Problemau Anodd eu hadeiladu – ychydig iawn fu'n llwyddiannus.

Egni geothermol Ager yn dod o ffynhonnau poeth o dan y ddaear. Neu caiff dŵr ei bwmpio i lawr at greigiau poeth yn ddwfn o dan wyneb y ddaear ac mae'n codi ar ffurf ager.

Problemau Mae tyllu dwfn yn anodd a drud.

Egni solar Mae **paneli solar** yn amsugno egni sy'n cael ei belydru o'r Haul a'i ddefnyddio i gynhesu dŵr. Mae **celloedd solar** yn cynhyrchu trydan.

Problemau Oriau o heulwen yn amrywio. Celloedd solar yn ddrud.

Biodanwyddau Tanwyddau wedi eu gwneud o ddefnydd sy'n dod o blanhigion neu anifeiliaid yw'r rhain. Weithiau cânt eu galw'n **fiomas**. Maen nhw'n cynnwys coed, alcohol wedi ei wneud o siwgr cansen, a nwy methan o wastraff sy'n pydru.

Problemau Mae angen ardaloedd enfawr o dir i dyfu planhigion.

Arbed egni

Mae llosgi tanwyddau ffosil yn achosi llygredd. Ond mae'r dewisiadau eraill yn gallu achosi problemau i'r amgylchedd hefyd. Dyna pam mae llawer o bobl yn credu y dylem ni wastraffu llai o egni. Rhai ffyrdd fyddai defnyddio trafnidiaeth gyhoeddus a beiciau yn lle ceir, ynysu adeiladau'n well, gwneud pethau sy'n para'n hirach, ac ailgylchu mwy o'n defnyddiau gwastraff.

Cwestiynau

Efallai y bydd arnoch angen gwybodaeth o'r siart ar y tudalennau nesaf.

1. Mae rhai adnoddau egni yn *anadnewyddadwy*. Beth yw ystyr hyn? Rhowch *ddwy* enghraifft.
2. Enwch *ddwy* ffordd o gynhyrchu trydan lle nad oes angen llosgi tanwydd a lle mae'r egni yn adnewyddadwy.
3. Yn wreiddiol, daeth yr egni mewn petrol o'r Haul. Eglurwch sut y daeth i'r petrol yn y lle cyntaf.
4. Beth yw *biodanwyddau*? Rhowch *ddwy* enghraifft.
5. Enwch *ddwy* broblem sy'n codi wrth ddibynnu ar danwyddau ffosil.
6. Edrychwch ar y siartiau cylch ar y dde.

a Ym mha ardal mae'r cyflenwadau olew mwyaf?
b Cyflenwadau mawr o ba danwydd arall sydd gan yr ardal hon?
c Pa ardaloedd sy'n defnyddio'r mwyaf o olew yn eich barn chi? Pam?

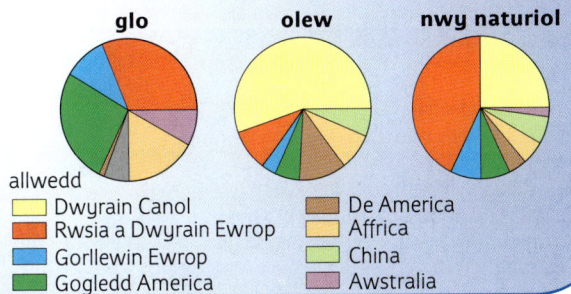

glo   **olew**   **nwy naturiol**

allwedd

- Dwyrain Canol
- Rwsia a Dwyrain Ewrop
- Gorllewin Ewrop
- Gogledd America
- De America
- Affrica
- China
- Awstralia

Paneli solar

Mae'r rhain yn amsugno egni sy'n cael ei belydru o'r Haul a'i ddefnyddio i gynhesu dŵr.

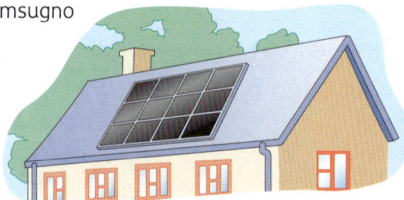

Celloedd solar

Mae'r rhain yn defnyddio'r egni yng ngolau'r Haul i gynhyrchu ychydig bach o drydan.

Egni mewn bwyd

Rydyn ni'n cael egni o'r bwyd rydym yn ei fwyta. Gallwn fwyta planhigion, neu anifeiliaid a fu'n bwyta planhigion.

Biodanwyddau o blanhigion

Mae coed yn dal i fod yn danwydd pwysig mewn nifer o wledydd. Wrth losgi coed, mae'n rhyddhau egni a ddaeth o'r goeden o'r Haul yn wreiddiol. Mewn rhai gwledydd, caiff siwgr cansen ei dyfu a'i eplesu i wneud alcohol. Mae'n bosib defnyddio hwnnw fel tanwydd yn lle petrol.

Biodanwyddau o wastraff

Mae gwastraff planhigion ac anifeiliaid sy'n pydru yn gallu rhyddhau nwy methan (sef nwy naturiol). Gallwn ei ddefnyddio fel tanwydd. Mae methan i'w gael mewn corsydd, tomenni sbwriel a gweithfeydd trin carthion. Gallwn hefyd ddefnyddio rhywfaint o wastraff fel tanwydd yn syth, trwy ei losgi.

Batrïau

Mae'n rhaid rhoi egni i rai batrïau (er enghraifft batri car) trwy roi trydan ynddyn nhw. Mae batrïau eraill wedi eu gwneud o gemegau sydd eisoes yn storio egni. Ond mae angen egni i gynhyrchu'r cemegyn yn y lle cyntaf.

Yr Haul

Mae'r Haul yn pelydru egni oherwydd yr adweithiau niwclear sy'n digwydd yn ddwfn y tu mewn iddo. Mae'n rhyddhau cymaint o egni â 400 miliwn biliwn biliwn plât popty trydan. Cyfran fechan iawn sy'n cyrraedd y Ddaear.

Egni mewn planhigion

Mae planhigion yn cymryd egni o'r heulwen sy'n taro eu dail. Maen nhw'n defnyddio'r egni i droi dŵr a charbon deuocsid o'r aer yn dyfiant newydd. Mae anifeiliaid yn bwyta planhigion er mwyn cael yr egni sydd wedi'i storio ynddyn nhw.

Tanwyddau ffosil

Caiff olew, nwy naturiol a glo eu galw'n danwyddau ffosil. Cawson nhw eu ffurfio o weddillion planhigion a chreaduriaid bach y môr a oedd yn byw filiynau o flynyddoedd yn ôl. Mae cymunedau diwydiannol yn dibynnu ar danwyddau ffosil i gael y rhan fwyaf o'u hegni. Mae llawer o orsafoedd pŵer yn llosgi tanwyddau ffosil.

Tanwyddau o olew

Gallwn echdynnu llawer o danwyddau o olew. Mae'r rhain yn cynnwys: petrol, tanwydd diesel, tanwydd jet, paraffin, olew gwres canolog a nwy potel.

Y Lleuad

Mae tyniad disgyrchiant y Lleuad (ac i raddau llai, yr Haul) yn achosi 'chwyddau' yng nghefnforoedd y Ddaear. Wrth i'r Ddaear gylchdroi, mae pob rhan yn mynd i mewn ac allan o'r chwyddau – mae'r llanw yn codi a disgyn. Mae symudiad y llanw yn cludo egni.

Egni llanw

Mewn cynllun egni llanw, caiff argae ei roi ar draws moryd i ffurfio llyn artiffisial. Mae'r llanw yn dod i mewn a llenwi'r llyn; mae'r llanw yn mynd allan a'r llyn yn gwagio. Mae llif y dŵr i mewn ac allan o'r llyn yn troi generaduron.

Niwclews yr atom

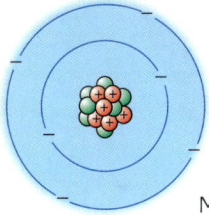

Mewn defnyddiau ymbelydrol, mae niwclews (canol) yr atom yn ansefydlog ac mae'r atomau yn chwalu gan ryddhau egni. Mae'r defnydd yn rhyddhau'r egni yn araf ar ffurf egni thermol. Gyda rhai niwclysau, mae'n bosib defnyddio adweithiau niwclear i ryddhau'r egni yn llawer cyflymach.

Egni niwclear

Mewn adweithydd, mae adweithiau niwclear yn rhyddhau egni o niwclysau atomau wraniwm. Mae hyn yn cynhyrchu gwres sy'n cael ei ddefnyddio i wneud ager i yrru generaduron.

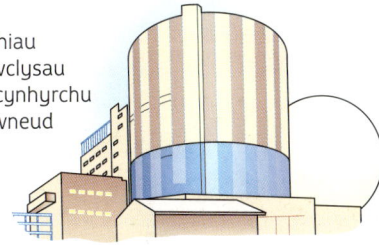

Egni geothermol

Yn ddwfn o dan y ddaear, mae'r creigiau yn boethach na'r rhai sydd ar yr arwyneb. Daw'r gwres o ddefnyddiau ymbelydrol sy'n bodoli'n naturiol yn y creigiau. Mae'n bosib ei ddefnyddio i wneud ager ar gyfer cynhesu adeiladau neu yrru generaduron.

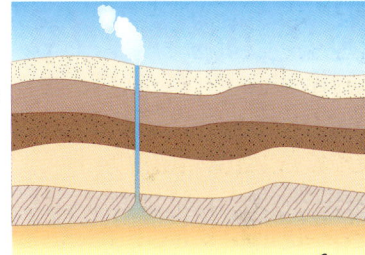

Systemau tywydd

Mae'r rhain yn cael eu gyrru'n rhannol gan egni sy'n cael i belydru o'r Haul. Mae aer cynnes yn codi uwchben y ɣhydedd gan achosi i feltiau o wynt symud o amgylch y daear. Mae gwyntoedd yn cludo anwedd dŵr o'r ɦoroedd ac yn dod â glaw ac eira.

Egni gwynt

Am ganrifoedd, mae pobl wedi defnyddio egni'r gwynt i symud llongau, pwmpio dŵr a malu ŷd. Heddiw, caiff tyrbinau gwynt enfawr eu defnyddio i droi generaduron.

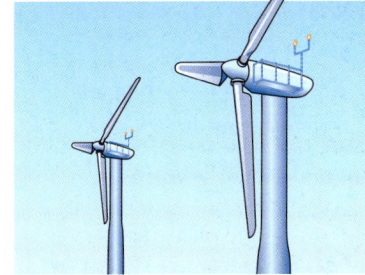

Egni tonnau

wynt (ac i ryw raddau, llanw) sy'n achosi ɔnnau. Mae tonnau yn chosi symudiad 'i fyny : i lawr' cyflym ar yneb y môr. Gallwn defnyddio'r symudiad vn i yrru generaduron.

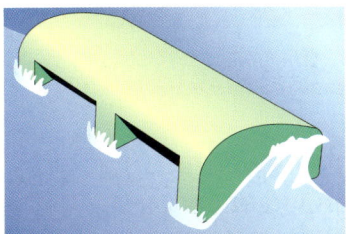

Egni trydan-dŵr

Mae llyn artiffisial yn llenwi y tu ôl i argae. Mae dŵr sy'n llifo i lawr o'r llyn yn cael ei ddefnyddio i droi generaduron. Bydd y llyn yn ail-lenwi gyda dŵr o'r afonydd, a ddisgynnodd fel glaw neu eira yn wreiddiol.

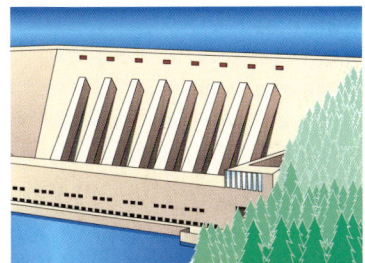

GWRES yn y cartref

GWRES YN DIANC

Mae'r rhan fwyaf o dai yn gwastraffu egni. Pan fydd hi'n oer y tu allan, y gwastraff egni mwyaf yw colli gwres. Dyma sut mae'r gwres yn dianc o dŷ cyffredin.

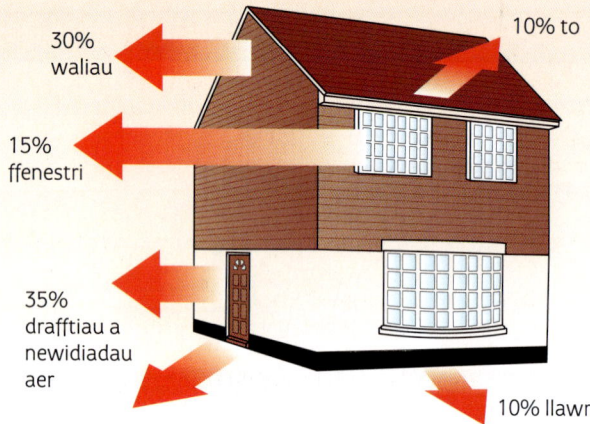

30% waliau

10% to

15% ffenestri

35% drafftiau a newidiadau aer

10% llawr

Aer newydd yn lle hen aer

Atal drafftiau a newidiadau aer sy'n arbed fwyaf ar filiau tanwydd. Ond gall hyn beryglu eich iechyd – a hyd yn oed eich bywyd. Os yw ystafelloedd wedi eu selio'n dynn, ni fydd ocsigen newydd yn gallu cymryd lle'r ocsigen sy'n cael ei ddefnyddio. Bydd sylweddau peryglus yn ymgasglu yn yr aer hefyd.

nwy radon ymbelydrol yn gollwng o'r brics ac o'r ddaear

nwy methanal o ddodrefn bwrdd sglodion

mwg sigarét

nitrogen deuocsid o'r popty nwy

carbon monocsid o'r tân nwy

O ran diogelwch, dylai'r aer mewn ystafell newid yn llwyr o leiaf unwaith bob awr. Mewn tŷ drafftiog, gall fod yn newid 15 gwaith yr awr. Mae hyn yn dda ar gyfer clirio'r aer, ond mae'n golygu bod cynhesu'r tŷ yn ddrud iawn.

Gwerthoedd U

I gyfrifo'r gwres sy'n debygol o gael ei golli o dŷ, mae angen i'r pensaer wybod **gwerthoedd U** y gwahanol ddefnyddiau. Er enghraifft:

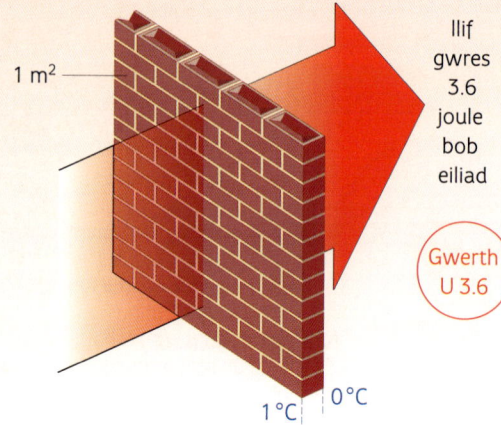

1 m²

llif gwres 3.6 joule bob eiliad

Gwerth U 3.6

1°C   0°C

Gwerth U wal frics sengl yw 3.6 W/(m² ºC). Hynny yw, bydd un metr sgwâr o'r wal, gyda gwahaniaeth tymheredd o 1°C ar ei thraws, yn dargludo gwres ar gyfradd o 3.6 joule bob eiliad.

Mae'r llif gwres yn fwy os yw:

❄ y gwahaniaeth tymheredd yn uwch.
❄ yr arwynebedd yn fwy.
❄ y wal yn deneuach.

Gwerth U	W/(m² °C)
wal frics sengl	3.6
wal ddwbl, â cheudod aer	1.7
wal ddwbl, â gwlân ffibr fel ynysydd yn y ceudod	0.5
ffenestr wydr, un haen	5.7
ffenestr ddwbl	2.7

Yr isaf yw'r gwerth U, y gorau yw'r defnydd am ynysu.

Tai egni isel

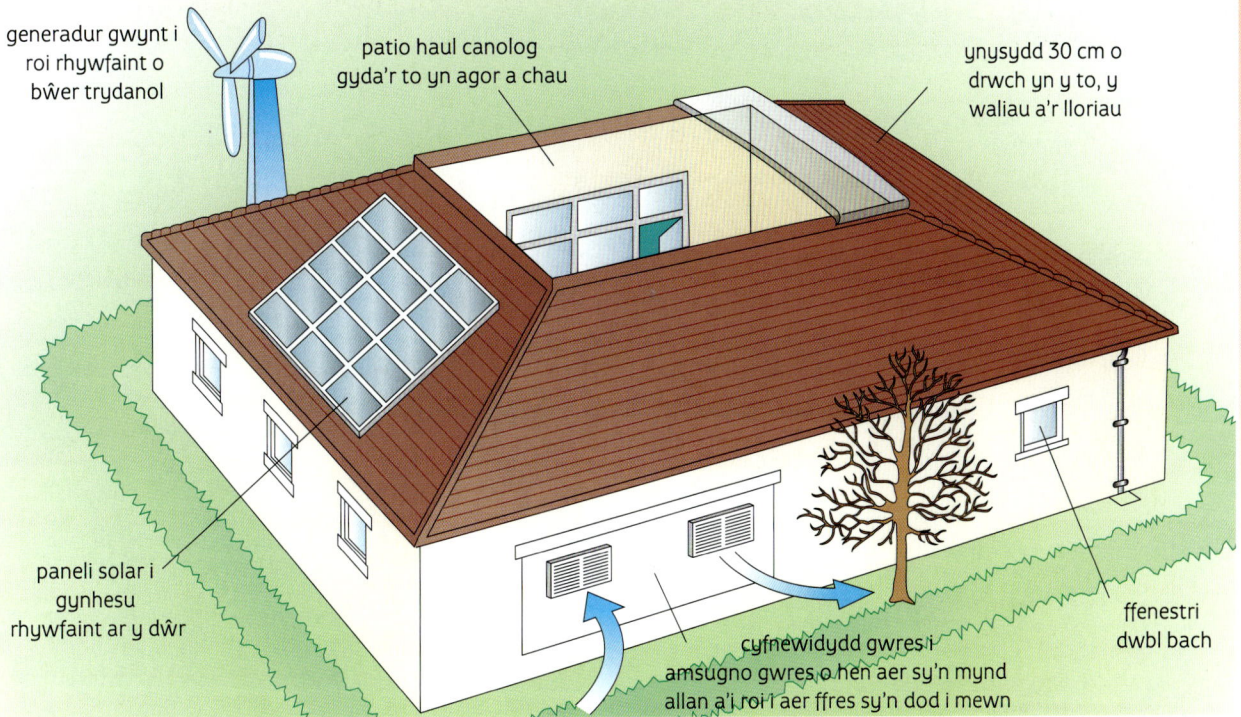

generadur gwynt i roi rhywfaint o bŵer trydanol

patio haul canolog gyda'r to yn agor a chau

ynysydd 30 cm o drwch yn y to, y waliau a'r lloriau

paneli solar i gynhesu rhywfaint ar y dŵr

cyfnewidydd gwres i amsugno gwres o hen aer sy'n mynd allan a'i roi i aer ffres sy'n dod i mewn

ffenestri dwbl bach

Dyma gynllun ar gyfer tŷ egni isel. Yn y gaeaf, mae pŵer gwresogydd trydan un bar yn ddigon i gynhesu'r tŷ cyfan. Mae'r tŷ yn dda i'r amgylchedd – ond, yn anffodus, mae'n llawer rhy ddrud i'r rhan fwyaf o bobl ei brynu. Hefyd, mae yna un ffordd o'i wella…

Os cymharwch wahanol fathau o dai sydd â'r un lefel o ynysu, mae tŷ teras fel hwn yn gwastraffu llai o egni. Gan ei fod yn y canol rhwng adeiladau eraill, mae llai o arwynebedd i'r gwres allu dianc ohono i'r atmosffer.

Trafodwch

● Mewn tywydd oer, mae'r rhan fwyaf o dai yn gwastraffu gormod o wres.

❋ Beth sy'n achosi'r golled wres fwyaf o dŷ?

❋ Pam y gallai fod yn beryglus i atal y golled hon yn llwyr?

● Edrychwch ar y tabl gwerthoedd U gyferbyn.

❋ Beth fydd yn gadael i'r mwyaf o wres ddianc, wal ddwbl â cheudod aer neu ffenestr gwydr dwbl gyda'r un arwynebedd?

❋ A yw tai â ffenestri bach yn debygol o golli llai o wres na thai â ffenestri mwy? Allwch chi egluro pam?

Calon GYNNES Peryglon OERFEL

Yn y gaeaf, efallai y bydd eich traed neu eich dwylo yn oer. Ond cyn belled â bod **craidd** y corff yn aros uwchben y tymheredd arferol, sef 37 ºC, gallwch ymdopi gyda'r amodau oer y tu allan.

Mae ymarfer corff yn ffordd dda o gadw'n gynnes gan nad yw'r corff dynol yn 'beiriant' effeithlon iawn. Am bob joule o egni a ddaw o'ch cyhyrau, rhaid i'ch corff ryddhau tua 6 joule o'ch bwyd trwy ei 'losgi'. Mae'r 5 joule arall yn eich cynhesu!

Os bydd y corff yn colli gormod o wres, a thymheredd y craidd yn gostwng mwy na 2 °C, bydd yn stopio gweithio'n iawn. Enw'r cyflwr yw **hypothermia**.
Mae hypothermia yn beryglus i'r henoed os na fydd eu cartrefi yn cael eu cynhesu'n iawn.

Mae babanod hefyd yn ei chael hi'n anodd ymdopi â'r oerfel. Nid yw eu cyrff yn storio cymaint o wres ag oedolion, felly mae colli gwres yn effeithio arnyn nhw'n fwy difrifol.
Ac ni allan nhw ymateb i golli gwres yn sydyn oherwydd nad yw eu system rheoli tymheredd wedi datblygu'n llawn.

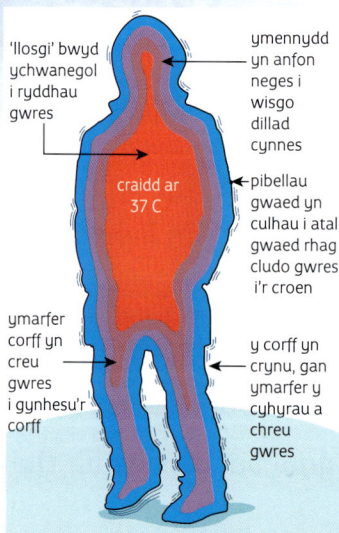

'llosgi' bwyd ychwanegol i ryddhau gwres

ymennydd yn anfon neges i wisgo dillad cynnes

craidd ar 37 C

pibellau gwaed yn culhau i atal gwaed rhag cludo gwres i'r croen

ymarfer corff yn creu gwres i gynhesu'r corff

y corff yn crynu, gan ymarfer y cyhyrau a chreu gwres

Sut mae'r corff yn cadw'n gynnes.

Lleihau pelydriad

Mae clogyn sgleiniog yn un ffordd o helpu rhedwyr marathon i gadw'n gynnes ar ddiwedd y ras.

Goroesi yn y môr

Heb siwt ynysu, gallai'r syrffiwr yn y llun ddioddef o hypothermia mewn munudau. Mewn dŵr oer, mae'r corff dynol yn colli gwres 20 gwaith yn gyflymach nag mewn aer oer.

Wrth wisgo siwt wlyb fel hon, mae rhywfaint o ddŵr yn cael ei ddal rhwng y siwt a chroen y syrffiwr. Mae'r dŵr yn ynysydd. Daw rhagor o ynysiad o'r miloedd o swigod nitrogen bychan sy'n gaeth yn leinin y siwt.

Byw ar begwn

Nid yw arth wen yn cael trafferth cadw gwres ei chorff. Mae ganddi ddigon o ffwr i ddal aer, a haenau o fraster trwchus o dan ei chroen i'w hynysu. Mae nofio mewn dŵr rhewllyd yn ddigon pleserus os oes gobaith y bydd yno rywbeth i'w fwyta yr un pryd.

Trafodwch

Allwch chi awgrymu rheswm am bob un o'r rhain?

❄ Mae ymarfer corff yn eich cynhesu.

❄ Mae hypothermia yn fwy o broblem i'r henoed na phobl ifanc.

❄ Weithiau bydd rhedwyr marathon yn gwisgo clogyn sgleiniog ar ddiwedd y ras.

❄ Tymheredd yr ystafell newid yn y pwll nofio yw 25 °C, ond mae'r pwll ei hun yn 30 °C.

1 Mae model o orsaf bŵer yn y diagram isod. Mae peiriant ager bychan yn gyrru generadur sy'n goleuo bwlb. Penderfynwch ym mhle mae pob un o'r newidiadau egni hyn yn digwydd. (Gallwch ateb trwy ysgrifennu'r llythyren A–CH ym mhob achos.)

peiriant ager
B
bwlb
A
C
CH
llosgi tanwydd
generadur

a Egni cinetig i egni trydanol.

b Egni gwres i egni cinetig

c Egni trydanol i egni gwres a goleuni.

ch Egni cemegol i egni gwres.

2 Mae merch yn sgïo ac yn cael ei thynnu i fyny'r llethr trwy ddal handlen sy'n sownd wrth gebl sy'n symud. Mae hi'n codi trwy uchder fertigol o 100 m mewn 5 munud. Os yw'r ferch yn pwyso 600 N:

a Cyfrifwch yr egni sy'n cael ei ddefnyddio i godi'r ferch i ben y llethr.

b Gan gymryd bod y system 100% yn effeithlon, cyfrifwch bŵer y system.

c Awgrymwch ddau reswm pam na fydd y system 100% yn effeithlon.

3 Mae gweithwyr ar safle adeiladu wedi gosod winsh drydan er mwyn codi bwced yn llawn llechi i ben y to. Os yw'r bwced a'r llechi yn pwyso 500 N:

a Beth yw'r grym lleiaf y mae'n rhaid ei ddefnyddio er mwyn codi'r bwced a'r llechi oddi ar y llawr?

b Faint o waith sy'n cael ei wneud wrth godi'r llechi 20 m o'r llawr i'r to?

c Pa drawsffurfiadau egni sy'n digwydd wrth i'r llechi gael eu codi?

ch Os yw'r llechi yn cael eu codi 20 m mewn 10 s, beth yw pŵer y winsh?

d Os 50% yn effeithlon yw'r winsh, faint o egni mae'n rhaid i'r modur trydan ei gael er mwyn codi'r llechi 20 m?

dd Awgrymwch un neu ddau o resymau pam y gallai'r system fod yn llai na 100% yn effeithlon.

e Sut y gallech chi wella effeithlonedd y system?

4 Mae pentref anghysbell yn defnyddio paneli solar a melinau gwynt yn ffynonellau egni.

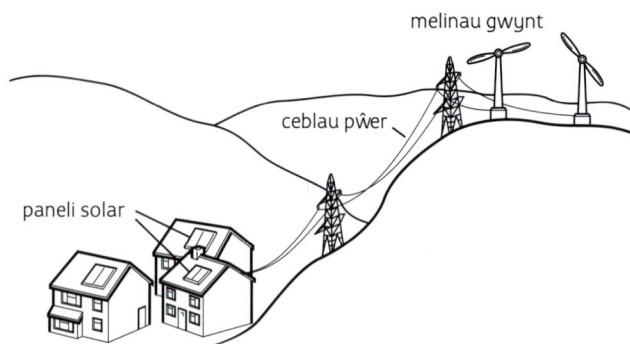

melinau gwynt
ceblau pŵer
paneli solar

a i Ysgrifennwch un **fantais** defnyddio'r ffynonellau egni hyn.

b ii Ysgrifennwch un **anfantais** defnyddio paneli solar.

c iii Ysgrifennwch un **anfantais** defnyddio melinau gwynt.

5 Mae'r diagram isod yn dangos cynllun trydan-dŵr. Mae dŵr yn rhuthro o ben uchaf y llyn i'r orsaf bŵer. Yn yr orsaf bŵer, mae'r dŵr yn troi tyrbin sy'n gyrru generadur.

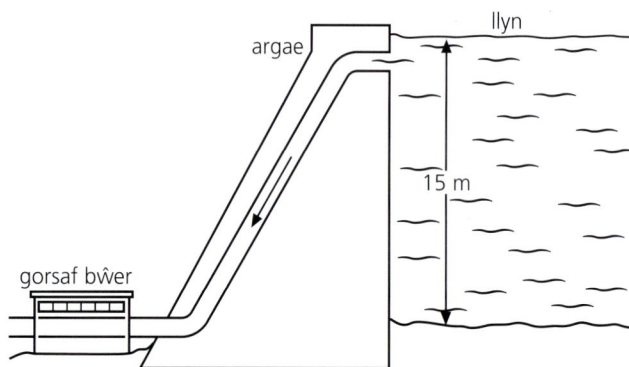

llyn
argae
15 m
gorsaf bŵer

a Pa fath o egni sydd gan y dŵr pan fydd yn cyrraedd yr orsaf bŵer?

b Mae rhywfaint o egni'r dŵr yn cael ei wastraffu.

i Pam mae egni yn cael ei wastraffu?

ii Beth sy'n digwydd i'r egni sy'n cael ei wastraffu?

6 Mae'r cynllun trydan-dŵr yng nghwestiwn 5 yn adnodd egni adnewyddadwy.

a Beth yw ystyr *adnodd egni adnewyddadwy*?

b Pan fydd dŵr yn llifo o'r llyn, bydd egni potensial yn cael ei golli. O ble daw mwy o egni i gymryd ei le?

c Beth yw manteision cynllun trydan-dŵr o'i gymharu â gorsaf bŵer sy'n llosgi tanwydd??

ch Pa niwed amgylcheddol sy'n cael ei achosi gan gynllun trydan-dŵr?

7 Gyda'r nos, pan fo'r rhan fwyaf ohonom yn cysgu, eithaf bychan yw'r galw am drydan. Ond, mae'r generaduron yn y gorsafoedd pŵer yn dal i weithio, gan ei bod yn wastraffus ac aneffeithlon eu diffodd. Mewn rhai gorsafoedd pŵer, mae'r egni trydanol sy'n cael ei gynhyrchu dros ben yn cael ei ddefnyddio i bwmpio dŵr i fyny llethr i argae. Yna yn ystod y dydd mae'r dŵr yn cael ei ryddhau a'i ddefnyddio i yrru generaduron pan fo'r galw yn uchel.

a Pa bwysau o ddŵr all gael ei bwmpio 50 m i fyny llethr os oes 2 MJ o egni dros ben gan y generadur?

b Ar ôl ei ryddhau, faint o egni cinetig fydd gan y dŵr hwn ar ôl iddo ddisgyn

  i 25 m?

  ii 50 m?

  Beth ydych chi wedi ei gymryd yn ganiataol?

c Os 40% yn effeithlon yw'r generadur sy'n cael ei yrru gan y dŵr, faint o egni sy'n cael ei golli?

ch Awgrymwch pam mae trydan dros nos, adeg galw isel, yn rhatach na thrydan yn ystod y dydd.

8 I fod yn athletwr neidio polyn da, rhaid bod yn gryf a heini, yn ogystal â gallu rhedeg yn gyflym.

a Pa fath o egni sydd gan y neidiwr polyn

  i cyn dechrau rhedeg?

  ii wrth redeg ar hyd y trac?

  iii wrth glirio'r bar?

b Ar ôl i'r athletwr orffen neidio, i ble'r aeth yr holl egni?

9 Ar y drafford, batrïau sy'n gweithio rhai o'r arwyddion. Celloedd solar sy'n rhoi egni i'r batrïau.

paneli solar
DEDI O'CH BLAEN
batrïau

a Beth yw'r ffynhonnell egni ar gyfer celloedd **solar**?

b Am bob 100 J o egni mae'r batrïau yn ei roi i'r arwydd, bydd yr arwydd yn cynhyrchu 80 J o egni defnyddiol.

  i Pa fath o egni fydd yr 20 J arall?

  ii Defnyddiwch y fformiwla

$$\text{effeithlonedd} = \frac{\text{allbwn egni defnyddiol}}{\text{cyfanswm mewnbwn egni}} \times 100\%$$

  i gyfrifo effeithlonedd yr arwydd ar y drafford.

10 Mae'r diagram isod yn dangos gorsaf bŵer sy'n cyflenwi'r Grid Cenedlaethol.

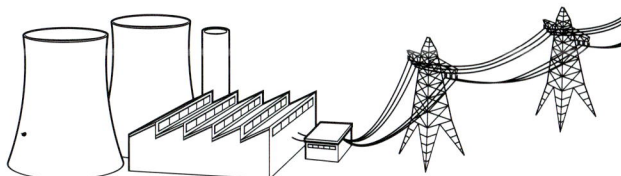

a Beth yw'r Grid Cenedlaethol?

b Mae'r rhan fwyaf o orsafoedd pŵer yn defnyddio tanwyddau ffosil yn ffynhonnell egni. Mae'r tabl isod yn dangos pa mor hir y bydd rhai ffynonellau egni yn para os byddwn yn dal i'w defnyddio ar yr un gyfradd.

ffynhonnell egni	amser (blynyddoedd)
olew	40
nwy naturiol	60
glo	220

  i Pa ffynhonnell fydd yn dod i ben gyntaf?

  ii Awgrymwch **ddau** reswm pam y gallai'r ffynonellau egni bara'n **hirach** na'r hyn a welwch yn y tabl.

11 Mae'r tabl isod yn rhoi gwybodaeth am rai o'r ffynonellau egni sy'n cael eu defnyddio i gynhyrchu trydan ym Mhrydain.

Ffyn-honnell egni	Adnewydd-adwy	Faint sydd ar ôl?	Pa mor effeithlon y mae'n cynhyrchu trydan
glo	nac ydy	200 mlynedd	40%
olew	nac ydy	40 blynedd	35%
nwy	nac ydy	65 mlynedd	50%
gwynt	ydy	dim	40%

a **i** Pa rai o'r ffynonellau egni hyn sy'n danwyddau ffosil?

ii Pa danwydd ffosil sydd â'r cyflenwadau mwyaf y gwyddom ni amdanyn nhw?

iii Pa danwydd ffosil sy'n cael ei ddefnyddio yn fwyaf effeithlon i gynhyrchu trydan?

iv Pam mae'n dweud bod gwynt yn adnewyddadwy?

b Awgrymwch DDAU reswm pam mai cyfran fach yn unig o'n trydan sy'n cael ei gynhyrchu gan y gwynt.

c Eglurwch pam mae hi'n bwysig datblygu ffynonellau egni adnewyddadwy.

12 Mewn gwledydd heulog, mae gan rai tai wresogydd solar ar y to. Mae'n cynhesu dŵr ar gyfer y tŷ. Yn y diagram, fe welwch chi gynllun nodweddiadol.

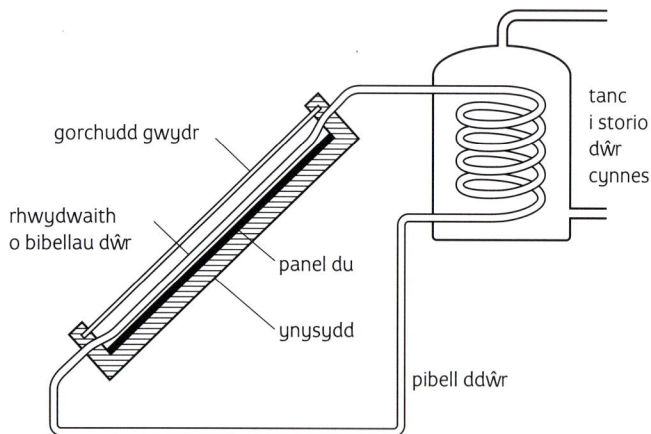

gorchudd gwydr
rhwydwaith o bibellau dŵr
panel du
ynysydd
pibell ddŵr
tanc i storio dŵr cynnes

a Pam mae'r panel yn y gwresogydd solar yn ddu?

b Pam mae yna haen ynysu y tu ôl i'r panel?

c Sut mae'r dŵr yn y tanc yn cael ei wresogi?

ch Pam mae'r panel solar yn gweithio orau ar ongl, yn hytrach nag yn wastad neu yn fertigol?

d Ar gyfartaledd, mae pob metr sgwâr o'r panel solar uchod yn derbyn 1000 joule o egni gan yr Haul bob eiliad. Defnyddiwch y ffigur hwn i gyfrifo mewnbwn pŵer (mewn kW) y panel os yw ei arwynebedd yn 2 m².

dd Effeithlonedd y gwresogydd solar yn y diagram yw 60% (mae'n gwastraffu 40% o'r egni solar y mae'n ei dderbyn). Pa arwynebedd ddylai'r panel ei gael er mwyn iddo gyflenwi gwres ar yr un gyfradd, ar gyfartaledd, â gwresogydd troch trydan 3 kW?

e **i** Beth yw manteision defnyddio gwresogydd solar yn hytrach na gwresogydd troch?

ii Beth yw'r anfanteision?

13 Mae'r diagram isod yn dangos toriad trwy reiddiadur.

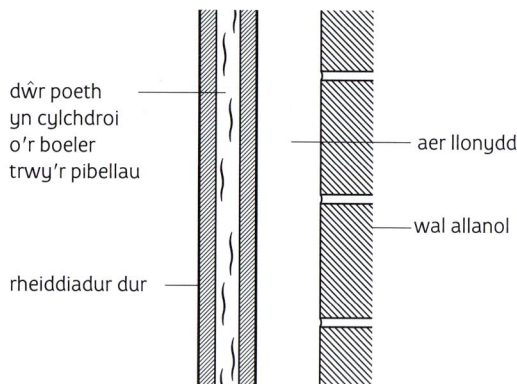

dŵr poeth yn cylchdroi o'r boeler trwy'r pibellau
aer llonydd
wal allanol
rheiddiadur dur

Disgrifiwch, mor llawn â phosib, sut mae gwres o'r tu mewn i'r rheiddiadur yn teithio allan i'r ystafell.

Pam y byddai gosod haen o ffoil arian ar wyneb y wal yn rhwystro rhywfaint o'r gwres rhag dianc i'r tu allan?

14 Dyma ddiagram o danc storio dŵr poeth. Mae'r dŵr yn cael ei wresogi gan wresogydd troch trydan yn y gwaelod.

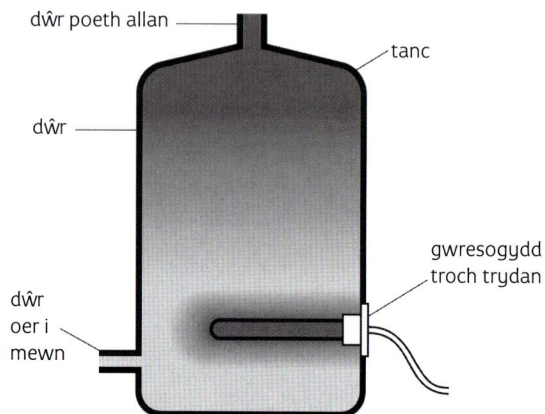

dŵr poeth allan
tanc
dŵr
gwresogydd troch trydan
dŵr oer i mewn

a Sut gallech chi leihau'r gwres sy'n cael ei golli o'r tanc? Pa ddefnyddiau fyddai'n addas ar gyfer y gwaith?

b Pam mae'r gwresogydd yng ngwaelod y tanc yn hytrach na'r pen uchaf?

c Allbwn pŵer y gwresogydd yw 3 kW.

   i Beth yw ystyr y 'k' yn 'kW'?

   ii Sawl joule o egni gwres y mae'r gwresogydd yn ei gyflenwi mewn un eiliad?

   iii Sawl joule o egni gwres y mae'r gwresogydd yn ei gyflenwi mewn 7 munud?

15 Mae'r diagram isod yn dangos sut y gallai gwres ddianc o dŷ heb ei ynysu.

Awgrymwch 5 ffordd o leihau'r gwres sy'n cael ei golli o'r tŷ hwn.

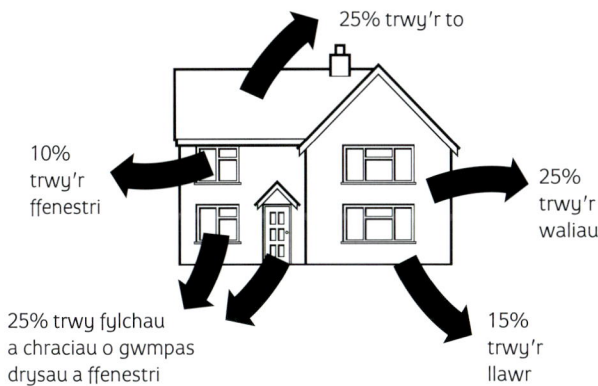

25% trwy'r to

10% trwy'r ffenestri

25% trwy'r waliau

25% trwy fylchau a chraciau o gwmpas drysau a ffenestri

15% trwy'r llawr

16 Mae'r diagram isod yn dangos oergell. Mewn oergell ac o'i chwmpas, mae gwres yn cael ei drosglwyddo trwy ddargludiad, trwy ddarfudiad, a thrwy anweddiad. Penderfynwch pa broses sy'n bennaf gyfrifol am drosglwyddo gwres ym mhob un o'r rhain:

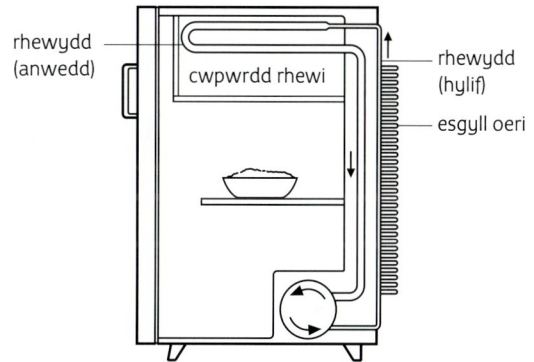

rhewydd (anwedd)

cwpwrdd rhewi

rhewydd (hylif)

esgyll oeri

a Mae aer oer yn disgyn o'r cwpwrdd rhewi a thynnu gwres o'r bwyd.

b Mae gwres yn cael ei golli i'r aer y tu allan trwy'r esgyll oeri ar y cefn.

c Mae rhywfaint o wres y gegin yn mynd i mewn i'r oergell trwy'r paneli allanol.

ch Mae rhywfaint o wres yn mynd i mewn i'r oergell bob tro y bydd rhywun yn agor y drws.

Geiriau pwysig

Mae'r rhifau yn y cromfachau yn dangos ar ba dudalennau y cewch chi ragor o wybodaeth.

darfudiad — Y broses lle mae gwres (egni thermol) yn cael ei gludo gan lif o hylif neu nwy sy'n cylchdroi (aer, er enghraifft). *(6.04)*

dargludydd (thermol) — Defnydd sy'n gadael i wres (egni thermol) lifo trwyddo. Metelau yw'r dargludyddion gorau. *(6.04)*

effeithlonedd — Os yw effeithlonedd peiriant neu fodur yn 0.25 (25%), chwarter yn unig o'r egni sy'n cael ei gyflenwi iddo sy'n cael ei droi yn waith (allbwn egni defnyddiol). Mae'r gweddill yn cael ei wastraffu. *(6.06)*

egni — Mae gan bethau egni os yw'n bosib eu defnyddio i wneud gwaith – hynny yw, i wneud i rymoedd symud. Mae egni yn cael ei fesur mewn jouleau (J). *(6.01)*

egni cinetig — Yr egni sydd gan rywbeth am ei fod yn symud. *(6.01, 6.03)*

egni potensial — Yr egni sydd gan rywbeth oherwydd iddo newid lleoliad neu siâp. *(6.01, 6.03)*

gwaith — Mae gwaith yn cael ei wneud pryd bynnag y bydd grym yn gwneud i rywbeth symud. Caiff 1 joule (J) o waith ei wneud pan fydd grym o 1 newton yn symud rhywbeth dros bellter o 1 metr (yng nghyfeiriad y grym). *(6.01)*

joule (J) — Uned egni a gwaith. Mae 1000 joule yn hafal i 1 cilojoule (kJ). *(6.01)*

pelydriad (thermol) — Pelydrau, fel y rhai o'r Haul, sydd ag effaith wresogi pan fydd rhywbeth yn eu hamsugno. Isgoch yw'r rhan fwyaf o'r pelydrau. *(6.05)*

pŵer — Cyfradd gwneud gwaith neu drawsffurfio egni (ei newid i ffurf arall). Mae'n cael ei fesur mewn watiau (W). Mae 1 wat yn hafal i 1 joule yr eiliad. *(6.06, 2.09)*

tyrbin — Olwyn â llafnau arni sy'n cael eu troi gan ager, nwy neu ddŵr. Mewn gorsafoedd pŵer, mae tyrbinau yn gyrru'r generaduron. *(6.07)*

wat (W) — Uned pŵer. Mae'n hafal i 1 joule yr eiliad. *(2.09, 6.06)*

ynysydd (thermol) — Defnydd sy'n ddargludydd gwres (egni thermol) gwael iawn. *(6.04)*

Gyda'r nos, mae dinas fel hon yn ddigon llachar i'w gweld o'r gofod. Mae cymunedau modern diwydiannol yn dibynnu'n fawr ar ddefnyddio trydan – nid yn unig i oleuo, fel yn y ddinas hon, ond hefyd ar gyfer rhedeg peiriannau mewn ffatrïoedd, cynnal systemau gwybodaeth a chyfathrebu, a gwresogi. Fel arfer, mae tua un rhan o chwech o'r egni a ddefnyddiwn yn dod ar ffurf trydan. Mae'n cael ei gynhyrchu gan y generaduron enfawr yn ein gorsafoedd pŵer.

Magnetau a meysydd

Amcanion

Dylai'r adran hon eich helpu i

- ddisgrifio sut mae polau magnetig yn gwthio a thynnu ei gilydd
- disgrifio'r maes magnetig o amgylch barfagnet

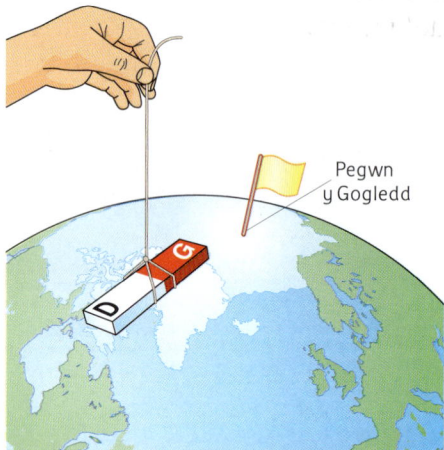

Polau magnet

Os rhowch chi farfagnet bach mewn naddion haearn, bydd y naddion yn glynu wrth y ddau ben, fel y gwelwch ar y dde. Mae'n ymddangos bod y grymoedd magnetig yn dod o ddau bwynt, sef **polau** y magnet.

Mae'r Ddaear yn atynnu polau magnet. Os bydd barfagnet yn cael ei grogi fel yn y diagram ar y chwith, bydd yn troi nes gorwedd yn fras o'r gogledd i'r de. Dyma sut cafodd dau ben y magnet eu henwi:

- pôl cyrchu'r gogledd (neu pôl G yn fyr)
- pôl cyrchu'r de (neu pôl D yn fyr)

Dyma sy'n digwydd wrth i bennau magnetau tebyg ddod at ei gilydd:

> Mae polau tebyg yn gwrthyrru. Mae polau gwahanol yn atynnu. Yr agosaf yw'r polau, y mwyaf yw'r grym rhyngddyn nhw.

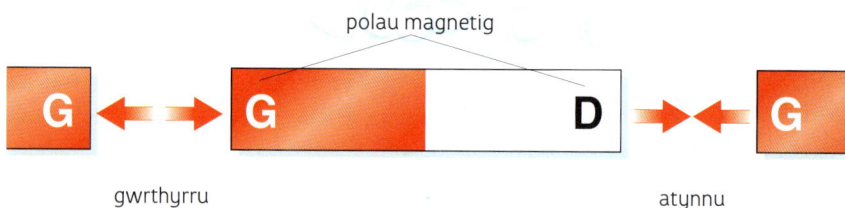

Pegwn y Gogledd

Bydd barfagnet sy'n cael ei grogi fel hyn yn troi nes gorwedd yn fras o'r gogledd i'r de.

polau magnetig

G   G   D   G

gwrthyrru   atynnu

Magnetau parhaol a dros dro

Os rhowch chi ddarnau o haearn a dur yn agos at fagnet, maen nhw'n *newid* yn fagnetau. Mae'r magnet yn **anwytho** magnetedd yn y ddau fetel. Mae'n eu hatynnu gan fod y polau agosaf at ei gilydd yn wahanol.

Ar ôl tynnu'r darnau metel oddi wrth y magnet, mae'r dur yn cadw ei fagnetedd, ond nid yw'r haearn. Mae'r dur wedi newid yn **fagnet parhaol**. **Magnet dros dro** yn unig oedd yr haearn.

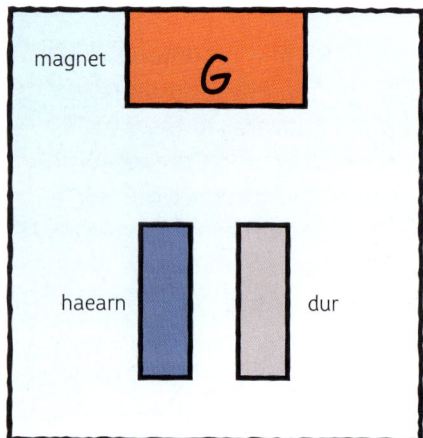

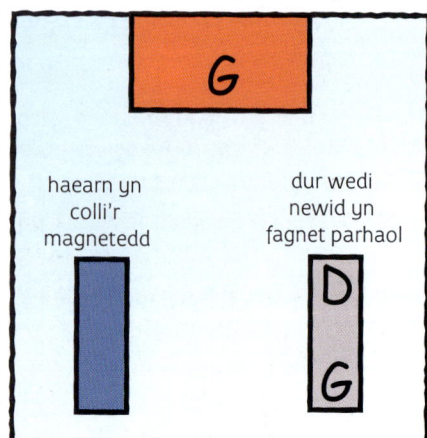

magnet   G

haearn   dur

G   D   D   G   G

anwytho polau mewn haearn a dur

G

haearn yn colli'r magnetedd

dur wedi newid yn fagnet parhaol

D   G

Y term am ddefnyddiau sy'n gallu cael eu magneteiddio ac sy'n cael eu hatynnu gan fagnetau yw **defnyddiau magnetig**. Mae'r holl ddefnyddiau magnetig cryf yn cynnwys haearn, nicel neu gobalt. Er enghraifft, haearn yw dur yn bennaf.

Y maes o amgylch magnet

Mae **maes magnetig** o amgylch magnet. O fewn y maes hwn, mae grymoedd ar unrhyw ddefnydd magnetig.

Gallwch astudio'r maes gan ddefnyddio **cwmpawd** bach, fel y gwelwch isod. Mae'r 'nodwydd' yn fagnet bychan sy'n gallu troi yn rhydd ar ei echel. Mae'r grymoedd o bolau'r magnet yn gwneud i'r nodwydd ddilyn llwybr y maes.

Mae'r Ddaear yn fagnet gwan. Mae ei maes yn troi nodwydd cwmpawd – neu unrhyw fagnet sy'n cael ei grogi – fel bod y nodwydd yn pwyntio gogledd – de yn fras.

Mae naddion haearn yn cael eu hatynnu gan bolau magnet

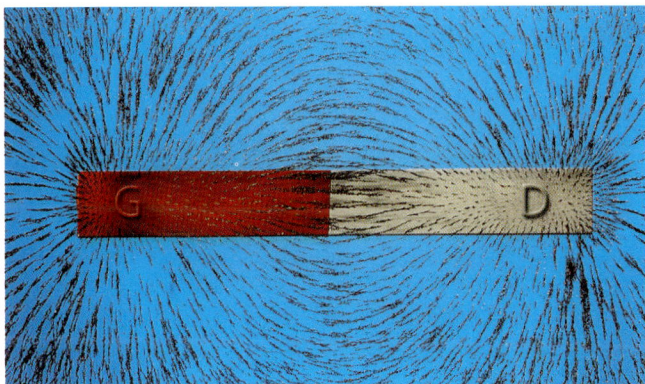

Dyma sy'n digwydd pan fydd naddion haearn yn cael eu taenu ar ddarn o asetad uwchben barfagnet. Mae'r naddion yn newid yn fagnetau bychan, sy'n cael eu tynnu i'w lle gan rymoedd o bolau'r magnet. Mae patrwm y naddion yn dangos beth yw llwybr y **maes magnetig** o amgylch y magnet.

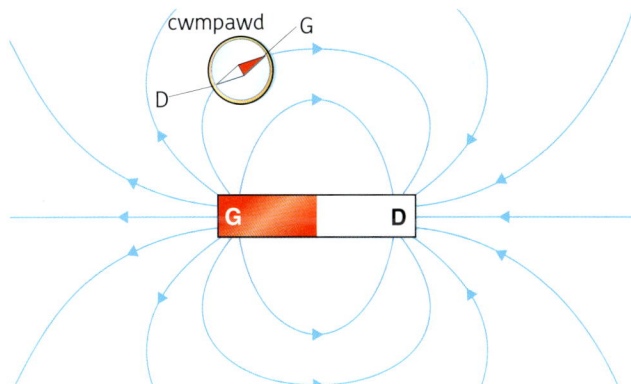

Gallwch ddangos y maes o amgylch magnet gan ddefnyddio **llinellau maes** magnetig. Mae'r rhain yn mynd o bôl G y magnet i'w bôl D. Maen nhw'n dangos i ba gyfeiriad y byddai pen G nodwydd cwmpawd yn pwyntio. Mae'r maes magnetig ar ei gryfaf lle mae'r llinellau maes agosaf at ei gilydd.

Cwestiynau

1 Pam y caiff polau magnet eu galw yn G a D?
2 Pa fath o bôl magnetig sydd:
   a yn atynnu pôl G?   **b** yn gwrthyrru pôl D?
3 Sut gallwch chi ddangos bod maes o amgylch magnet?
4 Yn y diagram ar y dde, mae darnau o haearn a dur yn cael eu hatynnu gan ben magnet.
   a Copïwch y diagram. Darluniwch unrhyw bolau magnetig ar yr haearn a'r dur.
   b Os bydd pennau isaf yr haearn a'r dur yn dechrau symud, i ba gyfeiriad y byddan nhw'n symud, a pham?

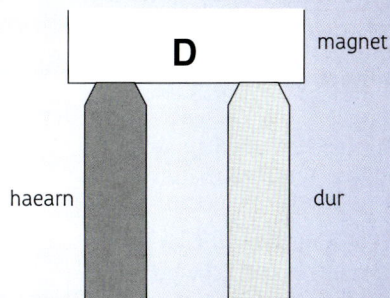

   c Beth sy'n digwydd i bob un o'r metelau pan fydd yn cael ei dynnu oddi wrth y magnet?

Amcanion

Dylai'r adran hon eich helpu i
- ddisgrifio sut mae cerrynt mewn gwifren neu goil yn cynhyrchu maes magnetig

Maes magnetig o amgylch gwifren

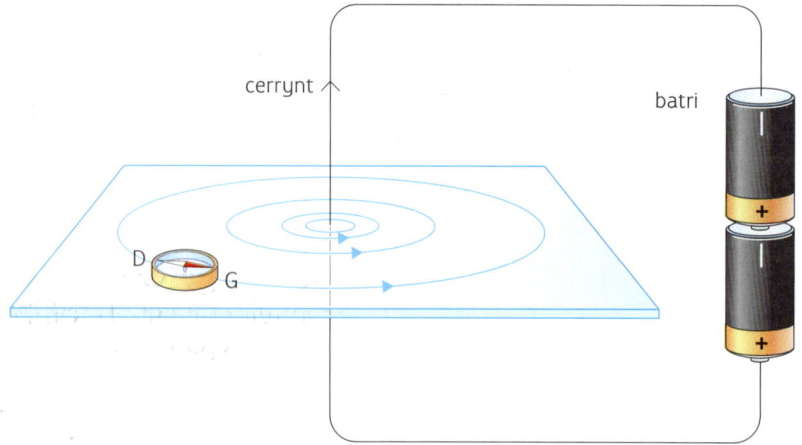

Os bydd cerrynt yn llifo trwy wifren, fel yn y llun uchod, mae'n cynhyrchu maes magnetig gwan. Dyma nodweddion y maes:

- Mae'r llinellau maes magnetig mewn cylchoedd.
- Mae'r maes ar ei gryfaf yn agos at y wifren.
- Mae cynyddu'r cerrynt yn gwneud y maes yn gryfach.
- Mae cildroi cyfeiriad y cerrynt yn cildroi y maes.

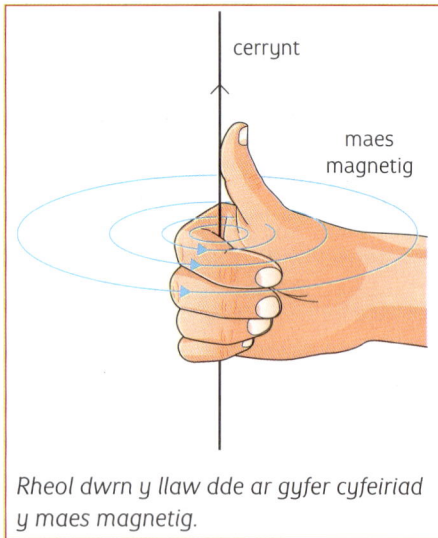

Rheol ar gyfer cyfeiriad y maes

Dychmygwch fod eich llaw dde yn dal y wifren fel bod eich bawd yn pwyntio i'r un cyfeiriad â'r cerrynt (edrychwch ar y chwith). Bydd eich bysedd yn dangos cyfeiriad y llinellau maes.

Rheol dwrn y llaw dde ar gyfer cyfeiriad y maes magnetig.

Maes magnetig o amgylch coil

Mae cerrynt yn cynhyrchu maes magnetig cryfach os yw'r wifren wedi ei throi yn goil. Mae'r diagram isod yn dangos y maes magnetig o amgylch coil sy'n cludo cerrynt. Enw coil hir fel hyn yw **solenoid**.

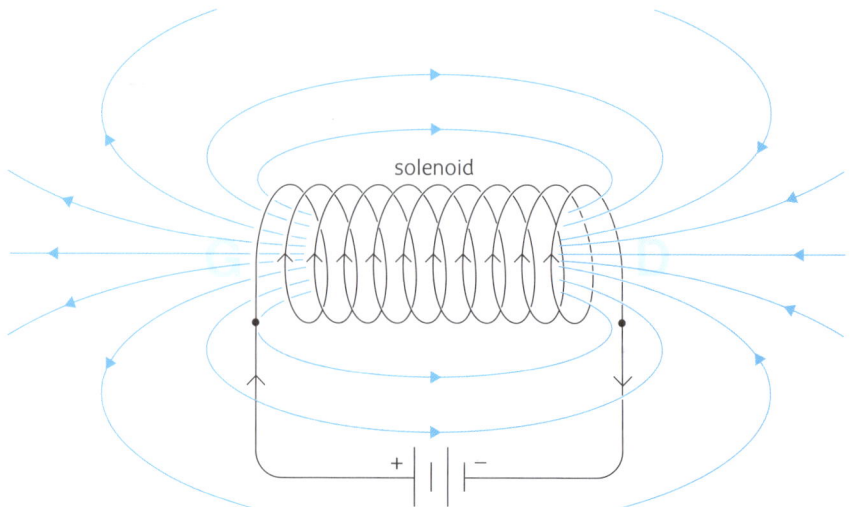

Wyddoch chi?

Defnyddiwch y cyfeiriadau cywir!

Wrth ddefnyddio'r rheolau sy'n cael eu disgrifio ar y tudalennau hyn, cofiwch:

- Mae cyfeiriad y cerrynt yn mynd o derfynell + y batri rownd at y –.
- Cyfeiriad y maes magnetig yw'r cyfeiriad y byddai pen G nodwydd cwmpawd yn pwyntio iddo.

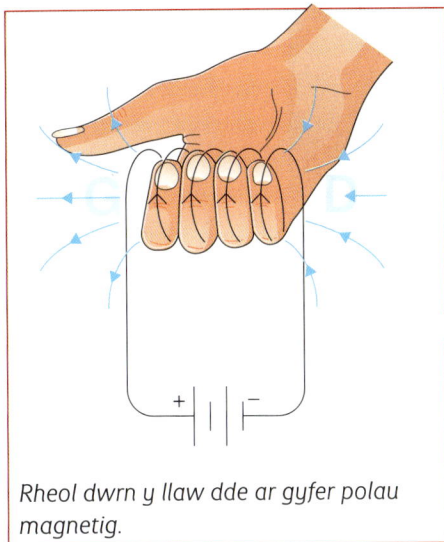

Rheol dwrn y llaw dde ar gyfer polau magnetig.

Dyma nodweddion maes magnetig sy'n cael ei gynhyrchu gan goil:

- Mae'r maes yn debyg i'r un a welwn o amgylch barfagnet, gyda pholau magnetig ar bob pen i'r coil.
- Mae cynyddu'r cerrynt yn gwneud y maes yn gryfach.
- Os rhowch fwy o droadau yn y coil, mae'r maes yn gryfach.
- Mae cildroi cyfeiriad y cerrynt yn cildroi y maes.

Rheol ar gyfer polau Dychmygwch fod eich llaw **dde** yn dal y coil fel bod eich bysedd yn pwyntio i'r un cyfeiriad â'r cerrynt (chwith). Yna bydd eich bawd yn pwyntio tuag at bôl G y coil.

Gwneud magnetau

Isod, mae bar dur mewn solenoid. Pan fydd cerrynt yn llifo trwy'r solenoid, mae'r dur yn cael ei fagneteiddio, gan wneud y maes magnetig yn gryfach o lawer nag o'r blaen.

Wrth i chi recordio rhaglen deledu, mae coil bach sy'n cludo cerrynt yn rhoi patrymau magnetig ar y tâp.

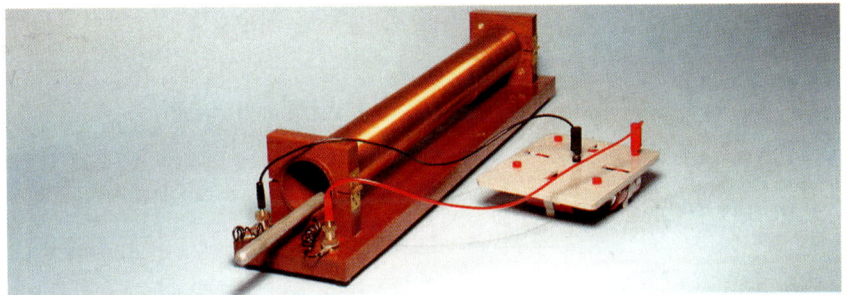

Ar ôl diffodd y cerrynt trwy'r solenoid, mae'r dur yn dal wedi ei fagneteiddio. Mae bron pob magnet parhaol yn cael ei wneud fel hyn, gan ddefnyddio curiadau o gerrynt uchel iawn.

Mewn casetiau sain a fideo, mae coiliau bychan sy'n cludo cerrynt yn cael eu defnyddio i roi patrymau magnetig ar y tâp. Mae'r patrymau yn storio gwybodaeth sain a lluniau.

Cwestiynau

1 Yn niagram **A** ar y dde, mae'r coil yn cynhyrchu maes magnetig.

   a Enwch *ddwy* ffordd o gynyddu cryfder y maes.

   b Sut gallech chi gildroi cyfeiriad y maes?

   c Petai gennych chi roden ddur, sut gallech chi ddefnyddio coil fel hwn i'w gwneud yn fagnet?

2 Mae diagram **B** yn edrych i lawr darn hir o wifren gyda phedwar cwmpawd o'i amgylch. Os oes cerrynt mawr yn mynd trwy'r wifren, nid yw nodwydd X yn symud. Copïwch y diagram a dangoswch i ba gyfeiriad y bydd nodwyddau'r tri chwmpawd arall yn pwyntio.

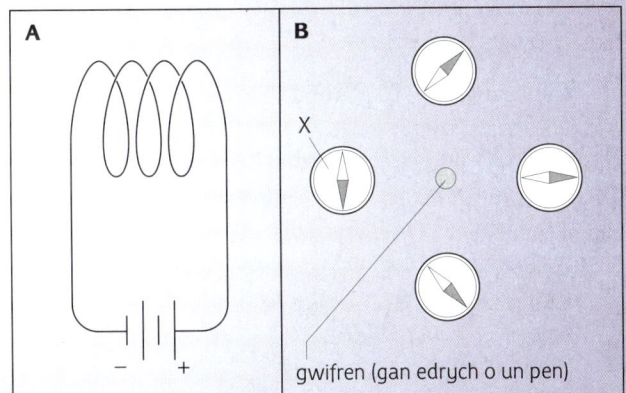

gwifren (gan edrych o un pen)

Amcanion

Dylai'r adran hon eich helpu i

- egluro sut mae electromagnetau yn gweithio
- disgrifio rhai ffyrdd o ddefnyddio electromagnetau

Gall **electromagnet** wneud popeth y gall magnet cyffredin ei wneud, ond gallwch ei gynnau a'i ddiffodd. Mae'r electromagnet yn y llun uchod yn cael ei ddefnyddio i godi haearn sgrap ac yna'i ollwng.

Dyma ddiagram o electromagnet syml:

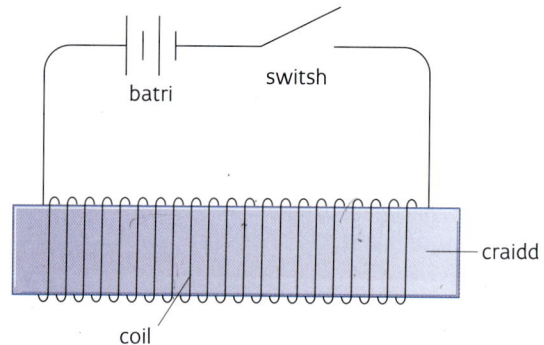

Dyma rannau electromagnet:

Coil – cannoedd o droadau gwifren gopr wedi ei hynysu. Y mwyaf o droadau sydd ynddi, y cryfaf yw'r maes magnetig.

Batri – i roi cerrynt. Y mwyaf yw'r cerrynt, y cryfaf yw'r maes magnetig. Mae cildroi cyfeiriad y cerrynt yn cildroi cyfeiriad y maes.

Craidd – wedi ei wneud o haearn neu Mumetal. Mae hyn yn gwneud y maes tua mil o weithiau'n gryfach na'r coil ar ei ben ei hun. Mae'r magnetedd yn diflannu'n syth ar ôl i'r cerrynt gael ei ddiffodd. (Ni fyddai dur yn addas i wneud craidd gan y byddai'n aros wedi ei fagneteiddio.)

Mae'r dyfeisiau ar y dudalen nesaf yn cynnwys electromagnetau.

Cwestiynau

1 Pam y dylech chi ddefnyddio haearn yn hytrach na dur i wneud craidd electromagnet?

2 Disgrifiwch *ddau* beth y gallech eu newid er mwyn cryfhau tyniad electromagnet.

3 Pa newid y byddai'n rhaid ei wneud er mwyn cildroi cyfeiriad y maes magnetig o electromagnet?

Gyda relái, gallwch ddefnyddio switsh bach i gynnau modur cychwyn pwerus.

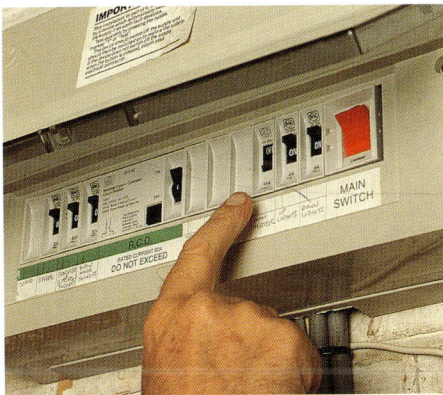

Mewn rhai tai, torwyr cylched sydd yn y 'bocs ffiwsiau', nid ffiwsiau.

Relái magnetig

Gyda relái, gallwch ddefnyddio switsh bach gyda gwifrau tenau i gynnau'r cerrynt mewn cylched arall sy'n llawer mwy pwerus – er enghraifft, un sydd â modur trydan mawr ynddi:

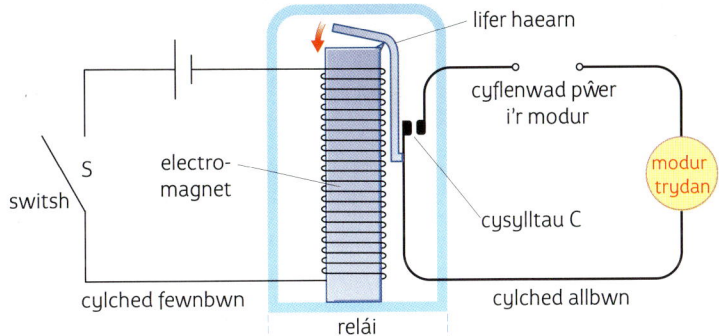

Wrth gau switsh S yn y gylched fewnbwn, bydd cerrynt yn llifo trwy'r electromagnet a bydd yn tynnu'r lifer haearn tuag ato, gan gau'r cysylltau yn C. Felly bydd cerrynt yn llifo trwy'r modur.

Y torrwr cylched

Pwrpas torrwr cylched yw diffodd y cerrynt mewn cylched os yw'n mynd yn rhy fawr. Mae'n creu yr un effaith â ffiws ond, yn wahanol i ffiws, gallwch ei ailosod (ei GYNNAU unwaith eto) ar ôl iddo 'faglu' (cael ei DDIFFODD).

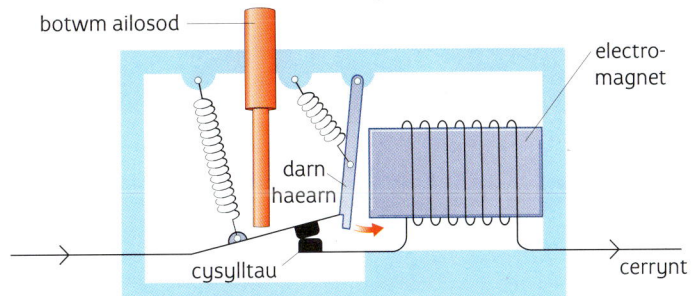

Mae'r cerrynt yn llifo trwy ddau gyswllt ac electromagnet. Os yw'r cerrynt yn mynd yn rhy fawr, bydd tyniad yr electromagnet yn ddigon cryf i ryddhau'r darn haearn, felly bydd y cysylltau yn agor ac yn rhwystro'r cerrynt. Wrth bwyso'r botwm ailosod, mae'r cysylltau yn cau unwaith eto.

Cwestiynau

4 Yn y diagram ar frig y dudalen, mae modur trydan yn cael ei reoli gan switsh sydd wedi ei gysylltu â relái.

a Beth yw mantais defnyddio relái, yn hytrach na switsh yng nghylched y modur ei hun?

b Pam mae'r modur yn cychwyn pan fydd switsh S yn cael ei gau?

5 Mae'r diagram uchod yn dangos torrwr cylched.

a Beth yw pwrpas y torrwr cylched?

b Beth yw mantais torrwr cylched o'i gymharu â ffiws?

c Sut, yn eich barn chi, y byddai perfformiad y torrwr cylched yn newid petai mwy o droadau ar goil yr electromagnet?

Amcanion

Dylai'r adran hon eich helpu i

- ddisgrifio sut y mae grym yn gweithredu ar wifren sy'n cludo cerrynt mewn maes magnetig
- disgrifio rhai ffyrdd o ddefnyddio'r grym hwn

Nid gwthio a thynnu ar fagnetau a defnyddiau magnetig eraill yw'r unig bethau y mae magnet yn eu gwneud. Mae'r maes magnetig hefyd yn effeithio ar wifrau sy'n cludo cerrynt trydan. Mae'r effaith hon yn cael ei defnyddio mewn moduron trydan, uchelseinyddion a mesuryddion.

Yn y diagram ar y chwith isod, mae gwifren wedi cael ei gosod rhwng polau magnet. Pan fydd cerrynt yn llifo trwy'r wifren, mae grym tuag i fyny arni.

Mae'r grym yn cryfhau os gwnewch chi un o'r pethau hyn:

- Cynyddu'r cerrynt.
- Defnyddio magnet cryfach.
- Rhoi darn hirach o wifren yn y maes.

Os byddwch chi'n cildroi naill ai'r cerrynt neu'r maes, bydd y grym yn cael ei gildroi. Os yw'r wifren yn yr un cyfeiriad â'r maes, nid oes grym o gwbl.

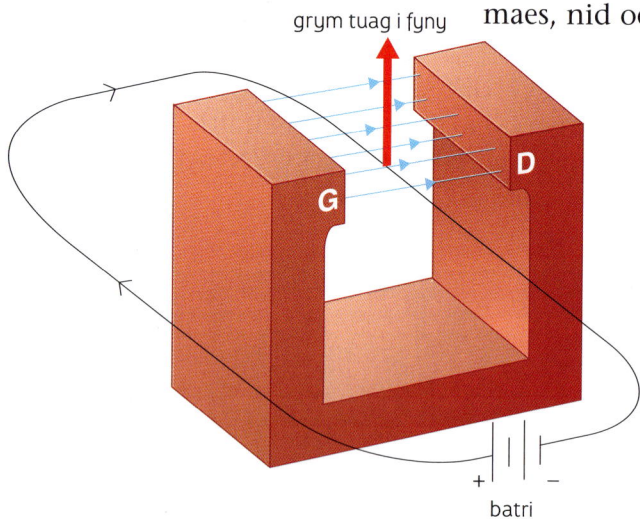

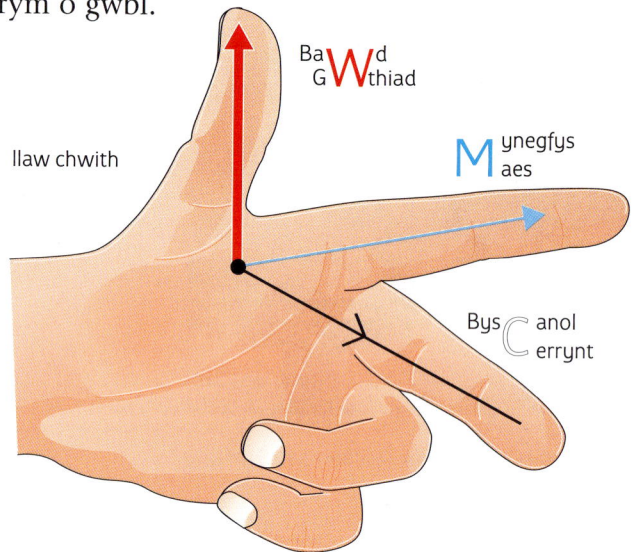

Rheol llaw chwith Fleming.

Rheol llaw chwith Fleming

Mae hon yn rheol ar gyfer canfod cyfeiriad y grym pan fydd y cerrynt ar ongl sgwâr i'r maes magnetig.

Mae'r rheol i'w gweld uchod. Fel hyn y mae'n gweithio:

Daliwch fawd a dau fys cyntaf eich llaw chwith ar ongl sgwâr. Pwyntiwch eich bysedd fel yn y llun uchod ac yna bydd eich bawd yn dangos cyfeiriad y grym.

Wrth ddefnyddio'r rheol, cofiwch:

- Mae cyfeiriad y cerrynt o + i –.
- Mae'r llinellau maes yn rhedeg o G i D.

Cwestiynau

1 Yn y diagram uchod, beth fyddai'n digwydd petai:

   a y cerrynt yn cael ei gynyddu?

   b cyfeiriad y cerrynt yn cael ei gildroi?

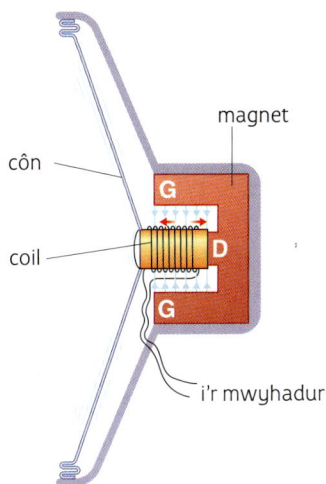

Uchelseinydd gyda choil yn symud.

Uchelseinydd gyda choil yn symud

Yn yr uchelseinydd ar y chwith, mae gan y magnet siâp arbennig fel bod gwifren y coil ar ongl sgwâr i'r maes. Mae'r coil yn gallu symud i mewn ac allan. Mae'n sownd wrth gôn sydd wedi ei wneud o bapur caled neu blastig.

Mae'r uchelseinydd wedi ei gysylltu â mwyhadur sy'n rhoi cerrynt eiledol. Mae hwn yn llifo yn ôl a blaen trwy'r wifren, gan achosi grym sy'n gwthio'r coil i mewn ac allan. Felly mae'r côn yn dirgrynu. Ac wrth iddo ddirgrynu, mae'n cynhyrchu tonnau sain.

Effaith droi ar goil

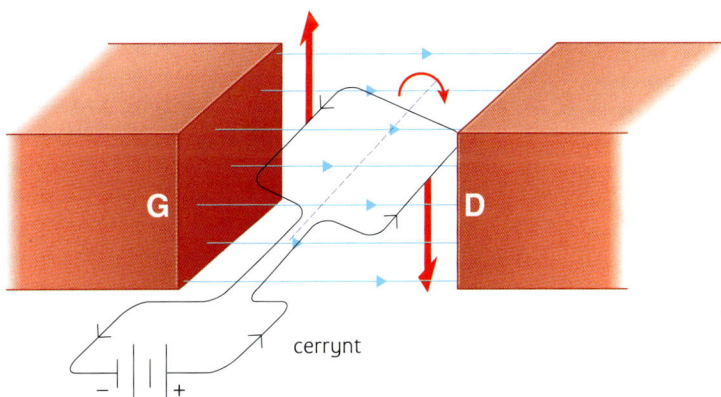

Mae'r coil uchod yn gorwedd rhwng polau magnet. Mae'r cerrynt yn llifo mewn cyfeiriadau dirgroes ar hyd dwy ochr y coil. Felly mae un ochr yn cael ei gwthio *i fyny*, a'r ochr arall yn cael ei gwthio *i lawr*. Hynny yw, mae effaith droi ar y coil. Gyda mwy o droadau yn y coil, bydd yr effaith droi yn gryfach. Mae'r effaith droi yn cael ei defnyddio mewn moduron trydan a rhai mesuryddion.

Mae nodwydd y mesurydd hwn yn cael ei symud gan goil sy'n troi mewn maes magnetig pan fydd cerrynt yn llifo trwyddo.

Cwestiynau

2 Yn y diagram ar y dde, mae grym yn gweithredu ar y wifren.

a Enwch *ddwy* ffordd y gallech chi gynyddu'r grym.

b Enwch *ddwy* ffordd y gallech chi gildroi cyfeiriad y grym.

3 Eglurwch pam mae côn uchelseinydd yn dirgrynu os oes cerrynt eiledol yn llifo trwy'r coil.

4 Mae'r diagram uchod yn dangos coil sy'n cludo cerrynt mewn maes magnetig. Pa wahaniaeth y bydden ni'n ei weld petai:

a mwy o droadau yn y wifren ar y coil?

b cyfeiriad y cerrynt yn cael ei gildroi?

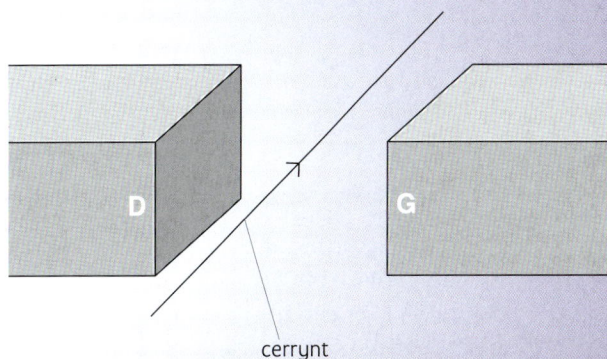

Amcanion

Dylai'r adran hon eich helpu i

- egluro sut mae modur trydan c.u. syml yn gweithio

Modur c.u. syml

Mae'r modur isod yn gweithio trwy ddefnyddio cerrynt union (c.u.), sef y cerrynt 'un ffordd' sy'n llifo o fatri. Mae'n defnyddio'r syniad y gall maes magnetig gael effaith droi ar goil sydd â cherrynt y tu mewn iddo.

Mae'r coil wedi ei wneud o wifren gopr wedi'i hynysu. Mae'n rhydd i gylchdroi rhwng polau'r magnet. Mae'r **cymudadur**, neu fodrwy hollt, yn sownd wrth y coil ac yn cylchdroi gydag ef. Dau gyswllt yw'r **brwshys**. Maen nhw'n rhwbio yn erbyn y cymudadur gan gadw cysylltiad rhwng y coil a'r batri. Carbon yw'r brwshys fel arfer.

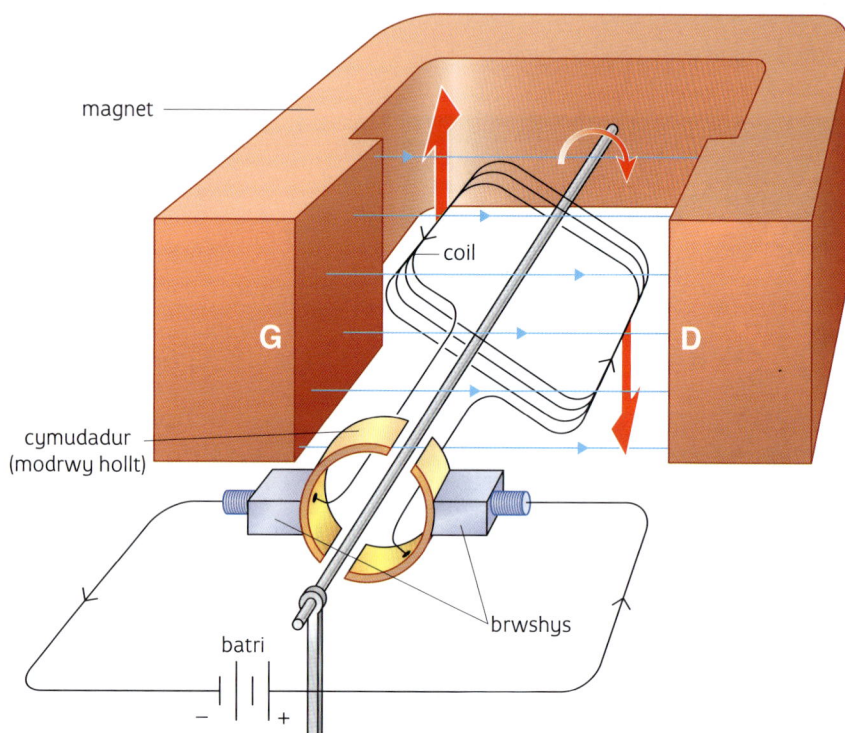

Nid yw'r ddau rym uchod yn gallu tynnu'r coil y tu hwnt i'r safle fertigol oherwydd y byddai hynny'n gwneud iddyn nhw wynebu'r cyfeiriad anghywir. Mae'r cymudadur yn defnyddio tric arbennig i ddatrys hyn: wrth i'r coil saethu heibio i'r fertigol, mae'r cymudadur yn *cildroi* cyfeiriad y cerrynt. Nawr mae'r grymoedd yn wynebu'r ffordd arall, felly mae'r coil yn cael ei wthio yn ei flaen am hanner tro arall... ac yn y blaen. Fel hyn, mae'r coil yn dal i gylchdroi.

I gael effaith droi gryfach ar y coil, gallwch:

- Gynyddu'r cerrynt.
- Defnyddio magnet cryfach.
- Rhoi mwy o droadau yn y coil.
- Defnyddio coil mwy.

Cwestiynau

1 Pa ran(nau) o fodur trydan:

a sy'n cysylltu'r cyflenwad pŵer â'r fodrwy hollt a'r coil?

b sy'n newid cyfeiriad y cerrynt bob hanner tro?

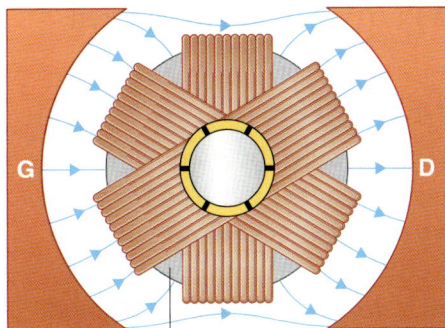

haearn neu Mumetal

Mae nifer o goiliau mewn moduron ymarferol, wedi eu troi o amgylch canol haearn neu Mumetal

Moduron ymarferol

Fel arfer mae gan foduron ymarferol nifer o goiliau wedi eu gosod ar wahanol onglau, pob un gyda phâr o ddarnau cymudadur, fel y gwelwch ar y chwith. Mae'r coiliau wedi eu troi o amgylch canol haearn neu Mumetal, i gyfeirio'r maes magnetig. Mae hyn yn gwneud i'r modur droi'n fwy llyfn, ynghyd â chael gwell effaith droi.

Mae rhai moduron yn defnyddio electromagnetau yn hytrach na magnetau parhaol. Mae hyn yn golygu y gallan nhw redeg ar gerrynt eiledol (c.e.). Wrth i'r cerrynt lifo yn ôl a blaen trwy'r coil, mae'r maes o'r electromagnet yn newid cyfeiriad i gyfateb iddo. Felly mae'r effaith droi bob amser i'r un cyfeiriad. Dyma sut mae'r modur yn gweithio mewn dril a chymysgydd bwyd sy'n defnyddio'r prif gyflenwad.

Nid oes cymudadur na choiliau'n symud yn y moduron mewn peiriannau chwarae CD a rhai peiriannau diwydiannol. Maen nhw'n gweithio mewn ffordd wahanol: mae'r grymoedd yn cael eu cynhyrchu gan faes magnetig sy'n newid.

Yn y dril trydan hwn, mae'r modur yn y pen ar y dde. Sylwch ar ddarnau'r cymudadur a'r electromagnet.

Cwestiynau

2 Ar y dde, mae golwg o ben y coil mewn modur trydan syml.

 a Pam mae grym tuag i fyny ar un ochr i'r coil, ond grym tuag i lawr ar yr ochr arall?

 b Enwch *ddwy* ffordd y gallech chi gynyddu'r effaith droi ar y coil.

 c Disgrifiwch *ddau* beth y gallech eu newid er mwyn gwneud i'r modur droi tuag yn ôl.

3 Beth yw mantais defnyddio electromagnet mewn modur trydan, yn hytrach na magnet parhaol?

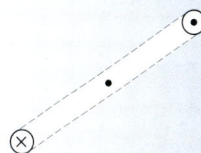

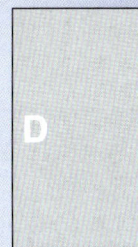

⊗ = cerrynt i mewn i'r papur

⊙ = cerrynt allan o'r papur

Trydan o fagnedd

Nid oes angen batri i gynhyrchu cerrynt: dim ond gwifren, magnet a symudiad.

Cynhyrchu foltedd mewn gwifren

Wrth symud gwifren trwy faes magnetig, fel y gwelwch ar y chwith isod, mae foltedd bychan yn cael ei gynhyrchu yn y wifren. Yr enw ar hyn yw **anwythiad electromagnetig**. Mewn termau gwyddonol, dywedwn fod foltedd yn cael ei **anwytho** yn y wifren. Gan fod y wifren yn rhan o gylched gyflawn, mae'r foltedd yn gwneud i gerrynt lifo.

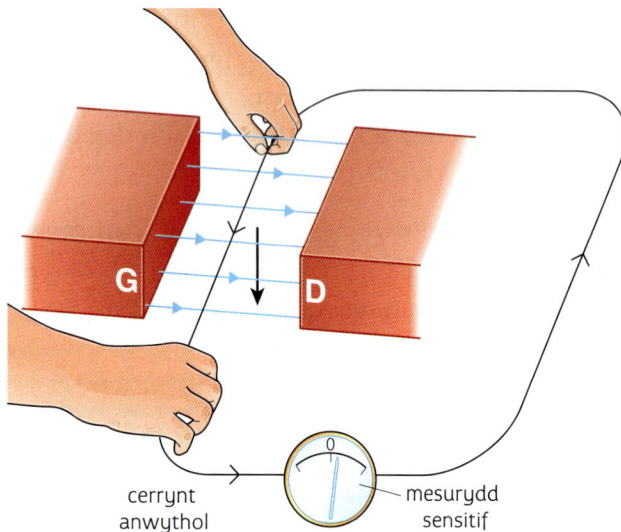

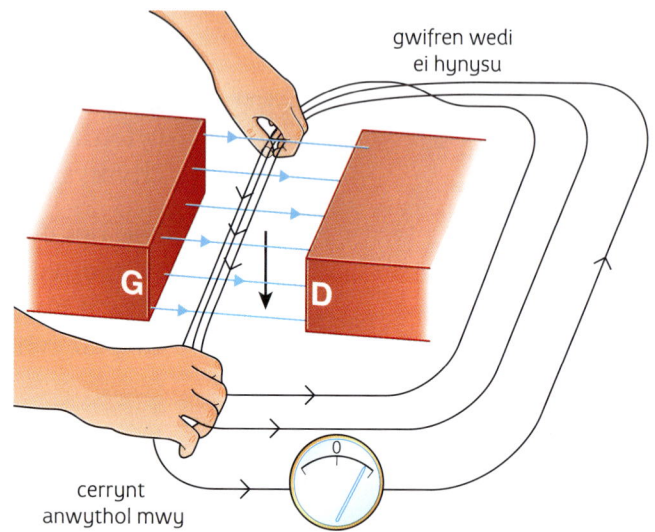

I gynyddu'r foltedd anwythol (a'r cerrynt) gallwch:

- Symud y wifren yn gyflymach.
- Defnyddio magnet cryfach.
- Defnyddio darn hirach o wifren yn y maes – er enghraifft, dolennu'r wifren trwy'r maes sawl gwaith, fel y gwelwch ar y dde uchod.

Mae **deddf Faraday** yn rhoi crynodeb o'r canlyniadau hyn. Dyma hi, ar ffurf syml:

> Bob tro y mae dargludydd yn torri trwy linellau maes magnetig, mae foltedd yn cael ei gynhyrchu. Y cyflymaf y mae'r llinellau maes yn cael eu torri, y mwyaf yw'r foltedd. Os nad oes llinellau maes yn cael eu torri, nid oes unrhyw foltedd yn cael ei gynhyrchu.

Cynhyrchu foltedd mewn coil

Ar frig y dudalen nesaf, fe welwch chi ffordd arall o anwytho foltedd (a cherrynt) mewn gwifren. Y tro hwn, y magnet sy'n cael ei symud yn hytrach na'r wifren. Ond mae'r canlyniad yr un peth: mae llinellau maes yn cael eu torri.

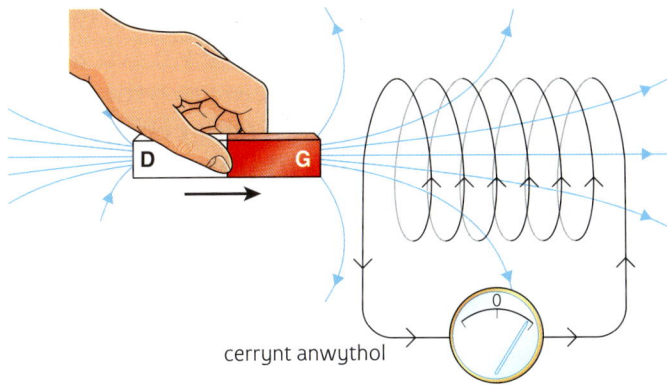

cerrynt anwythol

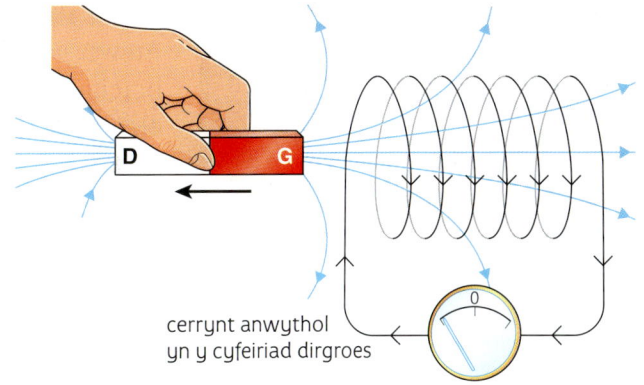

cerrynt anwythol
yn y cyfeiriad dirgroes

I gynyddu'r foltedd anwythol (a'r cerrynt), gallwch:

- Symud y magnet yn gyflymach.
- Defnyddio magnet cryfach.
- Rhoi mwy o droadau yn y coil.

Os tynnwch chi'r magnet *allan o'r* coil, fel y gwelwch ar y dde uchod, mae cyfeiriad y foltedd anwythol (a'r cerrynt) yn cael ei gildroi. Mae troi'r magnet rownd, fel bod y pôl D yn mynd i mewn ac allan, yn hytrach na'r pôl G, hefyd yn cildroi cyfeiriad y cerrynt. Os daliwch chi'r magnet yn llonydd, nid oes llinellau maes yn cael eu torri, felly nid oes foltedd anwythol na cherrynt.

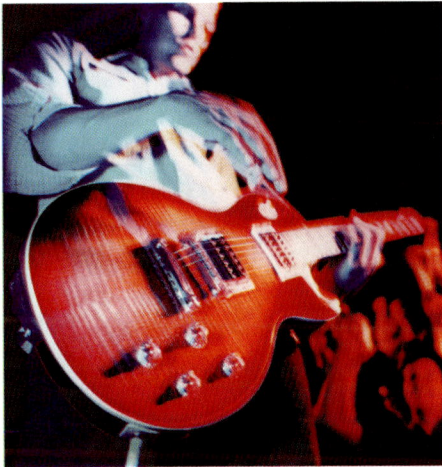

craidd · foltedd yn cael ei anwytho yn y coil · pen chwarae · tâp wedi'i fagneteiddio

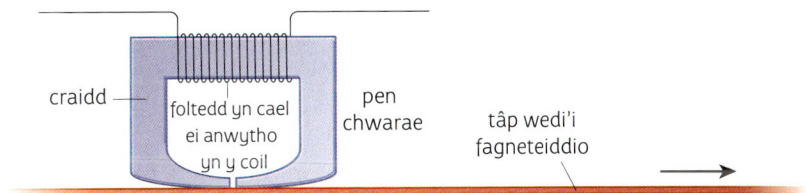

Coiliau bychan gyda magnetau y tu mewn iddyn nhw yw cipynnau gitâr. Mae'r magnetau'n magneteiddio'r llinynnau (tannau) dur. Pan fydd y tannau'n dirgrynu, bydd cerrynt yn cael ei anwytho yn y coiliau, yna'n cael ei gyfnerthu gan fwyhadur a'i ddefnyddio i gynhyrchu sain.

Mae yna goiliau bychan yn y pennau chwarae mewn peiriannau recordio sain a fideo. Mae foltedd bychan, amrywiol yn cael ei anwytho (ei gynhyrchu) yn y coil wrth i'r tâp sydd wedi'i fagneteiddio symud drosto. Fel hyn, mae'r patrymau magnetedd ar y tâp yn cael eu newid yn signalau trydanol. Mae'r rhain yn cael eu mwyhau a'u defnyddio i ailgreu'r sain neu'r llun gwreiddiol.

Cwestiynau

2 Yn yr arbrawf ar y dudalen gyferbyn, mae cerrynt yn cael ei anwytho mewn gwifren. Beth fyddai effaith:

a defnyddio magnet cryfach?

b symud y wifren yn gyflymach?

c symud y wifren ar hyd y llinellau maes magnetig yn hytrach nag ar eu traws?

3 Yn yr arbrawf ar frig y dudalen, beth fyddai effaith:

a symud y magnet yn gyflymach?

b troi'r magnet rownd, er mwyn gwthio'r pôl D i mewn i'r coil?

c rhoi mwy o droadau yn y coil?

189

Amcanion

Dylai'r adran hon eich helpu i

- egluro sut mae generadur yn gweithio
- disgrifio gwaith newidydd

Mae'r rhan fwyaf o'n trydan yn dod o **eneraduron** enfawr mewn gorsafoedd pŵer. Mae generaduron llai mewn ceir a beiciau modur. Mae'r rhain i gyd yn defnyddio anwythiad electromagnetig. Mae'r rhan fwyaf yn cynhyrchu **cerrynt eiledol** (**c.e.**). Enw arall arnyn nhw yw **eiliaduron**.

Generadur c.e. syml (eiliadur)

Mae'r eiliadur isod yn cyflenwi cerrynt i oleuo bwlb bach. Mae'r **coil** yn cael ei gylchdroi trwy droi'r siafft. Mae'r **modrwyau llithro** yn cylchdroi gyda'r coil. Carbon yw'r **brwshys** fel arfer. Maen nhw'n rhwbio yn erbyn y modrwyau llithro ac yn cadw'r cysylltiad rhwng y coil a rhan allanol y gylched.

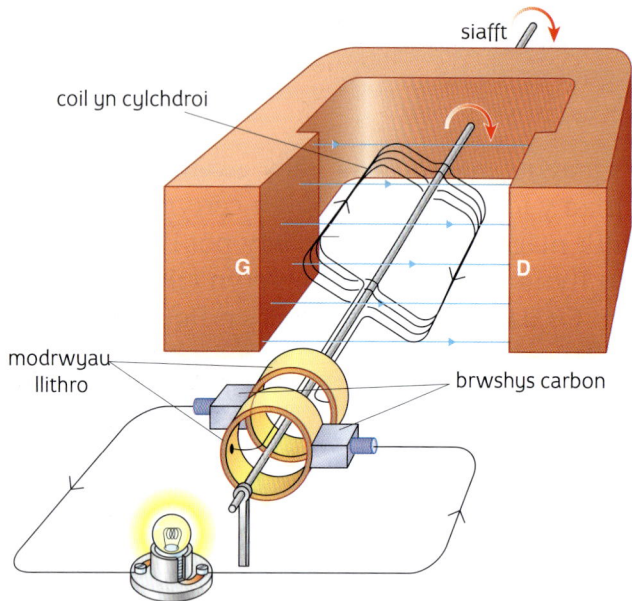

Generadur c.e. syml, mewn cylched gyda bwlb.

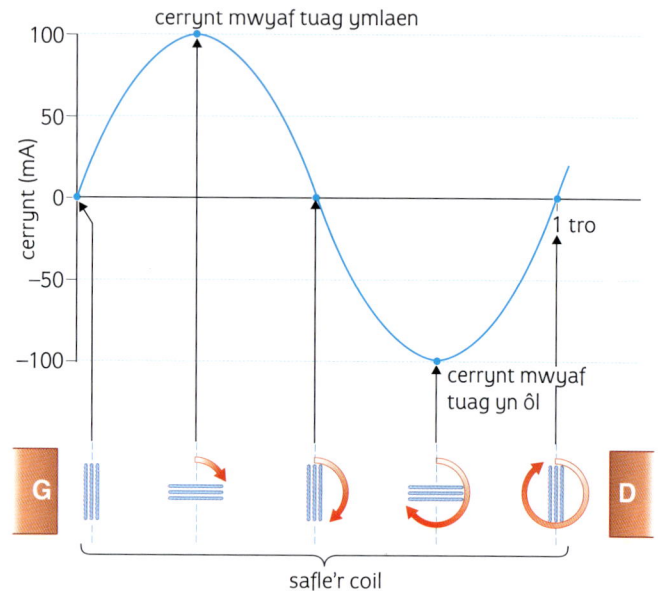

Graff yn dangos allbwn c.e. y generadur.

Pan gaiff y coil ei gylchdroi, mae'n torri trwy linellau maes magnetig, felly mae foltedd yn cael ei gynhyrchu. Mae hyn yn gwneud i gerrynt lifo. Wrth i'r coil gylchdroi, mae pob ochr yn teithio i fyny, i lawr, i fyny, i lawr… ac yn y blaen, trwy'r maes magnetig. Felly mae'r cerrynt yn llifo yn ôl, ymlaen… ac ati. Hynny yw, mae'n gerrynt eiledol.

Gallwn gynyddu'r foltedd (a'r cerrynt) o'r generadur trwy:

- roi mwy o droadau yn y coil.
- defnyddio coil mwy.
- defnyddio magnet cryfach.
- cylchdroi'r coil yn gyflymach.

Mae cylchdroi'r coil yn gyflymach yn cynyddu amledd y c.e. Rhaid i eneraduron y prif gyflenwad gadw at amledd cyson, sef 50 Hz (cylch yr eiliad) yng ngwledydd Prydain.

Cwestiynau

1 Beth yw gwaith eiliadur?

2 Petai magnet cryfach yn yr eiliadur uchod, sut byddai hynny yn effeithio ar ei allbwn?

Eiliadur mewn car.

Dyma ddyfais addasu pŵer sy'n cynnwys newidydd gostwng i leihau'r 230 folt o'r prif gyflenwad i tua 9 folt. (Mae'n cynnwys unionydd hefyd, i newid c.e. yn c.u.)

Eiliaduron ymarferol

Fel arfer, mae'r coiliau yn llonydd yn y rhain a'r electromagnet yn cylchdroi yn y canol. Felly nid oes rhaid i'r cerrynt sy'n cael ei gynhyrchu lifo trwy gysylltau llithro, sy'n gallu gorboethi ar brydiau.

Rhaid i geir gael cerrynt union (c.u.) 'un ffordd' ar gyfer ailwefru'r batri a gweithio cylchedau eraill. Maen nhw'n defnyddio dyfais o'r enw **unionydd** i newid allbwn c.e. yr eiliadur yn c.u.

Newidyddion

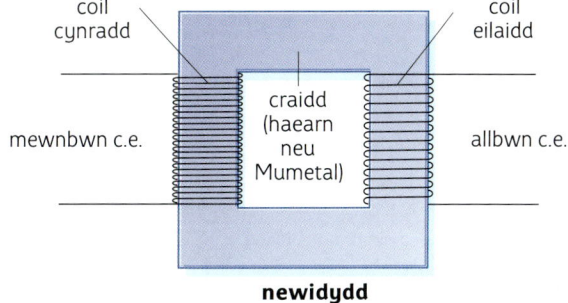

newidydd

Gellir newid foltedd c.e. trwy ddefnyddio **newidydd** fel yr un uchod. Caiff y **coil cynradd** ei ddefnyddio fel electromagnet. Trwy ei gysylltu â chyflenwad c.e., mae'n cynhyrchu maes magnetig eiledol. Mae hyn yn anwytho foltedd yn y **coil eilaidd** – fel yr hyn fyddai'n digwydd petaech yn gallu symud magnet i mewn ac allan o'r coil yn gyflym iawn.

Mae'r foltedd allbwn yn dibynnu ar nifer y troadau ym mhob coil. Er enghraifft, os oes gan y coil eilaidd *hanner* cymaint o droadau â'r coil cynradd, bydd y foltedd allbwn *hanner* cymaint â'r foltedd mewnbwn. Mae **newidydd codi** yn cynyddu'r foltedd, a **newidydd gostwng** yn ei leihau.

Ond nid yw newidydd yn gwneud unrhyw beth am ddim. Os yw'r newidydd yn *cynyddu'r* foltedd, yna mae'n *lleihau'r* cerrynt, ac i'r gwrthwyneb.

Cwestiynau

3 Gall cerrynt fod yn c.e. neu yn c.u.
 a Beth yw ystyr c.e. a c.u.?
 b Pa fath sy'n cael ei gynhyrchu gan eiliadur?
 c Pa fath sy'n cael ei ddefnyddio gan newidydd?

4 Beth yw gwaith::
 a newidydd codi?
 b newidydd gostwng?

5 Edrychwch ar yr eiliadur syml ar y dudalen gyferbyn.
 a Pam mae angen modrwyau llithro ar yr eiliadur hwn?
 b Petai'r eiliadur yn cael ei droi'n gyflymach, sut byddai ei allbwn yn newid?
 c Mae trefn y rhan fwyaf o eiliaduron ymarferol yn wahanol i'r un syml hwn. Ym mha ffordd?
 ch Pam mae unionydd wedi ei osod ar rai eiliaduron?

Amcanion

Dylai'r adran hon eich helpu i

- egluro sut mae pŵer y prif gyflenwad yn mynd o'r orsaf bŵer at y defnyddwyr

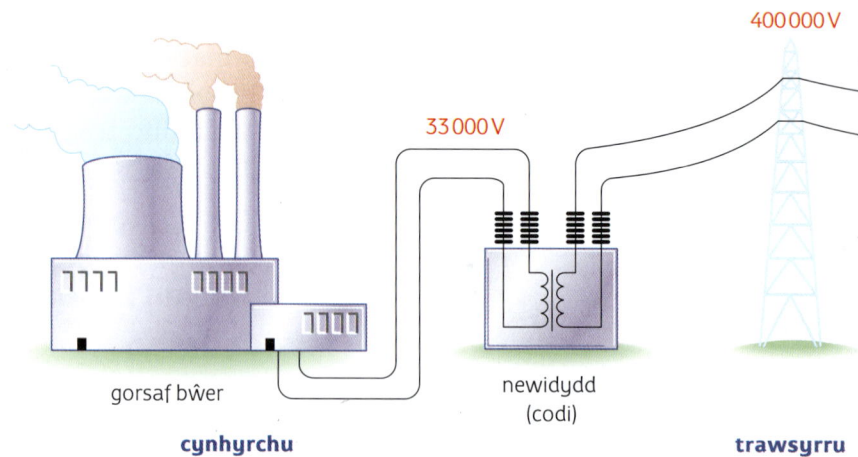

400 000 V

33 000 V

gorsaf bŵer

newidydd (codi)

cynhyrchu

trawsyrru

Mae pŵer ar gyfer prif gyflenwad y cerrynt eiledol (c.e.) yn cael ei *gynhyrchu* mewn gorsafoedd pŵer, yn cael ei *drawsyrru* (ei anfon) trwy geblau hir, yna'n cael ei *ddosbarthu* i ddefnyddwyr.

Mewn gorsaf bŵer fawr gyffredin, mae tyrbinau enfawr yn gyrru'r generaduron, a grym ager gwasgedd uchel yn troi'r tyrbinau. Daw'r ager o wresogi dŵr mewn boeler. Daw'r gwres wrth losgi glo, olew neu nwy naturiol – neu o adweithydd niwclear.

Mae'r cerrynt o bob generadur yn cael ei fwydo i newidydd codi enfawr. Mae hwn yn trosglwyddo pŵer i'r ceblau uwchben ar foltedd sy'n llawer iawn uwch (darllenwch y dudalen nesaf i wybod pam). Mae'r ceblau yn bwydo pŵer i rwydwaith cyflenwi cenedlaethol o'r enw y **Grid**. Gan ddefnyddio'r Grid, gall gorsafoedd pŵer mewn ardaloedd lle mae'r galw am drydan yn isel, anfon eu pŵer i helpu ardaloedd lle mae galw mawr am drydan.

Mae pŵer o'r grid yn cael ei ddosbarthu gan gyfres o **is-orsafoedd**. Yno, mae newidyddion yn gostwng y foltedd gam wrth gam i'r lefel sy'n addas ar gyfer y defnyddwyr. Yn Ewrop, 230 folt (V) yw hyn i gartrefi, fel arfer. Mae diwydiannau yn tueddu i ddefnyddio foltedd uwch.

Cwestiynau

1 *trawsyrru   cynhyrchu   dosbarthu*

Pa un o'r geiriau uchod sy'n disgrifio pob un o'r rhain?

a Cynhyrchu pŵer mewn gorsaf bŵer?

b Anfon pŵer ar draws y wlad?

Mewn gorsaf bŵer fawr arferol, efallai y byddai pedwar generadur fel hyn, gyda phob un yn cynhyrchu cerrynt o 20 000 amper neu fwy, ar foltedd o 33 000 folt.

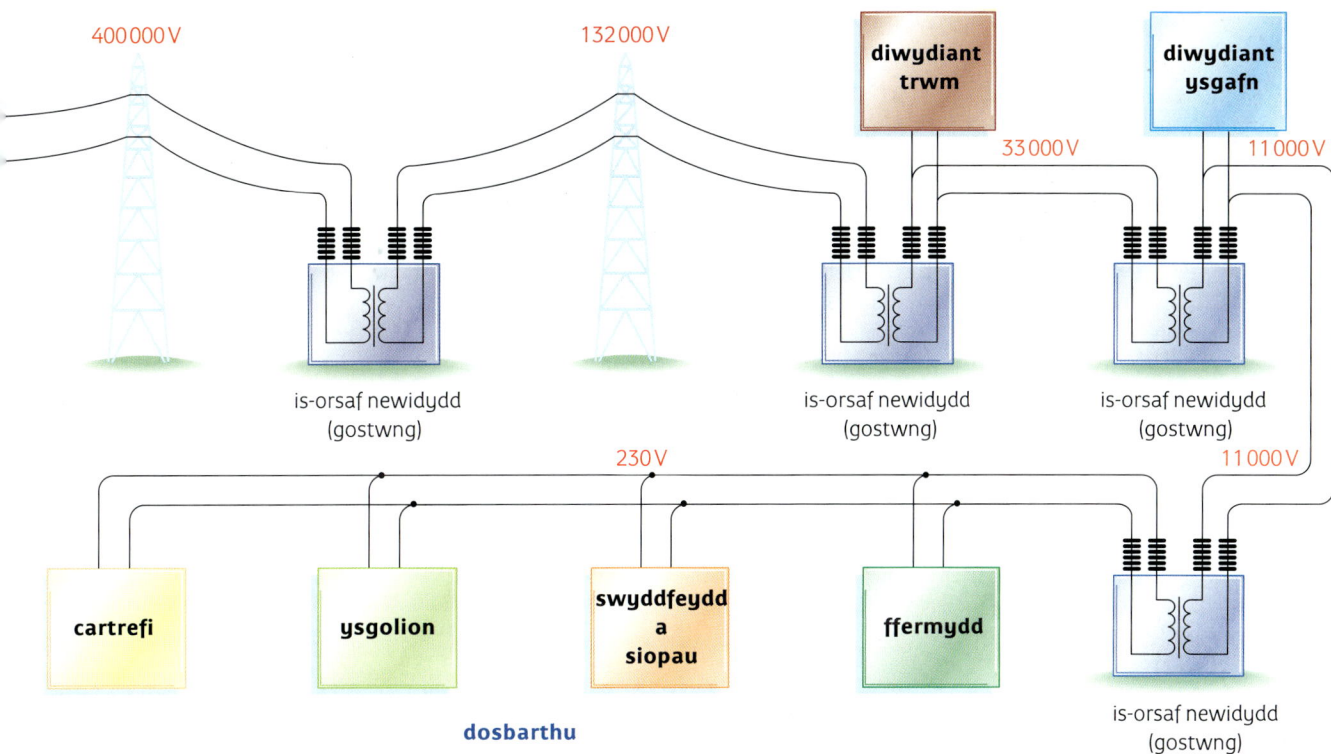

400 000 V   132 000 V

diwydiant trwm

diwydiant ysgafn

33 000 V   11 000 V

is-orsaf newidydd (gostwng)

is-orsaf newidydd (gostwng)

is-orsaf newidydd (gostwng)

is-orsaf newidydd (gostwng)

230 V

11 000 V

11 000 V

cartrefi

ysgolion

swyddfeydd a siopau

ffermydd

is-orsaf newidydd (gostwng)

dosbarthu

Nid yw peilonau na cheblau uwchben yn cael eu caniatáu mewn ardaloedd fel hyn fel arfer.

Pam defnyddio c.e.? Y brif fantais yw bod modd codi neu ostwng folteddau c.e. gan ddefnyddio newidydd. Ni fydd newidydd yn gweithio gyda cherrynt union (c.u.) 'un ffordd'.

Pam trawsyrru ar foltedd uchel? Mae ceblau trawsyrru yn gwastraffu egni oherwydd effaith wresogi'r cerrynt. Trwy ddefnyddio newidydd i *gynyddu'r* foltedd, mae'r cerrynt yn y ceblau yn cael ei *leihau*. Felly mae llai o egni yn cael ei golli cyn iddo gyrraedd y defnyddiwr.

Uwchben neu o dan y ddaear? Ceblau uwchben y ddaear yw'r ffordd rataf o anfon pŵer dros bellter mawr. Mae'n ddrutach gosod ceblau o dan y ddaear. Ond, dyna sy'n cael eu gosod mewn ardaloedd o harddwch naturiol eithriadol, lle byddai peilonau yn difetha'r dirwedd.

Cwestiynau

2 **a** Beth yw'r *Grid*?

    b Wrth gyflenwi pŵer i'r defnyddwyr, beth yw prif fantais defnyddio'r Grid?

3 I beth y caiff newidyddion eu defnyddio?

4 Pan fydd pŵer o eneraduron yn cael ei fwydo i geblau trawsyrru uwchben, pam mae'r foltedd yn cael ei godi?

5 Beth yw gwaith yr is-orsafoedd?

6 Beth yw prif fantais defnyddio c.e. yn hytrach na c.u. ar gyfer trawsyrru pŵer?

7 Rhowch enghraifft o rywle y byddai ceblau trawsyrru o dan y ddaear yn cael eu defnyddio yn hytrach na cheblau uwchben, er gwaethaf y gost ychwanegol.

Gwarantu PŴER

Ni fydd toriad yn y cyflenwad trydan yn aml iawn. Ond pan fydd toriad, gall y canlyniadau fod yn ddifrifol:

Petai'r ffermwr yn colli pŵer yn y llaethdy, byddai'n rhaid godro dau gant o wartheg â llaw.

Petai theatr ysbyty yn colli pŵer, gallai beryglu bywyd rhywun.

Ar gyfer argyfwng, mae yna eneraduron wrth gefn yn y rhan fwyaf o ysbytai mawr a ffermydd. Mae'r rhain yn cael eu gyrru gan beiriannau sy'n llosgi petrol, diesel neu nwy potel. Maen nhw'n cynnau'n awtomatig os bydd y prif gyflenwad yn methu.

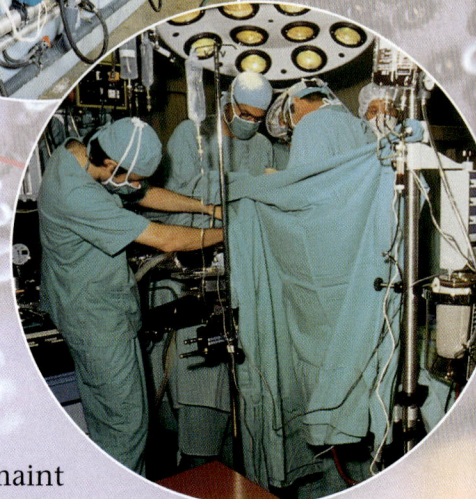

PŴER Ychwanegol

Yng Ngwlad yr Haf, mae ieir wedi datrys problemau cyflenwad trydan un ffermwr. Mae'n cadw eu baw mewn tanc a chasglu'r nwy a ddaw ohono. Yna mae'n defnyddio'r nwy i yrru peiriant sy'n troi generadur.

Yn Florida, mae'r heddlu wedi casglu cymaint o gyffuriau mewn cyrchoedd fel bod gorsaf bŵer wedi cael ei haddasu'n arbennig i'w llosgi. Mae un dunnell fetrig o fariwana yn rhoi bron cymaint o wres â thair casgen o olew.

Yn Edmonton, Gogledd Llundain, mae gorsaf bŵer Egni-o-Wastraff yn llosgi sbwriel cartrefi fel tanwydd. Mae'n cynhyrchu 32 megawat o bŵer ar gyfer 24 000 o gartrefi – a chael gwared â'r gwastraff hefyd.

Eiliadur tyrbo

Allbwn trydanol i'r grid

Ager i'r tyrbinau

Boeler

Dyddodydd electrostatig

Mewnbwn gwastraff

Byncer gwastraff

Trin nwy ffliw

Simnai

Bag hidlo gwastraff

Ailgylchu lludw

Cyfnod galw isel

cronfa uchaf yn llenwi

pwmpio dŵr i fyny

generadur **modur**

cronfa isaf yn gwagio

pŵer i mewn

tyrbin **pwmp**

Cyfnod galw uchel

cronfa uchaf yn gwagio

dŵr yn llifo i lawr

generadur **modur**

cronfa isaf yn llenwi

pŵer allan

tyrbin **pwmp**

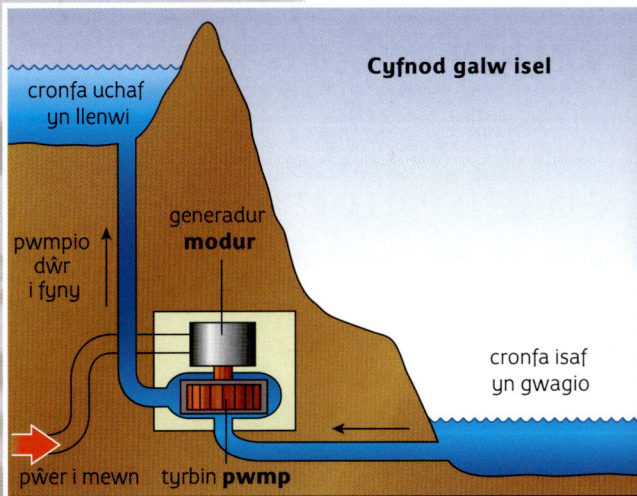

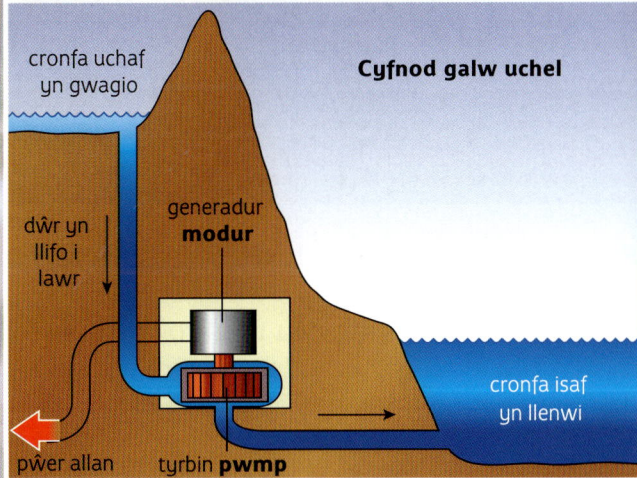

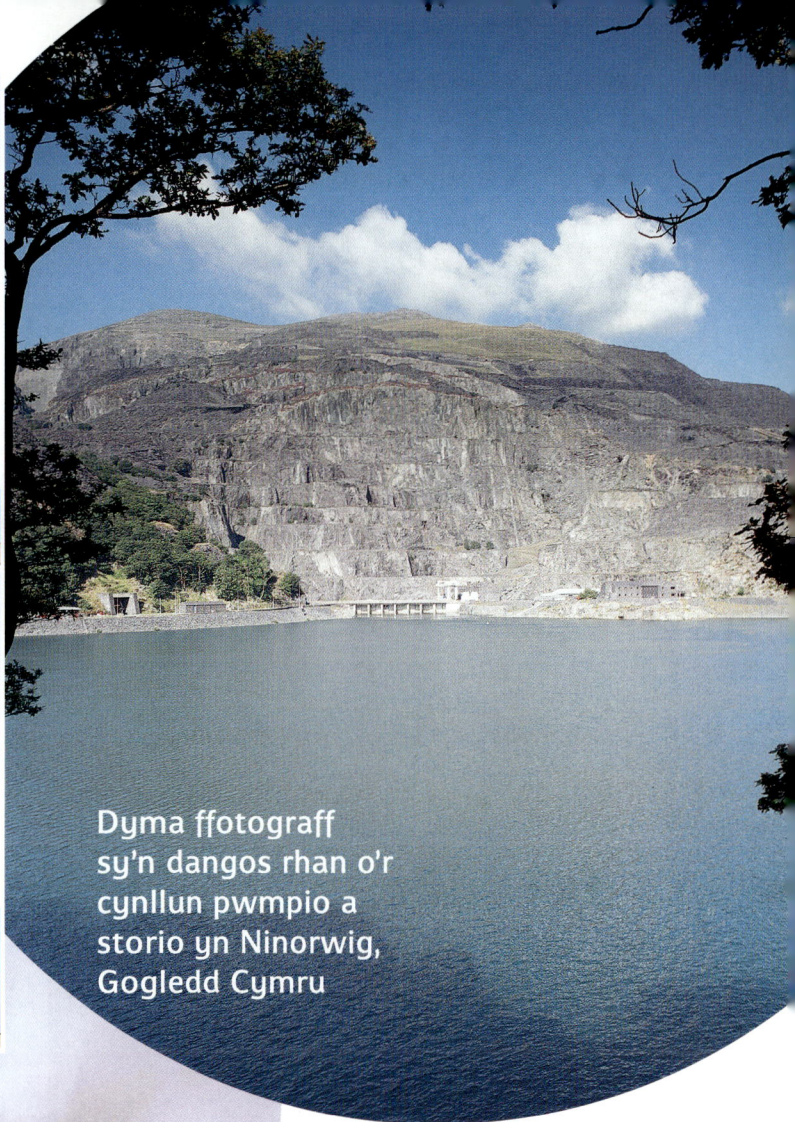

Dyma ffotograff sy'n dangos rhan o'r cynllun pwmpio a storio yn Ninorwig, Gogledd Cymru

Pwmpio a storio PŴER

Rhaid i gwmnïau trydan ymateb i'r galw uchel am drydan yn ystod y dydd, ond yn y nos efallai y bydd eu generaduron drudfawr yn segur. Gall **cynllun pwmpio a storio** helpu i ddatrys y broblem hon. Mae'r diagramau uchod yn dangos sut mae cynllun o'r fath yn gweithio.

Pan fo'r galw am drydan yn isel, caiff pŵer sbâr ei ddefnyddio i bwmpio dŵr o'r gronfa isaf i'r gronfa uchaf. Pan fo'r galw am drydan yn uchel, bydd y dŵr yn cael ei ryddhau, gan lifo i lawr a throi'r generadur. Mae'r tyrbin yn gallu gweithio i'r gwrthwyneb hefyd, fel pwmp. A phan fydd cerrynt yn cael ei roi i'r generadur, bydd yn gweithio fel modur ac yn gyrru'r pwmp.

Trafodwch

Gan ddefnyddio'r mynegai, neu ffynonellau gwybodaeth eraill, allwch chi ddarganfod:

- pa danwyddau sy'n cael eu defnyddio mewn gorsafoedd pŵer fel arfer?

- pa nodweddion sy'n gyffredin i foduron trydan a generaduron?

Mae gan bob cwmni cyflenwi trydan adran arbennig sy'n gwneud ymchwil er mwyn a darganfod pryd y bydd y rhaglenni teledu mwyaf poblogaidd yn cychwyn a gorffen. Allwch chi awgrymu pam?

Pŵer i symud

Peiriant neu fodur?

Mae hwn yn gar gwerth chweil ar gyfer achlysur arbennig, ond nid yw mor gyfleus ar gyfer parcio mewn lle cyfyng neu fynd rownd corneli. Yn sicr, nid yw'n gar cyfeillgar i'r amgylchedd. Mae'r nwyon o'i beiriant petrol enfawr yn llygru'r atmosffer.

Mae'r car ar y chwith yn llai o lawer ond nid yw'n addas iawn ar gyfer siwrnai hir. Ond mae'n llygru llai. Modur trydan sy'n ei yrru, felly nid oes ganddo bibell wacáu nwyon. Petai pawb yn gyrru ceir fel hyn, byddai'r amgylchedd yn ein trefi yn llawer brafiach.

Mae moduron trydan yn ffordd lân ac effeithlon o droi'r olwynion. Ond mae yna un broblem gyda cheir trydan heddiw: mae arnyn nhw angen batrïau. Nid yw batri yn ffordd arbennig o dda o storio egni, a rhaid ei ailwefru. Ni fydd perfformiad ceir batri byth cystal â cheir petrol neu ddiesel ac ni fyddan nhw'n gallu teithio mor bell.

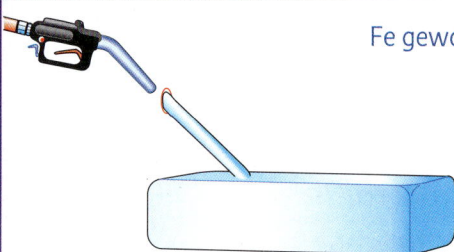

Fe gewch chi'r un faint o egni o'r rhain

1 tanc yn llawn petrol
màs: 50 kg
amser ail-lenwi: 3 munud

150 batri car, llawn gwefr
màs: 1500 kg (1.5 tunnell fetrig)
amser ailwefru: 3 awr

Y gell danwydd a'r dyfodol

Yn ffodus, mae yna ateb i broblem y batrïau – ffynhonnell drydan o'r enw *cell danwydd*. Wrth roi hydrogen (ac ocsigen o'r aer) mewn cell danwydd, mae adweithiau cemegol yn rhoi cyflenwad parhaus o drydan. Nid oes angen ailwefru cell danwydd. Tra bo'r nwyon yn mynd i mewn, bydd y gell yn dal i gynhyrchu cerrynt. Yr unig gynnyrch gwastraff yw dŵr. Mae celloedd tanwydd yn bodoli ers blynyddoedd, ond tan yn ddiweddar roedd y dechnoleg yn rhy ddrud i'w defnyddio ar gyfer ceir.

Y brif broblem gyda chelloedd tanwydd mewn ceir yw sut i storio'r hydrogen. Nid yw'n ddiogel nac yn ymarferol i gludo silindrau mawr o'r nwy ffrwydrol hwn. Felly mae'n debyg mai methanol hylifol fydd y tanwydd yn y tanc. Yna bydd uned o'r enw **ailffurfydd** yn cynhyrchu hydrogen o'r methanol gan ddefnyddio ager a chatalyddion.

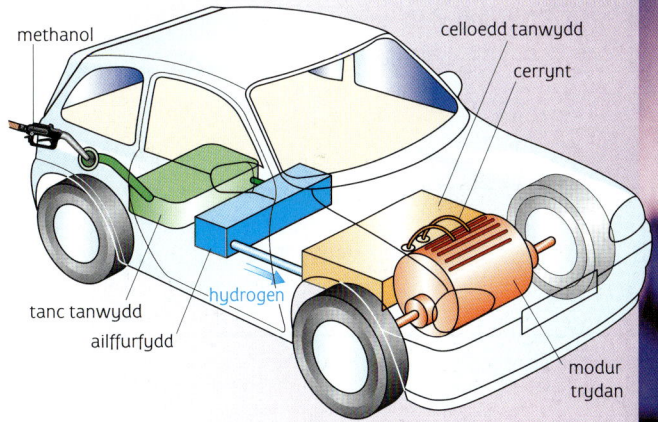

Mae'n bosib gwneud methanol, neu 'alcohol coed', gan ddefnyddio defnydd planhigol sy'n cael ei dyfu fel adnodd adnewyddadwy. Gellir ei gynhyrchu o nwy naturiol hefyd. Bydd cerbydau â chelloedd tanwydd yn gallu teithio cyn belled, a pherfformio cystal â cheir llosgi tanwydd heddiw, ond byddant yn fwy effeithlon ac yn llygru llai. Gallai dyddiau peiriannau petrol a diesel ddod i ben yn gynt na'r disgwyl.

Hen broblem

Nid yw llygredd yn broblem newydd. Yn y 1800au, roedd mwy a mwy o gerbydau yn cael eu tynnu gan geffylau bob blwyddyn, nes i rywun amcangyfrif y byddai pobl Llundain at eu pengliniau mewn baw ceffyl erbyn diwedd y ganrif honno.

Trafodwch

⚙ Rhaid ailwefru'r batrïau sydd mewn ceir trydan heddiw, trwy roi eu plwg mewn uned wefru sydd wedi ei chysylltu â'r prif gyflenwad. Nid yw eu moduron trydan yn cynhyrchu unrhyw lygredd. Allwch chi awgrymu pam y byddai'r system yn dal i achosi llygredd atmosfferig petai pawb yn gyrru ceir fel y rhain?

⚙ Allwch chi awgrymu pam mae ceir gyda chelloedd tanwydd yn debygol o fod yn fwy llwyddiannus a phoblogaidd na cheir â phŵer batri?

1 Mae'r diagram isod yn dangos electromagnet syml yn cael ei ddefnyddio i godi hoelion haearn.

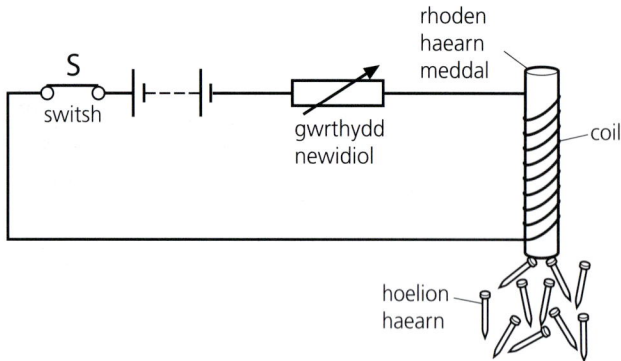

a Beth sy'n digwydd i'r hoelion pan fydd switsh S yn cael ei agor?

b Beth fyddai'n digwydd i'r hoelion petai rhoden ddur yn cael ei rhoi yn lle'r rhoden haearn meddal, yna'r switsh yn cael ei gau a'i agor. Eglurwch eich ateb.

c Awgrymwch ddwy ffordd o wneud yr electromagnet yn gryfach.

ch Enwch ddwy sefyllfa neu ddarnau o gyfarpar sy'n defnyddio electromagnet.

2 Mae'r diagram isod yn dangos y gylched drydanol ar gyfer cloch drydan.

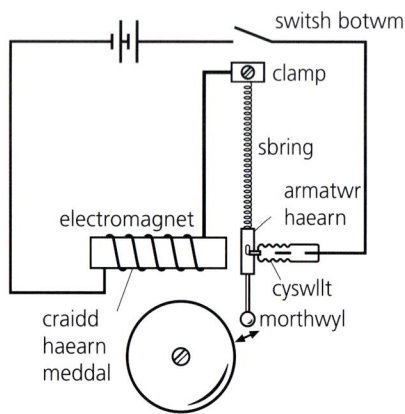

a Eglurwch pam na fyddai'r gloch yn gweithio petai craidd dur yn cael ei roi yn yr electromagnet yn lle'r craidd haearn meddal.

3 Mae'r diagram isod yn dangos cylched sy'n cynnwys switsh relái. Fel hyn, mae'n bosib cynnau a diffodd peiriannau diwydiannol mawr gan ddefnyddio cylched gyda cherrynt bach yn llifo ynddi.

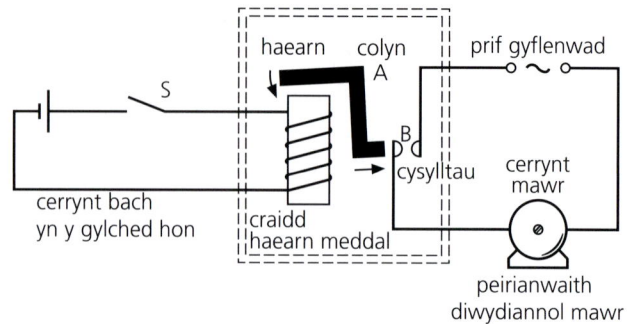

a Eglurwch yn fanwl **i** sut mae'r peirianwaith yn cael ei gynnau pan fydd switsh S ar gau **ii** sut mae'r peirianwaith yn cael ei ddiffodd pan fydd switsh S ar agor.

4 Mae'r diagram isod yn dangos gwifren gopr drwchus AB yn gorffwys ar ddwy roden gopr lorweddol.

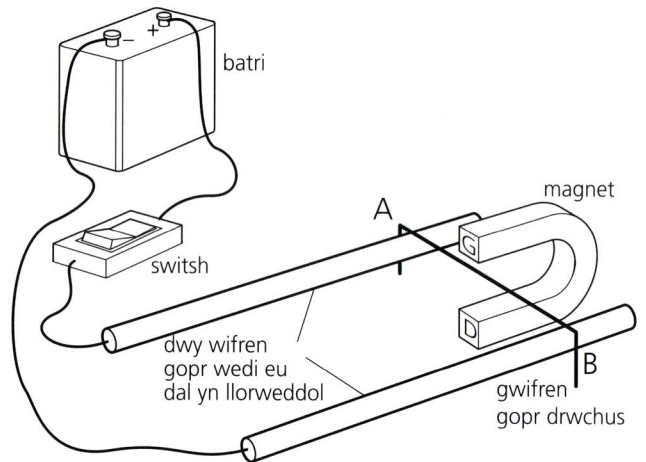

a Pan fydd y switsh ar gau, i ba gyfeiriad y bydd y cerrynt yn llifo trwy'r wifren gopr drwchus?

b Beth sy'n digwydd i'r wifren gopr drwchus pan fydd y switsh ar gau?

c Beth fydd yn digwydd i'r wifren gopr drwchus os yw'r magnet yn cael ei droi wyneb i waered ac yna'r switsh yn cael ei gau?

5 Mae'r diagram isod yn dangos generadur syml. Mae cylchdroi'r ddolen o wifren yn achosi cerrynt sy'n goleuo'r lamp.

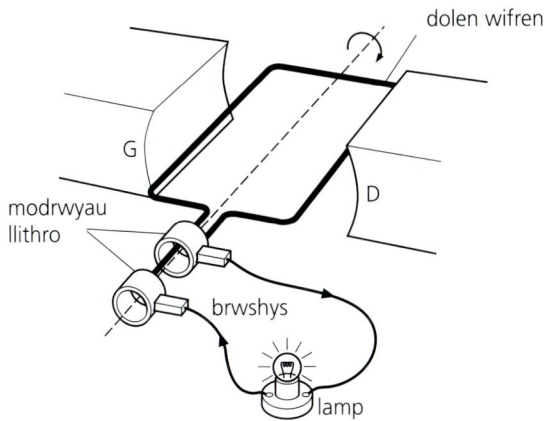

a Nodwch **dair** ffordd o gynyddu'r cerrynt sy'n cael ei gynhyrchu gan y generadur.

b Mae generadur fel hwn yn cynhyrchu 'cerrynt eiledol'. Eglurwch beth yw ystyr 'cerrynt eiledol'.

6 Mae'r diagram isod yn dangos llwybr trydan domestig yn y wlad hon.

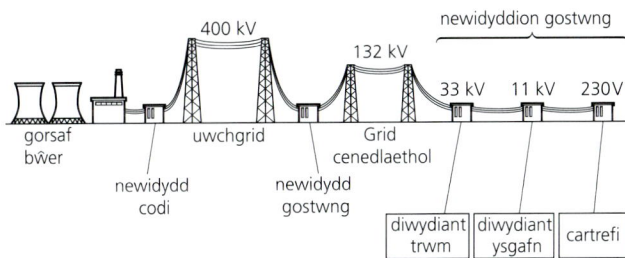

a Pa ddyfais sy'n cynhyrchu ein hegni trydanol mewn gorsaf bŵer? Enwch dri thanwydd a allai gael eu defnyddio i yrru'r peiriant hwn. Nodwch y prif drawsffurfiad egni sy'n digwydd.

b Awgrymwch un rheswm pam mae'r ceblau pŵer yn crogi'n uchel uwchben y ddaear ar beilonau.

c Beth sy'n digwydd i'r trydan cyn iddo ddod i'n cartrefi? Eglurwch sut mae hyn yn digwydd, mewn un frawddeg.

ch Pam mai cerrynt eiledol sy'n cael ei drawsyrru yn hytrach na cherrynt union?

7 Mae'r diagram isod yn dangos newidydd yn cael ei ddefnyddio i newid 230 V c.e. yn 115 V c.e.

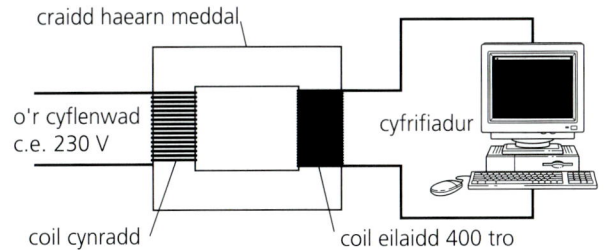

a Pa fath o newidydd sy'n cael ei ddefnyddio yn y gylched uchod?

Geiriau pwysig

Mae'r rhifau yn y cromfachau yn dangos ar ba dudalennau y cewch chi ragor o wybodaeth.

anwythiad electro-magnetig Proses lle mae foltedd yn cael ei gynhyrchu mewn gwifren neu goil oherwydd bod y maes magnetig o'i amgylch yn symud neu'n newid. *(7.06 – 7.07)*

defnydd magnetig Defnydd sy'n cael ei atynnu gan fagnet, ac y gellir ei fagneteiddio. Mae pob defnydd magnetig yn cynnwys haearn, nicel neu gobalt. *(7.01)*

eiliadur Generadur c.e. (cerrynt eiledol). *(7.07)*

electro-magnet Coil wedi ei droi o gwmpas craidd haearn neu Mumetal. Mae'n cael ei fagneteiddio pan fydd cerrynt yn llifo trwy'r coil, ond mae'n colli ei fagnetedd pan fydd y cerrynt yn cael ei ddiffodd. *(7.03)*

generadur Peiriant sy'n cynhyrchu foltedd pan fydd ei siafft yn cael ei droi. *(7.06, 7.07)*

maes magnetig Yr ardal o amgylch magnet lle mae grymoedd yn gweithredu ar unrhyw ddefnyddiau magnetig sydd yno. *(7.01)*

newidydd Dyfais sy'n cael ei defnyddio i gynyddu neu leihau foltedd cyflenwad c.e. *(7.07 – 7.08)*

polau magnetig Pwyntiau ar fagnet, o ble y mae'n ymddangos y daw'r grymoedd magnetig. Mae gan bob magnet bôl gogledd (G) a phôl de (D). *(7.01)*

relái Switsh electromagnetig sy'n defnyddio cerrynt bach mewn un gylched i gynnau neu ddiffodd cerrynt llawer mwy mewn cylched arall. *(7.03)*

torrwr cylched Switsh electromagnetig sy'n diffodd y cerrynt mewn cylched os yw'r cerrynt yn mynd yn rhy fawr. Mae'n gwneud yr un gwaith â ffiws ond, yn wahanol i ffiws, gallwch ei ailosod. *(7.03)*

Yr awrora borealis, neu 'oleuni'r gogledd'. Cafodd y llun hwn ei dynnu o long ofod uwchben y Ddaear. Mae'r goleuadau anghyffredin yn cael eu cynhyrchu wrth i ronynnau atomig sy'n llifo o'r Haul daro yn erbyn atomau a moleciwlau yn uchel yn atmosffer y Ddaear. Mae maes magnetig y Ddaear yn gwneud i'r gronynnau atomig sy'n ein cyrraedd grynhoi uwchben y pegynau yn y de a'r gogledd yn bennaf, felly dyna lle mae'r awrorau i'w gweld fel arfer.

Y tu mewn i atomau

Mae popeth wedi ei wneud o atomau. Mae atomau yn llawer rhy fach i'w gweld gyda microsgop cyffredin. Ond, trwy saethu gronynnau atomig bach trwyddyn nhw, llwyddodd gwyddonwyr i ddatblygu **modelau** (disgrifiadau) o adeiledd atomau. Dyma un model syml:

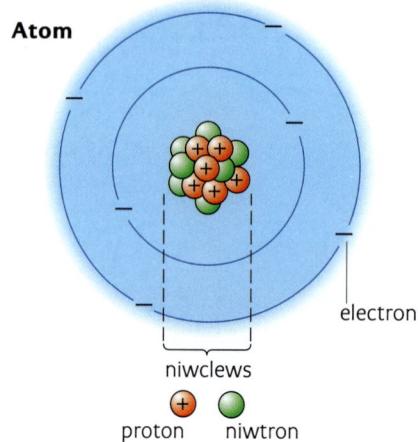

Model syml o'r atom. Mae niwclews go iawn yn llawer rhy fach i'w ddangos wrth raddfa. Petai'r atom uchod yr un maint â theatr, byddai ei niwclews yn llai na physen!

- Yng nghanol atom mae **niwclews**, sydd wedi ei wneud o **brotonau** a **niwtronau**. O amgylch y niwclews, mae **electronau** yn troi'n gyflym iawn mewn orbit, ar bellterau penodol o'r canol.
- Mae gan y protonau wefr drydanol bositif (+). Mae gan electronau wefr negatif (–) o'r un maint. Fel arfer, mae gan atom yr un nifer o electronau a phrotonau, felly cyfanswm y wefr ar yr atom yw sero.
- Mae protonau a niwtronau yn llawer trymach nag electronau. Nid yw electronau yn cyfrannu bron dim at fàs yr atom.

Elfennau a rhif atomig

Mae'r holl ddefnyddiau yn y byd wedi eu gwneud o tua 100 o sylweddau sylfaenol o'r enw *elfennau*. Atom yw'r 'darn' lleiaf posib o unrhyw elfen.

Mae gan bob elfen wahanol nifer o brotonau yn ei hatomau. Felly mae gan bob elfen **rif atomig** (neu **rif proton)** gwahanol. Mae rhai enghreifftiau i'w gweld yn y tabl ar y chwith. Mae'r rhif atomig hefyd yn dweud faint o electronau sydd yn yr atom.

Isotopau a rhif màs

Nid yw pob atom mewn elfen yn union yr un fath. Weithiau, bydd gan rai fwy o niwtronau nag eraill. Mae'r gwahanol fersiynau hyn o'r elfen yn cael eu galw yn **isotopau**. Yn gemegol, maen nhw'n ymddwyn yn union yr un fath, er bod masau eu hatomau yn wahanol.

Elfen	Symbol cemegol	Rhif atomig (rhif proton)
hydrogen	H	1
heliwm	He	2
lithiwm	Li	3
beryliwm	Be	4
boron	B	5
carbon	C	6
nitrogen	N	7
ocsigen	O	8
radiwm	Ra	88
thoriwm	Th	90
wraniwm	U	92
plwtoniwm	Pu	94

Mae'r rhan fwyaf o elfennau yn gymysgedd o ddau neu fwy o isotopau. Mae rhai enghreifftiau i'w gweld yn y siart isod.

Yr enw ar gyfanswm y protonau a'r niwtronau yn y niwclews yw'r **rhif màs** (neu'r **rhif niwcleon**).

Mae gan isotopau *yr un* rhif atomig ond *gwahanol* rif màs. Er enghraifft:

Mae'r metel lithiwm (rhif atomig 3) yn gymysgedd o ddau isotop gyda rhifau màs 6 a 7. Lithiwm-7 yw'r mwyaf cyffredin: y math hwn yw dros 93% o'r holl atomau lithiwm. Ar y chwith, fe welwch chi sut i ddangos atom lithiwm-7 gan ddefnyddio symbol a rhifau.

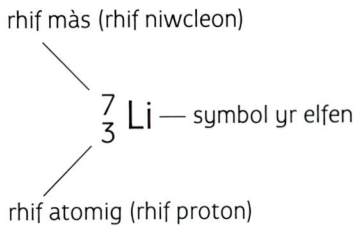

rhif màs (rhif niwcleon)

$^{7}_{3}\text{Li}$ — symbol yr elfen

rhif atomig (rhif proton)

Elfen	Isotopau				

e = electron (−)
p = proton (+)
n = niwtron

hydrogen		1 e	>99%		1 e	<1%
H		1 p			1 p	
		0 n	$^{1}_{1}\text{H}$		1 n	$^{2}_{1}\text{H}$
		hydrogen-1			hydrogen-2	
heliwm		2 e	<1%		2 e	>99%
He		2 p			2 p	
		1 n	$^{3}_{2}\text{He}$		2 n	$^{4}_{2}\text{He}$
		heliwm-3			heliwm-4	
lithiwm		3 e	7%		3 e	93%
Li		3 p			3 p	
		3 n	$^{6}_{3}\text{Li}$		4 n	$^{7}_{3}\text{Li}$
		lithiwm-6			lithiwm-7	

mae > yn golygu 'mwy na' a < yn golygu 'llai na'.

Cwestiynau

Ar gyfer cwestiynau 4 a 5, bydd angen data o'r tabl elfennau ar y dudalen gyferbyn.

1 Mae atom yn cynnwys *electronau, protonau* a *niwtronau*. Pa rai o'r gronynnau hyn:

   a sydd y tu allan i'r niwclews? **b** sydd heb wefr?

   c sy'n llawer ysgafnach na'r gweddill?

2 Rhif atomig atom alwminiwm yw 13 a'i rif màs yw 27. Faint o'r rhain sydd ganddo?

   a protonau **b** electronau **c** niwtronau

3 Mae clorin yn gymysgedd o ddau isotop, gyda rhifau màs 35 a 37. Beth yw'r gwahaniaeth rhwng y ddau atom?

4 Ar ffurf symbolau, gallwch ysgrifennu nitrogen-14 fel $^{14}_{7}\text{N}$. Sut gallwch chi ysgrifennu'r rhain?

   a carbon-12 **b** ocsigen-16 **c** radiwm-226

5 Mae gan atom U 6 electron a rhif màs 12.
Mae gan atom W 6 electron a rhif màs 14.
Mae gan atom Y 8 niwtron a rhif màs 15.
Beth yw elfennau U, W ac Y?

Pelydriad niwclear

Amcanion

Dylai'r adran hon eich helpu i

- egluro beth yw defnyddiau ymbelydrol, a disgrifio'r mathau o belydriad maen nhw'n eu rhyddhau

Mae rhai defnyddiau yn cynnwys atomau sydd â niwclysau ansefydlog. Ymhen amser, bydd pob niwclews yn chwalu neu'n aildrefnu ei hun. Wrth iddo wneud hynny, bydd gronyn bychan, neu fymryn o egni ton (neu'r ddau beth) yn saethu o'r niwclews. Mae'r gronynnau a'r tonnau yn 'pelydru' o'r niwclews, felly rydym yn eu galw yn **belydriad niwclear**. Mae'r defnyddiau sy'n eu rhyddhau yn **ymbelydrol**.

Mae elfennau yn gymysgedd o isotopau. Mewn 'defnydd ymbelydrol', dim ond ambell un o'r isotopau sy'n ymbelydrol. Mae enghreifftiau yn y siart isod. Yr enw ar isotopau ymbelydrol yw **radioisotopau**.

Isotopau		
niwclysau sefydlog	niwclysau ansefydlog, ymbelydrol	i'w cael mewn
carbon-12 carbon-13	carbon-14	aer, planhigion, anifeiliaid
potasiwm-39 potasiwm-41	potasiwm-40	creigiau, planhigion, dŵr môr
	wraniwm-234 wraniwm-235 wraniwm-238	creigiau

Pelydriad alffa, beta a gama

Mae yna dri phrif fath o belydriad niwclear: **gronynnau alffa**, **gronynnau beta** a **phelydrau gama**. Yn y siart ar y dudalen gyferbyn, fe welwch eu prif briodweddau (nodweddion). Pelydrau gama yw'r mwyaf treiddiol. Gronynnau alffa yw'r lleiaf treiddiol, fel y gwelwch isod:

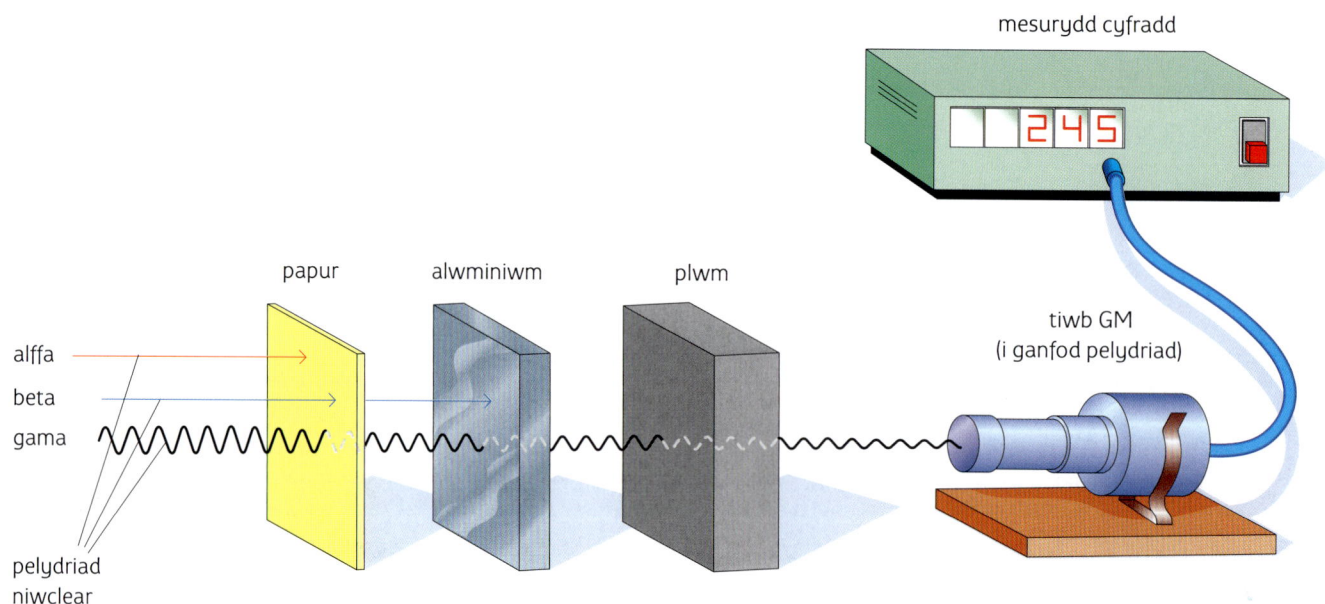

Cwestiynau

1 Enwch un radioisotop sydd i'w gael yn naturiol mewn pethau byw.

2 Beth yw'r tri phrif fath o belydriad niwclear?

mesurydd cyfradd

2 4 5

tiwb GM (i ganfod pelydriad)

papur   alwminiwm   plwm

alffa
beta
gama

pelydriad niwclear

Gallwn ganfod pelydriad alffa, beta a gama trwy ddefnyddio **tiwb Geiger-Müller (tiwb GM** yn fyr). Mae'n bosib cysylltu'r tiwb GM gyda:

- **Mesurydd cyfradd** Mae hwn yn rhoi darlleniad mewn 'cyfrif yr eiliad'. Er enghraifft, os bydd tiwb GM yn canfod 50 gronyn alffa bob eiliad, bydd y mesurydd yn dangos 50 cyfrif yr eiliad.
- **Rhifydd electronig** Mae hwn yn cyfrif *cyfanswm* y gronynnau (neu hyrddiadau o belydriad gama) sy'n cael eu canfod gan y tiwb.
- **Mwyhadur ac uchelseinydd** Mae'r uchelseinydd yn 'clicio' bob tro y bydd gronyn neu hyrddiad o belydriad gama yn cael ei ganfod.

Pelydriad ïoneiddio

Gall pelydriad niwclear dynnu electronau oddi ar atomau yn ei lwybr. O ganlyniad, bydd gwefr drydanol ar yr atomau. Yr enw ar atomau gyda gwefr arnyn nhw yw **ïonau**, felly mae pelydriad niwclear yn achosi **ïoneiddiad**. Mae uwchfioled a phelydrau X yn achosi ïoneiddiad hefyd. Mae celloedd byw yn sensitif iawn i ïoneiddiad. Gall ddrysu eu prosesau bywyd yn llwyr.

Defnyddio tiwb GM i chwilio am olion llwch ymbelydrol ar y llawr.

Pelydriad niwclear	Gronynnau alffa	Gronynnau beta	Pelydrau gama
	mae pob gronyn yn 2 broton + 2 niwtron	mae pob gronyn yn electron (yn cael eu ffurfio wrth i'r niwclews chwalu)	tonnau electromagnetig tebyg i belydrau X
Gwefr drydanol	positif	negatif	dim gwefr
Effaith ïoneiddio	cryf	gwan	gwan iawn
Effaith dreiddio	ddim yn dreiddiol iawn, cael eu rhwystro gan ddalen drwchus o bapur, neu groen	treiddiol, ond haen drwchus o alwminiwm yn eu rhwystro	treiddiol iawn, byth yn cael eu rhwystro'n llwyr er bod plwm a choncrit trwchus yn lleihau eu cryfder

Cwestiynau

3 I beth y mae tiwb GM yn cael ei ddefnyddio?

4 Mae pelydriad niwclear yn achosi *ïoneiddiad*. Beth yw ystyr hyn?

5 *alffa   beta   gama*

Dyma dri math o belydriad. Pa un sydd:

a yn ffurf ar belydriad electromagnetig?

b yn cludo gwefr bositif?

c yn cludo gwefr negatif?

ch yn gallu treiddio trwy haen drwchus o blwm?

d yn cael ei rwystro gan groen neu bapur trwchus?

dd yn debyg i belydrau X?

e yn achosi'r mwyaf o ïoneiddio?

Pelydriad o'n cwmpas

Mae gorsafoedd pŵer niwclear yn cynhyrchu gwastraff ymbelydrol. Rhaid cludo'r gwastraff mewn cynwysyddion sy'n ddigon cryf i wrthsefyll damwain debyg i'r un uchod. Petai gwastraff yn cael ei ryddhau, byddai'n niweidio iechyd pobl.

Peryglon pelydriad

Oherwydd ei fod yn achosi ïoneiddiad, gall pelydriad niwclear niweidio neu ddinistrio celloedd byw. Gall rwystro organau hanfodol yn y corff rhag gweithio'n iawn, ac achosi canser. Y cryfaf yw'r ymbelydredd, y mwyaf yw'r perygl.

Peryglon o'r tu mewn i'r corff Mae nwy a llwch ymbelydrol yn hynod o beryglus, oherwydd eu bod yn gallu mynd i mewn i'r corff gydag aer, bwyd neu ddiod. Unwaith y mae'r corff wedi eu hamsugno, mae'n anodd cael gwared â nhw, a gall eu pelydriad achosi niwed mewn celloedd sy'n ddwfn y tu mewn i'r corff. Pelydriad alffa yw'r mwyaf peryglus gan mai hwnnw sy'n achosi'r mwyaf o ïoneiddiad.

Peryglon o'r tu allan i'r corff Fel arfer, mae llai o berygl o ffynonellau ymbelydrol *y tu allan* i'r corff. Mae'r ffynonellau mewn gorsafoedd pŵer a labordai niwclear wedi eu hamddiffyn yn dda, ac mae'r pelydriad yn mynd yn wannach wrth i chi symud ymhellach oddi wrthyn nhw. Pelydrau beta a gama yw'r mwyaf peryglus gan eu bod yn gallu treiddio at eich organau mewnol. Mae'r croen yn gallu atal gronynnau alffa.

Rhaid i weithwyr mewn gorsafoedd pŵer niwclear wisgo bathodyn fel hwn ar y chwith. Mae'n adweithio i belydriad niwclear mewn dull sy'n ddigon tebyg i'r ffordd y mae ffilm mewn camera yn adweithio i oleuni. Rhaid datblygu'r ffilm bob mis, i wneud yn siŵr nad yw'r sawl sy'n gwisgo'r bathodyn wedi cael gormod o belydriad.

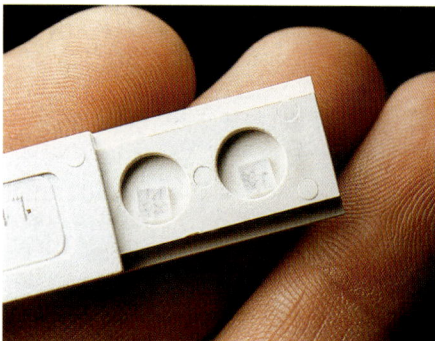

Mae'r ffilm yn y bathodyn hwn yn canfod faint o belydriad a ddaeth i gysylltiad â'r gweithiwr.

Pelydriad cefndir

Mae rhywfaint o belydriad o'n cwmpas trwy'r amser oherwydd y defnyddiau ymbelydrol sydd yn yr amgylchedd. Yr enw arno yw **pelydriad cefndir**. Daw'n bennaf o ffynonellau naturiol fel pridd, creigiau, aer, defnyddiau adeiladu, bwyd a diod – a hyd yn oed o'r gofod.

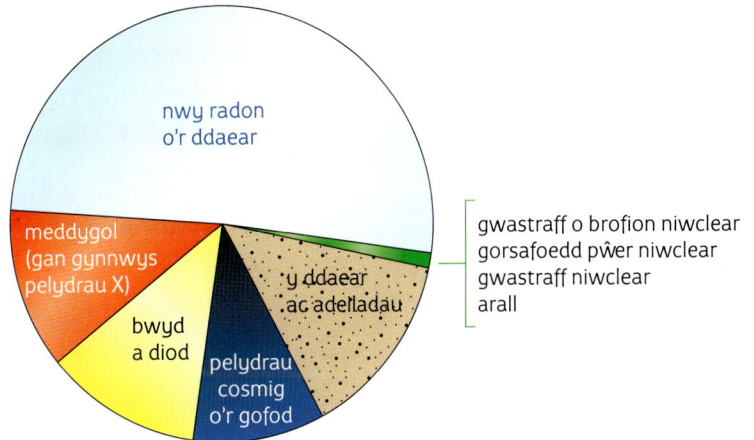

Dyma o ble y daw pelydriad cefndir. (Cyfrannau cyfartalog yw'r rhain. Gall y gwir gyfrannau amrywio o un ardal i'r llall.)

Mewn rhai ardaloedd, daw dros hanner y pelydriad cefndir o nwy radon ymbelydrol (radon-222) sy'n dod o'r creigiau – yn enwedig rhai mathau o wenithfaen. Mewn ardaloedd â risg uchel, rhaid rhoi systemau awyru ychwanegol yn y tai rhag i'r nwy ymgasglu. Weithiau bydd y llawr yn cael ei selio rhag i'r nwy ddod i'r tŷ yn y lle cyntaf.

Wrth fesur y pelydriad o unrhyw ffynhonnell ymbelydrol, mae'r mesuriad bob amser *yn cynnwys* unrhyw belydriad cefndir. I gael y darlleniad ar gyfer y ffynhonnell yn unig, rhaid mesur y pelydriad cefndir a thynnu hwnnw o'r cyfanswm.

Cwestiynau

1 Beth yw ffynhonnell y rhan fwyaf o belydriad cefndir?

2 Mae nwy radon yn cael ei ryddhau'n araf o greigiau tanddaearol. Pam mae'n bwysig atal y radon rhag ymgasglu mewn tai?

3 **a** Pa fath o belydriad yw'r mwyaf peryglus o'r holl ddefnyddiau ymbelydrol sy'n cael eu hamsugno gan y corff?

b Pam mae'r pelydriad hwn yn llai peryglus y tu allan i'r corff?

4 Yn yr arbrawf ar y dde:

a Beth yw'r darlleniad ar y mesurydd cyfradd o ganlyniad i belydriad cefndir?

b Beth yw'r darlleniad ar y mesurydd cyfradd o ganlyniad i'r ffynhonnell ei hun?

c Os yw'r ffynhonnell yn rhyddhau un math o belydriad yn unig, pa fath yw hwnnw? (Efallai y bydd arnoch angen gwybodaeth o'r tudalennau blaenorol i ateb hwn.)

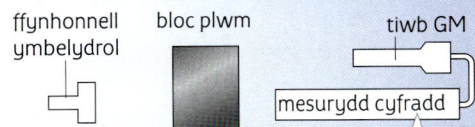

darlleniad ar y mesurydd cyfradd (cyfartaledd)	cyfrif bob eiliad
…gyda'r ffynhonnell	28
…gyda'r ffynhonnell a'r bloc	18
…ar ôl tynnu'r ffynhonnell a'r bloc	2

Dadfeiliad ymbelydrol

Mae niwclysau ansefydlog yn gallu chwalu. Y term am hyn yw **dadfeiliad ymbelydrol**. Mae'n digwydd ar hap, ac nid yw gwasgedd, tymheredd na newid cemegol yn effeithio arno. Allwch chi ddim dweud pa niwclews fydd yn dadfeilio nesaf, na pha bryd. Ond mae rhai mathau o niwclysau yn fwy ansefydlog nag eraill ac yn dadfeilio'n gyflymach.

Actifedd

Actifedd sampl ymbelydrol yw nifer cyfartalog y niwclysau sy'n dadfeilio bob eiliad. Mae'n cael ei fesur mewn **bequerelau** (Bq). Er enghraifft:

Mae ïodin-131 yn isotop ymbelydrol o ïodin. Mae'n dadfeilio trwy ryddhau gronynnau beta. Dychmygwch fod gennych sampl o ïodin-131 lle mae 40 niwclews yn dadfeilio bob eiliad. Felly bydd 40 gronyn beta yn cael eu saethu allan bob eiliad. Actifedd y sampl yw 40 Bq.

Hanner oes

Amser (dyddiau)	Actifedd (Bq)
0	40
8	20
16	10
24	5

*Bob 8 diwrnod, mae'r actifedd yn haneru. Mae gan ïodin-131 **hanner oes** o 8 diwrnod.*

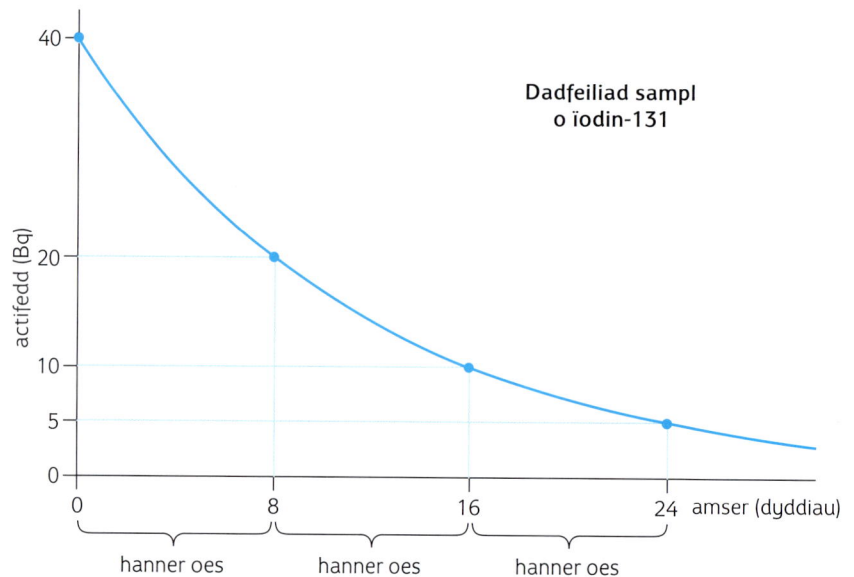

Dadfeiliad sampl o ïodin-131

Mae'r tabl a'r graff uchod yn dangos sut mae actifedd cyfartalog sampl o ïodin-131 yn amrywio gydag amser. Ar y dechrau, mae 40 niwclews yn dadfeilio bob eiliad, felly yr actifedd yw 40 Bq. Ond dros amser, mae llai a llai o niwclysau ansefydlog ar ôl i ddadfeilio, felly mae'r actifedd yn mynd yn llai ac yn llai. Ar ôl 8 diwrnod, mae'r actifedd wedi cyrraedd hanner ei werth gwreiddiol. Ar ôl 8 diwrnod arall, mae'r actifedd wedi haneru eto... ac yn y blaen. **Hanner oes** ïodin-131 yw 8 diwrnod.

Wrth nodi canlyniadau arbrofion fel hyn, mae'r pwyntiau ar y graff yn afreolaidd (yn neidio yma ac acw) gan fod dadfeiliad ymbelydrol yn broses ar hap. 'Llinell ffit orau' yw'r gromlin uchod mewn gwirionedd, fel y gwelwch ar y chwith.

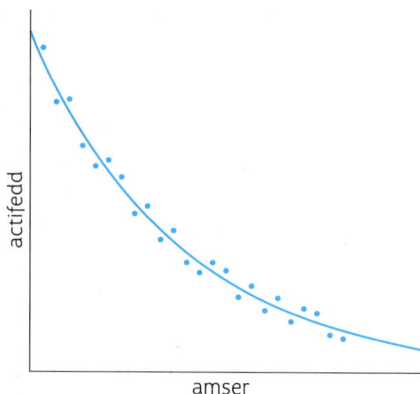

'Llinell ffit orau' rhwng pwyntiau afreolaidd yw'r gromlin mewn gwirionedd.

Isotop ymbelydrol	Hanner oes
boron-12	0.02 eiliad
radon-220	52 eiliad
ïodin-128	25 munud
radon-222	3.8 diwrnod
strontiwm-90	28 o flynyddoedd
radiwm-226	1602 o flynyddoedd
carbon-14	5730 o flynyddoedd
plwtoniwm-239	24 400 o flynyddoedd
wraniwm-235	710 miliwn o flynyddoedd
wraniwm-238	4500 miliwn o flynyddoedd

I gael graff fel yr un ar y dudalen gyferbyn, rhaid defnyddio tiwb Geiger-Müller (GM) i ganfod y pelydriad o'r sampl. Mae nifer y mesuriadau bob eiliad yn gyfrannol i'r actifedd – ond nid yw'n hafal iddo, gan nad yw'r holl ronynnau beta o'r sampl yn mynd i mewn i'r canfodydd.

Mae hanner oes rhai isotopau ymbelydrol eraill i'w gweld yn y tabl ar y chwith.

> Hanner oes isotop ymbelydrol yw'r amser y mae'n ei gymryd i actifedd unrhyw sampl ddisgyn i hanner ei werth gwreiddiol.

Atomau newydd o hen atomau

Pan fydd atom yn rhyddhau gronyn alffa neu beta, bydd nifer y protonau yn ei niwclews yn newid, felly bydd yn newid yn atom elfen hollol wahanol. Dyma enghraifft:

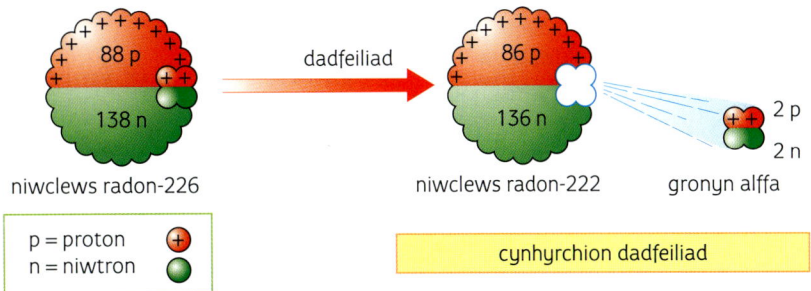

niwclews radon-226 → dadfeiliad → niwclews radon-222 + gronyn alffa (2 p, 2 n)

p = proton
n = niwtron

cynhyrchion dadfeiliad

Uchod, mae niwclews radon-226 yn dadfeilio trwy ryddhau gronyn alffa. O ganlyniad, mae'r niwclews yn colli 2 broton a 2 niwtron, felly mae'n newid yn niwclews radon-222. Mae hwn yn ymbelydrol hefyd.

Radon-222 a'r gronyn alffa yw'r **cynhyrchion dadfeiliad**.

Cwestiynau

*I ateb cwestiynau **1** a **2**, bydd arnoch angen gwybodaeth o'r tabl hanner oes.*

1 Petai samplau o strontiwm-90 a radiwm-226 â'r un actifedd heddiw, pa un fydd â'r actifedd isaf ymhen 10 mlynedd?

2 Os yw actifedd sampl o ïodin-128 yn 800 Bq, beth fydd yr actifedd ar ôl:

   a 25 munud? **b** 50 munud? **c** 100 munud?

3 Mae'r graff ar y dde yn dangos sut mae actifedd sampl ymbelydrol bach yn amrywio dros amser.

   a Pam nad yw'r pwyntiau ar gromlin lefn?

   b Amcangyfrifwch hanner oes y sampl.

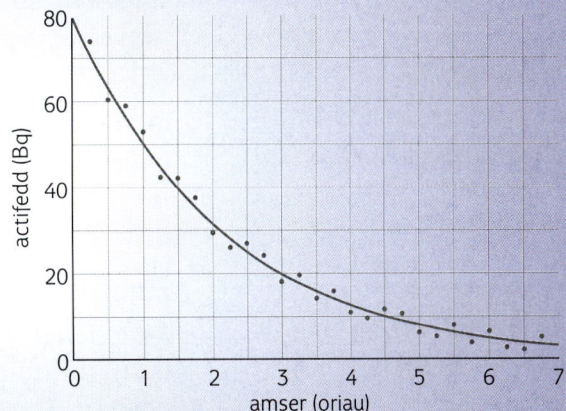

actifedd (Bq) vs amser (oriau)

Defnyddio ymbelydredd

Amcanion

Dylai'r adran hon eich helpu i

- ddisgrifio rhai ffyrdd o ddefnyddio radioisotopau

Wyddoch chi?

Ffeithiau niwclear

Mae yna wahanol fersiynau o elfennau, o'r enw isotopau. Mae rhai yn ymbelydrol: rhain yw'r **radioisotopau**. Maen nhw'n rhyddhau pelydriad: pelydrau gama sy'n treiddio fwyaf, yna gronynnau beta, ac yn olaf y gronynnau alffa. Mae'r tri math o belydriad yn niweidio neu'n dinistrio celloedd byw os ydyn nhw'n cael eu hamsugno.

Mae rhai radioisotopau yn bodoli'n naturiol; rhaid cynhyrchu eraill yn artiffisial mewn adweithydd niwclear. Dyma rai ffyrdd o ddefnyddio radioisotopau.

Olinyddion

Mae'n bosib canfod meintiau bychan (a diogel) o radioisotopau, felly gallwn eu defnyddio fel **olinyddion** – mae'n bosib olrhain eu symudiadau. Dyma ddwy enghraifft:

- Gweld a yw chwarren thyroid y claf yn derbyn ïodin yn iawn. Mae'r claf yn yfed hylif sy'n cynnwys ïodin-123, sy'n rhyddhau pelydrau gama. Mae canfodydd yn mesur actifedd yr olinydd i weld pa mor gyflym mae'r ïodin yn crynhoi yn y chwarren.
- Canfod hylif sy'n gollwng o bibellau tanddaearol trwy roi rhywfaint o'r isotop gyda'r hylif yn y bibell.

Fel arfer, radioisotopau artiffisial gyda hanner oes byr sy'n cael eu defnyddio i wneud profion fel hyn, fel nad oes fawr ddim ymbelydredd ar ôl ymhen ychydig ddyddiau.

Radiotherapi

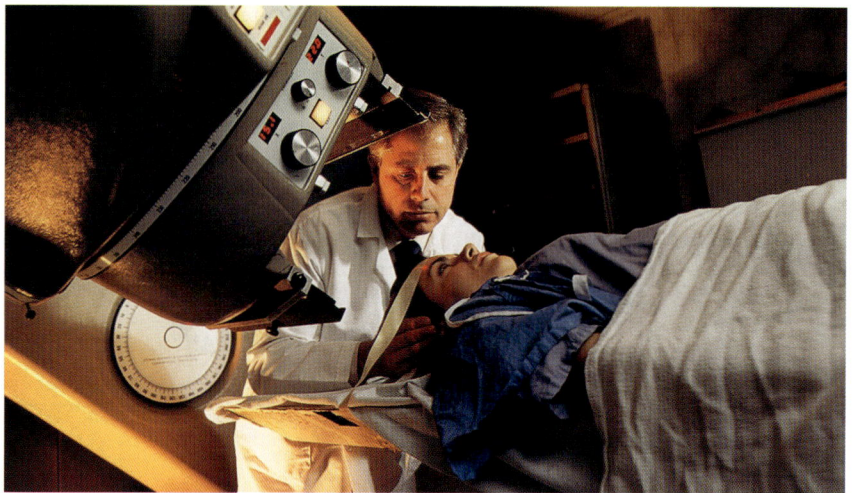

Mae paladr crynodedig o belydrau gama yn cael ei anelu at un man bach yng nghorff y claf er mwyn lladd y celloedd canser mewn tyfiant.

Gall pelydrau gama dreiddio yn ddwfn i'r corff a lladd celloedd byw. Felly mae meddygon yn gallu defnyddio paladr crynodedig iawn o ffynhonnell cobalt-60 i ladd celloedd canser. Yr enw ar driniaeth fel hyn yw **radiotherapi**.

Profi am graciau

Mae pelydrau gama yn debyg i belydrau X, felly gallwn eu defnyddio i dynnu ffotograffau o fetelau er mwyn dangos craciau. Mae ffynhonnell gama cobalt-60 yn fychan ac nid oes angen pŵer trydanol ar ei chyfer, yn wahanol i diwb pelydr X.

Cwestiynau

1 **a** Beth yw *radioisotopau*?

  b Ble mae radioisotopau artiffisial yn cael eu cynhyrchu?

  c Enwch *ddau* ddefnydd meddygol ar gyfer radioisotopau.

2 Enwch *ddwy* ffordd o ddefnyddio pelydriad gama.

Monitro trwch

Wrth gynhyrchu rhai defnyddiau, mae'n bwysig cadw eu trwch yn gyson. Mae'r diagram yn dangos un ffordd o wneud hyn. Mae trwch y rwber teiar yn cael ei addasu:

Mae'r band o rwber yn symud, gyda ffynhonnell beta ar un ochr a chanfodydd ar y llall. Os yw'r rwber sy'n dod o'r rholeri yn rhy denau, bydd mwy o belydriad beta yn cyrraedd y canfodydd. Mae hyn yn anfon negeseuon i'r uned reoli, sy'n addasu'r bwlch rhwng y rholeri.

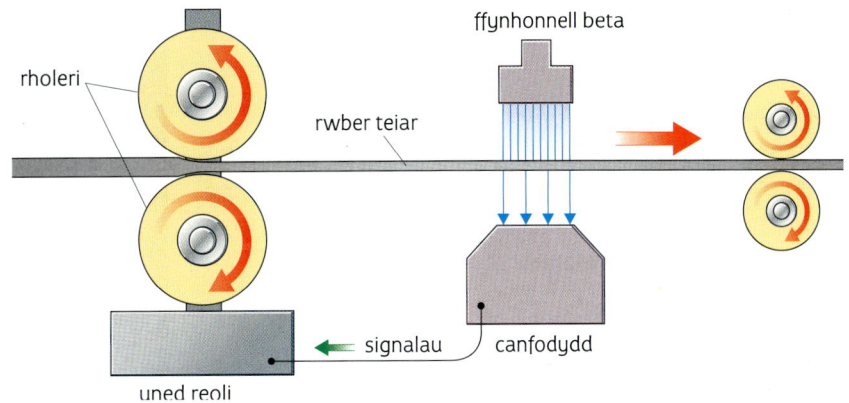

Dyddio defnyddiau

Gydag amser, mae'r ymbelydredd mewn unrhyw ddefnydd yn diflannu'n araf bach. Gallwn ddefnyddio'r syniad hwn i amcangyfrif ei oedran. Er enghraifft:

Mae yna garbon yn yr atmosffer (mewn carbon deuocsid) ac yng nghyrff pethau byw. Mae rhan fach ohono yn garbon-14 ymbelydrol, sy'n cael ei ffurfio yn yr uwch atmosffer drwy'r amser. Tra bo planhigion ac anifeiliaid yn fyw, maen nhw'n amsugno a rhyddhau carbon wrth fwydo ac anadlu, felly mae cyfran y carbon-14 yn eu cyrff yn aros yn gyson. Ond pan fyddan nhw'n marw, does dim mwy o garbon yn cael ei gymryd i mewn ac mae cyfran y carbon-14 yn lleihau oherwydd dadfeiliad ymbelydrol. Trwy fesur actifedd sampl, gallwn amcangyfrif oedran y gweddillion. Yr enw ar hyn yw **dyddio carbon**. Mae'n gallu cael ei ddefnyddio i ganfod oedran defnyddiau organig fel coed a ffabrig.

Mae'n bosib amcangyfrif oedran rhai creigiau trwy fesur cyfrannau'r gwahanol isotopau sydd ynddyn nhw.

Olion dynol o gors fawn yn Nenmarc. Yn ôl mesuriadau dyddio carbon, bu farw'r dyn hwn tua 220-240 CC.

Cwestiynau

3 Yn y system monitro trwch ar frig y dudalen:

  a pam y caiff ffynhonnell beta ei defnyddio, yn hytrach na ffynhonnell alffa neu gama?

  b os yw trwch rwber y teiar yn cynyddu, beth yw effaith hynny ar y canfodydd?

4 Weithiau bydd meddygon a gwyddonwyr yn defnyddio olinyddion ymbelydrol.

  a Beth yw olinydd ymbelydrol?

  b Disgrifiwch un ffordd o ddefnyddio olinydd ymbelydrol.

  c Pam mae'n bwysig defnyddio olinydd ymbelydrol sydd â hanner oes byr?

5 Mae carbon-14 yn isotop ymbelydrol prin o garbon. Eglurwch pam y gallai gwyddonwyr fod eisiau mesur faint o garbon-14 sydd mewn gweddillion planhigyn neu anifail hynafol, neu ddarn o bren neu ffabrig.

Pŵer ymholltiad

Fel y rhan fwyaf o orsafoedd pŵer, mae'r orsaf bŵer niwclear ar y dde yn defnyddio gwres i wneud ager, i yrru'r tyrbinau sy'n troi'r generaduron. Ond nid o losgi glo, nwy nac olew y daw'r gwres. Mae'n dod o atomau wraniwm, wrth i'w niwclysau ddadfeilio mewn **adweithydd niwclear**. Mae un dunnell fetrig o danwydd niwclear yn gallu rhoi'r un faint o egni â 55 tunnell fetrig o lo.

Mewn tanwydd niwclear, y 'gyfrinach' yw math prin o wraniwm, o'r enw wraniwm-235. Os bydd niwclews wraniwm-235 yn cael ei daro gan niwtron, bydd yn hollti, gan ryddhau egni a rhagor o niwtronau. Gall y rhain fynd ymlaen i hollti niwclysau eraill... ac yn y blaen, mewn **adwaith cadwynol**. Yr enw ar y broses hollti yw **ymholltiad niwclear**.

Mewn adweithydd, mae pelenni o danwydd niwclear mewn caniau wedi eu selio yng nghraidd yr adweithydd. Gan fod y rhan fwyaf o niwtronau yn tueddu i ddianc cyn taro unrhyw beth arall, rhaid i gynllun y craidd wneud yn siŵr fod yr adwaith cadwynol yn parhau. Mae'n bosib arafu'r adwaith trwy ostwng rhodenni rheoli i amsugno niwtronau.

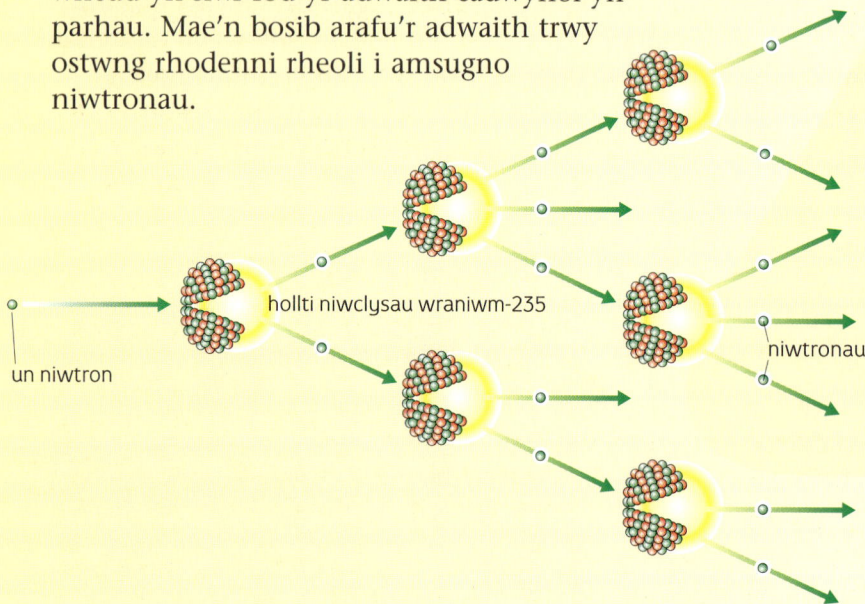

Yn yr adweithydd isod, mae dŵr yn cylchdroi trwy'r craidd, gan gludo gwres yr ymholltiad i'r boeler.

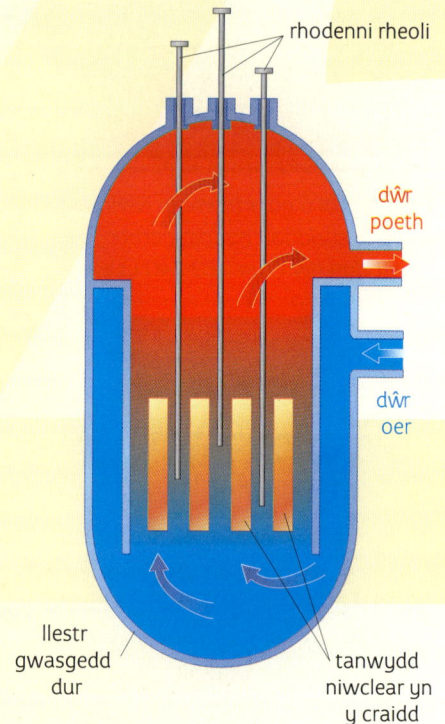

un niwtron

hollti niwclysau wraniwm-235

niwtronau

rhodenni rheoli

dŵr poeth

dŵr oer

llestr gwasgedd dur

tanwydd niwclear yn y craidd

Adweithydd dŵr dan wasgedd.

Gwastraff niwclear

Pan fydd caniau o danwydd niwclear 'wedi darfod', rhaid eu tynnu o graidd yr adweithydd a rhoi rhai newydd yn eu lle. Maen nhw'n cynnwys defnyddiau ymbelydrol iawn, gan gynnwys plwtoniwm-239. Caiff plwtoniwm ei ddefnyddio mewn arfau niwclear. Mae'n wenwynig iawn hefyd. Mae anadlu ychydig iawn o lwch plwtoniwm yn ddigon i'ch lladd.

Pwll oeri mewn gwaith ailbrosesu.

Rhaid mynd â'r hen ganiau tanwydd i waith ailbrosesu, lle maen nhw'n cael gwared â'r tanwydd sydd heb ei ddefnyddio a'r plwtoniwm. Bydd gweddill y gwastraff yn cael ei selio a'i storio gyda haenau tew o'i amgylch i'w amddiffyn.

Mae gwastraff ymbelydrol yn hynod o beryglus. Mae gan rai o'r isotopau hanner oes hir, ac maen nhw'n aros yn ymbelydrol am filoedd o flynyddoedd. Does neb yn hollol siŵr sut i'w storio'n ddiogel am amser mor hir. Wrth eu claddu, rhaid i'r daearegwyr wneud yn siŵr bod y creigiau yn sefydlog ac na fyddan nhw'n cracio nac yn symud yn ystod y cyfnod hwnnw.

Ymasiad a'r dyfodol?

Ymasiad niwclear sy'n rhoi pŵer i'r Haul, sef egni'n cael ei ryddhau pan fydd niwclysau hydrogen yn 'asio' (uno) gyda'i gilydd i ffurfio heliwm. Er mwyn cael ymasiad, rhaid cywasgu hydrogen ar dymheredd uchel iawn: er enghraifft 15 miliwn °C yng nghraidd yr Haul.

Ar y Ddaear, ni fyddai cynhwysydd cyffredin yn gallu dal hydrogen ar dymheredd mor uchel a chadw'r cyfan wedi'i gywasgu. Ond mae'r cynhwysydd yn y llun uchod yn un anghyffredin iawn. Cafodd ei ddatblygu gan wyddonwyr ar gyfer arbrofion ymasiad. Mae'n defnyddio maes magnetig i ddal yr hydrogen chwilboeth yn gaeth.

Ni fydd adweithyddion ymasiad ymarferol ar gael am lawer iawn o flynyddoedd. Ond byddai datblygiad o'r fath yn werth chweil. Mae digon o'r tanwydd, sef hydrogen, ar gael a gellir ei echdynnu o ddŵr y môr. Y prif ddefnydd gwastraff yw heliwm, ac nid yw hwnnw'n ymbelydrol. Ac maen nhw'n ddiogel: os yw'r adweithydd yn torri, mae'r ymasiad yn stopio.

Trafodwch

⚠ Allwch chi ddisgrifio ym mha ffyrdd y mae gorsaf bŵer niwclear yn debyg i orsaf bŵer sy'n llosgi tanwydd?

⚠ Allwch chi ddisgrifio ym mha ffyrdd y mae gorsaf bŵer niwclear yn wahanol i orsaf bŵer sy'n llosgi tanwydd?

⚠ Pam mae caniau o danwydd niwclear sydd wedi 'darfod' yn gymaint o broblem?

⚠ Pan gaiff adweithyddion ymasiad eu datblygu, pa fanteision fydd ganddyn nhw o'u cymharu ag adweithyddion niwclear heddiw?

213

1 Mae dau fath o wefr drydanol, sef positif (+) a negatif (–). Mae'r ddau fath i'w cael yn yr atom.

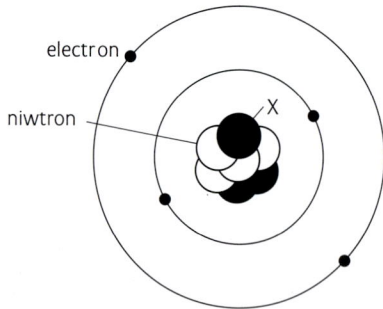

a Pa fath o wefr sydd gan electron?

b Beth yw enw gronyn X?

c Pa fath o wefr sydd gan ronyn X?

ch Sawl gronyn o fath X y byddech chi'n disgwyl i'r atom uchod ei gael? Eglurwch eich ateb. (Sylwch: nid yw'r diagram yn dangos yr holl ronynnau o'r math X.)

d Pan fydd cerrynt yn llifo trwy wifren, mae rhai o'r gronynnau yn yr atomau yn symud. Pa ronynnau?

2 a Mae'r diagram isod yn cynrychioli atom o nitrogen-14 ($^{14}_{7}$N).

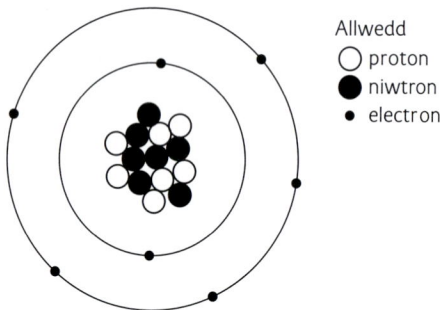

Cwblhewch y tabl data hwn ar gyfer nitrogen-14.

Gronyn	Nifer yn yr atom	Gwefr
proton		
niwtron		
electron		

b Mae gan yr elfen clorin ddau 'isotop'. Beth yw isotopau?

c Lluniwch ddiagramau o'r ddau isotop clorin-35 ($^{35}_{17}$Cl) a chlorin-37 ($^{37}_{17}$Cl).

3 Mae ffynhonnell ymbelydrol yn rhyddhau y tri math o belydriad, sef alffa, beta and gama.

a Beth yw gronyn alffa?

b Beth yw gronyn beta?

c Beth yw pelydryn gama?

ch O ble mae'r gronynnau a'r pelydrau ymbelydrol hyn yn cael eu rhyddhau?

d Enwch un darn o gyfarpar y gallech ei ddefnyddio i ganfod pelydriad.

dd Enwch un defnydd y gall gronynnau beta a phelydrau gama fynd trwyddo, ond nid gronynnau gama.

e Enwch un defnydd y gall pelydrau gama egnïol iawn yn unig fynd trwyddo.

4 Caiff darn o graig ei roi o flaen canfodydd pelydriad. Mae'r gyfradd gyfrif yn uchel. Ar ôl lapio darn o bapur o amgylch y graig, mae'r gyfradd yn gostwng i hanner ei gwerth gwreiddiol. Nawr caiff darn o ffoil alwminiwm ei roi o amgylch y graig ac mae'r gyfradd gyfrif yn disgyn i sero.

a Pa fath(au) o belydriad sy'n dod o'r graig? Eglurwch eich ateb.

b Pam mae defnyddiau ymbelydrol yn aml yn cael eu storio mewn cynwysyddion plwm?

5 Mae dau fyfyriwr yn cynnal arbrawf i ddarganfod faint o belydriad β (beta) sy'n pasio trwy alwminiwm o wahanol drwch.

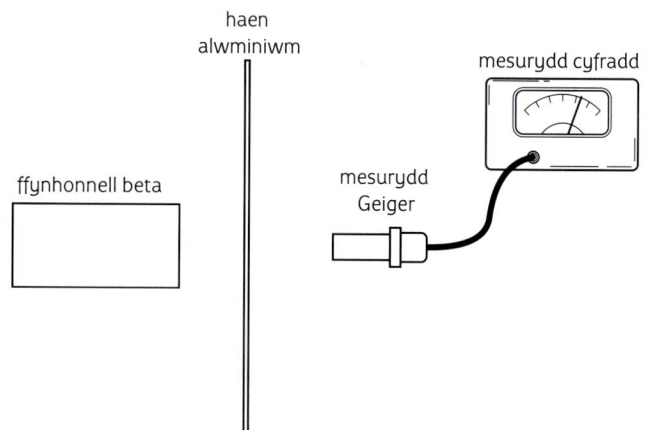

Ar ddechrau'r arbrawf, cafodd y pelydriad cefndir ei fesur. Roedd yn 100 cyfrif yr eiliad.

a Awgrymwch ddwy ffynhonnell bosib ar gyfer y pelydriad cefndir.

Yna aeth y myfyrwyr ati i gofnodi'r cyfraddau cyfrif ar gyfer alwminiwm o wahanol drwch. Mae'r canlyniadau yn y tabl isod.

trwch alwminiwm (mm)	1.0	2.0	3.0	4.0	5.0	6.0	7.0	8.0	9.0
cyfradd gyfrif wirioneddol (nifer/munud)	1120	620	300	240	180	150	120	100	100
cyfradd gyfrif wedi ei chywiro (nifer/munud)	1020								

b Cwblhewch y tabl trwy lenwi'r wyth rhif coll yn y rhes olaf.

c Plotiwch graff o'r canlyniadau (cyfradd gyfrif – echelin y, trwch alwminiwm – echelin x)

ch Pa ganlyniad sydd ddim yn cyd-fynd â'r patrwm?

d Beth yw'r trwch lleiaf o alwminiwm sydd ei angen i rwystro gronynnau beta o'r ffynhonnell rhag cyrraedd y mesurydd Geiger?

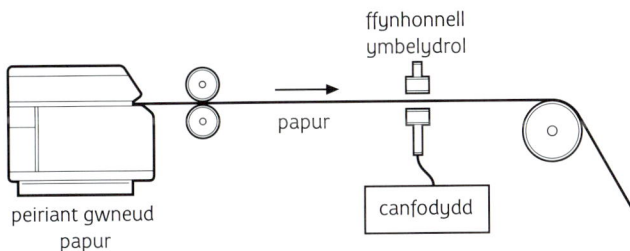

peiriant gwneud papur · papur · ffynhonnell ymbelydrol · canfodydd

6 Mewn gwaith gwneud papur, gellir defnyddio canfodydd a ffynhonnell ymbelydrol ar gyfer profi trwch y papur sy'n dod o'r rholeri.

Mae'r ffynhonnell ymbelydrol yn y diagram uchod yn rhyddhau gronynnau beta.

a Beth yw gronynnau beta?

b Pa ddyfais allai gael ei defnyddio yn ganfodydd?

c Os yw'r papur yn fwy trwchus nag arfer, beth fyddai effaith hyn ar ddarlleniad y canfodydd?

ch Pam y dylai'r ffynhonnell ymbelydrol fod yn ffynhonnell beta, yn hytrach nag yn un sy'n rhyddhau gronynnau alffa neu belydrau gama?

d Efallai y byddai rhai pobl yn bryderus bod y pelydriad 'yn gwneud y papur yn ymbelydrol'. Beth fyddai eich ateb chi iddyn nhw?

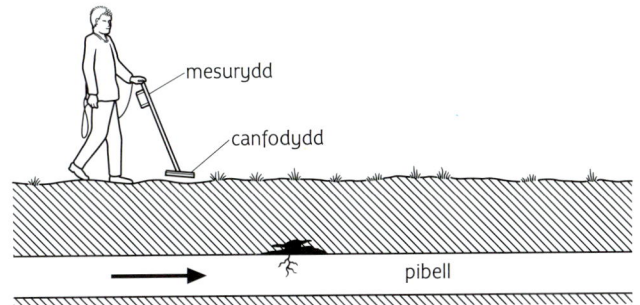

mesurydd · canfodydd · pibell

7 Mae'r diagram isod yn dangos rhywun yn ceisio canfod lle mae olew yn gollwng o bibell o dan y ddaear. Mae isotop ymbelydrol wedi cael ei ychwanegu at yr olew yn y bibell.

a Disgrifiwch beth sy'n digwydd wrth i'r canfodydd symud dros y man sy'n gollwng. Eglurwch eich ateb.

b Pa fath o belydriad y dylai'r isotop ymbelydrol fod yn ei ryddhau? Eglurwch eich ateb.

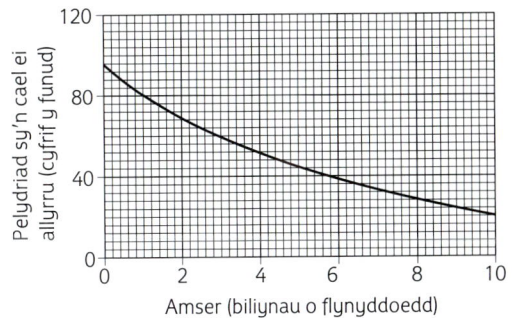

8 Mae'r graff isod yn dangos sut mae'r pelydriad sy'n cael ei allyrru bob munud gan sampl o wraniwm-238 ($^{238}_{92}U$) yn newid gydag amser.

a Ar ôl faint o flynyddoedd y mae'r gyfradd gyfrif wedi gostwng i 80 y funud?

b Ar ôl faint o flynyddoedd y mae'r gyfradd gyfrif wedi gostwng i 40 y funud?

c Beth yw hanner oes wraniwm-238?

9 Mewn rhai rhannau o Brydain mae nwy radon yn achosi lefelau uchel o belydriad cefndir. Mae'r elfen radiwm-224 ($^{224}_{88}Ra$) yn dadfeilio i ffurfio radon-220 ($^{220}_{86}Rn$).

a Mewn atom radiwm, o ble mae'r gronyn yn cael ei ryddhau?

Mae gan radiwm-224 'hanner oes' o 3.6 diwrnod.

b Beth yw ystyr yr ymadrodd 'hanner oes'?

Geiriau pwysig

Mae'r rhifau yn y cromfachau yn dangos ar ba dudalennau y cewch chi ragor o wybodaeth.

actifedd Nifer cyfartalog y niwclysau ansefydlog sy'n dadfeilio (chwalu) bob eiliad mewn defnydd ymbelydrol. Os oes 100 niwclews yn dadfeilio bob eiliad, yr actifedd yw 100 Becquerel (Bq). *(8.04)*

dadfeiliad ymbelydrol Niwclysau ansefydlog yn chwalu y tu mewn i atomau mewn defnyddiau ymbelydrol. *(8.04)*

defnydd ymbelydrol Defnydd sy'n rhyddhau pelydriad niwclear – gronynnau alffa neu beta, neu belydrau gama fel arfer. *(8.02)*

electron Gronyn gyda gwefr negatif (–) sy'n symud o gwmpas niwclews atom. *(8.01, 2.01)*

gronynnau alffa Gronynnau gyda gwefr bositif (+) sy'n cael eu rhyddhau gan rai defnyddiau ymbelydrol. Mae pob gronyn alffa wedi ei wneud o ddau broton a dau niwtron. *(8.02)*

gronynnau beta Gronynnau gyda gwefr negatif (–) sy'n cael eu rhyddhau gan rai defnyddiau ymbelydrol. Electron yw pob gronyn beta. *(8.02)*

hanner oes Yr amser y mae'n ei gymryd i actifedd sampl ymbelydrol haneru. Hefyd yr amser y mae'n ei gymryd i hanner y niwclysau ansefydlog sy'n bresennol ddadfeilio (chwalu). *(8.04)*

isotopau Gwahanol fersiynau ar yr un elfen. Mae gan isotopau yr un nifer o brotonau (ac electronau) yn eu hatomau, ond gwahanol nifer o niwtronau. *(8.01)*

niwclews Canol atom, wedi ei wneud (yn y rhan fwyaf o achosion) o brotonau a niwtronau. *(8.01)*

niwtron Gronyn heb wefr yn niwclews yr atom. *(8.01)*

pelydrau gama Tonnau electromagnetig sy'n cael eu rhyddhau gan rai defnyddiau ymbelydrol. Maen nhw'n debyg i belydrau X. *(8.02)*

pelydriad cefndir Y lefel isel o belydriad sydd bob amser yn bresennol, yn bennaf oherwydd defnyddiau ymbelydrol yn y ddaear a'r aer. *(8.03)*

pelydriad niwclear Gronynnau neu donnau sy'n cael eu saethu o niwclysau ansefydlog y tu mewn i atomau mewn defnyddiau ymbelydrol. Y prif fathau yw gronynnau alffa, gronynnau beta a phelydrau gama. *(8.02)*

proton Gronyn gyda gwefr bositif (+) yn niwclews yr atom. *(8.01)*

rhif atomig Nifer y protonau mewn atom. Weithiau caiff ei alw'n rhif proton. *(8.01)*

rhif màs Cyfanswm nifer y protonau a niwtronau mewn atom. Weithiau mae'n cael ei alw'n rhif niwcleon. *(8.01)*

Tiwb Geiger-Müller (tiwb GM) Dyfais sy'n cael ei defnyddio i ganfod pelydriad o ddefnyddiau ymbelydrol. *(8.02)*

1 Mae gyrrwr car yn gyrru o'i gartref ar fuanedd araf, cyson. Ar ôl cyrraedd y draffordd, mae'n cyflymu'n sydyn ac yna'n teithio ar fuanedd uchel cyson. Wrth adael y draffordd, mae'n arafu ac yn stopio wrth gyffordd.

a Lluniwch fraslun o graff buanedd-amser ar gyfer y daith.

b Lluniwch fraslun o graff pellter-amser ar gyfer y daith.

c Cyfrifwch fuanedd cyfartalog y gyrrwr mewn km/awr os yw'n teithio 40 km mewn 30 munud.

2 Mae'r diagram isod yn dangos graff cyflymder-amser ar gyfer plymiwr awyr sy'n disgyn yn rhydd.

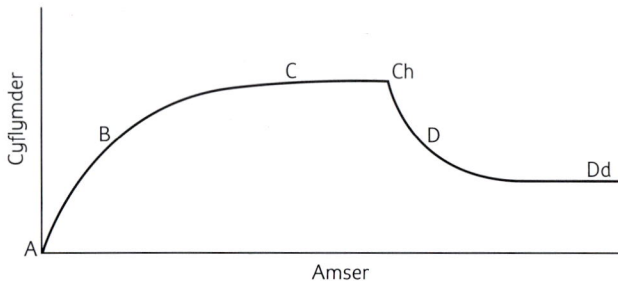

Cymerwch mai 10 m/s² yw'r cyflymiad oherwydd disgyrchiant.

a Pam mae cyflymiad y plymiwr yn lleihau yn rhan B ar y graff?

b Eglurwch pam mae'r plymiwr yn teithio ar ei fuanedd terfynol yn rhan C y graff.

c Beth sydd wedi digwydd ym mhwynt Ch ar y graff?

ch Beth sy'n digwydd i'r plymiwr yn rhan D ar y graff?

d Beth sy'n digwydd i'r plymiwr yn rhan Dd ar y graff?

3 Mae modur trydan yn ddyfais ar gyfer newid egni trydanol yn egni cinetig. Awgrymwch ddyfais a fydd yn cyflawni'r newidiadau egni hyn:

a egni trydanol i egni gwres a goleuni

b egni cemegol i egni trydanol

c egni goleuni i egni trydanol

ch egni sain i egni trydanol

d egni trydanol i sain

dd egni cemegol i wres a goleuni.

4 a Eglurwch y brawddegau canlynol.

Mae glo yn ffynhonnell egni anadnewyddadwy.

Mae gwynt yn ffynhonnell egni adnewyddadwy.

b Enwch un ffynhonnell egni anadnewyddadwy arall.

c Enwch un ffynhonnell egni adnewyddadwy arall.

ch Rhowch un fantais ac un anfantais defnyddio'r ffynhonnell egni a ddewisoch yn ateb ar gyfer rhan c.

5 Mae'r diagram isod yn dangos cylched gyfres syml sy'n cynnwys cell, switsh a bwlb. Pan fydd y switsh ar gau, bydd cerrynt o 0.2 A yn llifo trwy'r bwlb.

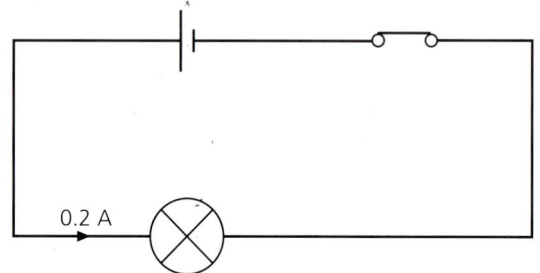

a Pa gerrynt fydd yn llifo o'r gell os bydd ail fwlb nawr yn cael ei gysylltu mewn paralel â'r bwlb cyntaf?

6 Mae'r diagram isod yn dangos batri, amedr a bwlb wedi eu cysylltu mewn cyfres. Mae foltmedr wedi ei gysylltu mewn paralel â'r bwlb.

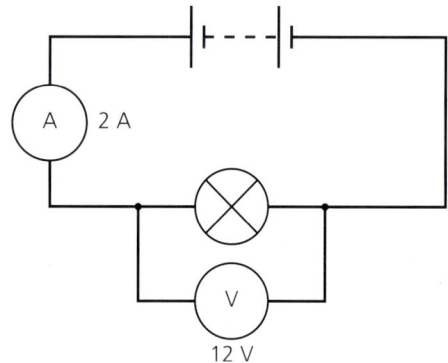

a Cyfrifwch bŵer y bwlb.

b Faint o egni sy'n cael ei drawsnewid gan y bwlb mewn 10 s?

c Pa newid egni sy'n digwydd y tu mewn i'r bwlb?

7 Mae yna dri ffiws ar gael yn gyffredin i'w rhoi mewn plwg tri phin ar gyfer y prif gyflenwad. Eu maint yw 3 A, 5 A ac 13 A.

Pa un o'r tri ffiws fyddai'n addas i'w ddefnyddio gyda'r dyfeisiau canlynol? Daw trydan o'r prif gyflenwad ar 230 V.

a Bwlb 60 W.

b Set deledu 600 W.

c Sychwr gwallt 1.1 kW.

ch Tegell 2 kW.

d Eglurwch beth sy'n digwydd i ffiws os oes gormod o gerrynt yn mynd trwy'r gylched.

8 Dyma ddiagram o'r tu mewn i blwg tri phin.

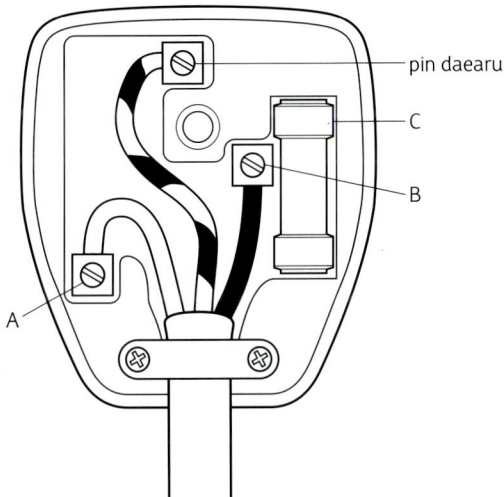

a Beth yw enw pin A?

b Beth yw enw pin B?

c Pa liw yw'r wifren sydd wedi ei chysylltu â'r pin daearu?

ch Eglurwch pam mae yna bin daearu.

d Beth yw C?

9 a Os yw egni trydan yn costio 7c am bob kW awr, cyfrifwch gost cynnal y rhain:

   i tân 3 kW am 6 awr

   ii sychwr gwallt 1.2 kW am 30 munud

   iii bwlb 100 W am 10 awr.

b Beth yw'r Grid Cenedlaethol?

10 Mae'r diagram isod yn dangos dau wrthydd wedi eu cysylltu mewn paralel.

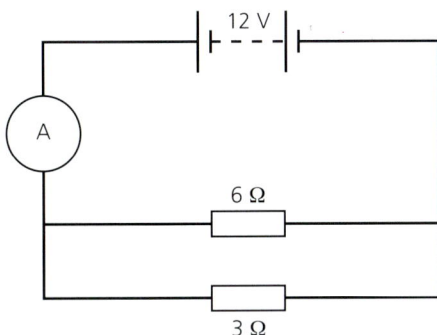

a Beth yw A?

b Cyfrifwch y cerrynt sy'n llifo trwy'r gwrthydd 6 Ω.

c Cyfrifwch y cerrynt sy'n llifo trwy'r gwrthydd 3 Ω.

ch Faint o gerrynt sy'n llifo trwy A?

11 Mae myfyrwraig yn defnyddio'r gylched isod i archwilio'r berthynas rhwng y cerrynt sy'n llifo trwy wrthydd a'r g.p. (foltedd) ar ei draws.

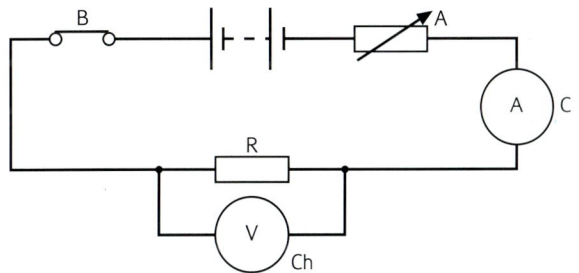

a Beth yw A?

b Beth yw B?

c Beth yw C?

ch Beth yw Ch?

Mae canlyniadau'r fyfyrwraig yn y tabl isod.

g.p./(V)	0	2	4	6	8	10	12
cerrynt/(A)	0	0.25	0.50	0.80	1.00	1.25	1.50

d Plotiwch graff o'r g.p. yn erbyn y cerrynt.

dd Mae'n ymddangos bod un darlleniad wedi ei fesur yn anghywir. Pa un?

e Beth yw gwrthiant y gwrthydd R?

12 Mae lamp flaen car yn 12 V, 36 W.

a Pa newid egni sy'n digwydd y tu mewn i'r bwlb?

b Pa mor gyflym y mae'r newid egni hwn yn digwydd?

c Cyfrifwch y cerrynt sy'n llifo trwy'r bwlb.

ch Cyfrifwch wrthiant y bwlb.

13 Mae'r graff isod yn dangos rhan o daith bws. Ar ôl teithio ar y briffordd am rai munudau, mae'n aros yn yr orsaf fysiau. Yna, mae'n gadael yr orsaf fysiau a pharhau â'i daith.

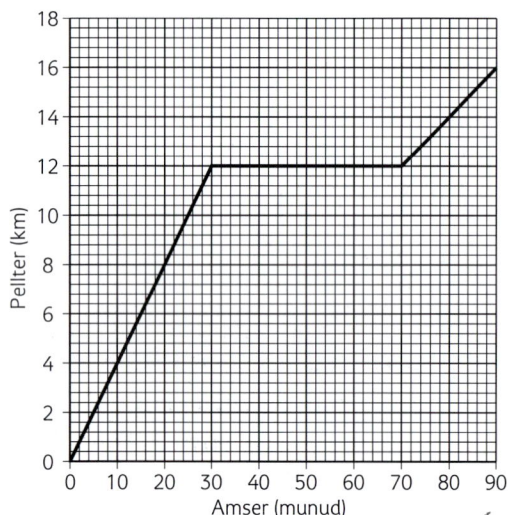

a Pa mor bell mae'r bws yn teithio cyn aros yn yr orsaf fysiau?

b Am faint o amser y mae'r bws yn aros yn yr orsaf fysiau?

c Beth yw buanedd cyfartalog y bws cyn iddo gyrraedd yr orsaf fysiau?

ch Ar ôl iddo adael yr orsaf, a yw buanedd y bws yn fwy nag o'r blaen, neu'n llai? Eglurwch eich ateb.

14 Mae'r diagram isod yn dangos sbaner yn cael ei ddefnyddio i ryddhau nyten ar olwyn car.

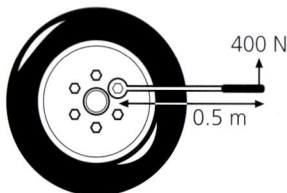

a Cyfrifwch y moment sy'n cael ei greu gan y grym sy'n ceisio datod y nyten.

b Awgrymwch sut y gallech chi gynyddu'r moment ar y nyten heb gynyddu'r grym sy'n cael ei roi.

15 Mae'r diagram isod yn dangos tonnau yn cael eu cynhyrchu gan beiriant tonnau mewn tanc crychdonni.

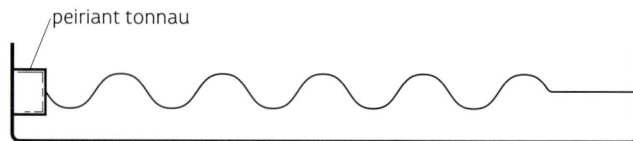

peiriant tonnau

a Sawl ton a welwch ar y dŵr yn y diagram?

b Os yw'r tonnau uchod yn cael eu cynhyrchu mewn 2.5 s, beth yw eu hamledd?

c Os yw tonfedd y tonnau dŵr yn 5 cm, cyfrifwch eu buanedd.

16 Mae craen yn codi llwyth o 500 N i uchder o 30 m mewn 20 s.

a Pa fath o egni y mae'r llwyth wedi ei ennill erbyn iddo gael ei godi?

b Cyfrifwch y gwaith mae'r craen yn ei wneud.

c Awgrymwch un rheswm pam y bydd y craen wedi gwneud mwy o waith na'r gwerth a gawsoch yn **b**.

ch Cyfrifwch bŵer y craen.

17 Mae'r tabl isod yn dangos y darlleniadau a gafodd disgybl wrth roi gwahanol lwythi ar sbring ac yna mesur ei hyd.

Llwyth (N)	25	50	75	100	125	150
Hyd y sbring (cm)	8.0	9.0	10.0	11.0	12.0	13.0

a Lluniwch graff o'r llwyth (echelin y) yn erbyn hyd y sbring (echelin x).

b Beth oedd hyd y sbring heb ei estyn?

c Beth oedd hyd y sbring pan oedd y llwyth yn 60 N?

ch Pa lwyth oedd ei angen i estyn y sbring nes bod ei hyd yn 14.0 cm?

d Pa lwyth oedd ei angen i gynhyrchu estyniad o 4.0 cm?

18 Mae'r diagram isod yn dangos cylched drydanol.

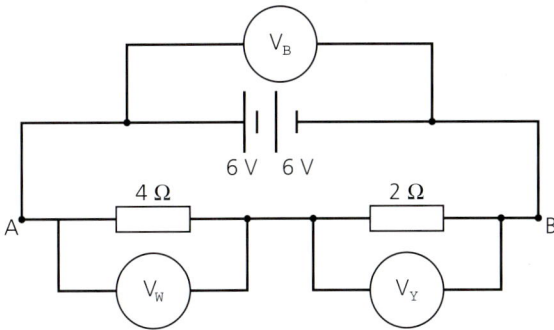

a Beth yw foltedd y batri V_B?

b Beth yw cyfanswm y gwrthiant rhwng pwyntiau A a B?

c Beth yw'r cerrynt sy'n llifo trwy'r gylched?

ch Beth yw'r foltedd (V_W) ar draws y gwrthydd $4\,\Omega$?

d Beth yw'r foltedd (V_Y) ar draws y gwrthydd $2\,\Omega$?

19 Mae'r diagram isod yn dangos barfagnet, a choil o wifren wedi ei gysylltu ag amedr sensitif.

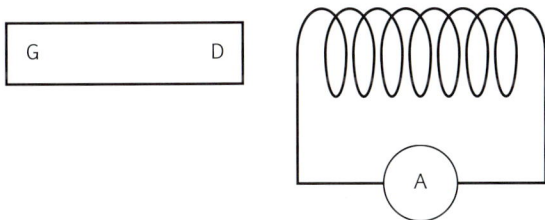

Wrth i'r magnet gael ei wthio'n araf i'r coil, symudodd pwyntydd yr amedr 10 rhaniad i'r dde.

Beth fyddech chi'n disgwyl ei weld yn digwydd petai:

a y magnet yn cael ei dynnu'n araf o'r coil?

b y magnet yn cael ei ddal yn llonydd yn y coil?

c y magnet yn cael ei droi fel bod ei bôl gogledd yn nes at y coil, a'r magnet wedyn yn cael ei wthio'n gyflym i'r coil?

ch Eglurwch pam mae nodwydd yr amedr yn symud.

20 Mae'r diagram isod yn dangos llif gwres o'r tu mewn i dŷ i'r tu allan trwy wal geudod.

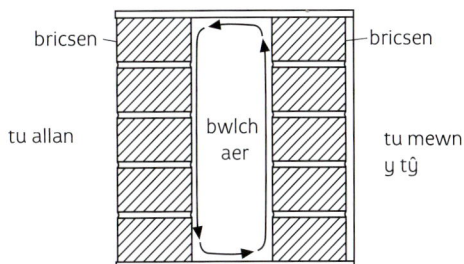

a Pam y bydd gwres yn llifo o du mewn y tŷ i'r tu allan?

b Sut mae gwres yn cael ei drosglwyddo trwy'r brics?

c Sut mae gwres yn cael ei drosglwyddo ar draws y bwlch aer?

ch Awgrymwch beth y gallech ei wneud i leihau cyfradd llif y gwres ar draws y bwlch aer.

21 Mae glo, olew a nwy yn danwyddau ffosil.

a Sut mae'r egni sydd yn y tanwyddau hyn yn cael ei ryddhau?

b Eglurwch yn fyr sut mae tanwyddau ffosil yn cael eu ffurfio.

c Pam mae tanwyddau ffosil yn cael eu galw'n ffynonellau egni anadnewyddadwy?

ch Enwch un tanwydd adnewyddadwy.

d Eglurwch sut y gallai defnyddio tanwyddau ffosil arwain at 'gynhesu byd-eang'.

22 Mae'r diagram isod yn dangos llif egni trwy orsaf bŵer sy'n llosgi glo.

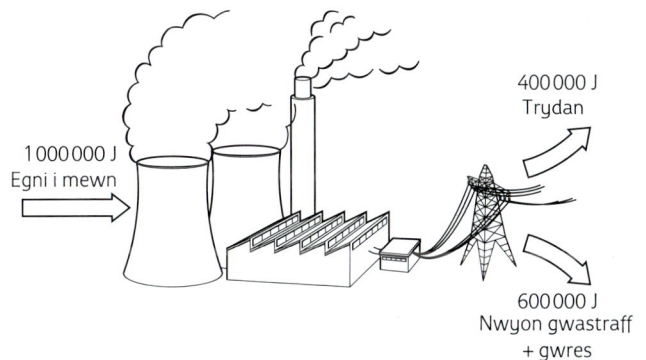

$$effeithlonedd = \frac{allbwn\ egni\ defnyddiol}{cyfanswm\ mewnbwn\ egni} \times 100\%$$

a Cyfrifwch effeithlonedd yr orsaf bŵer uchod.

b Eglurwch sut mae'r egni sy'n cael ei ryddhau wrth losgi glo yn cael ei ddefnyddio i gynhyrchu trydan.

c Sut mae'r egni trydanol hwn yn cael ei anfon wedyn i drefi a dinasoedd sydd filltiroedd o'r orsaf bŵer?

23 Mae'r diagram isod yn dangos sut mae goleuni yn teithio ar hyd ffibr optegol.

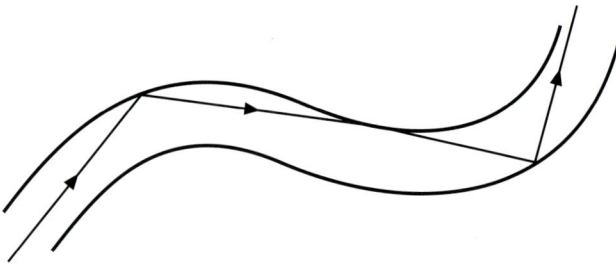

a Eglurwch pam nad yw'r pelydryn goleuni yn dod allan o ochrau'r ffibr optegol.

b Disgrifiwch un defnydd sydd i ffibr optegol.

24 Mae'r graff isod yn dangos sut mae sbring yn ymestyn pan fydd grym yn gweithredu arno.

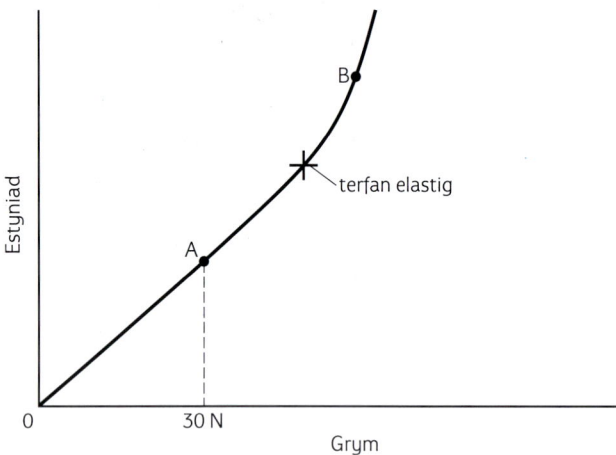

a Disgrifiwch beth fyddai'n digwydd i'r sbring petai grymoedd yn gweithredu arno nes ei fod yn cyrraedd pwynt A ar y graff ac yna'r grymoedd yn cael eu tynnu oddi arno.

b Disgrifiwch beth fyddai'n digwydd petai'r sbring yn cael ei estyn at bwynt B ar y graff ac yna'r grymoedd yn cael eu tynnu oddi arno.

c Os yw grym o 10 N yn achosi i'r sbring ymestyn 5 cm, beth fyddai estyniad y sbring petai 20 N yn gweithredu arno?

25 Mae'r diagram isod yn dangos rhan ogleddol y Ddaear.

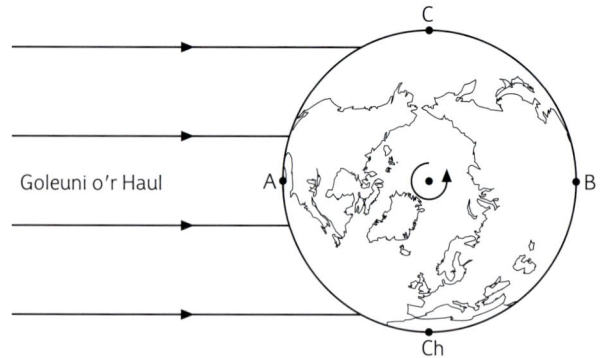

Yn fras, pa amser o'r dydd yw hi ar wyneb y Ddaear:

a ym mhwynt A?

b ym mhwynt B?

c ym mhwynt C?

ch ym mhwynt Ch?

d Faint o amser mae'r Ddaear yn ei gymryd i droelli unwaith o gwmpas ei hechelin?

26 Mae'r gwrthrychau hyn i gyd yn rhan o'r Bydysawd.

planed	lleuad	lloeren	cytser
Haul	comed	galaeth	

a Pa wrthrych sy'n gasgliad enfawr o sêr?

b Pa ddau wrthrych sydd mewn orbit o amgylch yr Haul?

c Pa ddau wrthrych allai fod mewn orbit o amgylch planed?

ch Pa wrthrych sy'n gasgliad bach o sêr?

d Pa un yw'r gwrthrych mwyaf yng nghysawd yr Haul?

27 Mae'r diagram isod yn dangos beth sy'n digwydd i'r pelydriad o dri gwahanol sylwedd ymbelydrol pan fydd gwahanol ddefnyddiau yn cael eu rhoi o'u blaenau.

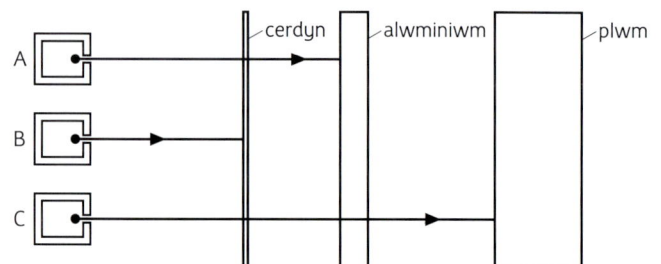

a Pa fath o belydriad sy'n cael ei ryddhau gan bob un o'r tair ffynhonnell?

b Pa rai o'r tri math o belydriad sydd wedi eu gwefru?

c Pa un o'r tri math o belydriad yw'r cryfaf am ïoneiddio?

ch Enwch un ffordd o ganfod pob un o'r tri math o belydriad.

28 Mae'r diagram isod yn dangos car bach tegan.

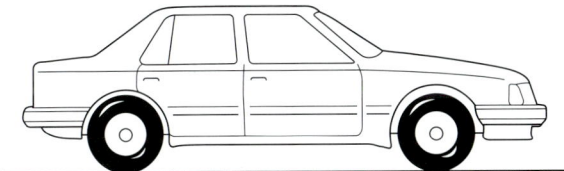

a Enwch dair ffynhonnell egni y gallwch eu rhoi yn y car i wneud iddo symud.

b Pa fath o egni sydd gan y car pan fo'n symud?

c Eglurwch mor llawn â phosib yr ymadrodd 'ffynhonnell egni adnewyddadwy'.

29 Mae'r diagram isod yn dangos peiriant sychu dillad.

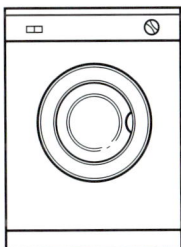

a Copïwch y frawddeg ganlynol ac ychwanegwch y geiriau coll.

Mae'r peiriant sychu dillad yn newid egni _____ yn egni _____ ac egni _____.

b Pŵer y peiriant sychu yw 1.5 kW.

Cyfrifwch nifer yr unedau trydan sy'n cael eu defnyddio ganddo os yw'r sychwr ar waith am 40 munud.

c Cyfrifwch gost defnyddio'r sychwr am y cyfnod hwn os yw cost 1 uned o drydan yn 9c.

30 Cwestiwn am y sbectrwm electromagnetig yw hwn.

a Pa ddatganiad am donnau electromagnetig sy'n gywir?

A Mae ganddyn nhw i gyd yr un donfedd.

B Mae ganddyn nhw i gyd yr un amledd.

C Maen nhw i gyd yn teithio ar yr un buanedd mewn aer.

b Enwch DDAU fath o don electromagnetig sy'n cael eu defnyddio i goginio bwyd.

c Enwch UN math o don electromagnetig sy'n cael ei defnyddio i gyfathrebu dros bellter mawr.

ch Enwch UN math o don electromagnetig rydym yn ei defnyddio i weld.

d Disgrifiwch sut mae pelydriad uwchfioled yn berygl i iechyd pobl.

dd Awgrymwch DDWY ffordd y gall pobl leihau'r perygl i'w hiechyd trwy belydriad uwchfioled.

e Enwch UN ffynhonnell ar gyfer pelydrau gama.

31 Mae'r diagram isod yn dangos sled yn llithro ar rew.

a Wrth i'r sled lithro ar y rhew, mae'n arafu ac yn y pen draw yn dod i aros. Eglurwch pam mae hyn yn digwydd.

b Ysgrifennwch **ddwy** effaith y mae sled yn eu cael ar y rhew wrth lithro.

32 Mae prismau yn cael eu defnyddio i newid cyfeiriad pelydryn goleuni.

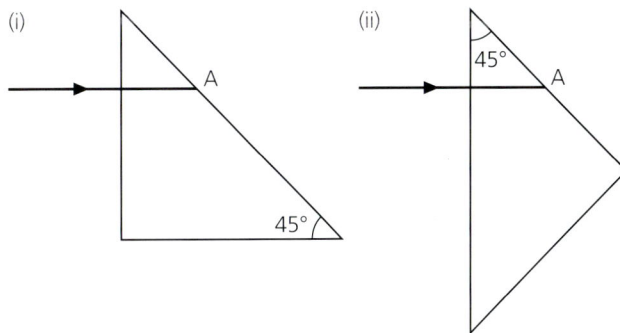

a Copïwch y diagramau uchod a'u cwblhau i ddangos llwybrau'r pelydrau yn fanwl.

b Beth sy'n digwydd i'r ddau belydryn ym mhwynt A y tu mewn i'r prismau?

c Trwy ba ongl y mae'r prismau yn newid cyfeiriad y ddau belydryn?

ch Enwch un ffordd o ddefnyddio prism adlewyrchu.

Sut i adolygu

Nid yw'n bosib dweud bod un dull arbennig o adolygu yn gweithio ar gyfer pawb. Mae dulliau gwahanol yn addas ar gyfer gwahanol bobl. Mae'n bwysig felly i chi ddod o hyd i'r dull sydd orau ar eich cyfer chi. Gallwch ddefnyddio'r rheolau sy'n dilyn fel canllawiau cyffredinol.

Caniatáu digon o amser Ychydig iawn o bobl sy'n gallu adolygu popeth 'y noson cynt' a gwneud yn dda mewn arholiad y diwrnod canlynol. Mae angen i chi gynllunio eich amserlen adolygu fel eich bod yn dechrau arni rai wythnosau cyn yr arholiadau.

Cynllunio amserlen adolygu Cynlluniwch eich amserlen adolygu ymhell cyn i'r arholiadau ddechrau. Ar ôl mynd i'r drafferth o wneud hyn, cadwch at yr amserlen – peidiwch â mynd i wneud pethau eraill. Rhowch eich amserlen yn rhywle amlwg fel eich bod yn ei gweld yn gyson – neu'n well byth, gosodwch nifer ohonyn nhw o gwmpas eich cartref!

Ymlacio Byddwch yn gweithio'n galed iawn wrth adolygu. Mae'r un mor bwysig i chi gael rhywfaint o amser rhydd i ymlacio ag y mae i chi weithio. Felly caniatewch amser hamdden fel rhan o'ch amserlen adolygu.

Holi pobl eraill Bydd ffrindiau, perthnasau ac athrawon yn falch o roi help i chi os byddwch yn gofyn amdano. Peidiwch â rhoi'r ffidil yn y to yn syth os bydd rhywbeth yn achosi problem i chi. Cofiwch am eich rhieni hefyd!

Chwilio am gornel dawel Pa fath o amodau sydd eu hangen arnoch i allu adolygu yn y ffordd fwyaf effeithiol? Mae llawer yn credu y gallan nhw adolygu mewn awyrgylch swnllyd, brysur – ond dydy hynny ddim yn wir am y rhan fwyaf o bobl! Peidiwch chwaith â cheisio adolygu o flaen y teledu. Peth aneffeithiol iawn ydy adolygu mewn awyrgylch sy'n llawn o bethau all dynnu eich sylw oddi wrth eich gwaith.

Defnyddio trywyddau neu restr gyfeirio Defnyddiwch y *Trywyddau* ar ddechrau'r llyfr hwn, cynllun gwaith, rhestr gyfeirio neu unrhyw syniadau eraill i'ch helpu ac fel hwb i'ch arwain yn rhesymegol trwy'r gwaith. Ar ôl i chi orffen pwnc, ticiwch ef ar eich rhestr. Gallwch hefyd roi tic gyferbyn â phynciau rydych yn hyderus yn eu cylch. Os gwnewch chi hyn ni fyddwch yn gwastraffu amser yn adolygu adrannau diangen.

Ysgrifennu nodiadau byr a defnyddio lliwiau Tra byddwch yn darllen trwy eich gwaith neu eich gwerslyfrau, ysgrifennwch nodiadau byr ar y pryd yn crynhoi'r prif syniadau a ffeithiau. Ond canolbwyntiwch ar wneud yn siŵr eich bod yn deall y syniadau yn hytrach na chofio'r ffeithiau yn unig. Defnyddiwch liwiau a phinnau ysgrifennu lliwddangos i'ch helpu.

Ymarfer ateb cwestiynau Ar ôl i chi orffen adolygu pob pwnc, ceisiwch ateb ychydig o gwestiynau. Efallai y bydd rhaid i chi ddefnyddio eich nodiadau neu werslyfrau ar y dechrau. Wrth ddod

yn fwy hyderus byddwch yn gallu rhoi cynnig ar rai cwestiynau heb ddim help, yn union fel y bydd hi yn yr arholiad.

Mae cael egwyl yn bwysig Pan fyddwch yn adolygu, daliwch ati am ryw awr ac yna rhowch 'wobr' i chi eich hun trwy gael egwyl o ryw 10 i 15 munud a gwneud rhywbeth gwahanol. Edrychwch trwy'r ffenestr, cerdded o gwmpas yr ystafell a chael diod oer neu baned. Ewch yn ôl at eich gwaith am gyfnod adolygu arall wedyn.

Llwyddiant yn yr arholiadau

Mae'n naturiol i bawb fod ychydig yn nerfus ynglŷn ag arholiad pwysig. Os byddwch chi wedi gweithio'n galed am ddwy flynedd ac wedi adolygu'n effeithiol, dyma rai pethau y gallwch eu gwneud er mwyn sicrhau bod eich canlyniadau yn adlewyrchu hynny, ac nad ydych yn poeni yn ormodol.

Bod yn barod Gwnewch yn siŵr fod popeth y byddwch ei angen yn barod gennych y noson cynt, yn cynnwys pinnau ysgrifennu, pensiliau, pren mesur a chyfrifiannell. Gwnewch yn siŵr fod gennych unrhyw beth arall y byddwch ei angen ddigon ymlaen llaw.

Darllen yn ofalus Cyn dechrau, darllenwch y papur o'r dechrau i'r diwedd a gwnewch yn siŵr eich bod yn deall yn union beth sydd raid i chi ei wneud.

Cynllunio eich amser Cyfrifwch faint o amser y dylech ei dreulio ar bob cwestiwn, yn seiliedig ar faint o farciau sydd i'w cael am bob un. Gwnewch yn siŵr fod gennych ychydig o funudau dros ben ar ddiwedd yr arholiad i ddarllen eich atebion unwaith eto.

Ateb y cwestiwn! Pan fyddwch yn barod i gychwyn ateb cwestiwn, darllenwch ef eto'n ofalus i wneud yn siŵr ei fod yn dweud yr hyn rydych yn meddwl y mae'n ei ddweud. Dilynwch y cyfarwyddiadau'n fanwl: am ateb y cwestiwn y cewch chi farciau ac nid am roi gwybodaeth arall am y pwnc.

Cyflwyno'r gwaith yn eglur Ewch ati i ysgrifennu mor glir ag y gallwch yn yr amser sydd gennych, a meddyliwch ymlaen llaw beth rydych am ei ysgrifennu. Os byddwch yn tynnu diagramau, gwnewch nhw'n glir ac yn syml, gan ddefnyddio llinellau sengl lle bo hynny'n addas. Labelwch y diagramau a gwnewch yn siŵr fod y llinellau o unrhyw labeli yn pwyntio'n syth at y mannau perthnasol. Bydd yr arholwyr yn awyddus i roi marciau i chi – gwnewch hi'n hawdd iddyn nhw wneud hynny!

Peidiwch â chynhyrfu!!! Os cewch gwestiwn a chithau heb glem sut i'w ateb, peidiwch â chynhyrfu! Anadlwch yn araf ac yn ddwfn, ac edrychwch arno eto. Mae'n debygol iawn y bydd yr ystyr yn dechrau gwawrio arnoch chi os cadwch chi'n ddi-gynnwrf, a meddwl yn glir, neu o leiaf efallai y byddwch yn gallu ateb rhan ohono. Os na ddaw pethau'n gliriach, peidiwch â phoeni'n ormodol amdano – canolbwyntiwch yn gyntaf ar y cwestiynau y *gallwch* eu hateb.

buanedd (m/s) $= \dfrac{\text{pellter a symudir (m)}}{\text{amser a gymerir (s)}}$

cyflymder (m/s) yw buanedd mewn cyfeiriad penodol

cyflymiad (m/s^2) $= \dfrac{\text{newid mewn cyflymder (m/s)}}{\text{amser a gymerir (s)}}$

pwysau (N) = màs (kg) × cryfder maes disgyrchiant

(cryfder maes disgyrchiant = g = 10 N/m^2 ger wyneb y Ddaear)

gwaith a wneir (J) =
grym (N) × pellter a symudir yng nghyfeiriad y grym (m)

gwaith a wneir (J) = egni a drawsffurfir (J)

(gallwch hefyd alw egni a drawsffurfir yn egni a drosglwyddir)

cynnydd mewn egni potensial disgyrchiant (J)
= pwysau (N) × cynnydd mewn uchder (m)
= màs (kg) × g × cynnydd mewn uchder (m)

egni cinetig $= \frac{1}{2}$ × màs × buanedd^2
(J)   (kg)   (m/s)

pŵer (W) $= \dfrac{\text{egni a drawsffurfir (J)}}{\text{amser a gymerir (s)}}$

$= \dfrac{\text{gwaith a wneir (J)}}{\text{amser a gymerir (s)}}$

effeithlonedd $= \dfrac{\text{allbwn egni defnyddiol (J)}}{\text{mewnbwn egni (J)}}$

$= \dfrac{\text{gwaith defnyddiol a wneir (J)}}{\text{mewnbwn egni (J)}}$

$= \dfrac{\text{allbwn pŵer defnyddiol (W)}}{\text{mewnbwn pŵer (W)}}$

egni a drawsffurfir = pŵer × amser
  (J)   (W)   (s)

egni a drawsffurfir = pŵer × amser
  (kW awr)   (kW)   (oriau)

Ar gyfer tonnau:
buanedd (m/s) = amledd (Hz) × tonfedd (m)

gwrthiant (Ω) $= \dfrac{\text{foltedd (V)}}{\text{cerrynt (A)}}$

pŵer (W) = foltedd (V) × cerrynt (A)

dwysedd (kg/m^3) $= \dfrac{\text{màs (kg)}}{\text{cyfaint (m}^3\text{)}}$

gwasgedd (Pa) $= \dfrac{\text{grym (N)}}{\text{arwynebedd (m}^2\text{)}}$

moment grym (N m)
= grym (N) × pellter perpendicwlar o'r colyn (m)

Unedau a symbolau

Mesur	Uned	Symbol
màs	cilogram	kg
hyd	metr	m
amser	eiliad	s
grym	newton	N
pwysau	newton	N
gwasgedd	pascal	Pa
egni	joule	J
gwaith	joule	J
pŵer	wat	W
foltedd	folt	V
cerrynt	amper	A
gwrthiant	ohm	Ω
gwefr	coulomb	C
tymheredd	celfin	K
tymheredd	gradd Celsius	°C

Mwy a llai

I wneud unedau yn fwy neu'n llai, rhoddir geiriau o'u blaenau:

micro (µ)	= 1 miliynfed	= 0.000001
mili (m)	= 1 milfed	= 0.001
cilo (k)	= 1 fil	= 1000
mega (M)	= 1 filiwn	= 1000000

Er enghraifft

1 micrometr	= 1 µm	= 0.000001 m
1 milieiliad	= 1 ms	= 0.001 s
1 cilometr	= 1 km	= 1000 m
1 megatunnell	= 1 Mt	= 1000000 t

gwifrau yn uno

gwifrau yn croesi

neu — lamp/bwlb

amedr

foltmedr

neu — switsh

terfynell + — cell

batri (nifer o gelloedd)

cyflenwad pŵer c.u.

cyflenwad pŵer c.e.

gwrthydd

gwrthyddion newidiol

thermistor

gwrthydd goleuni-ddibynnol (LDR)

gwresogydd

ffiws

newidydd

deuod

deuod allyrru goleuni (LED)

daear

relái

swnyn

Sylwch:

Mae'r atebion mewn tair adran

- Cwestiynau diwedd adran
- Cwestiynau diwedd pennod
- Cwestiynau tebyg i rai arholiad

Cwestiynau diwedd adran

1.01

1 cilogram (kg)

2 metr (m)

3 eiliad (s)

4 $\times 1000$; $\times \frac{1}{1000}$; $\times \frac{1}{1\,000\,000}$

5 **a** 1600 g **b** 1.3 m

6 rhes 1af – metr; 2il res – màs, kg; 3edd res – eiliad, s

7 gram, milimetr, miligram, tunnell fetrig, milieiliad, micrometr

8 **a** 1000 **b** 10 **c** 100 **ch** 100 000 **d** 1 000 000

9 **a** 1000 mm **b** 1500 mm **c** 1534 mm **ch** 1.652 m

10a 1000 g **b** 1.750 g **c** 26 000 kg **ch** 6000 ms

1.02

1 **a** 2000 cm³ **b** 2000 ml

2 **a** 2700 kg **b** 27 000 kg

3 **a** 1 m³ o ddŵr **b** 1 kg o betrol

2.01

1 **a** cerrynt **b** dargludydd **c** ynysydd

2 **a** copr **b** PVC

3 **a** cell **b** generadur

4 **a** tortsh, radio symudol
b unrhyw ddwy ddyfais prif gyflenwad

5 **a** dril trydan, cymysgydd bwyd
b haearn smwddio, tostiwr
c ffôn, radio

2.02

1 cell, cylched gyflawn

2 **a** cell **b** switsh **c** bwlb

3 **a** amedrau **b** yr un fath **c** diffodd
ch diffodd **d** 0 **dd** 0

4 200 mA

2.03

2 foltmedr

3 foltedd

4 **a** batri **b** bylbiau **c** 2 V **ch** 3 V
d U 8 V, W 4 V, Y 4 V

5 4 V

2.04

1 ohm (Ω)

2 gwrthiant = foltedd/cerrynt

3 **a** gellir newid y gwrthiant
b bwlb yn fwy llachar; llai o wrthiant yn y gylched

4 mwy o wrthiant

5 A 4 Ω, B 1.5 Ω, C 0.4 Ω

2.05

1 **a** thermistor **b** deuod

2 **a** 1 A **b** 3 A **c** 2 Ω **ch** 4 Ω

3 rhes 1af 4 Ω, 2il res 1 A, 4 Ω, 3edd res 0.5 A, 4 Ω

2.06

1 Mae pob bwlb yn derbyn foltedd llawn y batri; mae pob bwlb yn perthyn i gylched annibynnol.

2 **a** A WEDI DIFFODD, B WEDI'I GYNNAU
b A WEDI DIFFODD, B WEDI DIFFODD

3 **a** 8 V **b** 2 A **c** 4 A

4 **a** 2 V **b** 4 V

2.07

1 12 V

2 A 4 Ω, B 15 V, C 1.5 A, Ch 0.5 Ω

3 **a** 3 A **b** 1.5 A **c** 4.5 A

4 1A

2.08

1 230 V

2 cerrynt eiledol

3 batri yn rhoi cerrynt union (CU)

4 torri'r gylched os yw'r cerrynt yn rhy uchel

5 atal y casyn rhag mynd yn fyw

6 **a** byw **b** daearu **c** byw **ch** niwtral

7 **a** 13 A **b** 3 A **c** efallai na fyddai'r nam yn chwythu'r ffiws

8 **a** y wifren i'r bwlb yn fyw er bod y switsh wedi diffodd

2.09

1 wat (W)

2 1600 W

3 A (dril) 460 W; B (tostiwr) 690 W; C (peiriant stereo) 92 W

4 **a** A 0.46 kW, B 1.15 kW, C 0.92 kW, Ch 0.023 kW
   b A 2 A, B 5 A, C 4 A, Ch 0.1 A
   c A 3 A, B 13 A, C 13 A, Ch 3 A

2.10

1 foltedd llawn ar draws bob un, switshio annibynnol

2 ffiwsiau (neu dorwyr cylched)

3 **a** torri'r gylched os yw'r cerrynt yn rhy uchel
   b gellir ei ailosod

5 CE yn mynd yn ôl ac ymlaen, CU un ffordd

6 cerrynt yn mynd yn ôl ac ymlaen 50 gwaith yr eiliad

2.11

1 **a** wat, joule, cilowat awr   **b** J, kW awr

2 2 eiliad

3 switsh yn cael ei ddefnyddio am lai o amser

4 **a** 15 kW awr   **b** £1.50 (150c)   **c** 0.1 kW
   ch 1.2 kW awr   **d** 12c

5 Dan

2.12

1 plws (+), minws (−)

2 o atomau yn y gwallt

3 **a** atynnu   **b** gwrthyrru   **c** atynnu

4 **a** electronau o atomau yn y llawes
   b gwefrau a atynnir yn nes na rhai a wrthyrrir

2.13

1 **a** gwreichion wrth roi tanwydd mewn awyren
   b daearu

2 **a** gwthio i lawr   **b** tynnu i fyny

3 atomau (neu grwpiau o atomau) wedi'u gwefru

4 mae'n cynnwys ïonau

3.01

1 5 m/s

2 mae gan gyflymder gyfeiriad penodol

3 buanedd yn newid 4 m/s bob eiliad

4 12 m/s

5 4 s

6 o 4 s i 9 s

7 9 m/s

8 3 m/s^2

9 9 s

10 2 m/s^2

3.02

1 **a** Ch   **b** B   **c** A

3.03

1 **a i** cyflymu   **ii** buanedd cyson
   iii arafu
   b 30 m/s   **c** 25 s   **ch** 30 m/s   **d** 3 m/s^2

2 **a** wedi stopio   **b** 4 m/s

3.04

1 cilogram, newton

2 **a** kg   **b** N   **c** N

3 tyniant, pwysau, gwrthiant aer

4 20 N, 40 N, 5 N

3.05

1 berynnau olwynion

2 teiar, i atal llithro

3 **a** teiar, pad brêc   **b** siafft
   c berynnau rholio, saim
   ch atal treulio a gorboethi

4 olwynion llilin, ffrâm, helmed

5 **a** llilinio, llai cyflym
   b defnyddio llai o danwydd, llai o sŵn

3.06

1 C ac CH

2 **a** buanedd terfynol   **b** gwrthiant aer   **c** yr un fath
   ch llai, parasiwt mwy yn golygu llai o fuanedd am yr un gwrthiant aer

3.07

1 **b** 6 N   **c** tuag i lawr

2 **a** i'r dde   **b** cynyddu   **c** llai o gyflymiad
   ch mwy o gyflymiad

3 **a** i'r chwith   **b** lleihau; cydeffaith yn groes i'r symudiad
   c buanedd cyson

3.08

2 gyrrwr wedi blino, effaith alcohol

3 bagiau aer, gwregysau diogelwch, ardal gywasgu

4 B, C, Ch
5 **a** 16m **b** 18 m
6 50 m

3.09

1 **b** 500 N
2 grym hafal ond dirgroes ar y gwn
3 y grym yn cael bron dim effaith ar y Ddaear â'i màs enfawr

3.10

3 **a** *Y*; mae pellter × grym yn fwy
   b symud *Y* ymhellach o'r nyten
4 **a** 200 N m **b** 200 N m **c** 0.5 m
5 yn y canol

3.11

1 arwynebedd mwy, felly llai o wasgedd
2 3 Pa
3 **a** 100 Pa **b** 50 Pa
4 **a** 200 Pa **b** 100 N **c** byddai'n fwy

3.12

1 defnydd elastig yn mynd yn ôl i'w siâp gwreiddiol ar ôl tynnu'r grym sy'n gwneud iddo ymestyn
2 **c** llinell syth **ch** hyd at 3 N **d** 2.3 N
3 **b** gwasgedd yn codi wrth i'r cyfaint leihau **c** 33 cm^3
4 12m^3

4.01

1 hydredol – dirgryniadau yn ôl ac ymlaen, ardraws – dirgryniadau o ochr i ochr
2 rhes 1af 32 m/s; 2il res 32 m/s, 2 m; 3ydd rhes 32 m/s, 32 Hz

4.02

1 **a** adlewyrchiad **b** plygiant **c** ac **ch** diffreithiant
2 **a** adlewyrchu **b** plygu **c** diffreithio **ch** diffreithio llai

4.03

1 Haul, bwlb
2 papur, bwrdd
3 **a** alwminiwm, eira **b** glo **c** gwydr, dŵr
4 goleuni'r Haul yn cyrraedd y Ddaear
5 celloedd solar yn cynhyrchu trydan

6 cysgodion, ni allwn weld rownd corneli
7 **a** 300 000 km/s **b** mwy nag un eiliad

4.04

1 **a** ongl drawiad **b** 60°
2 **a** diffreithiant trwy lenni rhwyd
   b tyllau yn y rhwyd yn fach iawn, felly rhaid i'r donfedd fod yn fach iawn er mwyn cael diffreithiant

4.05

1 plygiant
2 a **5** oherwydd plygiant
3 **b** mynd trwyddo heb gael ei blygu
4 **a** sbectrwm **b** fioled **c** coch

4.06

2 oherwydd adlewyrchiad mewnol cyflawn
3 **a** cario signalau ffôn, endosgop
   b adlewyrchydd ôl beic neu gar
4 ar gyfer adlewyrchiad mewnol ar ongl fwy na hon, nid oes pelydryn adlewyrchol

4.07

1 yr un buanedd, teithio trwy ofod gwag
2 **a** goleuni
   b pelydrau X, pelydrau gama
   c tonnau radio
   ch microdonnau
   d isgoch
   dd goleuni
   e isgoch, microdonnau
   f uwchfioled
   ff pelydrau X, pelydrau gama
   g isgoch
   ng tonnau radio, microdonnau, goleuni, isgoch
   h uwchfioled

4.08

1 analog yn amrywio drwy'r amser, curiadau digidol yn cynrychioli rhifau
2 gwneud signalau yn fwy
3 **a** curiadau goleuni neu isgoch
   b gwell ansawdd, gallu cludo mwy o setiau o wybodaeth
   c cludo mwy o signalau, colli llai o bŵer
5 **a** modyliad amledd, modyliad osgled
   b llai o ymyrraeth
6 **a** 2 000 000 **b** 2 000 000 Hz **c** 2000 kHz

4.09

1 tonfedd

2 hydredol, nid ardraws

3 a dirgryniadau   **b** cywasgiadau

4 a mae pobl yn gallu clywed mewn aer
   b mae pobl yn gallu clywed o dan ddŵr
   c mae sain yn teithio trwy waliau
   ch ni allwch glywed cloch mewn jar ar ôl tynnu'r aer ohono

5 a dim defnydd i ddirgrynu
   b sain yn cael ei ddiffreithio

6 osgilosgop yn dangos graff, nid tonnau

4.10

1 sain yn llawer arafach na goleuni

2 plygiant

3 awyren jet

4 1320 m

5 a aer cynnes   **b** solid

6 a 660 m   **b** 2 eiliad

4.11

1 Traw A yn uwch na B

2 a Y   **b** Y   **c** W   **ch** W

3 B

4 0.5 m

4.12

1 sain ag amledd sy'n uwch nag y gall y glust ddynol ei glywed

2 mesur dyfnder dŵr

4 a mwy diogel i'r baban a'r fam
   b chwalu cerrig yn yr aren

5 glanhau, profi am nam mewn metelau

6 a 40 000 Hz   **b** 140 m   **c** 70 m

4.13

1 daeargrynfeydd

2 seismograff

3 a Y   **b** U   **c** W   **ch** W   **d** Y   **dd** Y   **e** U

4.14

1 cyfandiroedd yn ffitio fel jig-so

2 patrymau creigiau a ffosiliau, lledu gwely'r môr

3 darnau enfawr o gramen (a'r fantell uchaf)

4 a ffiniau platiau
   b cramen yn wan ac wedi cracio ar ffiniau platiau

5 ceryntau darfudiad yn y fantell

4.15

1 craig dawdd

2 a a **b** tuag at ei gilydd
   c heibio'i gilydd

3 effaith wresogi ffrithiant

4 effaith gwres ar y creigiau

5 maint y grisialau

5.01

1 1 diwrnod

2 1 flwyddyn

3 a nos   **b** nos   **c** dydd

4 adlewyrchu goleuni'r Haul

5 ymddangos fel petai'r blaned yn symud mewn perthynas â'r sêr

5.02

1 a **2** Mercher, Gwener, Mawrth, Plwton

3 Mercher

4 a Mawrth, Iau, Sadwrn, Wranws, Neifion, Plwton
   b pellach o'r Haul

5 a disgyrchiant
   b Gwener
   c y Ddaear
   ch adlewyrchu goleuni'r Haul
   d poethach na Mercher, ond pellach o'r Haul

5.03

1 Gwener

2 darnau o graig a rhew

3 orbit eliptig yn mynd â hi yn bellach allan

4 dim arwyneb solid

5 fflach o oleuni yw meteor, mae meteoryn yn cyrraedd y ddaear

6 a U   **b** U   **c** Y   **ch** llwch a nwy yn llifo y tu ôl i'r gomed   **d** adlewyrchu goleuni'r Haul

5.04

1 a teithio dros arwyneb y Ddaear i gyd
   b i gadw'r un buanedd
   c cyfathrebu, mordwyo, ymchwil

2 a mynd allan i'r gofod   **b** disgyn yn ôl i'r Ddaear

3 orbit geosefydlog, felly mae'r lloeren mewn orbit ar yr un gyfradd ag y mae'r Ddaear yn troelli

4 a A   **b** B

5.05

1 a 2 hydrogen
3 a system o sêr
  b ein galaeth
  c yr holl alaethau, popeth
  ch y pellter y mae goleuni yn ei deithio
     mewn 1 flwyddyn
4 nac ydyn; maen nhw ar wahanol bellterau oddi wrth
  y Ddaear
5 a 300 000 km b 100 biliwn
  c 100 000 blwyddyn goleuni ch 100 d 8 munud
  dd 4 blwyddyn goleuni e 9 miliwn miliwn km
  f 36 miliwn miliwn km

5.06

1 a cwmwl enfawr o nwy a llwch b disgyrchiant
  c 4500 miliwn o flynyddoedd
  ch planedau a lleuadau
2 a craidd b hydrogen c 6000 miliwn o flynyddoedd
3 a seren goch enfawr
  b bydd y craidd yn newid yn gorrach gwyn
4 a ffrwydrad anferth seren enfawr
  b seren niwtron

5.07

1 goleuni'n dangos bod galaethau'n rhuthro oddi wrth
  ei gilydd
2 galaethau'n rhuthro oddi wrth ei gilydd, 'atsain' radio
3 mwy na 10 biliwn o flynyddoedd
4 o donnau radio
5 a disgyrchiant b ehangiad yn cyflymu

6.01

1 joule (J)
2 80 J
3 160 J
4 joule (J)
5 petrol, bwyd
6 a cinetig b 300 kJ c 6000 J

6.02

2 newid yn wres
3 a tostiwr b neidiwr â pholyn
  c rhedwraig
4 cinetig → gwres
5 egni'n cael ei newid yn ffurfiau eraill

6 10 N
7 a 40 N b 240 J c 240 J ch 240 J
  d newid yn wres

6.03

1 a 120 J b 240 J
2 a 120 J b 120 J
3 a 8 J b 32 J
4 pedair gwaith cymaint o egni cinetig i'w golli, felly
  pellter brecio yn llawer mwy

6.04

1 metelau
2 aer wedi'i ddal ynddyn nhw
3 a rhaid i'r gwaelod ddargludo, a'r handlen ynysu
  b aer wedi'i ddal c dŵr yn dargludo'n well nag aer
4 a a b oherwydd darfudiad
  c dŵr poeth yn codi trwy ddarfudiad
5 ynysu yn yr atig, waliau; aer mewn gwydr dwbl

6.05

1 a a b du mat c lliw arian
2 a amsugno pelydriad yr Haul b cludo gwres i ffwrdd
3 waliau lliw arian
4 a gwyn yn adlewyrchu pelydriad yr Haul
  b du yn well am amsugno pelydriad
  c nid yw arwyneb sgleiniog yn dda am
    allyrru pelydriad

6.06

1 allbwn egni defnyddiol yn hanner y mewnbwn egni
2 trawsffurfio dwywaith cymaint o egni bob eiliad
3 a 0.4 (40%) b cael ei wastraffu ar ffurf gwres
4 200 W
5 a 3000 W b 3000 J c 0.75 (75%)
6 a 6000 J b 300 J c 300 W
7 yr 85% arall o egni yn newid yn wres

6.07

1 glo, olew, nwy naturiol, tanwydd niwclear
2 niwclear
3 a boeler b troi tyrbinau
  c tyrbinau ch cyddwyso ager
4 a mewn tyrbinau
  b gwres
  c W 2000 MW, Y 1500 MW
  ch W

6.08

1 trydan-dŵr, llanw, fferm wynt

2 cynhesu byd-eang

3 dŵr yn rhuthro o'r tu ôl i argae

4 generadur yn cael ei droi gan dyrbin gwynt

5 **a** glaw asid **b** gosod unedau tynnu sylffwr

6 **a** dim carbon deuocsid yn cael ei ryddhau
b gwastraff yn ymbelydrol, nwy a llwch sy'n dianc yn lledaenu'n hawdd

6.09

1 does dim modd cael mwy yn eu lle; olew, glo

2 trydan-dŵr, fferm wynt

3 Haul → planhigion → olew → petrol

4 tanwydd wedi ei wneud o weddillion planhigion neu anifeiliaid. Coed, nwy methan.

5 anadnewyddadwy, cynhesu byd-eang

6 **a** Dwyrain Canol **b** nwy naturiol
c Gogledd America, Ewrop

7.01

1 cyrchu'r gogledd, cyrchu'r de

2 **a** a **b** pôl D

3 defnyddio cwmpawd

4 **a** polau G yn y pen uchaf, polau D yn y gwaelod
b ar wahân, polau D yn gwrthyrru
c dur yn aros wedi'i fagneteiddio, haearn ddim

7.02

1 **a** cerrynt mwy, mwy o droadau
b cildroi cyfeiriad y cerrynt **c** rhoi'r rhoden ddur yn y coil, rhoi cerrynt trwy'r coil

7.03

1 colli'r magnetedd pan fydd y cerrynt trwy'r coil yn cael ei ddiffodd

2 cerrynt mwy, mwy o droadau

3 cildroi cyfeiriad y cerrynt

4 **a** cerrynt llai trwy'r switsh
b electromagnet yn cau'r cysylltau gan gwblhau'r gylched allbwn

5 **a** torri'r gylched os yw'r cerrynt yn rhy fawr
b gellir ei ailosod
c torri'r gylched ar gerrynt llai

7.04

1 **a** grym mwy **b** grym yn cael ei gildroi

2 **a** cerrynt mwy, magnet cryfach
b cildroi cyfeiriad y cerrynt, troi'r magnet o chwith

3 bob tro mae'r cerrynt yn cildroi cyfeiriad, mae'r grym yn cildroi cyfeiriad

4 **a** effaith droi gryfach **b** cildroi'r effaith droi

7.05

1 **a** brwshys **b** cymudadur

2 **a** ceryntau mewn cyfeiriadau dirgroes
b cerrynt mwy, magnet cryfach
c cildroi cyfeiriad y cerrynt, troi'r magnet o chwith

3 bydd yn gweithio gydag CE

7.06

1 **a** cildroi'r cerrynt **b** dim cerrynt

2 **a** a **b** cerrynt mwy **c** dim cerrynt

3 **a** cerrynt mwy **b** cildroi'r cerrynt
c cerrynt mwy

7.07

1 cynhyrchu CE

2 foltedd (a cherrynt) mwy

3 **a** cerrynt eiledol, cerrynt union **b** CE **c** CE

4 **a** cynyddu foltedd CE **b** lleihau foltedd CE

5 **a** i gysylltu'r coil sy'n troi â'r gylched allanol
b foltedd (a cherrynt) mwy, CE amledd mwy
c coil sefydlog, magnet yn cylchdroi
ch i newid CE yn CU

7.08

1 **a** cynhyrchu **b** trawsyrru

2 **a** rhwydwaith cyflenwi cenedlaethol
b gall gorsafoedd pŵer y tu allan i'r ardal helpu pan fydd y galw'n uchel

3 newid y foltedd i fyny (codi) neu i lawr (gostwng)

4 lleihau'r cerrynt yn y ceblau

5 gostwng y foltedd, dosbarthu pŵer

6 newidydd yn gweithio gydag CE yn unig

7 mewn ardal o harddwch naturiol eithriadol

8.01

1 **a** electronau **b** niwtronau **c** electronau

2 **a** a **b** 13 **c** 14

3 nifer gwahanol o niwtronau yn y niwclews

4 **a** ${}^{12}_{6}\mathrm{C}$ **b** ${}^{16}_{8}\mathrm{O}$ **c** ${}^{226}_{88}\mathrm{Ra}$

5 U carbon, W carbon, Y nitrogen

8.02

1 carbon-14
2 alffa, beta, gama
3 canfod alffa, beta, gama
4 creu ïonau (gwneud i atomau golli neu ennill electronau)
5 **a** gama **b** alffa **c** beta **ch** gama
   d alffa **dd** gama **e** alffa

8.03

1 nwy radon o'r ddaear
2 mae radon yn ymbelydrol
3 **a** alffa **b** methu mynd trwy groen
4 **a** 2 gyfrif yr eiliad **b** 26 cyfrif yr eiliad **c** gama

8.04

1 strontiwm-90
2 **a** 400 Bq **b** 200 Bq **c** 50 Bq
3 **a** dadfeilio'n digwydd ar hap **b** 1.5 awr

8.05

1 **a** isotopau ymbelydrol
   b mewn adweithyddion niwclear
   c olinyddion, radiotherapi
2 radiotherapi, profi am graciau mewn metelau
3 **a** alffa'n cael eu rhwystro'n llwyr, dim yn rhwystro
      gama o gwbl
   b canfod llai o beta
4 **a** ychydig bach o ddefnydd ymbelydrol y gellir ei
      olrhain
   b i weld a yw'r thyroid yn gweithio'n iawn
   c bron dim ymbelydredd ar ôl ymhen ychydig
      ddiwrnodau
5 i ddyddio'r gweddillion

Cwestiynau diwedd pennod

Pennod 1 Unedau a mesur (t. 14)

1 metr m, cilogram kg, amser eiliad, cerrynt A, celsius
   neu celfin °C neu K, m², cyfaint, grym N.
2 **a** 1000 **b** 1000 **c** 1 000 000 **ch** 4 000 000
   d 500 000
3 **a** 3 m **b** 0.5 kg **c** 1.5 km **ch** 0.25 s
   d 500 ms **dd** 750 m **e** 2500 g **f** 800 mm
4 24 cm³, 4 cm, 10 cm, 5 cm
5 **a** 8 g/cm³ **b** 9 g/cm³ **c** 19 g/cm³
6 **a** 10.8 g **b** 16.0 g **c** 200 g
7 **a** 5 cm³ **b** 2 cm³ **c** 9 cm³

Pennod 2 Trydan (tt. 48-51)

1 **a** **i** Bydd **ii** Na fydd **iii** Na fydd **iv** Bydd **v** Bydd
   b **i** dargludydd **ii** ynysydd
4 **a** C **b** B
5 **a** 6 Ω **b** 0.5 A
6 **i** paralel **ii** 4 A **iii** 2 A **iv** dim effaith
7 **i** cyfres **ii** 3 V **iii** diffodd
8 **i** **a** i gyd yn diffodd **b** dim ond un yn diffodd
   c Rhaid i deulu A newid pob bwlb yn ei dro nes bydd
   y goleuadau'n cynnau. Rhaid i deulu B newid y bwlb
   sydd wedi chwythu. **ii** **a** Teulu B **b** **1** 40 V **2**
   240 V **c** **1** 0.25 A **2** 0.33 A **ch** Na fyddai
9 **a** 2 A **b** 12 W
10 **i** 0.2 kW awr **b** 2.4 c
11 **a** 0.1 kW, 0.02 kW
    b 20 kW awr **c** 100 kW awr **ch** £8 **d** gwres
12 **i** niwtral glas, melyn/gwyrdd, byw brown
    ii daearu – diogelwch **iii** gwifren ddaearu
13 daliwr cebl, pin anghywir ar gyfer brown, gwifren
    ddaearu yn rhydd
14 **a** **i** S_1 **ii** S_1 ac S_2 **b** 8.5 A **c** 13 A **ch** Y
    d diogelwch **dd** glas **e** brown
    f **i** Os aiff rhywbeth o'i le, gall orboethi a mynd ar
    dân heb i'r ffiws chwythu. **ii** ynysu dwbl
15 **i** egni trydanol i egni gwres a goleuni
    ii 2 kW **iii** casin **iv** gwifren fyw **v** 8.7 A
    vi 13 A **vii** gormod o gerrynt **viii** ei diffodd

Pennod 3 Grymoedd a mudiant (tt. 82–85)

1 **a** cyflymiad, buanedd cyson, arafu, yn llonydd
2 **a** Jên **b** Emma **c** 5 s **ch** 7 m/s
   d mae'n newid 2 m/s bob eiliad
3 **a** 2 m/s **b** 5 m/s **c** 0 m/s **ch** 2 m/s
4 **a** amser adweithio, tywydd
5 **a** rhwng y traed a'r rhew, rhwng y rhew a'r sled
   b gwneud eu hunain yn llilin **c** i stopio
6 **a** uchel **b** uchel **c** uchel **ch** isel **d** uchel **dd** isel
7 **a** **i** disgyrchiant; cynyddu **ii** newtonau
   iii potensial disgyrchiant, cinetig **b** 2000 J neu 2 kJ
8 **a** pêl blwm **b** gwrthiant aer ar gyfer brecio
9 **a** 10 km/awr/s **b** 4 km/awr/s, – 4 km/awr/s **c** 10 m/s²
10 **a** 10 **c** 3 s **ch** **i** disgyrchiant **ii** gwrthiant aer
    iii tuag i lawr **iv** cyfartal **d** cyflymder terfynol is
11 **c** 200 N m **ch** 200 N m **d** 0.5 m
    dd ar y pen pellaf **e** 200 N
12 **a** 200 000 Pa **b** 50 000 Pa **c** 6000 Pa

13 a $1\,\text{N/mm}^2$ **b** $500\,\text{N/mm}^2$

15 a $12\,\text{mm}$ **b** mewn cyfrannedd **c i** $6\,\text{mm}$
ii $9\,\text{mm}$ **ch** wedi ymestyn yn barhaol

Pennod 4 Pelydrau a thonnau (tt. 122–125)

1 **b i** C **ii** B
2 A, C
3 **b** newid cyfeiriad
5 **b** adlewyrchiad mewnol cyflawn **c** sbienddrych
8 D
9 **a** atsain yn dod yn ôl yn gynt
b llongddrylliad o dan y dŵr
c i $750\,\text{m}$ **ii** $\frac{1}{3}\text{s}$
10 a B yn gryfach **b** C â thraw uwch **c** B **ch** C
d $1.5\,\text{m}$ **dd** $440\,\text{Hz}$
11 a Mae A yn dawelach a'i thraw yn is na B.
12 a sain yn cael ei hadlewyrchu **c** $340\,\text{m/s}$
ch seiniau amledd uchel na allwn eu clywed
d sganio baban cyn ei eni
13 a i $20\,\text{kHz}$ **ii** Y **b i** sganio babanod cyn eu geni
ii llai peryglus **iii** glanhau
14 a isgoch **b** pelydrau X **c i** gama **ii** radio
iii radio **iv** uwchfioled **v** microdonnau
vi isgoch **vii** uwchfioled
viii goleuni gweladwy **ch i** coch **ii** fioled
15 b i traw uwch **ii** sain gryfach
16 ch $40\,\text{Hz}$
17 a goleuni, uwchfioled, pelydrau gama, microdonnau
b defnyddiau ymbelydrol
18 a isgoch **b** amsugno yn well

Pennod 5 Y Ddaear yn y gofod (tt. 144–145)

1 **a** seren **b** lloeren **c** cytser **ch** galaeth
2 **a** mae golau Haul yno **b** does dim golau Haul yno
c 1 diwrnod **ch** lleuad **d** grymoedd disgyrchiant
dd mwy
3 **a** haul/seren **b** lleuad **c i** symud ar draws y sêr **ii** bydd mewn rhan arall o'i horbit
ch i gwrthrych mewn orbit **ii** lloeren dywydd
4 **a** B **b** B **c** A **ch** uwchben yr un man ar y Ddaear **d** cyswllt trwy'r amser
5 **a** 12
6 **a** Iau **b** Plwton **c** Mercher **ch** Iau
d 0.2 blwyddyn **dd** poethach yn agosach at yr Haul

7 **a** Gwener **b** Iau **c** grym disgyrchiant llai o'r Haul
ch rhwng Mawrth a Iau **d** 6 neu 7 mlynedd
dd elips
8 **a** lleuad **b** cysawd yr Haul **c** meteoryn
ch comed **d** galaeth **dd** uwchnofa

Pennod 6 Egni (tt. 172–175)

1 **a** C **b** B **c** D **ch** A
2 **a** $60\,000\,\text{J}$ **b** $200\,\text{W}$ **c** ffrithiant, sŵn
3 **a** $500\,\text{N}$ **b** $10\,000\,\text{J}$ **c** trydanol i botensial disgyrchiant **ch** $1000\,\text{W}$ neu $1\,\text{kW}$ **d** $20\,000\,\text{J}$
dd ffrithiant, pwysau'r bwced
e bwced ysgafnach, iro
4 **a i** dim llygredd **ii** egni yn anghyson
iii sŵn, hyll
5 **a** egni cinetig **b i** ffrithiant **ii** troi'n wres
6 **a** gellir cael rhagor yn ei le **b** dŵr glaw
c dim llygredd **ch** gorlifo tir
7 **a** $40\,000\,\text{N}$ **b i** $1\,\text{MJ}$ **ii** $2\,\text{MJ}$; bod yr holl egni potensial yn cael ei newid yn egni cinetig
c $1.2\,\text{MJ}$ **ch** llai o alw
8 **a i** cemegol **ii** cinetig **iii** potensial disgyrchiant
b gwres
9 **a** goleuni'r Haul **b i** gwres **ii** 80%
10 a rhwydwaith o wifrau yn cludo egni trydanol
b i olew **ii** dod o hyd i ffynonellau newydd, defnyddio llai o olew
11 a i glo, nwy **ii** glo **iii** nwy **iv** byth yn dod i ben
b nid yw'n gyson; melinau gwynt yn hyll
12 a amsugno'n dda **b** rhag colli gwres **c** cerrynt darfudiad
ch mwy o heulwen **d** $2\,\text{kW}$ **dd** $5\,\text{m}^2$
e i dim llygredd **ii** anghyson
14 a 'siaced ddŵr' gwydr ffibr/ewyn **b** gwresogi'r tanc i gyd **c i** 1000 **ii** $3000\,\text{J}$ **iii** $1\,200\,000\,\text{J}$
15 ffenestri dwbl, ynysu'r atig, ynysu waliau ceudod, carped a haen o dan y carped, pethau atal drafftiau
16 a a **b** Darfudiad **c** Cyddwysiad **ch** Darfudiad

Pennod 7 Magnetau a cheryntau (tt. 198–199)

1 **a** hoelion yn disgyn **b** ddim yn disgyn **c** mwy o gerrynt neu droadau **ch** cloch drydan, switsh relái
4 **a** A i B **b** symud i'r dde **c** symud i'r chwith
5 **a** magnet cryfach, mwy o ddolenni o wifren, cylchdroi'n gyflymach
6 **a** generaduron; glo, olew, nwy.
Egni cemegol → egni trydanol **b** diogelwch
c foltedd yn cael ei leihau, newidydd gostwng
ch newidydd ddim yn gweithio gyda CU

7 a gostwng

Pennod 8 Atomau a niwclysau (tt. 214–215)

1 a negatif   **b** proton   **c** positif   **ch** 4
   d electronau

2 a 7 positif, 7 niwtral, 7 negatif
   b yr un elfen ond gwahanol nifer o niwtronau

3 a 2 broton wedi uno â 2 niwtron   **b** electron
   c ton electromagnetig   **ch** niwclews
   d tiwb Geiger-Müller   **dd** papur   **e** plwm

4 a pelydriad alffa a beta
   b mae plwm yn atal pob math o belydriad

5 a creigiau, e.e. gwenithfaen, gorsafoedd pŵer niwclear
   b 520, 200, 140, 80, 50, 20, 0, 0   **ch** canlyniad 3mm
   d 8mm

6 a electronau   **b** tiwb Geiger-Müller   **c** llai
   ch alffa ddim yn gallu mynd trwy bapur, trwch y papur ddim yn effeithio ar y cyfrif gama

7 a Cyfradd gyfrif yn cynyddu, crynodiad uchel o ddefnydd ymbelydrol   **b** gama, angen pŵer sy'n treiddio'n hawdd.

8 a 1 biliwn   **b** 5.6 biliwn   **c** 4.6 biliwn o flynyddoedd

9 a niwclews   **b** yr amser i hanner y sampl ddadfeilio
   c i 400 cyfrif yr eiliad   **ii** 100 cyfrif yr eiliad

Cwestiynau tebyg i rai arholiad (tt. 220–223)

1 c 80 km/awr

2 a gwrthiant aer   **b** grymoedd cytbwys
   c agor parasiwt   **ch** arafu   **d** cyflymder terfynol is

3 a tân trydan   **b** batri   **c** cell solar
   ch microffon   **d** uchelseinydd   **dd** cannwyll

4 a ni ellir rhoi rhai newydd yn eu lle, gellir rhoi rhai newydd yn eu lle   **b** olew, nwy   **c** llanw
   ch dim llygredd, costau cychwynnol yn ddrud

5 0.4 A

6 a 24 W   **b** 240 J   **c** trydanol i wres a goleuni

7 a 3 A   **b** 3 A   **c** 5 A   **ch** 13 A   **d** ymdoddi

8 a niwtral   **b** byw   **c** melyn/gwyrdd   **ch** diogelwch
   d ffiws

9 a i £1.26   **ii** 4.2c   **iii** 7c
   b rhwydwaith o beilonau a cheblau yn cludo egni trydanol o orsafoedd pŵer i gartrefi

10 a amedr   **b** 2 A   **c** 4 A   **ch** 6 A

11 a gwrthydd newidiol   **b** switsh   **c** amedr
   ch foltmedr   **dd** 6/0.80   **e** 8 ohm

12 a egni trydanol i egni gwres a goleuni
   b 36 J/s   **c** 3 A   **ch** 4 Ω

13 a 12 km   **b** 40 munud   **c** 24 km/awr
   ch arafach, graff llai serth

14 a 200 N m   **b** sbaner hirach

15 a 5   **b** 2 Hz   **c** 10 cm/s

16 a egni potensial disgyrchiant   **b** 15 000 J
   c ffrithiant   **ch** 750 W

17 b 7.0 cm   **c** 9.4 cm   **ch** 175 N   **d** 100 N

18 a 12 V   **b** 6 Ω   **c** 2 A   **ch** 8 V   **d** 4 V

19 a pwyntydd 10 rhaniad i'r chwith   **b** pwyntydd ddim yn symud   **c** pwyntydd fwy na 10 rhaniad i'r chwith   **ch** maes magnetig yn torri trwy'r coiliau

20 a mae gwres yn llifo o le poeth i le oer   **b** dargludiad
   c darfudiad   **ch** ynysu'r waliau ceudod, e.e. gwydr ffibr

21 a llosgi tanwydd   **c** ni ellir rhoi rhagor yn ei le
   ch pren   **d** cynyddu'r carbon deuocsid yn yr atmosffer

22 a 40%   **b** gwres yn cynhesu'r dŵr sy'n cynhyrchu ager i droi tyrbinau a generaduron   **c** Y Grid Cenedlaethol

23 a adlewyrchiad mewnol cyflawn   **b** endosgop

24 a mynd yn ôl i'w siâp gwreiddiol
   b rhywfaint o anffurfio parhaol   **c** 10 cm

25 a canol dydd   **b** canol nos   **c** gwawr
   ch machlud   **d** 1 diwrnod

26 a galaeth   **b** planed, comed   **c** lleuad, lloeren
   ch cytser   **d** Haul

27 a A – beta, B – alffa, C – gama   **b** alffa a beta
   c alffa   **ch** tiwb Geiger-Müller

28 a elastig, sbring, batri   **b** egni cinetig
   c gellir rhoi rhagor yn ei le

29 a trydanol, gwres, cinetig   **b** 1 Uned   **c** 9c

30 a C   **b** microdonnau, isgoch   **c** tonnau radio
   ch goleuni gweladwy   **d** canser y croen
   dd osgoi'r haul, e.e. gwisgo het, eli haul
   e defnyddiau ymbelydrol

31 a ffrithiant rhwng y sled a'r rhew
   b treulio'r wyneb, gwresogi

32 b adlewyrchiad mewnol cyflawn   **c** 90°, 180°
   ch perisgop prismatig

Mynegai